Laços da vida
Pelo espírito Eugene
Psicografia de Tanya Oliveira
Copyright © 2020-2022 by Lúmen Editorial Ltda.

3ª edição - Janeiro de 2022.

Coordenação editorial: *Ronaldo A. Sperdutti*
Revisão: *Alessandra Miranda de Sá*
Capa e projeto gráfico: *Juliana Mollinari*
Imagem da capa: *Shutterstock*
Diagramação: *Juliana Mollinari*
Assistente editorial: *Ana Maria Rael Gambarini e Roberto de Carvalho*
Impressão: *AR Fernandez Gráfica*

Dados Internacionais de Catalogação na Publicação (CIP)
(Câmara Brasileira do Livro, SP, Brasil)

```
Eugene (Espírito).
   Laços da vida / ditado por Eugene ; [psicografado
por] Tanya Oliveira. -- Catanduva, SP : Lúmen
Editorial, 2020.

   ISBN 978-85-7813-237-8

   1. Espiritismo 2. Psicografia 3. Romance espírita
I. Oliveira, Tanya. II. Título.
```

20-34342   CDD-133.93

Índices para catálogo sistemático:

1. Romances espíritas psicografados : Espiritismo
    133.93

Cibele Maria Dias - Bibliotecária - CRB-8/9427

LÚMEN
EDITORIAL

www.**lumeneditorial**.com.br | atendimento@lumeneditorial.com.br
www.**boanova**.net | boanova@boanova.net

2020-2022
Proibida a reprodução total ou parcial desta
obra sem prévia autorização da editora

Impresso no Brasil – *Printed in Brazil*

03-1-22-2.000-7.000

LAÇOS DA VIDA

Tanya Oliveira

ditado por Eugene

LÚMEN EDITORIAL

Av. Porto Ferreira, 1031 – Parque Iracema
CEP 15809-020 – Catanduva – SP
Fone: 17 3531.4444

Chico Xavier: uma ponte até Jesus.

Caros amigos:

Quando trazemos essas histórias cujos possíveis erros a indulgência dos amigos desconsidera, tanto os de minha parte como os da médium, buscamos relatos que possam auxiliar na difícil caminhada sobre a Terra.

Vemos, a cada dia, a dor falar mais alto, com a exacerbação de provas de todos os matizes nos mais diversos recantos de nosso orbe, sejam oriundas de questões materiais ou de caráter moral — eis que a humanidade sofre!

Onde encontrar o lenitivo para tanta dor e sofrimento? Nas filosofias materialistas, que nos levam à desesperança e ao desequilíbrio, apontando como única saída a morte voluntária? No ateísmo destruidor da fé que nos encarcera em uma vida sem um propósito maior, negando a Paternidade Divina, como se a existência de um Criador nos tornasse menores, menos capazes por admitir que fomos criados por um Ser?

Eis que com a Doutrina Espírita reconhecemos essa paternidade como sendo a "inteligência suprema do Universo, causa primeira de todas as coisas", e, como filhos, não estamos à mercê do acaso; nossa existência não é o resultado de variáveis aleatórias que por coincidência se unem e fazem de nós simples folhas ao vento...

A maior prova da bondade infinita de nosso Pai, sem dúvida, não nos abandonando na ignorância e quase barbárie espiritual, foi a permissão para que Jesus viesse a este humilde planeta, que se perde em uma pequena galáxia do Cosmo infinito...

Diante de tanta misericórdia, resta-nos relatar aos irmãos em humanidade fatos que demonstram a equidade das Leis Divinas, para que, de alguma forma, possamos gravar na alma e no coração os ensinamentos de Jesus, Nosso Senhor.

Que Ele viva para sempre em nossos corações!

Eugene

Sumário

1 - O solar das pedras brancas 8
2 - Laurent 16
3 - O quarto de Suzanne 21
4 - A condessa D'Avigny 26
5 - Sofrimento além da vida 31
6 - Conflitos de almas 42
7 - Jean-Piérre 51
8 - O jardim de inverno 58
9 - Retomando diferenças 63
10 - Desilusões 71
11 - A partida de Louise 86
12 - Revivendo mágoas 96
13 - Entre o amor e o dever 101
14 - Revelações e dor 106
15 - Um ato de desespero 117
16 - Caminhos inesperados 127
17 - Um amigo 132
18 - Uma proposta 145
19 - Auxílio espiritual 158
20 - Dois casamentos arranjados 170
21 - Uma fatalidade 176
22 - Diante do verdadeiro amor 184
23 - Os caminhos se cruzam 192
24 - A obsessão de Armand 204

25 - Desconfianças de Isabelle 221
26 - No encalço de Etiénne 231
27 - Fuga e denúncia 244
28 - Reaproximando-se de Armand 252
29 - Diante do inimigo 258
30 - Tecendo a teia 266
31 - A armadilha 283
32 - Um prato que se come frio 290
33 - Novo auxílio 297
34 - A denúncia 305
35 - Diante da verdade 312
36 - Um acerto de contas 325
37 - A família Siqueira 336
38 - Recomeçando 342
39 - O passado 359
40 - A Lei de Causa e Efeito 365
41 - Provações 374
42 - Mudança de planos 381
43 - Acerto de contas 391
44 - Reencontrando Etiénne 407
45 - Tempo de renovação 416
46 - Resgates redentores 429
47 - Os laços da vida 435

1 - O solar das pedras brancas

  A vegetação magnífica se estendia qual colorido tapete guarnecido por flores diversas, onde árvores majestosas se elevavam, imponentes, à feição de sentinelas vigilantes.
  O outono trazia sua costumeira e melancólica beleza à região; os carvalhos, com suas folhas tingidas de âmbar, prenunciavam a despedida do calor e da natural alegria contagiante do verão.
  Sem aviso, o veículo parou e o velho cocheiro, voltando-se para Louise, desculpou-se:
  — Perdoe-me, senhorita, mas meu trabalho termina aqui. Não costumo subir a colina.
  Louise fitou o homem sem entender e, instintivamente, avaliou a elevação que se desdobrava diante de seus olhos.
  Quanto tempo levaria para chegar ao castelo? "Certamente irei me atrasar!", pensou.

Tanya Oliveira ditado por Eugene

— O senhor poderia me explicar o motivo por que não segue adiante?

O homem se limitou a dizer:

— A subida é muito árdua para os meus cavalos e não faço questão de me aproximar do castelo, senhorita.

Sem alternativa, ela pegou sua pequena bagagem e iniciou o difícil percurso a pé. Intrigada, perguntava-se o que haveria no castelo, que impedia o pobre homem de se aproximar.

Enquanto avançava lentamente, Louise observava, de sua posição privilegiada, não apenas o castelo que se erguia, soberano, no cume da colina, mas a paisagem que o rodeava.

Era a primeira vez que vinha à região do Loire, visto que poucas vezes se afastara de Paris e se admirava das belezas naturais do local.

Ao vislumbrar a imensidão da paisagem, sentia a intensidade da vida que ali palpitava. Embaixo, a vida seguia o seu curso, com os pescadores atarefados; o intenso movimento dos transeuntes se misturava às gaivotas em seu bailado à procura dos peixes, que se acumulavam nos barcos; acima, a colina e o portentoso castelo, dominando a paisagem.

Quando finalmente alcançou o último trecho, a poucos metros do seu objetivo, parou. Olhou para cima e divisou a impressionante construção — provavelmente erigida na Idade Média —, e não conteve uma expressão de admiração.

Na realidade, se tratava de uma fortaleza com várias torres, cercada por jardins, que pareciam se estender ao infinito.

Próximo a Louise, uma murada com pedras de calcário, características da região, circundava e sustentava a imensa construção.

A jovem deu mais alguns passos e apoiou-se no muro; sentindo uma desagradável sensação, pensou em recuar.

O coração acelerado pelo trajeto realizado segredava-lhe algo mais, como pedindo para ela retornar enquanto ainda havia tempo.

Louise vacilou e deu um passo atrás. Ia retomar o difícil caminho, quando ouviu uma voz chamando:

— Mademoiselle! Onde vai? Estou lhe aguardando desde o início da tarde! Deve ser a nova preceptora, Louise Chernaud?

— perguntou um homem de meia-idade, junto ao início da murada.

Louise explicou:

— Desculpe-me, senhor, mas creio ter cometido um equívoco. Talvez seja melhor partir, pois não sou a pessoa ideal para trabalhar neste local.

O homem se adiantou e, tomando a bagagem de Louise, atalhou:

— Tenho certeza de que não poderíamos encontrar jovem mais adequada para acompanhar o menino Laurent. Agora vamos entrar, pois a essa hora a aragem pode ser prejudicial à sua saúde.

Sem argumentos, Louise o acompanhou em silêncio. Não tinha como recuar...

Aqueles que conseguiam permissão para chegar ao topo da colina podiam divisar a monumental construção, que se erguia, altaneira, sobre o belo vale.

A fortaleza pertencera a vários senhores e abrigara reis e rainhas, vultos importantes da França e da Saxônia.

Louise sentia o sangue congelar em suas veias e calafrios lhe percorriam o corpo ao chegar ao patamar, que levava à entrada de serviço do castelo.

O homem que a acompanhava virou-se e falou:

— Chamo-me Vincent. Sou o mordomo do senhor deste solar. Acompanho a família há duas gerações; se a senhorita cumprir com seus deveres sem muitas perguntas, poderá viver com tranquilidade aqui.

Louise fez um sinal com a cabeça, demonstrando haver entendido o conselho de Vincent.

Caminharam mais alguns passos e, ao chegarem à enorme cozinha, Vincent se aproximou de uma mulher, aparentando uns vinte e cinco anos, que dava ordens às cozinheiras.

Aguardaram alguns minutos até que ela lhes pudesse atender. Isabelle se voltou e observou Louise atentamente. A seguir, afirmou categórica:

— Se és a nova preceptora, estás dispensada, minha jovem! Laurent necessita de professora mais experiente.

Tanya Oliveira ditado por Eugene

Vincent a olhou com firmeza e retrucou:
— Peço que me perdoes, mademoiselle Isabelle, mas o senhor me delegou este encargo. A contratação da senhorita Louise está sob meus cuidados. Creio que o senhor deseja te poupar de aborrecimentos, senhora...

Isabelle franziu o cenho e tornou:
— Como te atreves? Não esqueças quem eu sou, Vincent! Falarei com Armand sobre o assunto. Deves ter usado de teus artifícios para convencê-lo!

O mordomo sorriu com discrição e arrematou, antes de sair:
— Não necessito de artifícios para falar com o senhor, mademoiselle Isabelle. Ele sabe que realmente desejo o seu bem. Se me permites, vou conduzir mademoiselle Louise aos seus aposentos.

Isabelle fitou Louise com desprezo e retornou ao salão do castelo.

Quando Louise entrou em seu pequeno quarto, tirou o chapéu e a capa e deixou-se cair em uma poltrona. Uma sensação de melancolia invadiu-lhe o coração. Desde que aceitara o trabalho no castelo, perdera o sossego.

Por que aceitara a oferta que Céline quase lhe impusera?

Céline Touillard a havia criado após a morte de sua mãe, poucos dias decorridos do parto; era-lhe muito grata por tudo o que lhe fizera, mas a insistência para que fosse trabalhar no castelo parecia-lhe incompreensível.

Incomodada, perguntava-se por que aquele lugar lhe inspirava tanto medo. Olhou ao redor e novamente sentiu calafrios. Conformada, caminhou até o leito, abriu a mala e começou a guardar seus pertences em um velho roupeiro estilo provençal.

A mobília, aliás, era em tons claros, contrapondo-se à severidade do ambiente. Observou a jarra de porcelana depositada em uma mesa, a um canto, e verificou que continha água fresca. Derramou-a em uma bacia e lavou o rosto com prazer.

Reorganizou o cabelo, prendendo alguns cachos que se haviam libertado de seu caprichoso penteado, e, trocando o vestido, procurou Vincent.

Caminhava pela ala dos empregados, quando viu um menino aparentando uns sete ou oito anos. O pequeno, de olhos vivazes e azuis, cabelos encaracolados, parou à sua frente e, curioso, perguntou:

— Quem és? O que fazes em meu castelo?

Louise se aproximou e respondeu com um sorriso:

— O meu nome é Louise Chernaud. Creio que sou a sua nova preceptora, senhor.

O menino a observou e retrucou:

— És muito diferente da minha antiga professora. Ela era detestável e eu a dispensei!

— Posso saber o motivo, senhor? — perguntou Louise, curiosa.

Laurent lhe respondeu:

— Ela me ensinava latim e grego e me fazia ler textos insuportáveis, quando eu queria brincar com os meninos do povoado.

Louise sorriu e disse:

— Acredite, senhor Laurent, que não o obrigarei a fazer isso. Aprendi que existem outras formas de ensinar, que podem ser muito interessantes.

Laurent perguntou intrigado:

— Quando começaremos as nossas lições, mademoiselle?

— No que depender de mim, amanhã mesmo, senhor.

No dia seguinte, após vestir-se, Louise segurou o crucifixo que trazia e orou antes de se apresentar a Vincent.

Após sentida prece, percebeu que suas forças se renovavam e, tomada de coragem, se encaminhou à cozinha.

Apesar do movimento matinal, Louise se acomodou em uma mesa lateral. Aproximou-se dela uma mulher de meia-idade com uma bandeja na mão:

— Aqui está o seu desjejum, mademoiselle. É melhor se apressar, porque logo mademoiselle Isabelle virá à sua procura...

Louise pegou a caneca de leite que Marion lhe oferecia e perguntou:

— Onde posso encontrar o senhor Vincent? Creio que desejará falar comigo. Qual o seu nome?

Marion a observou e comentou em tom baixo:

— O meu nome é Marion. Trabalho no castelo desde os quinze anos, pois fiquei órfã muito cedo. Minha mãe era lavadeira aqui, labor que herdei; porém agora me ocupo na cozinha. Mas é muito bela e não posso compreender o motivo de sua presença neste local.

Louise sorriu com tristeza e esclareceu:

— Não tive escolha, Marion. Também preciso me sustentar para viver.

Marion se sentou ao lado de Louise. Com aspecto envelhecido, deu um suspiro e considerou:

— Eu nunca tive escolha, mademoiselle. A senhorita deve ter tido algumas propostas de casamento. Nenhum homem ficaria insensível à sua beleza!

Louise baixou olhar e demonstrou o desejo de modificar o rumo da conversação:

— O senhor do solar mora aqui? Não ouvi nenhuma menção à sua presença no castelo.

Marion ia responder, quando Isabelle se postou a sua frente e lhe ordenou:

— O que fazes aqui, Marion? Desde quando é permitido aos empregados folgarem na hora do serviço? Vai, apressa-te, que o trabalho te espera!

E, olhando para Louise, ameaçou grosseiramente:

— Se desejas perturbar o trabalho dos empregados, talvez seja melhor que te retires antes de começares tuas atividades!

Louise percebeu que não encontraria facilidades com Isabelle e, curvando a cabeça, respondeu:

— Lamento, senhora, o meu comportamento. Não tive a intenção.

Naquele momento, Vincent adentrou a cozinha. Ao ver o que ocorria, se antecipou e encerrou a conversação, dizendo:

— Tratarei dos assuntos referentes a mademoiselle Louise, segundo ordens do conde, mademoiselle. Peço que nos dê licença, por favor.

Isabelle enrubesceu e, olhando afrontosamente para Vincent, se afastou. Aquilo era uma humilhação que não podia tolerar!

Voltando-se para Louise, Vincent a convidou para se dirigirem às dependências de Laurent.

Sentindo arrepios enquanto percorria os longos e escuros corredores do castelo, Louise registrava uma sensação penosa, que não poderia explicar.

Tomada por sentimentos de angústia e tristeza, a moça tinha vontade de se afastar daquele local e esquecer que um dia ali pisara.

Vincent, que a observava disfarçadamente, perguntou:

— Não está se sentindo bem, senhorita Louise? Posso ajudar em algo?

Louise sentia as mãos frias, apesar de transpirar em excesso. Procurando se manter tranquila, respondeu com um meio sorriso:

— Não é nada, Vincent. Creio que não estou acostumada com o clima da região...

Vincent sorriu e tornou, despreocupado:

— Por certo, senhorita. Nesta época temos muita umidade e as chuvas são constantes; nosso inverno é rigoroso, portanto, nada como o verão! Para mim, os meses de outono e inverno são um suplício, pois me prejudicam o reumatismo. Mas a senhorita é jovem e não terá estes problemas!

De repente, Louise parou diante de uma escada. Vincent, que seguia alguns passos à frente, a aconselhou:

— Esta escada não é utilizada há muito tempo, senhorita. Procure não se aproximar do andar de cima, pois há muito foi desativado.

Curiosa, Louise indagou:

— O que existe lá? Pensei que o conde utilizasse esses aposentos.

Visivelmente nervoso, Vincent pesava as palavras:

— Sugiro que controle a sua curiosidade se pretende aqui permanecer. O senhor conde não tolera a curiosidade de estranhos e não desejamos desagradá-lo.

— Quando o conhecerei, Vincent? Certamente ele gostará de acompanhar os estudos do pequeno Laurent...

Vincent compreendeu que Louise nada sabia a respeito do Conde Armand D'Avigny. Aproximando-se, fitou-a nos olhos e, com um tom paternal, aconselhou:

— Senhorita Louise! Se aceita um conselho de um homem velho e experiente nas lições da vida, ouça-me: evite fazer perguntas, principalmente em relação ao conde. Pelo que percebo, não lhe falaram nada a respeito de meu senhor. Ocorre que o conde Armand perdeu a esposa há exatos oito anos e, desde então, vive como uma sombra neste castelo, que se tornou seu túmulo em vida. Desde a morte da condessa, vagueia por esses corredores, principalmente à noite, e passa a maior parte do tempo no andar de cima; vez por outra, a senhorita ouvirá os lamentos de desespero de meu pobre senhor! Ah! Quanto sofrimento, bom Deus! Atualmente, ele é apenas um fantasma que não morreu e vive tão somente para seus estudos, que na verdade não sei do que tratam, e para o cultivo da grande dor que carrega em seu coração! Por isso a aconselho veementemente a manter distância de tudo o que se refere ao senhor Armand, exceto, é claro, do pobre menino Laurent.

— Como a condessa faleceu? — ousou ainda Louise.

Vincent balançou a cabeça e asseverou:

— Não sabemos ao certo. Não nos foi possível ver o corpo, que está enterrado no cemitério do castelo; na realidade, a morte de minha senhora é um segredo que apenas o senhor Armand conhece.

Impressionada, Louise permaneceu em silêncio. Sua intuição lhe dizia que aquelas paredes escuras haviam registrado fatos que talvez devessem permanecer esquecidos para sempre.

2 - Laurent

 Após alguns minutos, Louise e Vincent chegaram a aprazível aposento.
 Laurent aguardava sentado diante de uma pequena escrivaninha. Vestido com ampla camisa branca, usava calças justas de cetim claro; as meias subiam até quase os joelhos e os sapatos pretos tinham uma grande fivela na parte superior. Tal conjunto evidenciava sua estirpe e arrematava a figura nobre do menino.
 Louise, que já o conhecera no dia anterior, sorriu e o cumprimentou:
 — Bom dia, senhor Laurent. Como lhe havia prometido, aqui estou, para iniciar as nossas lições.
 Percebendo que não era necessária a sua presença, Vincent se retirou.
 — Nada me faz crer que teremos um bom dia, senhorita! Pelo contrário; com o retorno aos estudos, terei um dia bem ruim!

Louise sentiu vontade de rir da observação do menino. Contendo-se, tornou:

— Concordo, senhor Laurent. O estudo pode, muitas vezes, ser maçante e difícil de tolerar, mas podemos modificá-lo e torná-lo mais interessante. O que gostaria de aprender?

Surpreso, Laurent respondeu:

— Gostaria de aprender muitas coisas! Os astros, por exemplo; desejaria saber o nome deles, como se movem no céu, por que as estrelas brilham!

Louise entendeu aonde Laurent queria chegar.

— Por certo, a Aritmética também lhe interessa, e não os poetas gregos e latinos...

Laurent sorriu e tornou:

— Procuro explicações lógicas!

Louise sentou-se próximo a Laurent e, procurando conhecer melhor o novo aluno, indagou:

— Há quanto tempo está sem um professor, senhor?

— Uns dois anos; não sei se por minha causa ou por medo de meu pai.

Louise franziu o cenho e perguntou:

— Por que haveriam de sentir medo de seu pai; e que culpa o senhor poderia ter nesse caso?

Laurent revelou grande tristeza nos belos olhos azuis e disse:

— Sei que as pessoas temem meu pai, mademoiselle. Eu mesmo o temo, pois ele é muito severo; raramente o vejo e, quando isso acontece, evito aborrecê-lo. Apesar disso, amo-o muito!

— E quanto ao senhor? O que fez para afastar seus mentores?

Laurent baixou o olhar e falou:

— Detesto todos os que vieram até hoje me ensinar baboseiras. Não quero saber de línguas mortas e velhos filósofos!

Louise percebeu que teria um grande trabalho pela frente e, procurando conquistar o coração de Laurent, iniciou:

— Vamos iniciar seu programa de estudos por seus interesses, senhor; começaremos com noções básicas de Astronomia e em seguida buscaremos as Ciências Exatas, que, ao que me parece, atrai sua atenção. Deveremos, contudo, ter aulas de música, Botânica, Literatura e Línguas, pois sou responsável pela sua formação integral a partir de agora. Qual o instrumento que mais lhe agrada?

— Vincent me disse que minha mãe tocava piano e flauta com perfeição; ele também falou que o meu pai gostava muito quando ela tocava. Penso que deverei aprender a tocá-los... Isabelle me disse que devo tocar os dois.

Louise ponderou:

— Mas o que o senhor prefere?

Laurent meditou alguns minutos e tornou:

— Prefiro o violino, mademoiselle.

— Pois lhe ensinarei a tocar violino!

Assim, Louise iniciou a tarefa para a qual havia sido contratada. A conversa com Laurent deu origem a várias indagações, cujas respostas ela se propôs descobrir.

Apesar do costumeiro clima úmido, aquela manhã havia surgido bela e iluminada com radiante sol.

Louise resolvera levar Laurent para o exterior do castelo, no lado oeste da construção, onde a relva parecia se estender ao infinito.

Enquanto caminhavam, conversavam, observando a natureza, ocasião em que a jovem professora fazia interessantes comentários sobre o Universo que os cercava.

Criada na religião católica, Louise desconhecia as convicções dos D'Avigny. Ciente de que não deveria abordar assuntos religiosos com Laurent, Louise procurou transmitir conceitos que despertassem o coração do menino para a fé.

O garoto ouvia pensativo, enquanto Louise externava as ideias, sob oculta inspiração:

— Observe, senhor Laurent, a abóbada celeste que tanto admira! O sol se eleva no horizonte e se põe desde o início

Tanya Oliveira ditado por Eugene

dos tempos; a lua vem nos brindar com a sua luminosidade à noite, com seus raios prateados... As estrelas orientam os caminhos para os viajantes... Perceba que existe um ciclo, que se repete infinitamente em toda a natureza e em todo o Universo.

— Por que é assim, mademoiselle? O que determina esse ciclo?

Louise buscou ouvir a voz interior, que sempre lhe acompanhava os pensamentos, e esclareceu:

— Acredito que exista um Ser Supremo, que é conhecido por vários nomes, mas que nós chamamos de Deus. Ele é o Nosso Criador e criou tudo o que existe, o que conhecemos e o que hoje nos foge ao entendimento.

O menino não se deu por satisfeito:

— Mas quem é Deus, senhorita? Quem criou Deus?

Louise sorriu e respondeu com outra pergunta:

— Por que Deus deveria ter sido criado? Senhor Laurent! Não nos cabe indagar sobre esse mistério, pois não encontramos respostas razoáveis. Acredito em Deus por vê-lo em todas as coisas ao meu redor. A perfeição das obras nos revela o autor. Deus existe desde sempre e, como suas criaturas, devemos amá-lo por sua bondade e misericórdia.

Enquanto Louise falava, de uma das janelas do castelo, alguém a observava. Um homem com cerca de trinta e cinco anos, cabelos que roçavam os ombros, onde os fios brancos predominavam, a observava. Expressando desprezo e curiosidade, Armand D'Avigny analisava a nova professora de Laurent.

Os cabelos loiros de Louise, presos com discrição, de acordo com sua função, emolduravam o belo rosto da moça.

O longo e armado vestido negro contrastava com a alvura de sua pele; o porte esguio lhe dava um ar de elegância, não condizente com a posição que ocupava naquele local.

— Não ficará um mês neste castelo! Logo Laurent a expulsará, como fez com as outras! — comentou Armand em voz alta.

Vincent, que o ouvia às suas costas, comentou:

— Mademoiselle Louise é diferente, senhor. No dia em que chegou, logo ao alcançar o topo da colina, vi que hesitou e desejou partir, mas insisti para que ficasse...

Armand fixou Vincent com seus olhos negros, que invariavelmente revelavam o tormento em que vivia sua alma, e perguntou com rispidez:

— Achas que ela sabe de algo? O que lhe disseste?

Vincent se apressou em esclarecer:

— Não, senhor, mademoiselle tem o coração puro e percebo seus bons propósitos. Disse-lhe apenas para que não suba no andar superior...

Armand falou com energia:

— Diga-lhe que nunca, jamais, ouviste bem? Jamais suba nesse andar!

Assustado, Vincent concordou:

— Ela não o fará, senhor. Cuidarei para que isso não aconteça.

Armand retornou à janela e, afastando a cortina, advertiu Vincent:

— Vigie para que não ensine coisas indevidas ao meu filho. Não quero que fale em religião com Laurent, pois disso cuido eu, quando chegar o momento.

— Sim, senhor conde!

Armand fez um sinal com a mão, para que Vincent se retirasse.

Naquele momento, uma sensação estranha, de estar sendo observada, incomodou Louise. Voltando-se, repentinamente, viu que a cortina de uma das janelas do castelo estava levantada e alguém a observava.

No mesmo momento, o observador anônimo deixou a cortina pender. Intrigada, Louise resolveu falar com Marion sobre suas inquietações.

3 - O quarto de Suzanne

Laurent se recolhera e Louise se preparava para retornar aos seus aposentos, mas, ao passar pela longa escada, ladeada por um corrimão de cedro ricamente ornado, estacou. "O que poderá haver lá em cima?", perguntava-se.

Certamente deveria ser algo ligado à mãe de Laurent... Mas o que seria?

De repente, ouviu uma voz às suas costas, indagando-lhe:

— O que fazes aqui? Não deves andar próximo aos aposentos dos senhores! És muito ousada para uma serviçal do castelo!

Louise se voltou e viu se tratar de Isabelle. O olhar vibrante da moça caía como um dardo certeiro em Louise.

Desconcertada, respondeu:

— Perdoe-me, senhora, mas não costumo vir a esta ala do castelo. Terminei a lição do menino Laurent e estava me recolhendo...

Isabelle sorriu com malícia.

— E aproveitaste para vir dar uma espiadela, não é? Imagino o que o povo da vila deve ter dito sobre o castelo!

— Não, senhora, não falei com ninguém desde que cheguei à cidade. Apenas o cocheiro negou-se a vir até o castelo no dia da minha chegada.

— São uns tolos, ignorantes, que acreditam em bobagens e bisbilhotam a vida de pessoas que não lhes dizem respeito. Aconselho-te a manter distância dessa gente e a te preocupares apenas com o teu trabalho neste solar.

— Sim, senhora. Com sua licença! — Dizendo isso, Louise baixou levemente a cabeça e se retirou com sua curiosidade ainda mais espicaçada.

No dia seguinte, acordou cedo e, antes de se dirigir à sala de estudos de Laurent, resolveu falar com Marion.

Assim que esta veio lhe trazer o desjejum, pediu:

— Senta-te um minuto, Marion, pois preciso te falar.

Marion olhou de relance para os lados e se acomodou à sua frente. Intrigada, perguntou:

— Do que se trata, mademoiselle? Sabe que não podemos nos dar a essas regalias. A senhora Isabelle vigia a todos e podemos nos incomodar.

Louise concordou e asseverou:

— Não te preocupes, Marion, serei breve. Ocorre que, desde que aqui cheguei, sinto a estranha sensação de estar sendo observada. Não me refiro a mademoiselle Isabelle, mas a algo estranho neste solar, que me amedronta... Dize-me, o que existe no segundo andar, do qual todas as pessoas com que me deparei me recomendam manter distância?

Marion se aproximou e, sussurrando, lhe disse:

— Pelos céus, mademoiselle Louise! Esqueça isso! Não deve tocar nesse assunto se quiser aqui permanecer!

Inconformada, Louise tornou:

Tanya Oliveira ditado por Eugene

— Ora, Marion! Por certo, sabes o que há lá em cima! O que custa me dizer? Por que as pessoas do povoado também evitam o castelo? O que aconteceu aqui?

À medida que Louise falava, o nervosismo de Marion se tornava mais evidente. Torcendo as mãos no avental e estampando visível palidez no semblante, ela advertiu:

— Senhorita Louise! É muito jovem e ainda não conhece as mazelas da vida! Este castelo encerra segredos, grandes sofrimentos que deve evitar conhecer! Isso só a faria sofrer, ao ver o quanto somos impotentes diante dos desígnios divinos! Acalme-se e procure bem cumprir suas tarefas, agradecendo a Deus por não fazer parte disso tudo!

Louise ouvia atentamente as palavras de Marion, mas, em vez de se amedrontar diante do que lhe era dito, sentia sua curiosidade crescer.

Enquanto bebia uma porção de caldo quente, falou:

— Não me conheces, Marion. Também já sofri muito e sei o que a vida reserva aos que não possuem nome ou fortuna. Sim, percebo um grande pesar, como se uma sombra cobrisse este castelo... Creio que tenha algo a ver com a mãe de Laurent!

Vencida pela sinceridade de Louise, Marion comentou:

— Sim, desde a morte da senhora do castelo, vivemos este pesadelo! Ela era a alegria e a felicidade deste solar!

— Como foi que isso ocorreu? E por que as pessoas do povoado têm tanto medo de vir até aqui?

Suspirando, Marion revelou:

— Não sabemos ao certo sobre os detalhes da morte da senhora D'Avigny. Não nos foi permitido nem ao menos demonstrar o nosso pesar quando do seu enterro. Apenas o senhor, Isabelle, a condessa Geneviéve, mãe do conde, e os pais da pobre senhora estiveram presentes. Desde então, o senhor Armand se tornou um homem intratável, que não fala com ninguém a não ser Vincent. Seus modos se modificaram drasticamente e, aquele que antes era um cavalheiro, se tornou um homem arredio e revoltado contra tudo e todos os que o cercam. Para alguns moradores do vilarejo, o senhor

D'Avigny enlouqueceu. Não sei, sinceramente, mademoiselle, até quando ele suportará o fardo que carrega! Se Isabelle possui algum mérito, acredite, é o de ajudar a mantê-lo vivo, para que possa amparar o pobre Laurent,

Impressionada, Louise permaneceu calada. Marion se adiantou e disse:

— Esqueça o segundo andar, senhorita. O senhor permanece a maior parte do tempo nos aposentos que pertenceram à senhora Suzanne, guardando-o como a um santuário — e Marion fez o sinal da cruz, como se quisesse afastar algum pensamento indesejado. E continuou: — Não podemos entrar lá, nem ao menos para limpá-lo, como seria de se desejar!

Naquele instante, mesmo sem conhecer o estranho homem que a contratara, sem jamais sequer lhe haver dirigido a palavra, Louise se compadeceu do desventurado castelão.

Aquela história a comovera às lágrimas e, penalizada com a situação de Laurent, decidiu ajudá-lo no que fosse possível.

Não possuía bens, nem fortuna, mas, diante das dificuldades de sua curta vida, lograra amealhar algo que a fazia vencer com serenidade os maiores obstáculos: a sua determinação diante das adversidades.

Ao menos até chegar àquele castelo...

Os dias se passaram e Louise estabeleceu uma rotina de estudos com Laurent, que incluía passeios nos arredores do castelo, atividades na sala de estudos, leituras e o acompanhamento do menino em suas atividades de equitação e esgrima.

Determinada a modificar a índole insatisfeita e arredia de Laurent, que a tudo criticava em primeira instância, Louise lhe mostrou um lado da vida que o pequeno desconhecia.

Acostumado com a austeridade do pai, que quase não via, mas que sempre o repreendia, muitas vezes por coisas mínimas, Laurent se ressentia do afeto materno.

Isabelle, espírito endurecido e inflexível, forçava constantemente uma aproximação que Laurent repelia, por inconscientemente perceber ser aquilo por puro interesse.

Não lhe fugia, mesmo em sua percepção infantil, o sentimento que ela devotava a seu pai. Sabia que ela queria o lugar que fora de sua mãe e isso suscitava em sua infantil personalidade um misto de ódio e raiva.

Sem perceber que sua crescente ascendência sobre o menino despertava o ciúme de Isabelle, Louise dedicava-se com afinco à sua tarefa.

Respeitando a idade, os pendores e a capacidade de assimilação do aluno, eram estabelecidos programas de ensino, que se mostravam mais eficientes que os métodos tradicionais.

Evitavam-se, assim, a memorização e a repetição de conceitos, buscando-se o entendimento das disciplinas e a compreensão a partir das experiências do aluno.

Certa de que a tarefa na educação era uma missão de grande alcance, pois o saber diferenciava as pessoas, tornando-as capazes de agir sobre o seu próprio destino com mais segurança e discernimento, Louise sentiu-se estimulada com o trabalho no castelo D'Avigny.

Agora, pensava, a sua tarefa lhe parecia bem mais complexa, pois aquele castelo escondia uma tragédia que estava longe de imaginar.

Afeiçoando-se cada dia mais a Laurent, Louise sentia que não chegara até aquele local por acaso.

4 - A condessa D'Avigny

A vida seguia seu curso ininterrupto, como a nos lembrar de que tudo é movimento e mutação na criação divina.

Louise se convenceu de que, se ali quisesse permanecer, deveria aceitar as condições que lhe eram impostas.

Isabelle lhe parecia uma sombra a vigiá-la constantemente, procurando algo que a desmerecesse aos olhos de Vincent, e consequentemente do senhor D'Avigny.

O outono se instalara com seus ventos gelados, emprestando à paisagem um tom acinzentado, deixando a colina envolta em uma bruma constante, desafiando a coragem dos habitantes do povoado, que evitavam o castelo a todo o custo. Dessa forma, era um fato inaudito ver uma carruagem se aproximar da desolada paisagem.

Naquele final de tarde, porém, com surpresa, os moradores do castelo vislumbraram um coche de aspecto sóbrio subir a colina que levava até o solar.

Tanya Oliveira ditado por Eugene

Percebendo o movimento desusado, Laurent foi até a janela e a sua atenção se concentrou no veículo, que adentrava os grandes portões; Louise não conseguiu conter a alegria do menino, que falou com vivacidade:

— É vovó Geneviéve! Minha avó chegou, mademoiselle Louise! — Olhando através da janela, onde as grossas cortinas haviam sido suspensas, Louise observou que descia uma mulher cujos traços austeros revelavam orgulho e arrogância.

Laurent olhou para Louise, rogando permissão para ir ter com Geneviéve. A jovem preceptora tentou dissuadi-lo, mas, ante o olhar cristalino do menino, acabou cedendo.

Louise ia se retirar, pois achava de mau gosto a indiscrição que acabara de cometer ao "espiar" pela janela; mas no momento, porém, em que se afastava viu que um homem alto, moreno, com os cabelos a lhe cingirem os ombros, havia se aproximado da carruagem.

A elegante condessa D'Avigny tinha descido e abraçava o filho, o atual conde D'Avigny, com certa frieza, sendo impossível perceber alguma emoção.

Louise, esquecendo-se de suas convicções acerca da indiscrição com seus patrões, se deixou levar pela curiosidade em conhecer o senhor do castelo, fato que ainda não ocorrera. "Se ao menos pudesse ver o seu rosto!", pensou. Não demorou muito para que ouvisse uma voz lhe dizer às suas costas:

— Procuras alguma coisa, Louise? Creio que a lição com Laurent já está encerrada.

Louise se voltou e leve rubor coloriu suas faces. Perturbada, procurou se explicar a Isabelle:

— Sim, terminamos mais cedo, pois, ao que parece, a senhora condessa, avó de Laurent, acaba de chegar.

Isabelle caminhou até a janela e, ao ver Armand, sorriu e asseverou:

— Presumo não ter sido a chegada da condessa que te prendeu a esta janela...

Incomodada com a alusão de Isabelle, Louise contestou:

— Tive uma curiosidade natural em conhecer os meus patrões, senhorita. É a primeira vez que vejo o conde, o que me causa estranheza, pois sou a responsável pela formação de seu filho!

Isabelle manteve nos lábios uma expressão zombeteira, que irritou sobremaneira Louise. Pensou alguns instantes e tornou:

— Gostarias mesmo de conhecer o conde? Talvez não seja uma boa ideia, advirto-te!

— Não tenho interesse algum, a não ser o de falar sobre os progressos de Laurent. De qualquer forma, tenho falado com Vincent, que, ao que me consta, deve inteirar o conde a respeito.

Isabelle caminhou em direção à porta e, voltando-se, afirmou:

— Certamente, a partir de agora, deverás tratar com a condessa esses assuntos. Advirto-te que a mãe de Armand é uma mulher muito exigente e muito afeita às tradições e ao nome da família. Se ela não se agradar dos teus métodos de ensino, deverás partir.

Isabelle saiu com um sorriso a lhe vagar pelos lábios. Satisfeita, sabia que Louise lamentaria se afastar do castelo, pois se afeiçoara a Laurent profundamente.

Sentindo um vazio no estômago, Louise se dirigiu ao quarto. Sentou-se em sua cama e, enquanto acendia a lamparina que iluminava o ambiente, que já se tornava escuro, começou a pensar.

Se precisasse partir, haveria de sofrer muito! A cada dia que passava, mais se sentia ligada a Laurent!

Criada sozinha por Céline, identificara-se com o menino, pois também perdera a mãe, e a solidão fora uma constante em sua existência.

No grande salão do castelo, Armand, Isabelle, Laurent e Geneviéve conversavam enquanto tomavam deliciosa sidra.

Geneviéve comentou, admirada:

Tanya Oliveira ditado por Eugene

— Fico feliz em ver meu neto corado e bem-disposto! A que devo esta mudança, querido? Isabelle deve estar se esmerando em cuidados contigo!

Isabelle agradeceu, mas foi o próprio Laurent quem a corrigiu:

— Não, vovó, quem está cuidando de mim é Louise, a nova preceptora. Tenho aulas ao ar livre três vezes por semana e estou aprendendo muitas coisas com ela!

Geneviéve arqueou as sobrancelhas e, se dirigindo a Armand, o inquiriu:

— Quando essa moça chegou? Por que não me avisaste?

Armand fitou a mãe e tornou:

— Sei o que devo fazer em relação a meu filho. Esse é um assunto de minha alçada.

— Sim, tens razão. Mas Laurent é meu neto e também tenho responsabilidades em relação a ele. Desde a morte de Suzanne, procurei ajudá-lo no difícil mister de educá-lo sem a presença da mãe. Por isso torno a perguntar-te: Por que não me avisaste da chegada dessa moça? Eu deveria estar ciente disso! Afinal, é uma estranha no castelo!

Laurent, que a tudo ouvia muito sério, interveio:

— Não, minha avó! Louise não é estranha, é uma excelente professora e muito bela também!

Geneviéve percebeu que a conversa deveria se estender mais do que imaginava e pediu que Isabelle levasse o menino para o seu quarto.

Verificava que, após a sua partida, muitas coisas haviam acontecido naquele castelo. Ela se aproximou do filho e, esforçando-se para evitar a frieza habitual, perguntou:

— Armand, meu filho! O que está acontecendo contigo? Fui eu quem te aconselhou a contratação de uma preceptora para Laurent. Por que não me avisaste, para que eu pudesse dar minha aprovação?

Armand, impacientando-se com as considerações maternas, respondeu:

— E se não a aprovasses? Laurent não poderá ficar isolado do mundo para sempre, minha mãe! Autorizei Vincent, em quem deposito total confiança, para tratar do assunto. Não sei até quando viverei, para zelar por meu filho, e preciso prepará-lo para a vida!

Expressando extremo orgulho e seu profundo apego às convenções sociais, Geneviéve obtemperou:

— Por que dizes isso? O que te faz pensar que viverás pouco? Não gostaria de pensar que o conde D'Avigny ouse conjeturar uma saída indigna para os seus pesares! Ouve, Armand: já é tempo de enterrar de uma vez Suzanne! Foi uma fatalidade, concordo, mas ela morreu há mais de sete anos! Precisas reagir e prosseguir com tua vida! Lembra-te que Isabelle está ao teu lado por todo esse tempo e, pobre moça, já tem sua reputação maculada devido a isso!

Armand se voltou, encolerizado, e tornou em tom alto:

— Nunca prometi nada a Isabelle! Tua afilhada veio para este castelo por sua livre e espontânea vontade! Jamais a obriguei a aqui permanecer; ela instalou-se porque quis!

— Não seja ingrato, Armand! Isabelle criou o teu filho, que ficou sem mãe. É um dever de tua parte dar-lhe um nome digno, pois não há no mundo mulher à altura de Suzanne a não ser Isabelle!

Armand permaneceu em silêncio e se retirou a passos largos. Geneviéve conteve-se diante da atitude desrespeitosa do filho.

De seus olhos azuis percebia-se o turbilhão que lhe invadia a alma: eles não expressavam a limpidez do céu, mas um tom acinzentado e pesado, que mais parecia o prenúncio de uma tempestade.

5 - Sofrimento além da vida

Alheia ao que acontecia nas outras dependências do castelo, Louise dedicava-se à leitura, distraidamente, em um momento de descanso. Geneviéve, Isabelle e Laurent haviam se ausentado do castelo, indo até o povoado visitar o pároco local, pessoa muito ligada aos D'Avigny.

Repentinamente, ela passou a ouvir, a alguma distância, um lamento, que em seguida se transformou em choro incontido.

Louise olhou ao redor e não percebeu nenhum movimento incomum; saiu do quarto e caminhou em direção às outras dependências do castelo, mas não identificava a origem daquele som.

Instintivamente, saiu e se pôs na direção de onde julgava se originar aquele pranto. Caminhou algum tempo, sem se dar conta de que se afastava, seguindo em direção ao cemitério do castelo.

LAÇOS DA VIDA

Como que impulsionada por uma força sobre-humana, se aproximou da lápide protegida pela estátua de um anjo; com o olhar voltado para o céu, este parecia suplicar auxílio para a estátua da jovem mulher que jazia em seus braços. Louise, emocionada, leu a inscrição incrustada no mármore frio: "Condessa Suzanne D'Avigny, esposa inesquecível".

Uma grande tristeza se apoderou de Louise; instintivamente, ela recolheu algumas flores do campo e as colocou entre as mãos da estátua da mãe de Laurent. Impressionada, procurou orar, sentindo que, por alguma razão, aquela alma ainda não tinha encontrado a paz. O pranto, que antes ouvira alto, foi diminuindo e, por fim, se calou.

Louise, ajoelhada diante do mausoléu, não percebeu que a forma espiritual de uma mulher jazia ao seu lado em profunda melancolia. Era Suzanne que, reconhecendo na jovem alguém que realmente parecia amar Laurent, a atraíra para aquele lugar.

Louise ia se levantar, quando ouviu uma voz masculina, que desconhecia e que a fez estremecer; ao fitar o homem à sua frente, deu um passo atrás: era Armand D'Avigny.

— Quem és? O que fazes aqui? Não sabes que a ninguém é permitido aproximar-se destas terras?

Louise arregimentou coragem e respondeu com aparente serenidade:

— Sou Louise Chernaud, senhor, preceptora de Laurent. Devo estar falando com o senhor conde D'Avigny...?

Surpreso com a desenvoltura de Louise, Armand prosseguiu:

— Lamento não nos termos apresentado, senhorita. Vincent foi encarregado de tomar todas as providências relativas ao seu trabalho com meu filho.

— Entendo, senhor. Se me permite, preciso voltar às minhas tarefas...

— Sim, é claro. Fique à vontade.

Louise ia se retirar, quando Armand perguntou ainda:

— Posso saber o que a trouxe ao túmulo de minha esposa?

Louise falou com tristeza:

Tanya Oliveira ditado por Eugene

— Não lhe poderia revelar, senhor. Infelizmente não é possível. Com licença! — e se retirou na direção do castelo,

Armand permaneceu observando a silhueta de Louise, que caminhava, apressada, como se desejasse fugir daquele local. A seguir, se voltou para o mausoléu de mármore e, contrafeito pelo momento de distração, colocou ali uma braçada de rosas, que havia colhido pessoalmente nos jardins do castelo.

Louise, ao retornar, trazia os batimentos cardíacos alterados. Finalmente conhecera o senhor D'Avigny! Felicitava-se por não se ter intimidado diante do castelão. "Por que motivo este homem é tão temido? Pareceu-me trazer uma grande dor em seu coração! Trata-se de um sofredor, que não aceita a morte da esposa!", refletiu.

Ao pensar na condessa, Louise recordou-se de como chegara até o mausoléu de Suzanne. Um arrepio percorreu-lhe a espinha e ela resolveu falar com Marion.

Em alguns minutos, foi até os aposentos da serva do castelo e bateu à porta de madeira escura. Marion abriu e perguntou, assustada:

— Mademoiselle Louise! Aconteceu algo? — Louise tratou de acalmá-la:

— Não, Marion, está tudo bem. Apenas gostaria de conversar um pouco, estou me sentindo muito só.

Com cordialidade, Marion a convidou a entrar. Louise deu alguns passos e observou disfarçadamente o interior.

Verificou que os seus cômodos eram superiores aos da pobre Marion. Extrema simplicidade, ou mesmo rusticidade, predominava no apertado aposento.

Apresentando uma cadeira, Marion a convidou a sentar-se; ao mesmo tempo, puxou uma banqueta e se acomodou.

Com curiosidade, perguntou:

— Dize-me, Louise, o que te está perturbando? Não foi apenas a solidão que te trouxe até aqui!

Louise fitou Marion e revelou o que acontecera alguns minutos antes. À medida que falava, percebia que o semblante de Marion ia se alterando. Por fim, era visível o temor que a mulher revelava em seu olhar.

Sem entender o que ocorria, Louise perguntou:

— O que houve, minha boa Marion? Falei algo que te assustou?

Marion se levantou e, aproximando-se de Louise, tornou:

— Por Deus! Disseste que ouviste soluços antes de ires até o túmulo! Ouve o que te digo, Louise: nunca comentes sobre isso com ninguém! Promete-me?

— Não posso prometer sem antes compreender o que está se passando, Marion! O que aconteceu neste castelo? Por que tanto mistério sobre a morte da condessa Suzanne?

Marion fez um sinal com a mão para que Louise falasse mais baixo. Em seguida, olhou para os lados, se certificando de que improváveis ouvintes, visto que estavam a sós, as escutassem. Demonstrando o medo que lhe ia na alma, advertiu Louise:

— Digo-te outra vez: não tens experiência do mundo, menina. O que ocorre é que, às vezes, a felicidade parece fugir de nossas mãos, sendo-nos permitido apenas tocá-la com a ponta de nossos dedos!

— O que queres dizer? Acredito que podemos ser felizes... Deus nos criou para a felicidade!

— Sim, é no que acreditamos na idade em que te encontras! Talvez a tua sina não esteja marcada como a da condessa Suzanne!

— O que houve com ela? Lamento por Laurent, que sofre muito com sua ausência!

Marion deu um suspiro e confidenciou:

— Não digas a ninguém o que vou te revelar. Há pouco mais de oito anos, vivíamos felizes neste castelo, tanto os empregados como os patrões. A condessa Suzanne era uma mulher bondosa, que tratava a todos com respeito e afabilidade. O conde era um homem feliz, realizado, às vésperas do

Tanya Oliveira ditado por Eugene

nascimento do seu primogênito. A mãe do conde, a condessa Geneviéve, não gostava da nora, mas, para não desagradar o filho, tolerava-a. Ao fazer uma viagem para visitar alguns parentes, trouxe no seu retorno uma jovem, sua afilhada, a quem estimava muito: Isabelle. No início eu não havia reparado, mas com o tempo percebi que o som da risada da condessa Suzanne desaparecera; via-a em seus aposentos ou no sótão; seus hábitos se modificavam, passou a fazer algumas refeições no quarto, saía cada vez menos, o que piorou após o nascimento de Laurent.

Impressionada, Louise indagou:

— E o conde? Certamente deve ter chamado um médico!

Marion fez um ar suspeito quando exclamou:

— Sei que não devo julgar o meu senhor, mas é isto o que não entendo. Por que motivo ele não chamou o médico da família? Quando ele resolveu chamar, já era tarde!

— Pobre Suzanne! — lamentou Louise. — Deve ser por isso que ainda não encontrou a paz!

— Sim, Louise. A jovem condessa ainda sofre, talvez preocupada com Laurent, que Isabelle apenas tolera!

Penalizada, Louise aconselhou:

— Vamos orar pela condessa, Marion; e por Laurent, que me parece uma criança muito infeliz.

Marion assentiu com a cabeça e completou:

— Não sei ao certo quem sofre mais neste castelo, o que sei é que o conde Armand vive preso ao passado, se martirizando e tornando a sua própria existência um martírio!

Naquela noite, Louise, ao dormir, teve muitos pesadelos. Acordou transpirando muito e, depois de tomar alguns goles de água, com temor de voltar a sonhar, não conseguiu mais conciliar o sono.

Viu que a manhã despontava e resolveu se aprontar para mais um dia de trabalho. Colocou um vestido acinzentado com delicadas rendas cor-de-rosa; prendeu os fartos cabelos louros em um penteado discreto, que evidenciava a beleza de sua cabeleira.

Os traços suaves de Louise, os grandes olhos de um azul marcante, tornavam a sua fisionomia extremamente agradável.

Apesar da noite maldormida, Louise lavou o rosto com uma boa quantidade de água fresca, fazendo retornar o viço de sua pele jovem.

Assim que se viu pronta, Louise orou com fervor para que se desincumbisse bem de suas tarefas e saiu em direção à cozinha.

Evitou falar no assunto que tratara com Marion, pois Vincent estava presente. Ia se dirigir aos cômodos internos, para esperar Laurent, quando ouviu uma advertência em tom seco:

— Não é permitido aos empregados transitarem nesta ala do palácio sem minha anuência! Como ousas vir até o quarto do meu neto sem antes seres apresentada a mim?

Louise ia responder que Vincent nada mencionara a tal respeito e que, desde que ali chegara, assim havia procedido, mas alguém se interpôs e falou em seu lugar:

— Por favor, minha mãe! Esta jovem é preceptora de Laurent e não precisa de autorização para ir aos seus aposentos!

Geneviéve se virou e olhou com dureza para o filho. Sentindo-se desprestigiada por Armand, falou com rispidez:

— Armand! Nunca interferiste em minhas determinações! Esqueceste que ainda sou a dona deste solar?

Os olhos de Armand brilharam, revelando sua indignação. A seguir respondeu:

— Atualmente, só existe um conde D'Avigny, que sou eu! A condessa D'Avigny está morta, portanto é por minha vontade que utilizas este título.

Geneviéve enrubesceu. Armand nunca a havia afrontado daquela maneira. Percebendo que Louise presenciava uma cena familiar, voltou-se para a moça e determinou:

— Acompanha-me até a minha sala particular! Preciso verificar quem está educando o meu neto.

Louise fez um sinal positivo e seguiu a condessa. Ao cruzar com Armand, sentiu seu olhar envolvê-la por completo, mas evitou fitá-lo. Em alguns minutos, estava diante da prepotente condessa.

Geneviéve a observava, examinando-a detalhadamente. Incomodada com a situação, Louise se adiantou:

— Com a sua permissão, senhora condessa, posso lhe informar sobre os meus métodos de ensino com o menino Laurent.

Geneviéve arqueou as sobrancelhas, verificando a ousadia de Louise. A seguir, ressaltou:

— Louise é o teu nome, não é mesmo? Louise de quê? A propósito, és muito bela para exerceres um ofício que te põe em contato com tantas vicissitudes!

Percebendo a atitude agressiva de Geneviéve, Louise respondeu:

— O meu nome completo é Louise Chernaud, senhora. Quanto às dificuldades de minha profissão, não as vejo menores em outros tantos ofícios. Não há alternativa para uma jovem que não possui fortuna nem títulos.

— E por que não te casaste com alguém do teu nível? Deves ter muitos pretendentes no teu meio.

Louise se impacientava com a arrogância da condessa e resolveu esclarecer:

— Não tenho interesse em me casar, senhora. Penso, mesmo, no futuro, em me dedicar à religião. Por ora, aceitei este trabalho por indicação de minha madrinha, madame Céline Touillard.

Ao ouvir aquele nome, a palidez de Geneviéve se acentuou e ela se calou. Após longos minutos, nos quais parecia lembrar algo que havia muito esquecera, tornou:

— Soube que meu neto muito te aprecia. Vou acompanhar algumas aulas e falarei com meu filho sobre a conveniência, para Laurent, de tua permanência aqui. Podes te retirar!

Louise fez leve mesura com a cabeça e saiu rapidamente. Laurent já a esperava no *hall* de entrada; o menino demonstrava grande alegria. Louise pegou alguns papéis e um globo terrestre, e saíram para a rua.

Pelos fios do destino, diante dos resgates necessários à nossa evolução, nossos adversários cruzam nossos caminhos, desejosos de reparação.

Surge então, apesar das dificuldades inerentes às circunstâncias, a bendita oportunidade de agirmos de acordo com os ensinamentos de Jesus.

Quantos, na realidade, conseguem aproveitar esses momentos radiantes na vida de um espírito?

Mais um dia comum transcorrera, sem maiores percalços, levando nossos amigos a crerem que a vida seguiria com seus eventos corriqueiros.

A noite, porém, reservava acontecimentos intensos e perturbadores. Louise se recolhera cedo, como de costume. Vestira sua longa camisola e soltara os cabelos, que caíam sobre suas costas como uma cascata de fios de ouro.

Após as orações da noite, depois de haver dormido algumas horas, ouviu fortes batidas em sua porta. Assustada, levantou-se e vestiu um chambre de seda, cujas longas rendas do tipo *chantilly* proporcionavam requinte e um toque de elegância ao traje. Abriu a pesada porta sem preocupação, pois imaginou se tratar de Marion.

Ao ver, porém, Armand à sua frente, sentiu que a voz morria em sua garganta. Com a aparência visivelmente transtornada, Armand estava parado diante dela, segurando uma lamparina na mão.

Louise aguardou que ele se pronunciasse. Os melancólicos olhos negros de Armand revelavam sua perturbação:

— Perdão, senhorita, não desejo incomodá-la, mas estamos há algumas horas procurando acalmar Laurent, porém infelizmente não conseguimos.

Ao ouvir o nome de Laurent, Louise sentiu as pernas fraquejarem. Aflita, perguntou:

— O que houve com Laurent, senhor? Está doente?

Armand fez um sinal negativo e tornou:

— Peço que me acompanhe, senhorita Louise. É preciso ver com os próprios olhos!

Louise concordou e seguiu ao lado de Armand. Pôde ouvir, ao longe, o choro incontido de Laurent e, adiantando-se, correu em direção ao quarto do menino.

Ao chegar, viu que Geneviéve procurava, debalde, segurar Laurent, que se debatia e chamava por ela. Louise se aproximou e, falando com extrema ternura, acariciou a cabeça suada de Laurent:

— Laurent, querido! Sou eu, Louise... Estou aqui para te ajudar!

A voz suave de Louise se sobressaiu no ambiente e Laurent a fitou, chorando, enquanto dizia:

— Louise, me protege! Estou com medo!

Louise o abraçou carinhosamente:

— O que houve, Laurent? Tiveste um pesadelo? Sabes que nada poderá lhe fazer mal; estás protegido por teus familiares e por Deus...

— Não, Louise, não foi um sonho! Eu estava lendo um texto para a nossa aula de amanhã e eu vi...

Preocupada, Louise perguntou:

— O que viste?

Laurent voltou a chorar e, apontando para o pai e a avó, reclamou:

— Eles não acreditam! Mas eu juro que vi uma mulher naquele canto... Ela veio em minha direção!

As últimas palavras de Laurent fizeram Louise estremecer. Sem dúvida alguma, se tratava de Suzanne!

Percebendo o que havia se desenrolado naquele aposento, Louise procurou acalmar o menino:

— Acredito no que dizes, Laurent. Agora vamos orar, para que tudo seja esquecido e possas dormir novamente. O senhor conde e a condessa precisam repousar...

Os olhos do menino brilharam quando ele perguntou:

— Ficarás comigo, Louise? Prometes que não me deixarás, mesmo que eu adormeça?

Louise ia responder que não poderia atendê-lo, mas Armand se adiantou e respondeu:

— Sim, meu filho. Se esta é a tua vontade, Louise dormirá aqui esta noite.

Geneviéve, que a tudo observava, reprovando as atitudes do filho, interpôs:

— Armand! Não estás dando importância demasiada a esse episódio? É apenas uma criança que teve um pesadelo...

O conde D'Avigny respondeu enfaticamente:

— Se Laurent se sente mais tranquilo com a presença de sua preceptora, não vejo motivos para contrariá-lo, minha mãe — e, voltando-se para Louise, completou: — Pedirei a uma criada que arrume um leito para a senhorita.

Louise retrucou prontamente:

— Senhor, não há necessidade de chamar ninguém. Eu mesma providenciarei um local para dormir!

A seguir, Louise se aproximou de Laurent e, enquanto acariciava os cabelos encaracolados do menino, orava, pedindo a Jesus proteção para aquela criança. Inconscientemente, Louise lhe transmitia fluidos revigorantes, que lhe acalmavam o sistema nervoso, abalado com a presença de Suzanne.

Em alguns minutos, as últimas resistências de Laurent cediam ao influxo magnético de sua preceptora. Geneviéve, atenta, considerava a ação de Louise estranha, e uma suspeita começava a surgir em sua mente. Finalmente se retirou, contrariada, e aguardou que Armand fizesse o mesmo. Armand se aproximou do leito de Laurent e beijou o filho com ternura. Em seguida, fitou Louise e articulou um agradecimento em voz baixa.

Louise curvou a cabeça e logo se preparou para adormecer.

Apesar do cansaço, não conseguia conciliar o sono, pois os acontecimentos da noite a faziam refletir. Lembrava-se que também tivera um pesadelo na noite anterior e que a muito custo conseguira adormecer.

Sabia que Laurent vira a mãe, que, apesar do sofrimento que a levara à morte, não abandonava o filho. "Pobre alma, senhor Jesus! Quanto sofrimento para uma mãe, não poder acariciar o próprio filho! A reação de horror de Laurent deve ter feito com que ela se sentisse ainda mais infeliz!" Mais uma vez, uma pergunta se instalava na cabeça de Louise: "O que terá realmente acontecido a Suzanne? Por que uma jovem supostamente venturosa, bela, abençoada com a fortuna e um casamento feliz estaria nestas condições?"

Além disso, as atitudes do conde também a confundiam. Por que aquele homem ainda jovem se recolhera como um ermitão naquele castelo, abandonando o próprio filho?

Laurent fora criado como se fosse órfão, sem a presença e o amor maternos e com a frieza atormentada do pai. "Quanta dor, quantos pesares, quantos lamentos ecoam nas paredes deste castelo!", pensou Louise.

Com essas considerações inquietantes, finalmente adormeceu.

6 - Conflitos de almas

Geneviéve se recolhera extremamente contrariada com tudo o que acabara de presenciar.

A influência de Louise sobre Laurent era inegável e percebera como Armand parecia impressionado com o efeito que a presença da moça exercia em seu filho. "Isso não poderia ter acontecido de forma alguma!", pensava.

Deliberou que, logo que amanhecesse, falaria com Isabelle e Armand. A situação dos dois seria condenada pela sociedade e era preciso tomar uma providência. Nunca imaginara que a filha de Sophie se tornaria uma jovem tão bela...

Armand, por sua vez, não conseguia tirar o pensamento da figura de Louise. Lembrava-se do seu olhar assustado, quando fora procurá-la, e de sua evidente preocupação com Laurent.

Sentado em confortável poltrona, um sorriso sobreveio aos lábios do conde D'Avigny ao rever o rubor de Louise por recebê-lo em trajes de dormir. Como não percebera antes a sua beleza?

A pobre menina acabara por se esquecer de seus escrúpulos juvenis e o acompanhara, resoluta, para auxiliar Laurent...

Apesar de seu constante tormento desde que Suzanne partira, Armand não pôde deixar de perceber o perfume que se desprendia dos cabelos da jovem.

O seu porte delicado, a sinceridade dos gestos, o carinho por Laurent despertavam uma onda de sentimentos agradáveis que há muito tempo Armand não sentia.

Quando fora a última vez que registrara uma presença feminina? Apenas carregava em suas lembranças o dia da partida de Suzanne.

Fazia um mês que Laurent havia nascido! Pouco tempo antes, Suzanne começara a apresentar um comportamento estranho. Isabelle viera ajudá-la no momento de dar à luz, a pedido de Geneviéve.

Procurava cercá-la de carinho, mas o seu temperamento arredio ia de encontro aos caprichos de Suzanne.

Locomovendo-se com dificuldade, devido ao estágio avançado de sua gravidez, Suzanne lhe exigia a presença constante, fazendo com que praticamente abandonasse suas atividades.

Desde que o pai falecera, havia assumido o controle das propriedades e, particularmente, da produção agrícola.

Naquele período, no entanto, se afastara e, com o falecimento de Suzanne, nunca mais retomara seus afazeres.

Passava os dias ensimesmado, buscando leituras que acabavam por piorar seu estado mental, por lhe plantar no cérebro as sementes da negação e contestação da concepção religiosa.

Armand se tornou ateu desde que perdera a esposa. Possuidor de uma fé vacilante, ao se deparar com o corpo frio e inerte de Suzanne, desafiou os céus, revelando a revolta de sua pobre alma.

LAÇOS DA VIDA

Negando a tudo e se afastando de todos, deixou Laurent ao encargo de sua mãe e de Isabelle. Reconhecia, porém, que elas não revelavam sentimentos maternais que pudessem suprir as necessidades do menino.

O abandono a que votara Laurent lhe fustigava a alma, mas não sentia forças suficientes para se aproximar do filho, retrato vivo de Suzanne.

Laurent trazia no semblante a marca da mãe e era-lhe um suplício fitá-lo e recordar-se da mulher amada. Principalmente porque, na véspera daquele dia fatídico, havia se desentendido seriamente com Suzanne.

Logo ao levantar fora aos aposentos da mulher, que permanecia em convalescença do parto por orientação de sua mãe.

Para que Suzanne ficasse mais à vontade com a criança, passou a dormir em um quarto contíguo. Encontrara Suzanne muito nervosa, com visíveis sinais de que havia chorado.

Ao procurar beijá-la, ela o havia evitado e, levantando-se com dificuldade, lhe disse com amargura e rancor:

— Não é mais necessário fingir, Armand! Sei por que te afastaste de mim e me abandonaste sozinha com a criança...

Sem compreender, Armand respondeu:

— Suzanne! O que está havendo? Achei que poderias atender ao menino com mais tranquilidade sem a minha presença! Além disso, Isabelle te está ajudando; creio que a presença dela, neste momento, será mais efetiva...

Suzanne riu com ironia e tornou:

— Quem pensas que eu sou? Achas que eu acreditarei nessa tolice? Queres me evitar, e isso vem acontecendo há muito tempo! Nunca quiseste este filho, Armand!

Transtornado, ele retrucou:

— Suzanne! Como podes dizer isto? Sempre quis ter um filho, mas tu evitavas, não queria perder as formas... Esperei por quatro anos, até que concordasses comigo, lembras?

Suzanne rompeu em choro convulsivo e bradou:

— Não, não queria mesmo! Agora sei que nunca me amaste; querias um pretexto para te afastares de mim... — O olhar de Suzanne demonstrou extrema tristeza quando disse: — Amo-te mais que a própria vida e, se tiver que perdê-lo, prefiro desistir de tudo!

Invencível mal-estar envolveu Armand. A depressão de Suzanne, a princípio, penalizava-o, mas com o tempo passou a irritá-lo e procurava evitá-la o mais possível.

Cansado daquelas cenas de ciúmes, naquele dia, falou com veemência:

— Se não parares com estas ideias absurdas, conseguirás o que desejas! Eu me afastarei, sim, de ti e da tua loucura! Não suporto mais viver dessa forma, sem paz, sem amor, sem nada; apenas com os teus ciúmes!

Armand se retirara, batendo fortemente a porta.

Suzanne se jogara aos seus pés na tentativa de evitar sua saída, mas Armand se desvencilhara dela qual um traste que o importunava.

O sorriso havia desaparecido da face de Armand. As lembranças ainda estavam vívidas em sua mente, torturando-o como se revivesse infinitamente aquelas cenas.

Grande angústia lhe invadia nessas ocasiões, e a revolta, o ódio, a raiva pelo seu infortúnio o deixavam verdadeiramente alucinado.

Às vezes saía do castelo e descia o penhasco desatinado, como se desejasse fugir daquele pesadelo. Em uma ocasião, alguns moradores do povoado presenciaram o efeito de sua ira sobre um pobre animal e se criou a lenda de que o conde enlouquecera após a morte da mulher.

Devido à sua agressividade, poucos se aproximavam do castelo, pois a mente popular aumentava os fatos, sendo que muitas desgraças e acidentes eram atribuídos à loucura do conde.

As únicas pessoas com quem tratava eram Geneviéve, Isabelle e Vincent. O próprio filho o evitava, temendo as reações do pai.

Armand identificava aquela sensação familiar de desespero e infelicidade que se abatia sobre si, e a imagem de

Louise se diluía em meio a um turbilhão de pensamentos negativos.

Não percebia que uma sombra de mulher o abraçava, encontrando conforto para os seus sofrimentos, dividindo com Armand a dor que carregava no além-túmulo.

Este, incapaz de orar e pedir auxílio ao Criador, permanecia em grande sofrimento; o remorso que cultivava lhe atrelava a alma cada vez mais a Suzanne.

A quem atribuirmos o papel de vítima e o de algoz?

O dia amanhecera radiante e a temperatura mais amena sugeria um contato com a natureza. Louise, que havia dormido no quarto de Laurent, foi aos seus aposentos a fim de se preparar para as suas atividades; considerou que uma aula ao ar livre faria bem a Laurent, pois o afastaria do ambiente pesado do castelo.

O menino ainda estava se vestindo quando retornou, mas, logo ao chegar, teve uma surpresa.

Armand a aguardava junto ao filho. Ao vê-lo, Louise inclinou a cabeça, cumprimentando-o.

O conde D'Avigny permaneceu impassível aparentemente. Observando a moça, verificava mais uma vez a pureza dos traços de Louise. Adiantando-se, falou:

— Bom dia, mademoiselle! Gostaria de agradecer por sua diligência ontem, ao atender a meu pedido. Sou-lhe muito grato!

Surpresa com a cordialidade de Armand, Louise tornou com franqueza:

— Senhor, gosto muito de Laurent e faria qualquer coisa para evitar que sofresse. Sempre que precisar, estarei às suas ordens.

Atento às reações de Louise, Armand deu um meio sorriso e perguntou:

— Posso acreditar em tuas palavras, mademoiselle Louise? Farias mesmo qualquer coisa por meu filho?

Leve rubor perpassou pelas faces da moça e ela respondeu convicta:

— Sim, senhor conde. Não hesitaria em fazer algo que beneficiasse Laurent.

Armand, satisfeito, comentou:

— Não quero atrapalhar as suas lições de hoje. Vim verificar as disposições de Laurent e percebi que está bem.

Louise sorriu e informou:

— Sim, felizmente ele acordou bem-disposto e, como temos um belo dia pela frente, a nossa aula será nos arredores do castelo.

O conde se dirigiu a Laurent, que se aprontara, e disse:

— Qualquer dia desses, meu filho, irei assistir a uma das tuas aulas com mademoiselle Louise. Concordo que esse método é muito interessante...

Armand passou a mão pelos cabelos do filho e, apesar do ímpeto de beijar-lhe o rosto infantil, se retirou como se procurasse tolher um sentimento que insistia em se revelar.

A seguir, encaminhou-se a passos largos para os aposentos de Geneviéve, que já o aguardava. Logo ao chegar, verificou que Isabelle o antecedera e conversava com sua mãe. Ainda pôde ouvir quando a primeira disse:

— Queres me dizer que não ouviste os soluços de Laurent? Sinto muito, Isabelle, mas é difícil acreditar, pois dormes quase ao lado do quarto de meu neto!

Isabelle retrucou contrafeita:

— Não ouvi nada, minha tia! Juro que adormeci cedo, pois estava cansada com as minhas inúmeras atribuições neste castelo... Além dos criados, preocupo-me com o bem-estar de Armand e Laurent...

O conde se juntou à conversa e disse:

— Pelo que pude observar, Isabelle, estás em falta com o último; quanto a mim, dispenso teus cuidados.

Geneviéve interveio:

— Como podes falar assim com Isabelle, meu filho? Não estás agindo como um cavalheiro e, além disso, tu estás sendo injusto com alguém que abriu mão de sua dignidade para ficar ao teu lado!

Armand se alterou e falou em tom alto:

— Não me culpes por teus atos, minha mãe! Foste tu quem trouxeste Isabelle para este castelo, o que só acarretou dissabores para Suzanne...

Encolerizada, Geneviéve retrucou:

— Como te atreves, Armand? Eu a trouxe para que ela ajudasse a tua mulher, que não tinha condições de criar o próprio filho!

Armand voltou a questionar:

— Como podes afirmar isso? Suzanne não teve a oportunidade de ser a mãe dedicada que eu sei que seria. Algo que desconheço aconteceu, transtornando minha mulher e a fazendo desistir de viver!

Isabelle enxugou uma falsa lágrima e se aproximou de Armand, dizendo:

— Estás sendo injusto com a madrinha, Armand! Ela sempre procurou auxiliar Suzanne, mas infelizmente não logrou êxito. Eu também fiz o possível, porém o destino agiu contra nós...

Geneviéve voltou a intervir:

— Bem, já que estamos aqui reunidos, creio que seja o momento de falarmos sobre o futuro de vocês dois.

Armand fixou um olhar gélido sobre a mãe; Isabelle empalideceu. Geneviéve fitou o filho e prosseguiu:

— Não é segredo para ti, Armand, que eu faço muito gosto que te unas a Isabelle. Além de ser uma atitude digna de tua parte, farias a felicidade de Laurent.

Armand retrucou prontamente:

— Sou sincero, mãe, quando digo que não estou em condições de assumir um compromisso matrimonial com Isabelle. A lembrança de Suzanne está ainda muito viva em minha alma e não poderia fazê-la feliz. Seria uma vida de infelicidade, pois Isabelle sabe que não será amada, que estarei cumprindo apenas um dever.

Tanya Oliveira ditado por Eugene

Isabelle se aproximou de Armand e disse com suavidade:
— Armand! Sabes que te amo desde criança! Não exigirei um amor como o que dedicaste a Suzanne. Saberei aguardar que o tempo te faça esquecer de tua primeira esposa...
— Não és mais um jovem inconsequente, Armand! A reputação de Isabelle está em tuas mãos! Há quase dez anos ela divide o teu teto e vens me falar que não a amas? O que pensas que os habitantes do povoado comentam sobre Isabelle? Queres que ela seja conhecida como a amante do conde D'Avigny? — questionou Geneviéve.

As palavras de Geneviéve calaram fundo em Armand. Podia ter muitos defeitos, tendo mesmo abandonado os negócios da família, se entregado ao desespero e ao tormento em que transformara a sua existência... Mas era um homem de honra para com os seus pares da nobreza.

Não podia permitir que Isabelle ficasse desonrada por sua causa! Ela o seduzira exatamente na época em que Suzanne piorara, porém nada lhe prometera, ela sabia que não a amava... Mas era obrigado a reconhecer que sua permanência em seu castelo, por todo aquele tempo, havia dado margem à situação em que agora se encontrava.

Também não podia esquecer que ela criara Laurent; que, no momento mais difícil de sua vida, Isabelle abdicara de sua juventude para ficar ao seu lado, tomando para si a tarefa de velar por seu filho.

Quando tudo estava perdido em sua vida e nada mais restava, fora Isabelle quem sustentara o que restara de sua família.

Não, não podia esquecer isso! Seria uma indignidade de sua parte, uma falta com a qual não poderia conviver pelo resto de seus dias.

Como se tivesse perdido mais uma batalha na vida, Armand, hesitante, aquiesceu:
— Está bem, que se realize este matrimônio. Desejo que fique claro para ambas que não se trata de um enlace por amor! Cumpro com um dever de que um D'Avigny não fugiria, para manter a dignidade do nome da família... — e, voltando-se

para Isabelle: — Se aceitas minhas condições, é isso o que tenho para te oferecer. Dar-te-ei meu nome, mas jamais o meu coração!

As palavras de Armand feriram Isabelle. Com lágrimas sentidas a lhe caírem dos olhos, tornou:

— Na condição de esposa, saberei conquistá-lo, Armand. Formaremos uma família e isso fará a felicidade de Laurent!

Armand lançou um olhar gélido sobre as duas e se retirou.

Geneviéve sorriu, pois conseguira o que tanto almejara. O amor, segundo pensava, era um detalhe que realmente não importava. O essencial era que a fortuna que um dia Isabelle herdaria permanecesse com os D'Avigny.

7 - Jean-Piérre

A situação política conturbada, desde a época da Revolução, havia ocasionado períodos de instabilidade e medo na pátria francesa.

Não foram poucas as vezes em que ciladas foram engendradas, situações foram criadas à socapa nos palácios, na presença de homens que se valiam de seus cargos e títulos para entrincheirar aqueles que consideravam seus inimigos; em algumas circunstâncias, por mero capricho ou por uma desilusão amorosa, famílias foram dizimadas e lançadas ao escárnio e à morte!

Longe de dignificar o ideal da liberdade, essas perseguições, além de lançar o descrédito às ideias apregoadas, derrubando os alicerces da justiça, criaram liames espirituais cujo equilíbrio entre as almas envolvidas só os resgates dolorosos porvindouros poderiam restabelecer.

Nesse ciclo reencarnatório educativo se solidifica a necessidade do perdão entre algozes e vítimas — de ontem e hoje —, para que a sucessão de encarnações penosas se interrompa e a fraternidade possa se estabelecer entre os espíritos.

Preocupada com os arranjos do casamento de Armand, Geneviéve acabou por esquecer suas cismas com Louise; antes do grande acontecimento, porém, deveria tomar algumas providências.

A atitude de Armand o afastou dos negócios da família, o que acabou por fazer com que perdessem muito de sua riqueza desde a morte de Suzanne.

A condessa D'Avigny tentou todos os recursos possíveis para salvar aquilo que seu marido havia deixado, mas havia pouco a fazer.

A tarefa de zelar pessoalmente pelas terras da família cabia a Armand, o filho mais velho. O seu desinteresse por tudo, entretanto, se afastando mesmo dos amigos mais próximos, aliado às suas atitudes de revolta, lhe angariara, sem dúvida, algumas inimizades.

Era, portanto, o momento de chamar Jean-Piérre de volta!

Certamente ele já deveria ter abandonado as suas absurdas ideias políticas e seu retorno não traria nenhum risco à família nem a ele mesmo.

Decidida, Geneviéve se sentou à sua escrivaninha e escreveu uma longa carta em que exigia o retorno de seu filho mais jovem.

Enquanto isso, Louise havia acordado e se dirigido, como de costume, para a cozinha.

Após cumprimentar Marion, sentou-se próximo a Vincent, quando ouviu este último dizer:

— Marion, prepara-te, pois teremos um novo habitante no castelo...

Tanya Oliveira ditado por Eugene

Surpresa, a mulher se aproximou e perguntou curiosa:

— O que me dizes, Vincent? Quem virá morar no castelo? Não há de ser quem eu penso...

Vincent sorriu e tornou:

— Se pensaste no senhor Jean-Piérre, acertaste, minha amiga. A condessa mandou chamá-lo, visto que meu pobre senhor não consegue vencer as saudades da esposa e deixa os negócios da família ao largo!

Louise, interessada, perguntou:

— Quem é o senhor Jean-Piérre? Nunca ouvi falar nesse nome!

Vincent se voltou para Louise e respondeu com simpatia:

— O senhor Jean-Piérre é o irmão mais novo do conde, mademoiselle. Creio que deve estar com uns vinte e sete ou vinte e oito anos...

Admirada, Louise comentou:

— Não sabia que o senhor conde tinha um irmão! Pensei que fosse filho único da condessa. Creio que deva estar há muito tempo longe da família.

— Sim, faz alguns anos que partiu. O que nos interessa agora é que irá retornar e assumir os negócios da família.

Sem conter a indiscrição, Louise, movida por ingênua curiosidade, perguntou:

— E o senhor Armand? Não cabe a ele conduzir os negócios?

Vincent a observou e respondeu compassivo:

— Sim, deveria ser ele, mademoiselle Louise. Ocorre que o senhor Armand não consegue retomar sua vida e a família está perdendo sua fortuna.

Louise se calou impressionada. A seguir se dirigiu para os aposentos de Laurent, para iniciar sua tarefa diária.

Naquele dia, iria ministrar uma aula de música. Incentivava Laurent a compreender e sentir a música, para poder tocá-la com a alma.

Para exemplificar, tocou uma conhecida ária, espalhando no ar a doçura de seus acordes. Laurent a ouvia fascinado e, ao terminar, escutou as palmas do menino. Observou, porém, que outra pessoa a aplaudia.

Voltou-se e viu que Armand se encontrava junto à porta, na entrada do aposento.

Louise enrubesceu e agradeceu o aplauso. Armand permaneceu sério e comentou:

— Gostaria que meu filho aprendesse piano, já que sua mãe o tocava com perfeição. Devo, porém, reconhecer que a senhorita possui um dom, pois executa o violino admiravelmente.

Laurent caminhou em direção ao pai e suplicou:

— Senhor, peço-lhe que me permita aprender a tocar violino... Prometo-lhe que me dedicarei até tocá-lo com perfeição, como minha mãe o fazia com o piano.

Armand pensou e respondeu:

— Não queres mesmo tocar piano? Sua mãe ficaria feliz se pudesse vê-lo tocar...

Discordando, Louise interveio:

— Senhor, conversei com Laurent e observo nele as condições necessárias para tornar-se um exímio violinista.

Armand fitou Louise com seus profundos olhos negros; havia algo em Louise que o desarmava.

Um tanto contrafeito, respondeu:

— Está bem, se assim desejas, filho... Informo-te, no entanto, que faço questão de acompanhar os teus progressos neste instrumento!

Louise e Laurent sorriram: haviam vencido a teimosia de Armand.

Armand se retirou e os dois voltaram aos estudos.

Havia se passado um mês após os acontecimentos que narramos.

Impaciente, Geneviéve olhava de quando em quando à janela de seus aposentos.

Tanya Oliveira ditado por Eugene

Jean-Piérre já deveria ter retornado! "Por que a demora?", perguntava-se.

De repente, uma ideia lhe fez o sangue ferver: e se o seu filho se negasse em lhe atender o chamado? Se decidisse — como era de seu temperamento — tomar outra resolução?

A esse pensamento, Geneviéve crispou as mãos. Não permitiria que Jean-Piérre agisse a seu bel-prazer.

Já lhe bastava ter um filho perdido para uma morta! Suzanne devia rir à sua custa, pois não havia partido sozinha. Levara para o túmulo o coração, a alma de Armand!

Absorta nesses pensamentos, Geneviéve não ouvira o movimento que se desenvolvia nos portões do castelo.

Uma elegante carruagem chegara e um jovem, aparentando uns vinte e oito anos, descera, entregando a Vincent os seus pertences.

O porte altivo, cabelos castanhos, pele alva e um olhar que revelava o seu idealismo sonhador descreveriam adequadamente o jovem conde Jean-Piérre D'Avigny.

Imediatamente se dirigiu aos seus cômodos, a fim de se desvencilhar da vestimenta da viagem.

Logo ao subir os degraus para o andar superior, Jean-Piérre observou o aspecto lúgubre do castelo. Impressionado, conjeturou que o tempo parecia não haver passado...

Fazia quase nove anos que Suzanne falecera e tudo parecia como antes!

O que fizera Armand em todos aqueles anos? Por que não reagira, como era seu costume, diante das adversidades da vida?

Não era ele o sonhador, idealista, que não tinha os pés no chão? A arrogância e o desprezo de Armand a respeito de suas ideias muitas vezes o haviam magoado e calado fundo em seu coração.

Mas ele, apesar de tudo, se afastou do maldito castelo e prosseguiu vivendo após a tragédia que se abatera sobre sua vida.

Pensativo, entrou em seus aposentos e começou a se desvencilhar do seu traje. Olhou ao redor e confirmou que nada havia mudado.

Após trocar as vestes, Jean-Piérre deu um suspiro e se dirigiu à sala onde sua mãe já o aguardava.

O que poderia haver de tão urgente que ela não lhe relatou na carta que lhe havia enviado? Na realidade, tinha sido um ultimato para que retornasse ao castelo o quanto antes... O que estaria acontecendo?

Entre a curiosidade e uma certa preocupação, Jean-Piérre adentrou o recinto e se curvou diante de Geneviéve, beijando-lhe a mão.

Geneviéve o fitou longamente e disse:

— Pensei que me darias outro desgosto, como há alguns anos... Partiste quando mais precisei de tua presença!

— Chamaste-me para relembrar o passado distante? Pensei que me havias perdoado e me buscavas para uma reaproximação, à sua maneira, é claro.

Geneviéve apontou uma cadeira e, sentando-se proximamente, iniciou:

— Tens razão. Deixemos o passado obscuro para trás e vamos nos ocupar com o presente. Devo dizer-te que a riqueza que o teu pai nos deixou se esvai de nossas mãos; estimo que em pouco tempo estaremos sem fortuna e o nome de nossa família ficará enlameado pela miséria!

Atento, o rapaz questionou:

— Como pode se dar isso? Meu pai havia nos deixado, além deste castelo, outras propriedades... E os vinhedos, as macieiras? Não produzem mais?

Geneviéve respondeu categórica:

— Nosso rei nos ignora, apoiando de modo irrestrito a burguesia! Deves saber que Luís Filipe nos sufoca, apoiando apenas esses indignos proletários...

Jean-Piérre mostrou certo desconforto. Sabia muito bem que a política do rei privilegiava os ideais libertadores que haviam alentado a grande Revolução do século anterior.

Procurando demonstrar isenção no delicado assunto, considerou:

— E Armand? Meu irmão sempre negociou com os comerciantes, não apenas na França, mas na Itália e Espanha...

Geneviéve não disfarçou a irritação quando disse:

— Armand vive mergulhado em lembranças e está enterrado vivo neste castelo! Desde a morte de Suzanne, a cada dia, considero-o menos meu filho! Entregou-se de forma covarde à lembrança de um casamento que não o fazia feliz!

Jean-Piérre ouvia incrédulo. Jamais imaginaria o orgulhoso sucessor de seu pai nessas condições.

— E Isabelle? Nunca mais soube notícias dela...

— Isabelle permanece no castelo. Sabes que o meu intento era casá-los, mas só agora consegui a palavra de teu irmão de que irá desposá-la. É o mínimo que poderá fazer pela reputação da moça!

— E o meu sobrinho? Isabelle deve tê-lo criado, suponho...

— Sim, Laurent é um menino encantador. Armand contratou uma preceptora para o meu neto, visto que ele não suporta Isabelle.

Pensativo, Jean-Piérre concordou:

— É estranho mesmo, pois ouvi na vila, antes de aqui chegar, que ninguém se aproxima mais do castelo. Como esta preceptora se aventurou em vir para o solar?

Geneviéve balançou negativamente a cabeça e disse:

— Esse é um outro assunto. Tenho que admitir que a morte de Suzanne trouxe a desgraça para os D'Avigny!

8 - O jardim de inverno

Louise aproveitava os seus momentos de folga para passear pelos arredores do castelo, estudar e, como moça romântica que era, sonhar através da leitura dos romances então em voga.

Havia algum tempo, entretanto, dedicava-se a uma nova tarefa.

Ao caminhar pelo castelo, descobrira no andar inferior, no sentido oposto ao da ala residencial, uma pequena sala envidraçada que parecia ter sido abandonada.

Curiosa, Louise conseguiu forçar a porta de entrada com grande dificuldade e passou pela pequena fresta resultante da sua persistência. A seguir, afastou as teias de aranhas que formavam delicada rede, semelhante a uma cortina, tecida pelos insetos como se quisessem proteger o interior do aposento.

Com arrepios a lhe percorrerem o corpo, Louise hesitava em continuar, mas algo a impulsionava para frente e, vencida pela curiosidade, acabou prosseguindo.

Após vencer a dócil resistência dos aracnídeos, olhou o ambiente de relance e percebeu se tratar de uma estufa ou jardim de inverno.

No teto, uma pequena abóbada de vidro fosco sustentada por esquadrias de ferro que avançavam até o chão; nas laterais, a luz entrava por todos os lados, visto a vidraçaria se iniciar na parte final da cúpula e seguir até encontrar o solo.

Deslumbrada, Louise caminhou entre o lixo que se amontoara ao longo dos anos.

Tudo parecia desolação e ruínas! Vasos quebrados nos balcões que deveriam servir de mesa de trabalho, louças diversas caídas pelo chão, vestígios de terra que secara nos poucos vasos ainda inteiros...

Penalizada, ela começou a recolher os destroços do aposento.

Tinha-se a impressão de que em algum dia distante aquela estufa havia sido um local muito gracioso e agradável.

A partir de então, Louise passou a dedicar seus momentos de descanso para organizar o local, aproveitando as flores da região.

Como o lugar havia muito não era frequentado pelos donos do castelo, Louise despreocupou-se e, após vários dias de limpeza, conseguiu reorganizar o ambiente.

Obteve com Marion mais alguns vasos, recuperou outros com pequenos consertos, arranjou com o jardineiro do castelo terra e algumas mudas e passou a se dedicar à sua nova tarefa.

Certo dia, quando o sol já desaparecia por entre as colinas, Louise se preparava para retornar à ala residencial quando, ao desviar o olhar da atividade em que se concentrava, percebeu que alguma coisa inusitada acontecia.

À sua frente, próximo a um dos balcões, algo semelhante a uma fumaça, volátil, plástica, se condensava e assumia a forma humana.

Sem nada conseguir dizer, paralisada, Louise permanecia estática, apenas olhando para o vulto que se formava à sua frente.

Reconhecendo já ter visto aquele espírito, Louise permaneceu em silêncio. Suzanne a saudou e, olhando para a estufa que lhe pertencera um dia, e que Louise reorganizava, disse:

— *Não temas, Louise! Não desejo te assustar! Felizmente, criaram-se as condições para que eu me manifestasse... Venho te agradecer pelas preces, que muito me têm ajudado... Por Laurent, a quem tens sido a mãe que não pude ser... E por tua presença neste castelo, que proporcionou minha libertação!*

Louise permanecia emudecida, se interrogando sobre o que poderia fazer por Suzanne. Identificando seus pensamentos, a entidade prosseguiu:

— *Estou agrilhoada a este castelo por causa de Armand! Ele não me liberta, não posso vê-lo sofrer dessa forma, Louise! Preciso que o convenças a me deixar partir... Mas, peço que tenhas cuidado; Armand poderá te ferir profundamente, pois ainda permanece enclausurado em seu egoísmo e orgulho... Continua orando por mim, Louise, e por Armand, pois ambos sofremos muito em função dos fatos que aqui se deram há alguns anos... O remorso corrói sua alma e o impede de prosseguir a vida. Preciso ir, mas não esqueças, deves ter muito cuidado, porque neste castelo conhecerás o amor, mas ele se voltará contra ti se te deixares aprisionar por suas teias de ilusão. Adeus!*

A fisionomia de Suzanne foi se tornando menos densa, como se evaporasse no ar, e acabou por desaparecer completamente. Ainda sem compreender totalmente o que havia acontecido, Louise voltou a si do leve torpor que a envolvera e, de forma descuidada, deixou cair o vaso que estava em suas mãos.

A peça, ao se chocar contra o solo, se quebrou em vários pedaços, provocando muito barulho naquela ala habitualmente silenciosa do castelo.

Não demorou muito para que Louise ouvisse passos regulares e firmes vindo em direção à estufa.

Assustada, começou a recolher os cacos do precioso vaso e acidentalmente se feriu. Louise deu um grito e o sangue lhe correu por entre os dedos, enquanto procurava algo para estancá-lo.

Naquele momento, um jovem de porte alto, com traços que lembravam a Armand, postou-se na entrada do recinto. Olhou para verificar de onde viera o barulho que havia escutado e fixou o olhar em Louise.

Aproximou-se rapidamente e, vendo que a moça havia se ferido, lançou mão do lenço que trazia como enfeite em seu casaco. Após envolver a delicada mão de Louise, segurou com firmeza.

Desconcertada, Louise não sabia o que dizer. Inconscientemente, tentou retirar a mão, mas Jean-Piérre a segurou com firmeza.

De onde surgira aquele jovem? Quem poderia ser?

Jean-Piérre, ciente de que causava extremo desconforto à jovem, desculpou-se:

— Peço perdão pelo atrevimento. Seria imperdoável de minha parte permitir que uma jovem tão bela sangrasse sem um socorro imediato.

Louise, conseguindo finalmente retirar sua mão das mãos de Jean Pierre, ruborizou-se ao dizer:

— Agradeço, senhor, mas agora está tudo bem. Devo retornar aos meus aposentos!

Observador, o rapaz identificou em Louise traços que costumava ver na corte, em Paris. O que uma moça com tantos atrativos estaria fazendo naquele castelo?

Antes que Louise fizesse menção de se retirar, Jean-Piérre a segurou pelo braço e perguntou:

— O que faz na estufa de Suzanne? Quem lhe deu permissão? Soube que há anos ninguém vem para esta ala do castelo!

Louise baixou o olhar e pediu em tom súplice:

— Peço-lhe, senhor, que não fale nada a ninguém! Tenho reservado os meus momentos de descanso para organizar este lugar... Encontrei-o abandonado, tomado pela sujeira e pelo descaso. Suplico-lhe, senhor!

— Conde Jean-Piérre D'Avigny, senhorita. Posso saber como se chama e o que faz neste castelo?

A moça ergueu os belos olhos azuis e disse com humildade:
— Chamo-me Louise e sou preceptora de Laurent...

Um brilho de interesse surgiu no olhar de Jean-Piérre. Aquela era a jovem que, inexplicavelmente, seu irmão trouxera para o castelo? Refletindo sobre a situação, tornou:

— Vou lhe propor algo, senhorita Louise. Manterei silêncio sobre o nosso encontro se me permitir assistir a uma aula sua com meu sobrinho.

Intrigada, Louise perguntou:

— Qual o seu interesse em tal assunto? Por acaso alguém lhe falou algo em relação aos meus métodos?

Admirado com a mudança de comportamento de Louise, demonstrando segurança e convicção, Jean-Piérre se apressou em dizer:

— De forma alguma, mademoiselle. Pelo contrário, ouvi apenas elogios em relação à senhorita. Ouvi falar, em minhas viagens, no professor Pestallozzi, e minha mãe disse que a senhorita utiliza o método dele. Tenho grande interesse em conhecê-lo...

Um tanto contrariada, Louise concordou:

— Tenho aulas diariamente com Laurent e o senhor poderá assisti-las quando vos aprouver. Agora, se me permite, preciso retornar...

Jean-Piérre fez um gesto, permitindo-lhe que se retirasse.

Após a saída de Louise, voltou a observar a estufa, que reassumia as características que um dia havia possuído.

Emocionado, lembrou-se de Suzanne, a quem, agora, considerava uma irmã querida. "Eles a destruíram e transformaram este castelo em um mausoléu! Todos os que se aproximam deste castelo encontram a dor e o sofrimento! Até quando esta maldição agirá sobre nossas vidas, meu Deus?", perguntava-se Jean-Piérre.

Observando algumas flores, que Louise começara a plantar, refletiu: "Quem sabe esta bela jovem possa trazer um pouco de esperança a todos nós..."

Naquele momento, Suzanne o abraçou e algumas lágrimas correram dos olhos espirituais da sofrida entidade.

9 - Retomando diferenças

Através das vidraças das janelas, tímidos raios de sol se faziam presentes na vã tentativa de iluminar o grande salão do castelo.

O resultado, apesar de tudo, contribuía solenemente para que a atmosfera da residência dos D'Avigny parecesse ainda mais desoladora.

Todos se encontravam à mesa quando Jean-Piérre se sentou. Os olhares de reprovação da condessa e de Armand o atingiram como dardos pontiagudos.

Procurando acalmar os ânimos, Jean-Piérre saudou o irmão que havia muito não encontrava:

— Fico feliz em revê-lo, meu irmão! Os anos que se passaram te trouxeram maturidade, e a mim um pouco de bom senso...

Armand o fitou enquanto mastigava um bom pedaço de carne e disse com amargura:

— Assim espero, Jean-Piérre! Que teu retorno não nos traga problemas e mais infelicidade para este castelo! Se pretendes me ajudar, visto que nossa mãe me considera incapaz de prosseguir sozinho com os negócios da família, a casa ainda é tua...

Geneviéve descansou o garfo no prato e, olhando com firmeza para o filho, retrucou:

— Foi o teu procedimento que me levou a chamar Jean-Piérre; ademais, quando te casares, precisarás permanecer mais tempo no castelo, junto a tua mulher...

Estupefato, Jean-Piérre considerou:

— Vais levar adiante essa loucura, Armand? Pretendes mesmo te casar com Isabelle?

Armand ia responder, mas Geneviéve se interpôs:

— Esse assunto não te diz respeito, Jean-Piérre. Essa decisão já foi tomada, pois teu irmão tem consciência do mal que fez à reputação de Isabelle.

Teimoso, Jean-Piérre tornou:

— Não basta o mal que fizeram a Suzanne? Teremos outra mulher infeliz nesta família, para atender aos teus caprichos, meu irmão?

Armand olhou transtornado para o irmão e bradou:

— Não permito que menciones nada sobre minha ex-esposa, ouviste? Suzanne nada mais tem a ver com nossas vidas e te proíbo de falar nela...

Pálido pela vibração emitida pelo irmão, Jean-Piérre não se deu por satisfeito:

— Vejo muitas coisas estranhas neste castelo! Por que Laurent não come conosco? Por que não partilhas as refeições com teu filho?

— Isso é um absurdo! Crianças não comem com adultos! Para isso existem as criadas, que estão à disposição para servi-los... — manifestou-se Isabelle, que permanecera calada todo o tempo.

Jean-Piérre prosseguiu:

Tanya Oliveira ditado por Eugene

— Isso é um costume de outros tempos! O menino poderia estreitar os laços contigo... Além disso, Louise poderia atendê-lo no que fosse preciso.

Geneviéve demonstrava a sua contrariedade na expressão facial. As veias das têmporas pareciam dilatadas pela circulação sanguínea, que aumentara em função de sua pressão arterial. Com extremo desprezo, falou:

— Costumavas fazer as tuas refeições com os empregados na Itália?

Jean-Piérre deu uma gargalhada e disse:

— Não apenas as refeições, minha mãe. Partilhava todo o meu dia, nas diversas tarefas a que me dedicava. Não vejo diferença entre a minha condição e a de um serviçal. Apenas um capricho do destino. — Olhando fixamente para Isabelle, que evidentemente não o admirava, prosseguiu: — Vejam bem: Isabelle teve a sorte de ter nascido em um berço de ouro, e isso a faz uma pretendente ao título de condessa D'Avigny; e se, ao contrário, tivesse nascido na condição de Louise e esta tivesse fortuna? Louise seria a pretendente, a condessa, e minha futura cunhada!

De repente, no olhar frio de Armand surgiu um estranho brilho. Observou as expressões de horror em sua mãe e em Isabelle, e achou divertida a situação. Percebendo, porém, que Jean-Piérre extrapolava com suas provocações, largou os talheres sobre o prato e deu a conversa por encerrada:

— Não temos o hábito de partilharmos as refeições com os empregados em D'Avigny; admito que gostaria de cear ao lado de meu filho... Este menino me parece muito próximo de sua preceptora... Contudo, não me parece um costume saudável colocarmos uma criança à mesa com adultos. Permitirei que Laurent faça as refeições com Louise, pois não se sentirá tão só.

O jovem e ousado Jean-Piérre, um tanto decepcionado, disse:

— Se me permites, falarei com meu sobrinho. Pelo que sei, é um belo menino de inteligência invulgar...

Armand mudou a expressão e confirmou:

— Sim, Laurent tem o melhor das nossas famílias: a beleza de Suzanne e a inteligência dos D'Avigny!

Geneviéve e Isabelle trocaram alguns olhares nos quais evidenciavam as impressões negativas que Jean-Piérre lhes causava.

Geneviéve considerava seu dever tomar algumas providências para acalmar os ímpetos revolucionários do filho, que buscava a igualdade junto às classes inferiores. Sem mais delongas disse:

— És um idealista, Jean-Piérre! Isso é coisa do passado, acabou com a Revolução... Estamos em outra época, em que as diferenças foram novamente estabelecidas e tudo voltará ao seu lugar. Ora, vejam, discutir sobre uma simples preceptora na hora da refeição!

O sangue do filho mais moço da condessa ferveu e ele considerou:

— Minha mãe! Louise, pelo que sei, é a preceptora de Laurent há quase um ano! Vejo que meu sobrinho tem apresentado excelente rendimento nos estudos e mal o reconheci, pois está muito mais feliz. Essa moça tem feito bem a Laurent e devemos reconhecer sua importância na vida dele...

Visivelmente agastada, Geneviéve percebia que os acontecimentos se precipitavam a despeito de seu controle sobre a vida dos que a cercavam. Com pensamentos sombrios, refletia: "E esse interesse por Louise? Não me agrada o desejo em aproximá-la de nossa convivência. A beleza de Louise se sobressai em relação à de Isabelle, e algo me diz que meus planos podem cair por terra se eu não tomar as devidas providências. Desde o início senti que precisava ter cuidado para que a promessa se cumprisse como foi planejada! Louise jamais será uma D'Avigny! Juro pela mãe de Isabelle!", pensava.

Ao terminar a refeição, cada um se dirigiu para locais diferentes do castelo, procurando atender aos seus interesses. Geneviéve se retirou para seus aposentos e, logo ao chegar, redigiu uma rápida carta, com poucas palavras, dirigida a ninguém menos do que madame Céline Touillard.

A seguir, se encaminhou aos aposentos de Isabelle, que a aguardava impaciente. Ao vê-la, a moça demonstrou logo sua irritação:

— Ouviste, madrinha, o que Jean-Piérre disse? Que ousadia! O que faremos?

Geneviéve franziu as sobrancelhas e respondeu com aparente tranquilidade:

— Acalma-te primeiro; não podes perder a cabeça com as provocações de Jean-Piérre. Precisamos agir com cautela, pois meu filho é necessário neste momento aqui no castelo...

— Como pode ser isso? Viste como ele me comparou a Louise? Como se conhecem?

— Não sei, faz apenas dois dias que está aqui! Por certo deve ter andado atrás dos empregados e acabou por cruzar com ela.

Irritada, Isabelle não escondia os seus temores:

— Sabe o que me assusta? A semelhança de Louise com Suzanne! Temo que...

Geneviéve concordou:

— Sim, eu sei, parece que o fantasma de Suzanne vagueia neste castelo e, ainda por cima, ressurge na pessoa desta preceptora. Estive pensando em uma forma de afastá-la daqui, pelo menos por algum tempo, até que o teu casamento se realize...

Os olhos de Isabelle brilharam. Interessada, permaneceu em silêncio, enquanto Geneviéve prosseguia:

— Talvez tenha que mudar o que planejei. Sabes que fiz uma promessa no leito de morte de uma grande amiga. Preciso cumpri-la, mas não posso te prejudicar, Isabelle. Mandei uma carta para uma pessoa que irá me atender, pois me deve favores. Depois que se efetue o teu matrimônio, teremos tempo para pensar... Aconselho-te a ter cuidado com Jean--Piérre, pois ele não te perdoa pela morte de Suzanne.

Isabelle trocou um olhar significativo com sua futura sogra.

Conseguiriam elas perdoar a si mesmas pelo inferno que haviam criado para Suzanne?

Enquanto as duas tramavam sobre o futuro, Louise e Laurent haviam saído cedo, para aproveitar o dia, visto que fariam estudos sobre algumas plantas da região, como de outras vezes.

Extremamente agitado, Laurent não cabia em si de contente. Falava sem parar, deixando Louise tonta. Caminharam até um grande bosque que se estendia próximo ao castelo.

Haviam levado folhas para desenho, *crayons* de várias cores, pranchetas para firmar o papel etc.

As castanheiras e nogueiras originárias da região, com seus troncos centenários, e a vegetação rasteira do local constituíam-se em amplo material para estudo. Louise iniciou a aula e, após recolherem algumas plantas, iniciaram os desenhos com as suas identificações.

O ambiente pesado do castelo repercutia na sensibilidade de Louise e Laurent, e tanto um quanto o outro sentia necessidade de se afastar, buscando no contato com a natureza o revigoramento de suas energias.

A manhã seguia calma, quando ouviram alguns sons que vinham do lado do castelo. Louise se aproximou de Laurent instintivamente, no intuito de proteger o menino. Aguardou mais alguns segundos e viu que um homem se aproximava.

Logo reconheceu Jean-Piérre. O rapaz, ao vê-la, sorriu e exclamou:

— Mademoiselle Louise! Que prazer em revê-la! Garanto-lhe que descobri o seu esconderijo por mero acaso! E tu, Laurent, vem cumprimentar teu tio!

Laurent se atirou nos braços do tio. Louise explicou:

— Não se trata de um esconderijo. Busco o contato com a natureza, para que Laurent permaneça saudável. Além disso, a proximidade com os elementos que estamos estudando enriquece sobremaneira o aprendizado.

Impressionado, Jean-Piérre perguntou:

— Como entrou em contato com essas ideias? Parece-me muito jovem para tal conhecimento...

Louise esclareceu:

— Fui aluna de uma adepta dessas teorias, que o senhor mesmo já havia referido conhecer. Após refletir entre a sua teoria e as que ora vigem, não tive dúvidas — e, voltando-se para Laurent, prosseguiu: — Por favor, Laurent, continua teu trabalho. Depois mostraremos para o teu tio.

O menino concordou e se afastou.

Jean-Piérre admirou-se da postura de Louise. A desenvoltura da moça o atraía de uma forma incomum.

Procurando permanecer em diálogo, afirmou:

— Ontem, na hora do almoço, falamos na senhorita e em meu sobrinho.

Louise arqueou as sobrancelhas, demonstrando interesse. A seguir comentou:

— Não vejo motivo para falarem a meu respeito durante uma refeição! Posso saber do que tratavam?

— Pedi a meu irmão que permita a Laurent sentar-se à mesa conosco; poderia auxiliá-lo no que fosse preciso e assim o menino partilharia a refeição junto à família.

Com o olhar espantado, Louise interpôs:

— Senhor Jean-Piérre! Sinto-me bem na cozinha, onde faço as refeições. Muitas vezes, Marion e Vincent vêm me fazer companhia.

— Armand permitiu que faça as refeições com Laurent nos aposentos de meu sobrinho. Concordou que o filho não deve ficar só nas refeições.

— E Isabelle? Não quero...

Jean-Piérre a interrompeu:

— Isabelle está mais preocupada com o futuro casamento.

Ao ouvir as palavras do rapaz, Louise empalideceu. Surpreso, Jean-Piérre indagou:

— O que houve? Não está se sentindo bem, senhorita?

Louise, que se sentira desfalecer, olhou para Jean-Piérre e contrapôs:

— Não, senhor, estou apenas cansada. O senhor falava do casamento de Isabelle...

— ...com meu irmão. Isso já devia ter acontecido há alguns anos, mas ele sempre adiou a contratação do casamento. Infelizmente, Armand ainda ama Suzanne e fará Isabelle muito infeliz. A história se repetirá...

Tomada por emoções contraditórias, Louise tinha vontade de fugir daquele local, de correr sem rumo...

— Do que o senhor está falando? A que história se refere?

Jean-Piérre tossiu e desconversou. Observou que o rosto sereno e tranquilo da moça se modificara, como se uma sombra lhe ofuscasse o brilho e a alvura.

— Falei sem pensar, Louise. Posso chamá-la assim?

Louise fez um sinal positivo com a cabeça. A seguir, perguntou:

— Quando será o matrimônio do senhor conde?

Jean-Piérre, que não desejava falar sobre o irmão, respondeu secamente:

— Não sei ao certo, mas vai ser tudo muito discreto. Isabelle veio para este castelo nos últimos meses da gravidez de Suzanne... Isso já faz quase nove anos...

Louise se desculpou:

— Perdoe-me, senhor, mas acho que essa notícia fará muito bem a Laurent. O seu maior sonho é o de ter uma mãe...

Jean-Piérre respondeu:

— Isabelle jamais será uma boa mãe. Perdeu a oportunidade de o ser ao se afastar de Laurent.

— Precisamos ir, senhor. Laurent necessita se preparar para o almoço.

Jean-Piérre falou galanteador:

— O que não é o seu caso... Não necessitará modificar sua *toillete*, pois está admiravelmente bem.

Louise mal ouvira as palavras do rapaz. Uma sensação de amargura e desilusão havia tomado conta de seu coração.

10 - Desilusões

A tarde caía trazendo a mensagem silenciosa da noite que se aproximava. Um bando de pássaros fagueiros alçava o último voo antes de regressar ao ninho.

Ao retornar do passeio com Laurent, Louise estava pensativa e, como de costume, olhou para o alto, mais especificamente para uma das janelas do castelo. Verificou que alguém os observava e imediatamente reconheceu o vulto de Armand se recolhendo atrás da cortina.

Um calafrio lhe percorreu o corpo e, inexplicavelmente, sentiu o ritmo do coração aumentar. Diante do fato, se questionou: o que, na verdade, Armand lhe despertava? "Por que sinto um misto de medo e estranha atração diante desse homem torturado e infeliz?"

Na realidade, não saberia explicar...

E quanto a Jean-Piérre?, perguntava-se. Por que o rapaz lhe inspirava sensações tão doces e agradáveis?

Silenciosa, Louise caminhava e entrava no castelo, quando Laurent, parecendo lhe adivinhar os pensamentos, indagou:
— O que pensas a respeito de meu tio, Louise?
Surpresa com a pergunta, a moça respondeu:
— É um belo rapaz e creio que seja uma boa pessoa, Laurent. Por que me perguntas isso?
O menino sorriu e tornou:
— Vejo que ele te observa durante nossas aulas. Ele te olha de um modo diferente...
Louise ficou séria e censurou Laurent:
— Laurent! Não deves falar essas coisas sobre o conde Jean-Piérre! Não poderia nem ao menos cogitar ser isso verdade, pois a distância entre mim e o senhor conde é intransponível!
O menino pareceu meditar e tornou:
— Não me disseste que devemos lutar pelo que desejamos? Que a lei da vida é uma lei de trabalho e esforço para vencer as adversidades?
Louise parou de subir as escadas e ponderou:
— Não me referia a esse tipo de situação, Laurent. Não podemos mudar na sociedade coisas que já estão instituídas pelos homens...
Nesse momento, ambos ouviram uma voz dizer:
— Discordo, senhorita Louise! Devemos envidar todos os nossos esforços para modificar o que está errado ou injusto em nossa sociedade. A propósito, a respeito de que falavam, que os levou a essa afirmação, mademoiselle?
Um leve rubor tomou as faces de Louise quando respondeu:
— Eu e Laurent falávamos sobre as diferenças sociais que separam as pessoas...
Jean-Piérre observou detidamente Louise. Realmente era bela! A cada vez que a encontrava sentia seu interesse se renovar e um grande desejo de permanecer ao seu lado. Impulsionado pela atração que a jovem lhe inspirava, afirmou:
— Eu não cederia a nenhum impedimento dessa ordem se soubesse que seria correspondido por uma jovem que não

pertencesse à nobreza. Nada me deteria se eu a amasse e fosse correspondido!

Laurent, que ouvia atentamente, indagou de pronto:

— Casarias com Louise?

Jean-Piérre afagou os fartos cabelos do menino e conjeturou:

— Se nos amássemos, não teria dúvidas, Laurent. Acredito que o amor vence as barreiras sociais e estaria disposto a lutar por nossa felicidade.

Percebendo a insinuação do rapaz e prevendo que o rumo da conversa ia para um terreno perigoso, Louise procurou encerrar o assunto:

— Isso é uma conjetura fantasiosa, que não condiz com a realidade. Tanto eu quanto o senhor conde sabemos o que nos convém e, definitivamente, não permitiríamos que nada acontecesse entre nós...

Jean-Piérre fixou o olhar melancólico em Louise e perguntou:

— Acreditas que seria impossível nos amarmos?

Perturbada, Louise o advertiu:

— Senhor, devo acompanhar Laurent aos seus aposentos. Não posso responder essa pergunta... Preciso ir...

Jean-Piérre segurou o braço de Louise e ainda tentou:

— Amas alguém? — Louise ia responder, quando ouviram alguns passos. Era Armand, que descia as escadas e vinha em sua direção.

Ao ver o irmão segurando o braço de Louise, contrariado e com a expressão carregada, perguntou com aspereza:

— O que está acontecendo aqui? Exijo uma explicação!

Louise sentiu-se estremecer intimamente e Jean-Piérre, verificando que fora longe demais e que poderia prejudicar Louise, retrucou:

— Não está acontecendo nada, meu irmão. Louise já estava se retirando.

Desconfiado, Armand olhou para Louise. A moça baixou o olhar e o conde permaneceu fitando-a, na tentativa de descobrir o que houvera.

Permaneceram alguns minutos em silêncio, o que, para Louise, pareceu uma eternidade. Armand desviou o olhar e, vendo que Laurent parecia cansado, falou para Louise:

— Leva meu filho para o seu quarto! — e, voltando-se para Laurent, lhe disse: — Procura descansar, meu filho, Logo mais irei aos teus aposentos para conversarmos.

Laurent sorriu e acompanhou Louise.

Armand e Jean-Piérre trocaram olhares significativos, e cada um seguiu em uma direção.

Enquanto isso, a carta que Geneviéve escrevera chegava a Paris. Céline Touillard, preocupada, relia as palavras que a condessa lhe escrevera de forma lacônica:

Peça a Louise que retorne. Diga que estás doente. Faça o que te digo. Não a desejo mais no castelo.

Geneviéve D'Avigny

O que estaria acontecendo com Louise? Por que a condessa desejava afastá-la do castelo?, perguntava-se.

Geneviéve havia exigido a presença de Louise no castelo. Será que havia se arrependido? O que desejaria realmente ao chamar a moça?

Soubera que, com o tempo, o gênio doentio de Armand levou Suzanne a uma melancolia gradativa, que se agravou com a chegada de Isabelle; a alegria espontânea deu lugar a um pesar contínuo, e a depressão se instalou definitivamente após o parto de Laurent.

Desconfiada do que poderia estar acontecendo, resolveu enviar outra carta, ordenando a volta de Louise!

Falaria com o padre Gastón sobre o assunto para se aconselhar. Não permitiria que outra desgraça acontecesse naquele castelo.

Tanya Oliveira ditado por Eugene

Mas haveria tempo, ainda, para impedi-la?

Assim, Céline Touillard colocou um xale sobre os ombros e se dirigiu à igreja de Saint Maurice.

Logo após descer da carruagem, subiu as escadas da igreja e, depois de entrar no silencioso ambiente, divisou a fisionomia tranquila do bom sacerdote.

Ao vê-la, este abriu um sorriso e a saudou:

— Há quanto tempo não te vejo, Céline! O que te traz à Casa do Senhor?

Céline Touillard não disfarçou a preocupação:

— Recebi um bilhete de Geneviéve D'Avigny pedindo que ordene o retorno de Louise o quanto antes...

O cenho de Gastón se modificou. Respirando fundo, indagou:

— Sempre fui contrário à ida de nossa menina ao castelo, tu bem sabes; ela não disse o motivo? O que pensas em fazer?

Céline torceu as mãos preocupada e explicou:

— Geneviéve foi direta, mas não me adiantou nada; sinto, no entanto, que algo está acontecendo ou vai acontecer, padre! O senhor sabe o que me custou afastar-me de Louise! Afeiçoei-me a essa menina como se fosse minha filha!

— Sim, sei disso. Nunca mais tiveste notícia do pai de Louise?

— O senhor se refere ao duque? A pobre Sophie, que ele seduziu, morreu de desgosto e vergonha, acredito eu... Ele nunca a procurou, nunca mais ouvi falar no nome daquele homem... Espero não encontrá-lo mais nesta vida!

Padre Gastón fez o sinal da cruz ao ouvir as últimas palavras de Céline. Do lado interno do confessionário, acostumara-se a ouvir segredos nas confissões de seu rebanho de almas que muitas vezes lhe traziam lágrimas aos olhos.

Sobre isso em especial, sempre refletia: como podiam praticar atos tão desabonadores e acreditar que ele, um humilde representante de Deus na Terra, lhes poderia dar o perdão, com a remissão de seus pecados?

Era verdade que esse poder lhe fora outorgado na sua ordenação, mas na realidade reconhecia-se um simples pastor que cuidava de um precioso rebanho para que, quando do encontro com o verdadeiro Senhor deste grupo de almas, ele o pudesse entregar com a consciência tranquila do dever cumprido.

Amava o semelhante, e isso o levara a escolher o sacerdócio, para estar mais próximo do sofrimento humano, na tentativa de lhe abrandar a dor. Verificava, no entanto, que os homens ainda se achavam muito distantes dos ensinamentos de Jesus!

Se ainda eram capazes de se aproveitarem de uma menina, como havia sido o caso da mãe de Louise, lhes enxovalhando a vida inexoravelmente, como lhes falar em amor ao próximo, em caridade e perdão?

Aonde a maldade humana ainda levaria essas almas arraigadas aos prazeres da matéria, indiferentes aos gemidos daqueles que ladeavam em estradas comuns?

Uma grande melancolia se apossou de seu coração. Louise lhe era muito cara, pois fora o fruto da prepotência de um grande senhor sobre uma jovem ingênua, que acreditava no amor dele.

Sophie era uma flor encantadora que desabrochara para a vida cheia de esperança e bondade. Ao fitá-la, convencia-se de que Deus enviava alguns de seus anjos para diminuir o sofrimento na Terra. A inferioridade humana, todavia, acabou por superar e conspurcou aquele lírio alvo, atirando-o na lama do desejo e da sedução.

Céline, que o observava e deduzia por onde andava o pensamento de Gastón, o interrompeu dizendo:

— O senhor está lembrando como tudo começou, não é assim, meu bom amigo?

Gastón a fixou surpreso e concordou:

— Sim, divagava por um passado não tão distante, mas que marcou as nossas vidas. Se pudéssemos apagá-lo, Céline!

Céline fez um sinal positivo com a cabeça e tornou:

— Infelizmente, não podemos mudar o passado! Devemos, no entanto, agir para que no futuro a história não se repita! Foi por isso que vim até aqui, Gastón... Preocupa-me o fato de Geneviéve desejar o retorno de Louise! O poderá estar acontecendo?

— Sim, isso deve nos preocupar. Não podemos esquecer que o conde Armand ficou completamente desequilibrado com a morte de Suzanne. Sempre me perguntei o motivo de Geneviéve chamar Louise para trabalhar no castelo. O que ela realmente desejaria?

— Exato. Geneviéve me cobrou a dívida de nos ter auxiliado, mas nunca me disse o porquê dessa atitude benevolente. Além disso, temo pelas atitudes do conde; Louise é uma jovem com notável clareza de raciocínio, mas inexperiente sobre a vida... — Céline interrompeu sua fala, pois os soluços a impediram de continuar.

Gastón, por sua vez, lamentou:

— Seria uma desgraça se Louise tivesse o mesmo destino da mãe: apaixonar-se por um homem de outro nível social, sem coração e que a abandonou sem piedade quando ela mais necessitava de amparo e proteção.

Céline secou os olhos com delicado lenço e prosseguiu:

— Padre, devo dizer-lhe que tomei uma decisão: mandarei chamar nossa menina de volta e, se depender de mim, ela jamais retornará ao castelo do conde D'Avigny!

Tudo prosseguia normalmente no castelo dos condes D'Avigny e, não fosse por um ou outro movimento dos serviçais, poder-se-ia dizer que não havia muita expectativa diante do casamento de Armand e Isabelle.

Alheia ao acontecimento, Louise permanecia em suas funções, embora não sentisse a serenidade de outros tempos. A presença de Jean-Piérre a tranquilizava, mas o que mais a deixava inquieta eram os sentimentos que Armand lhe despertava.

Sabia que o conde D'Avigny tornara-se um homem amargurado e por vezes cruel com os que o cercavam, mas sentia profunda piedade — em seus sonhos românticos — por vê-lo sofrer por um amor que partira.

As circunstâncias inquietantes em que se havia dado a morte de Suzanne e o estado de sofrimento de seu espírito lhe causavam calafrios; acreditava, porém, que Armand não tivera nenhuma culpa no ocorrido.

Por outro lado, Laurent lhe era profundamente caro! Encontrava nos profundos olhos azuis do menino algo que não saberia definir, como se o conhecesse havia muito tempo.

Naquele dia, recebera a carta de Céline e sentira-se contrariada com a perspectiva de retornar a Paris. Desejaria permanecer no castelo que, até algum tempo atrás, lhe causava terror.

Acompanhava Laurent em um passeio junto às macieiras carregadas de frutos, que se estendiam em uma depressão do terreno que cercava o castelo, quando verificou que Isabelle entrou na carruagem e rumou em direção desconhecida.

Inexplicavelmente, sentiu uma sensação de alívio, que, não obstante, foi seguida de leve apreensão. Por que motivo Isabelle estaria se afastando do castelo visto que finalmente acertara o casamento com Armand?

Observava pensativa a carruagem se afastar, quando, como se surgisse do nada, Jean-Piérre atirou em seu colo uma flor característica da região.

Louise se assustou e, ao perceber a presença do jovem, ia demonstrar o seu descontentamento, quando ele a interrompeu:

— Perdoe-me, senhorita Louise. Notei que observava com muito interesse a partida de Isabelle e não me contive...

Louise pegou a flor e aspirou o seu perfume. A seguir, perguntou:

— De onde o senhor surgiu? Não havia percebido sua presença!

Jean-Piérre sorriu e respondeu solícito:

— Estava me inteirando de nossa produção neste ano. Mesmo que o tempo permita, não colheremos o suficiente para saldar as nossas dívidas. Não é por acaso que Isabelle retornou à casa de seus pais...

Louise o fitou sem compreender. Jean-Piérre prosseguiu:

— Talvez mademoiselle não saiba, mas Isabelle é de uma família de posses! Minha mãe tornou-se sua madrinha por laços de amizade com sua família, quando ainda possuíamos uma grande fortuna. Com a morte de Suzanne, Isabelle acabou ficando para cuidar de Laurent, mas na verdade sempre soubemos de sua paixão por meu irmão. Acredito mesmo que Suzanne sabia disso e esse foi um dos motivos de sua morte...

Impressionada, Louise retrucou:

— Como poderia ter acontecido isso? Como ela pôde duvidar do amor do conde Armand?

Incomodado com a veemência de Louise, Jean-Piérre tornou:

— Lamento, Louise, mas o meu irmão não é o que aparenta ser! Talvez ainda não o conheça o suficiente, mas afirmo-lhe que Suzanne não foi sempre tão feliz neste lugar!

— Senhor, esse assunto não me diz respeito! Não estou aqui para julgar ninguém...

Jean-Piérre se aproximou e, observando a perturbação de Louise, a inquiriu:

— Diga-me, Louise, Armand a importunou? Disse-lhe alguma coisa que a perturbou?

Os grandes olhos da moça o fitaram e ela respondeu:

— Certamente não, senhor! O senhor conde nunca agiu de forma inconveniente comigo. Por que esta pergunta?

O jovem conde completou:

— Por que isso já aconteceu antes e temi pela senhorita! Isabelle será mais uma vítima do egoísmo e da vaidade de Armand!

O olhar de espanto de Louise denunciou que ela ignorava qualquer ligação mais profunda entre Armand e Isabelle. Pensava que o casamento era apenas por uma questão de conveniência.

LAÇOS DA VIDA

Ao perceber a surpresa da moça, Jean-Piérre exclamou:

— Pensei que soubesse do relacionamento de meu irmão com Isabelle! Finalmente ela está indo para casa a fim de providenciar o enxoval... Este casamento é para salvar a honra de Isabelle.

Inexperiente diante das circunstâncias da vida, Louise deixou estampada em seu rosto a decepção que lhe ia na alma. Atento, Jean-Piérre comentou desapontado:

— Percebo que cheguei tarde, Louise! Armand já realizou mais uma de suas conquistas inconsequentes! Devo, no entanto, dizer-lhe que meu irmão não partilha das mesmas ideias que eu sobre a igualdade entre as pessoas e jamais abdicaria de seus títulos e fortuna pelo amor!

Recobrando o sangue-frio, Louise retrucou:

— O senhor está enganado. Não existe nada, absolutamente nada entre mim e o conde! Surpreendi-me com o fato de ele ter escolhido a senhorita Isabelle, pois reconheço que ela não ama Laurent como uma mãe.

— Sim, isso é verdade. Ocorre que este casamento tem como objetivo, como havia dito, salvar a reputação de Isabelle, que está muito prejudicada pelos anos em que convive neste castelo junto a um homem viúvo; o seu pai cobrou uma atitude de minha mãe, que, ao perceber que também poderia lucrar com o dote de Isabelle e sua fortuna, não se fez de rogada em exigir este matrimônio.

A cabeça de Louise rodava.

Sentia em relação à notícia do casamento de Armand um certo conforto por saber que ele cumpria um dever de cavalheiro junto a Isabelle. Ingenuamente, colocava em Geneviéve a culpa por tudo o que estava acontecendo, por ela ter exigido o sacrifício de Armand.

Jean-Piérre, ao ver a perturbação dela, calou-se e se afastou. Laurent, que retornava do passeio, ao ver Louise com os olhos úmidos, perguntou:

— O que houve, Louise? O meu tio te disse algo que te magoou?

Louise balançou tristemente a cabeça e tornou:

— Não, meu querido. O conde Jean-Piérre veio apenas me falar que gostaria que o acompanhasses algumas vezes nas suas atividades administrativas, Laurent — mentiu a moça.

Animado, Laurent concordou e disse que pediria permissão ao pai; Louise se antecipou e aconselhou:

— Peça permissão à tua avó, Laurent. Eu falarei com o teu pai, falou Louise com a certeza de que o assunto seria esquecido em função das circunstâncias.

Ao retornarem para o castelo, Louise entregou Laurent aos cuidados de uma das criadas e se recolheu ao quarto.

Algo lhe sufocava o peito e uma tristeza infinita se apossou de sua alma.

Por que desde que recebera a notícia do casamento de Armand sentia-se tão infeliz, sofrendo daquela forma? Nunca soubera o que era o amor; seria aquilo que sentia naquele momento?

Desejaria ser ela a noiva de Armand! Mesmo sabendo do gênio incontrolável do conde e de sua frieza, que o distanciava de tudo e de todos, até mesmo da vida, almejava estar ao seu lado.

Inexperiente, Louise confundia a presença sedutora de Armand com o verdadeiro amor que um dia lhe alcançaria o coração.

No dia seguinte, logo ao amanhecer, vestiu-se e, após ler várias vezes a carta de Céline, tomou uma decisão.

Sabia que Armand permanecia por horas nos aposentos que tinham sido de Suzanne. Como lhe eram proibidos, passou junto à porta e propositalmente deixou cair um livro de modo a chamar a atenção do conde.

Retirava-se lentamente quando, irritado, Armand abriu a porta. Ao deparar-se com Louise, sua fisionomia se modificou.

Os olhos negros se fixaram na moça e, passando a mão pelos cabelos em desalinho que lhe caíam pelos ombros, sussurrou:

— Louise! O que fazes aqui? Não sabes que ninguém pode subir neste andar?

A moça deu um passo atrás e respondeu, enquanto recolhia o livro que deixara cair:

— Perdoe-me, senhor! Precisava lhe falar...

O olhar inquiridor de Armand parecia atravessar sua alma. Trêmula, Louise prosseguiu:

— Partirei amanhã, pois minha madrinha ordenou o meu retorno...

Armand falou com rispidez:

— Partirás? Quem determina a tua presença ou não neste castelo sou eu! Laurent precisa de ti; isso está fora de questão!

Louise obtemperou:

— Senhor, não sei do que se trata, mas temo pela saúde de minha madrinha! Devo-lhe a vida, pois ela me criou quando minha mãe partiu...

Armand fitou Louise e, retirando o livro que trazia em suas mãos, ordenou:

— Acompanha-me!

Louise titubeou mas ele agarrou seu braço e fez com que ela entrasse no recinto. Sentia a mão vigorosa de Armand pressionando o seu braço e, apesar do medo que ele lhe inspirava, deixou-se conduzir.

Com o coração descompassado, temia que suas pernas fraquejassem, ou, pior, que de algum modo se traísse...

Quando pararam diante da sala de estudos de Armand, ouviu sua voz grave lhe dizer:

— Vem, Louise!

A moça obedeceu e entrou em uma pequena sala contígua onde Armand passava a maior parte do tempo quando não estava no quarto de Suzanne.

Viu que o ambiente mais parecia uma biblioteca, visto que existiam vários armários abarrotados de livros; junto a uma escrivaninha, sobre um criado-mudo, Armand depositou o livro que motivara aquele encontro.

Tanya Oliveira ditado por Eugene

Perspicaz, Louise percebeu que se tratava de obras de filosofia. Armand convidou-a para se sentar, mas Louise lembrou-lhe que precisava retornar. Armand deu uma gargalhada e disse:

— Tu te esqueces que deves obediência a mim antes de qualquer coisa? Que estás aqui pela minha vontade e desejo?

Louise corou e retrucou:

— Não esqueço a quem devo obediência, senhor. Apenas não posso descurar-me dos meus deveres com quem me criou...

O olhar penetrante de Armand parecia ler os seus mais recônditos pensamentos. Diante da prepotência do conde, Louise verificava a diferença do caráter de Jean-Piérre.

Armand olhou ao redor e desabafou:

— Vês estes livros todos? Pois saibas que em nenhum encontrei lenitivo para a minha dor!

Reticente, Louise tornou:

— Estaria o senhor procurando lenitivo no local adequado? Não vos parece que este conforto transcende o conhecimento humano e se coloca na esfera de Deus, da religião?

Surpreso, Armand a fitou com interesse. Pela primeira vez em tantos anos ouvia alguém desaprovar o seu comportamento, sugerindo que estava equivocado. A seguir, dominado por seus impulsos arrebatadores, falou:

— Religião? Ora, era só o que me faltava! Uma jovenzinha piegas me falar em religião! Acredito na filosofia, na ciência, na evidência das coisas! A religião não acrescentou nada à alma humana e dia virá em que será totalmente abolida da face da Terra!

Diante do impacto vibratório que o negativismo de Armand irradiava, Louise sentiu-se vacilar; a seguir, no entanto, uma força desconhecida a envolveu e, como se os pensamentos lhe viessem em turbilhões, começou a falar:

— Não concordo com a vossa opinião, senhor. A religião ainda é e será o elo entre o homem e Deus! Não me refiro à religião convencional, que deturpou a palavra de nosso

Senhor de acordo com os seus interesses... mas à mensagem que nos foi deixada há dezoito séculos como única possibilidade de redenção da humanidade: Jesus! Jesus nos mostrou o caminho para a Verdade e a verdadeira Vida! Essa vida não se restringe à nossa existência terrena, mas à verdadeira vida, que é a do espírito. O materialismo apenas crestará os corações, aumentando o infortúnio dos que jazem desesperançados, carregando a existência como um fardo odioso e insuportável! A vida sempre prevalecerá, aqui ou em outros planos, independentemente do que o homem em sua arrogância acredite! Cabe à inteligência de cada ser olhar para fora de si e ver que acima de nós existe um Criador que sustenta o Universo e que as leis que o regem são únicas, absolutas, e vigem por toda a imensidão do infinito. A ciência e a filosofia poderão esclarecer o raciocínio, mas somente a fé poderá ligar o homem à sua essência e ao Criador, obtendo-se assim as respostas às suas indagações...

Louise se calou. Armand a olhava estupefato.

A veemência com que Louise lhe falara fazia acreditar que se tratava de alguém detentor de um conhecimento que lhe era superior. Como poderia aquela jovem professora ter noções tão apuradas sobre a existência humana? De onde Louise havia tirado aquela convicção sobre a fé?

Louise também desconhecia o que ocorrera. Não havia elaborado aquela manifestação conscientemente.

Sentira uma vontade irrefreável de falar para aquele homem, que jazia espiritualmente imobilizado, algo que o despertasse para a vida.

Ambos, no entanto, não haviam percebido a presença de uma entidade que os envolvia em vibrações reconfortadoras.

Inconscientemente, Armand sentira os benefícios daquelas palavras. Amargurado, procurou se justificar:

— A morte de Suzanne me fez descrer em tudo! Como um Deus bom e misericordioso poderia levar o ser que praticamente acabara de dar à luz? Por que a meu filho foram negados

Tanya Oliveira ditado por Eugene

os carinhos maternos e, pobre criança, viu-se relegado aos cuidados de uma mulher que não o amava?

Louise não conseguiu se calar:

— Por que, meu senhor, não o cobriu de atenção e carinho? Por que Laurent foi abandonado por quem deveria amá-lo sem restrições?

O olhar de Armand revelou a tempestade que lhe ia na alma, e o conde D'Avigny disse, com uma rispidez que mais parecia um pedido de socorro:

— Peço-te que te retires, Louise. Preciso ficar só!

Com infinito pesar, Louise saiu. Aquele homem, na realidade, lhe despertava sentimentos ambíguos, que não conseguia definir.

Tinha apenas uma certeza: Armand D'Avigny era um homem que trazia consigo uma dor irreparável, e nem seu ouro, seus castelos ou suas terras poderiam remediá-la; considerava que, com a morte de Suzanne, ele havia perdido o maior bem de um homem: a fé.

11 - A partida de Louise

Desde que Jean-Piérre sugerira que Laurent e Louise fizessem as refeições juntos, a irritação da condessa parecia crescer a cada dia.

Aguardava, com ansiedade, o momento em que Louise daria a notícia de seu afastamento do castelo.

Naquele dia, disposta a apressar a saída da moça, Geneviéve interrompeu, quando encerravam a refeição — feita em um silêncio torturante —, exclamando:

— Faz quinze dias que Isabelle partiu e para mim é como se fizesse um mês! Sinto falta da presença de minha futura nora!

Armand ergueu o olhar e permaneceu em silêncio; Jean-Piérre, desconfiado da atitude da mãe, tornou:

— Isabelle viverá o resto de seus dias neste castelo, minha mãe. Logo deverá retornar com seu rico enxoval. Espero que

Tanya Oliveira ditado por Eugene

ela não tome nenhuma atitude desagradável quando se tornar a nova condessa D'Avigny! — disse com premeditada ironia.

Geneviéve tomou um gole de vinho e, secando os lábios com o finíssimo guardanapo, respondeu:

— Como futura condessa deste solar, Isabelle terá toda a autoridade que desejar — e, lembrando-se de Laurent, asseverou: — Espero que Laurent termine com sua rebeldia e a aceite finalmente como mãe.

Na tentativa de se subtrair ao ambiente e buscando a convivência com o filho, Armand pediu licença e se dirigiu aos aposentos de Laurent.

Ao saber dos pormenores do casamento e da nova condição de Isabelle, o menino fixou os olhos azuis no pai e, temeroso, perguntou:

— Peço, senhor, que não permita que Louise seja afastada de mim! Estimo-a muito, mas Isabelle a detesta!

Armand olhou para o filho e disse atencioso:

— Louise poderá ficar neste castelo o tempo que desejar, meu filho. Esta é minha decisão e ninguém poderá interferir.

— Realmente — disse Jean-Piérre, que o seguira, incomodado com a perspectiva de Louise e Armand permanecerem juntos —, Louise é uma joia preciosa que não podemos perder!

Estarrecida por ser o alvo da discórdia entre os irmãos, Louise, que se encontrava no quarto de Laurent, não conseguia concatenar as ideias. Desde que soubera da participação da condessa em relação ao casamento de Armand, sentira como se algo tivesse lhe atingido o íntimo.

A sensação dolorosa lhe abatera moralmente e, notando que suas mãos tremiam, evitava olhar para Armand, com medo de deixar evidente o seu sofrimento.

Jean-Piérre, contudo, observava que Louise se perturbara. Imaginando haver algo entre ela e o irmão, tomado pelo ciúme, provocou a moça:

— Permanecereis no castelo, senhorita, após o casamento de Armand?

Louise o fitou com raiva e, aproveitando a ocasião para desconcertá-lo, respondeu:

LAÇOS DA VIDA

— Não, senhor Jean-Piérre. Preciso me afastar para tratar de um assunto particular — e, voltando-se para Armand, prosseguiu: — Lamento não poder continuar lecionando para Laurent, senhor, mas preciso partir...

Armand a fitou como se desejasse ver o fundo de sua alma e ponderou:

— Entendo que a senhorita necessite se afastar, mas por que não retornar uma vez que sejam resolvidas as questões que a afastam de nós?

Louise se esforçava para não se trair:

— Lamento, senhor, mas não sei por quanto tempo me ausentarei... Não gostaria de prejudicar Laurent com a interrupção das aulas. Poderei indicar outra preceptora para o meu lugar.

Com uma renovada intensidade na voz, Armand insistiu:

— Se te preocupas com meu filho, por que pretendes deixá-lo? Ninguém a substituirá em seu coração, tenho certeza.

Louise baixou os olhos cheios de lágrimas e tornou:

— Amo Laurent, senhor, e, se não houvesse motivos além da minha vontade, jamais o deixaria.

A conversa entre Armand e Louise desagradava profundamente a Jean-Piérre, por se certificar de que Louise amava Armand e partia por não suportar vê-lo casado com Isabelle.

Diante da situação constrangedora, Louise pediu licença e se retirou. Ao chegar a seus aposentos, atirou-se em sua cama e chorou copiosamente.

Por que sentia aquela dor, que a avassalava e a fazia desejar estar bem longe daquele castelo? E por que queria, ao mesmo tempo, permanecer ali, mesmo que isso lhe trouxesse maior sofrimento?

Alguns minutos depois, ouviu que alguém batia à sua porta. Levantou-se lentamente e, ao abri-la, viu que Marion lhe trazia uma xícara de chá. A boa mulher havia visto o estado em que Louise se recolhera.

Com os olhos vermelhos, Louise segurou a xícara nas mãos trêmulas e sentou-se em sua cama. Marion acomodou-se ao

Tanya Oliveira ditado por Eugene

seu lado e, passando a mão calejada nos sedosos cabelos de Louise, aconselhou:

— Minha querida, convém que partas. Estimo-te muito, menina, mas é melhor te afastares deste castelo. Já vi sofrimento demais por aqui e não desejo que sejas mais uma vítima...

Louise a fitou admirada e perguntou:

— Do que estás falando, Marion? Por que mais uma vítima? A quem te referes?

— Não posso falar neste assunto, Louise. Deves ficar atenta, pois o lobo ronda o redil... És muito ingênua, minha criança, mas, ainda assim, és mulher... Deves ter cuidado, pois és bela e conquistas os corações dos homens.

— Marion! Não fiz nada para conquistar ninguém!

— Sim, mas estamos com problemas à vista. Ouve-me: deves partir ainda hoje, antes que o sol se ponha, entendeste?

Assustada, Louise discordou:

— Como poderei partir assim? Preciso arrumar meus pertences e me despedir de Laurent e do senhor Armand...

— ... e do senhor Jean-Piérre, não é mesmo? Se fizeres assim, não partirás mesmo. Repito, Louise: vai embora o quanto antes, minha filha!

Louise tomou um gole de chá e permaneceu em silêncio. Marion se dirigiu à porta e afirmou:

— Não te deixes levar por sentimentos que julgas incontroláveis, Louise, pois são como uma avalanche: depois que se precipitam, ninguém os consegue conter.

Pensativa, Louise procurava entender as palavras de Marion. O que Marion teria querido dizer com "o lobo ronda o redil"?, perguntava-se. E quanto aos sentimentos serem como uma avalanche? No íntimo, Louise entendia o significado daquelas palavras, porém não queria aceitar partir às escondidas como uma criminosa.

Nada fizera para sair sem se despedir de Laurent e Armand. Além disso, apreciava Jean-Piérre e desejaria lhe dizer algumas palavras.

Não! Marion estava exagerando. Partiria dali a dois dias, após organizar suas coisas e se despedir educadamente.

A seu lado, Suzanne, que acompanhara Marion, deixava cair uma lágrima, enquanto acariciava os cabelos de Louise.

No amplo salão das refeições, Geneviéve, sozinha e preocupada com o rumo dos acontecimentos, pensava: "Louise se faz presente mesmo sem estar à mesa nas refeições. Sei que Armand e Jean-Piérre a disputam, e isso poderá ter graves consequências prejudicando os meus planos".

Na manhã seguinte, Louise se dirigia aos aposentos de Laurent quando Jean-Piérre a interceptou:

— Preciso te falar, Louise. Gostaria que me encontrasses mais tarde no jardim de inverno.

Louise concordou com tristeza:

— Sim, senhor. Vou me despedir de Laurent.

— Meu sobrinho sofrerá muito, mas talvez seja a melhor coisa a fazer — disse Jean-Piérre, enquanto se afastava em direção à porta principal.

Louise subiu as escadarias que davam para o segundo andar e se dirigiu ao quarto do menino. Laurent a esperava, pensativo, girando um globo terrestre em cima de sua escrivaninha.

Louise entrou no local e exclamou:

— Estás me esperando há muito, Laurent? Peço-te que me perdoes!

O menino a fitou com o olhar abatido e se lamentou:

— Por que precisas partir, Louise? Sabes que não amo mais ninguém a não ser a ti e a meu pai!

Louise se aproximou e, abraçando-o, explicou:

— É necessário que eu parta, Laurent. Ademais, seu pai irá se casar com Isabelle e terás uma família!

Laurent revidou:

— Isabelle nunca será uma mãe para mim! Sei que veio para o castelo antes da morte de minha mãe, mas nunca quis cuidar de mim! Via em seus olhos o enfado que sentia ao vir me ver. Sempre soube que o seu desejo era se casar com meu pai e tomar o lugar de minha mãe!

Com o coração magoado, Louise tornou:

— Mas isso é justo, Laurent. Ela esteve sempre ao lado de teu pai e, se o ama, é legítimo que tenha aspirado a essa condição. O conde Armand está cumprindo com um dever de cavalheiro ao desposá-la.

Laurent ergueu os olhos chorosos e retrucou:

— Meu pai não ama Isabelle! Sabes muito bem quem ele ama!

Enrubescida, Louise não percebera que Armand se postara às suas costas e ouvira as últimas palavras. Dando vazão a sua tristeza, ela disse:

— Estás enganado, Laurent! O conde ainda ama antes de tudo tua mãe e procurará diminuir sua dor casando-se com uma jovem de sua condição social. Deves ajudá-lo a ser feliz, meu querido!

A voz grave de Armand soou no recinto:

— Creio que ambos estão certos! Mas, já que minha pessoa é o assunto da conversação, posso assegurar-te que, para eu ser totalmente feliz, por certo iria gostar que tu permanecesses conosco, Louise... — e, envolvendo-a em um olhar que dizia mais que qualquer palavra, prosseguiu: — Laurent nunca foi tão feliz quanto nesse tempo em que estiveste conosco!

Constrangida, Louise tornou à meia-voz:

— Agradeço sua consideração, senhor, mas é preciso que eu parta!

— Quando nos deixará? — perguntou Armand com o cenho franzido, demonstrando sua contrariedade.

— Penso em partir amanhã.
Louise percebeu que uma ruga surgiu na testa de Armand. Aproximando-se do filho, afagou a sua cabeça desajeitadamente e perguntou:
— Dize-me, meu filho, se pudesses pedir à senhorita Louise para que voltasse, o que oferecerias a ela?
Laurent sorriu e disse:
— Eu daria qualquer coisa, meu pai! Se ela quisesse dinheiro, roupas, joias, daria tudo!
Sem maiores cuidados, Armand fitou Louise e concordou:
— Eu também!
Mal acreditando na atitude de Armand diante do filho, Louise permaneceu muda. Ele se aproximou e prosseguiu:
— Poderás pensar a respeito, Louise. Posso te pagar o que julgares justo. Por ora, apenas peço que aguardes o retorno de Isabelle, pois ela assumirá, por algum tempo, a educação de Laurent.
Preocupada, Louise tornou:
— Creio que sua noiva demorará algum tempo ainda, visto que prepara seu enxoval. Não sei se minha madrinha não necessitará de mim brevemente...
— Escreve uma carta explicando a situação e enviarei um mensageiro a Paris. Penso que não gostarias de deixar Laurent sem cuidados...
Louise ia dizer que antes de sua chegada Isabelle já estava no castelo e nunca se oferecera para atender à educação do menino. O olhar, porém, que Armand lhe dirigiu abateu suas últimas defesas. Dividida entre o dever e os seus sentimentos, aquiesceu:
— Está bem, senhor. Ficarei até o retorno de Isabelle.
Armand expressou no olhar a sua satisfação e se afastou, enquanto Laurent a abraçava efusivamente.
Louise permaneceu calada, com o coração batendo em descompasso.
Um temor indefinível se apossou de sua alma. Sem perceber conscientemente, sentia alguém a lhe sussurrar que tomara a decisão errada.

Após suas atividades junto a Laurent, Louise se dirigiu ao jardim de inverno, conforme havia combinado com Jean-Piérre.

Logo ao chegar, ao ver que o rapaz ainda não estava ali, verificou as condições das flores que lá se encontravam e às quais, pelos percalços dos últimos dias, ela não havia dado a devida atenção.

Examinava detidamente um vaso com bela orquídea quando Jean-Piérre entrou no recinto.

Sem se mover, Louise o fitou com atenção. O rapaz se aproximou e, parando à sua frente, perguntou:

— Lamento que tenhas que partir, Louise! — e segurou suavemente o seu braço.

Louise se afastou com delicadeza, baixando o olhar, e disse reticente:

— Ficarei por mais alguns dias, até a senhorita Isabelle retornar.

Um brilho estranho surgiu no olhar do jovem. A seguir, balançando a cabeça em um gesto de inconformidade, perguntou com o cenho carregado:

— Foi ele quem te pediu que ficasses, não é mesmo? Foi Armand quem te impediu de partir, Louise?

A jovem concordou, e, antes que pudesse falar alguma coisa, Jean-Piérre replicou:

— Afirmo-te, novamente, Louise, meu irmão não é quem imaginas! Sei que és jovem e sonhadora, e sei também que Armand exerce um fascínio sobre as mulheres, mas precisas me ouvir: afasta-te dele!

Louise sentiu o sangue lhe ferver nas veias e tornou, alterada:

— Não quero ouvir tuas palavras maldosas! O conde Armand já sofreu muito e apenas deseja ser feliz! Ficarei até a chegada de Isabelle.

Jean-Piérre se aproximou e, segurando-lhe os braços com firmeza, a advertiu:

— Parte, Louise! Se quiseres, posso te levar para longe daqui, se aceitares o meu amor!

Espantada, Louise deu um passo atrás. Enganada pelos próprios sentimentos, tornou:

— Queres me afastar daqui e de Armand, visando aos teus interesses! Entendo, agora, por que inventas essas mentiras sobre ele!

— Não são mentiras, Louise! Antes de Suzanne houve muitas, e Isabelle é mais uma delas. Suzanne morreu de desgosto, por se sentir traída! Armand tem os olhos voltados para ti e não sossegará enquanto não te tiver em seus braços. Meu irmão não mede as consequências de seus atos e trará desgraça à tua vida.

Sem poder controlar as lágrimas, Louise não queria ouvir mais nada. Antes de se dirigir para a porta, ainda exclamou:

— Não o julgava tão baixo, senhor Jean-Piérre. Por favor, não me procure mais!

O rapaz permaneceu em silêncio e, deixando-se cair em uma cadeira, olhou ao redor, amargurado. Novamente Armand interferia em sua vida, roubando o que considerava mais caro.

As lembranças assomaram-lhe à mente, vigorosas.

Recordava-se do dia em que, extremamente feliz, chegara ao castelo em companhia de Suzanne.

Enlevados na alegria dos que se amam, trouxera a mulher que escolhera para compartilhar a vida, com o intuito de a apresentar aos D'Avigny.

Tudo lhe parecia sorrir; Suzanne era de uma família distinta, nobre, e a vida se lhes apresentava como um imenso tapete de flores, que trilhariam sem receios ou preocupações.

Nos primeiros dias, não percebera as mudanças no comportamento de Suzanne, mas, ao final de algum tempo, a mulher a quem entregara suas maiores esperanças de ventura parecia lhe evitar a presença. Mudara seu comportamento repentinamente; antes tão recatada e terna, passou a participar de festas e longos passeios a cavalo.

Com a intenção de vê-la feliz em seu castelo, Jean-Piérre, apesar de estranhar o comportamento de Suzanne, não quis contrariá-la e concordou com seus caprichos.

Sua mãe, que sempre tivera preferência por Armand, tornara-se cúmplice do romance que surgira entre os dois e, quando Suzanne decidiu terminar o compromisso, tudo estava acertado para que se casasse com Armand.

Partira para evitar uma tragédia; só retornara nos últimos meses de gravidez de Suzanne, presenciando os funestos acontecimentos que culminaram com a sua morte.

Com o passar do tempo, o amor que sentia pela ex-noiva se transformou apenas em lembrança; porém, em relação a Armand, as coisas eram diferentes.

Com uma expressão de ódio no olhar, Jean-Piérre parecia outra pessoa.

As lembranças negativas o haviam ligado a um passado que custara muito a esquecer; antigos desafetos de Armand, agora no mundo espiritual, se aproximavam do rapaz, incutindo-lhe ideias de vingança.

Via-se de novo naquele castelo maldito e não permitiria que, mais uma vez, Armand lhe roubasse a felicidade.

12 - Revivendo mágoas

Desatento aos apelos do bom senso, Jean-Piérre ergueu-se e foi direto ao quarto do segundo andar.

Sabia que encontraria Armand ali. Logo ao entrar, parou estarrecido.

Olhou ao redor e verificou que a mobília e os pertences de Suzanne permaneciam no mesmo local, como se o tempo houvesse parado.

Novamente as lembranças lhe tomavam de assalto!

Retornara ao castelo alguns anos após o casamento do irmão e, por infelicidade, ouvira os soluços de Suzanne por trás daquela porta. Quantas lamúrias, quanto desespero!

Invencível sentimento de desprezo por Armand se apoderou do jovem; Armand, por sua vez, sentando em uma poltrona, o inquiriu em tom desagradável:

— Como te atreves? O que desejas aqui?

Tanya Oliveira ditado por Eugene

Sem ocultar os sentimentos que lhe iam à alma, Jean-Piérre avançou e bradou alterado:

— O que pretendes com Louise? Desejas arruinar-lhe a vida, como fizeste com as outras?

Armand se ergueu e falou com ironia:

— Ao que me parece, o nosso jovem idealista está apaixonado pela formosa e dócil Louise!

Transtornado, Jean-Piérre se adiantou e enfrentou o irmão, segurando-o pela lapela do casaco, ameaçador:

— Escuta, Armand! Guarda bem as palavras que te direi neste momento! Não me irás tomar novamente a mulher que amo! Se for necessário, te matarei!

Armand se libertou com um gesto grosseiro e tornou irado:

— Nada tenho com essa moça, seu estúpido! Jamais me aproximei dessa jovem, que é pouco mais que uma criança! Agrada-me o bem que faz a Laurent, apenas isso!

Jean-Piérre o ouvia atento, sentindo certo alívio. Algo, porém, lhe chamou a atenção: sobre uma mesa auxiliar repousava um livro que lhe pareceu familiar.

Aproximou-se e, ao abri-lo, percebeu que lhe pertencia! Era uma das obras que emprestara a Louise! Com o olhar indagador, fitou Armand e questionou:

— Como este livro veio parar aqui?

Armand ia responder, mas Jean-Piérre, transtornado pelo ciúme, anteviu uma cena que não acontecera. Imaginou que Armand e Louise se encontravam naquele local. Desesperado, via a imagem pura de Louise se macular, transformando-se em uma mulher vulgar e sem escrúpulos. Dando-se por vencido, considerou:

— Parabéns, meu irmão! Devo congratular-te por mais essa conquista! Vejo que Louise não necessita de minha interferência e que sabe se cuidar muito bem. Não vou me intrometer mais em tua vida, Armand! Faze o que bem entenderes, mas lembra-te de que essa história poderá ter um final que já conhecemos...— A seguir, retirou-se, batendo a porta com força.

Armand ficou pensativo, procurando concatenar as ideias. Sentia uma atração irresistível por Louise, precisava reconhecer. A fragilidade da jovem e a sua inexperiência provocavam-lhe os sentimentos; desejava protegê-la, cuidar dela. Ao mesmo tempo, poderia vir a amá-la como amara Suzanne?

Certamente não. Jamais amaria uma mulher como um dia havia amado Suzanne. No entanto, a perspectiva de uma aventura sem maiores compromissos lhe estimulava a vaidade masculina.

Isabelle era a prova disso. Não que não tivesse havido outras; mas, se Suzanne não desconfiasse de seu relacionamento com Isabelle — embora o negasse —, não teria ocorrido aquela tragédia, cujo remorso lhe corroía dia após dia de sua vida.

A rotina de Louise não se alterou e ela aguardava o retorno de Isabelle com expectativa.

A chegada da jovem significaria deixar o castelo e Armand. Não compreendia a súbita ausência de Jean-Piérre e reconhecia que havia se exaltado naquele dia na estufa. Falara com impropriedade e possivelmente ofendera o rapaz. Na realidade, ele apenas desejava protegê-la.

Os comentários sobre Armand, no entanto, levaram-na a perder a cabeça: "Como eu poderia ouvir calada acerca das intenções de Armand?" Sabia que Armand a observava seguidamente, pois não poucas vezes via sua sombra por trás de uma cortina, que se movia lentamente... "Qual será o seu interesse, visto que não existem dúvidas de seu amor por sua falecida esposa?", perguntava-se.

Em sua ingenuidade e no auge da idealização romântica, fruto de uma mente sonhadora, Louise se deixava levar por falsas esperanças. "Quem sabe ele não terá se esquecido de Suzanne?", cogitava.

Inebriada de felicidade, Louise não desejava ouvir as vozes que se faziam claras em seu mundo íntimo, chamando-a à realidade. Suzanne, entre outras, lhe alertava para os compromissos que assumiria se não se afastasse de Armand.

Longe de ser movida pelo ciúme, Suzanne afeiçoara-se a Louise verdadeiramente, embora, no passado, a rivalidade entre elas as tenha afastado. Reconhecia-se agora na jovem, quando da sua própria chegada ao castelo.

Sabia que o amor que sentia por Armand era absoluto e infinito, mas lamentava a situação em que deixara Jean-Piérre. Rogaria a Jesus que lhe permitisse envidar todos os esforços ao seu alcance para que Louise e Jean-Piérre encontrassem a felicidade.

Suzanne lançava aos céus a pergunta que frequentemente fazemos quando despertamos para as realidades do espírito: "Por que, Senhor, buscamos o aprendizado nas experiências que fatalmente nos trazem o sofrimento? Por que não aprendemos com os erros alheios e seguimos pelos caminhos retos, conforme os teus ensinamentos?"

Assim que saiu dos aposentos de Armand, Jean-Piérre procurou a condessa Geneviéve.

Em seu quarto, distraída em seus afazeres com a organização dos preparativos para o casamento de Armand, Geneviéve não viu quando o jovem entrou no ambiente.

O rapaz postou-se então à sua frente e declarou:

— Pretendo me afastar por alguns dias e não sei se retornarei para o casamento.

Assustada, ela estremeceu. Procurando se recompor, perguntou secamente:

— A que devo essa falta de consideração? Eu ou teu irmão fizemos algo que justifique esse comportamento de tua parte?

Jean-Piérre começou a rir e tornou:

— Tu e meu irmão? Que injustiça de minha parte se algo eu tivesse contra vocês dois, pois tenho a melhor família do mundo!

LAÇOS DA VIDA

Irritada, Geneviéve indagou:

— Por que esse tom irônico comigo? Que te fiz eu? Ao contrário, tenho sustentado teus caprichos há muito tempo. Será que não conseguiste ainda me perdoar por evitar um engano que estavas prestes a cometer?

Jean-Piérre fitou a mãe e tornou irritado:

— Engano? Como podes considerar um sonho de amor apenas um engano? Se não fosse por meu irmão, Suzanne jamais teria me abandonado!

— Acreditas nisso? Digo, pela minha experiência de vida, que jamais vi um casal como Armand e Suzanne! Achava-a fraca, vulnerável demais, mas na realidade eles haviam nascido um para o outro!

Sem se conter, Jean-Piérre tornou:

— Por que, então, meu irmão a traiu daquela forma? Por que não se manteve fiel, se a amava tanto?

Geneviéve revidou prontamente diante das acusações do filho mais moço:

— Tens alguma prova dessas traições? Acreditaste nas fantasias de Suzanne? A pobre estava desequilibrada desde o nascimento do filho. Isso acontece com mulheres fracas! Se desejas mesmo te afastares, pois bem, pode ir e retorna quando o passado não te torturar tanto... Isabelle trará Armand de volta à realidade e ele assumirá o seu lugar neste castelo novamente!

— Não suporto o ambiente deste castelo e te advirto que se tornará ainda pior... em breve!

Sem entender, Geneviéve exigiu uma explicação, ao que o rapaz respondeu:

— Logo, teu amado Armand fará mais vítimas. Se a pobre Isabelle soubesse o que a espera, certamente iria preferir a vergonha e o opróbrio público...

— Por favor, Jean-Piérre, retira-te!

Logo após a saída do filho, Geneviéve resolveu ir ter com Armand.

13 - Entre o amor e o dever

Alguns minutos depois, a condessa D'Avigny entrou abruptamente nos aposentos do segundo andar, que outrora haviam pertencido a Armand e Suzanne.

Surpreso, Armand ergueu a fronte, interrompendo a carta que começava a escrever. Com o olhar indagador, esperou que a condessa iniciasse.

Geneviéve foi direto ao ponto:

— O que está acontecendo, Armand? Dize-me que Jean-Piérre está errado nas acusações que fez contra ti!

O olhar frio de Armand pareceu cristalizar-se diante da mãe. Erguendo-se, demonstrou no timbre da voz sua irritação:

— O que esse tresloucado engendrou contra mim? Tomarei contas pessoalmente com Jean-Piérre, para que me deixe em paz de uma vez por todas!

Impassível, Geneviéve prosseguiu:

— Não será preciso, meu filho. Felizmente, teu irmão deliberou se afastar novamente. Desejo, no entanto, tomar conhecimento do que se passa sob este teto! Se tens em mente alguma das tuas ações infelizes contra Isabelle, te advirto a mudares de planos!

Do olhar de Armand poder-se-ia dizer que saíam chispas; seu temperamento irascível não tolerava qualquer crítica ou reprimenda. Aproximando-se de Geneviéve, vociferou:

— Não devo satisfações a ninguém dos meus atos, ouviste? Tu te deves dar por satisfeita por eu ter aceitado este casamento ridículo com Isabelle! Aconselho-te a não me importunares com as fantasias de Jean-Piérre, que se apaixonou por Louise e me culpa por não ser correspondido.

Geneviéve empalideceu e tornou, colérica:

— O que dizes? Então é isso! Sempre a achei arguta e falsa! Seduziu Jean-Piérre, colocando-o contra ti!

Armand percebeu que falara demais; procurando corrigir a impressão que causara, considerou:

— Não se trata disso, minha mãe. Louise nada tem a ver com isso. Meu irmão sempre foi dado a fantasias e nunca aceitou o fato de eu ter me casado com Suzanne.

— Sim; e, se é verdade que se apaixonou por essa infeliz e não é correspondido, o seu ódio aumentará, Armand! Todo o passado virá à tona outra vez! Ordeno-te que mandes essa moça embora o quanto antes!

— Já tomei esta decisão e ela apenas aguarda a chegada de Isabelle, para que Laurent não sinta tanto a sua ausência.

Geneviéve fitou o filho com olhar perscrutador e perguntou:

— Tens certeza de que não sentes nada por ela? Percebi os olhares que diriges a ela, aproximando-te inclusive de Laurent... Além disso, nunca uma preceptora teve as liberdades que deste a Louise.

Armand tornou, demonstrando o quanto aquela conversa o desagradava:

— Fiz isso por causa de meu filho! Louise é a primeira preceptora a quem Laurent demonstra sincera afeição. Tenho uma dívida com Laurent, tu bem o sabes...

Tanya Oliveira ditado por Eugene

Demonstrando o quanto Armand lhe era caro, apesar de sua personalidade ser pouco afeita aos sentimentos genuínos, Geneviéve se acercou do filho e, colocando a mão sobre seu ombro, o advertiu:

— Toma cuidado, Armand! Isabelle te esperou por todos esses anos... Ela será a esposa ideal e te fará esquecer Suzanne. Não deverá saber jamais de teu interesse por essa moça... Sei que és homem e sensível à beleza de Louise, mas peço que te mantenhas fiel à tua condição e que saibas dispensá-la no momento oportuno.

— Suzanne jamais será esquecida, mãe! Nunca me perdoarei por tê-la decepcionado daquela forma. Tenho minhas dúvidas quanto à possibilidade de Isabelle me fazer feliz. Quanto a Louise, esse assunto só a mim diz respeito!

Geneviéve sorriu e se retirou. Sabia que, se Armand tivesse alguma pretensão a respeito de Louise, certamente atingiria seus objetivos e cedo ela estaria fora do caminho.

Logo que a condessa saiu, Armand passou a mão pelos cabelos em desalinho e se dirigiu a uma das amplas janelas que ladeavam o aposento. Levantou a cortina, como fazia havia algum tempo, e divisou a silhueta de Louise, que se afastava do castelo lentamente.

Sem hesitar, colocou o colete e desceu as escadas apressadamente; em poucos minutos, via-se no jardim do castelo, ao encalço de Louise.

Após alguns passos em direção às macieiras, verificou que a jovem se debruçara sobre os galhos fortes de antiga árvore, que jazia seca junto a um desvio do caminho; ela chorava copiosamente.

Comovido, Armand se aproximou — sem que Louise percebesse — e falou com entonação carinhosa:

— Por que choras, Louise? Alguém te magoou?

A moça deu um pulo, assustada com a presença de Armand. Ruborizada, secou as lágrimas com as mãos e respondeu, ainda soluçante:

— Perdoe-me, senhor! Não devo importuná-lo com minhas tristezas...

Sinceramente comovido, Armand prosseguiu:

— Creia que tuas tristezas são também minhas, Louise!

A jovem voltou os grandes olhos azuis em sua direção e exclamou, desalentada:

— Como pode o senhor ficar triste com as dores de uma serviçal de seu castelo? Logo agora, quando está prestes a se casar e reconstruir sua família?

Armand se aproximou e, segurando a mão de Louise, revelou:

— És muito mais do que uma serviçal para mim... Quanto ao casamento, é mais um artifício do destino, que trama para a minha infelicidade.

— Como pode ser isso, senhor? Não ama a senhorita Isabelle? — perguntou, temerosa.

Armand acariciou os cabelos de Louise e tornou, quase paternal:

— És muito jovem para compreender os ardis do coração humano, minha querida Louise. Este casamento servirá apenas para salvar a reputação de Isabelle, que se deixou ficar em uma situação incômoda, permanecendo neste castelo após a morte de Suzanne. Jamais pedi essa espécie de sacrifício de sua parte, mas ela insistiu em permanecer...

— Talvez tenha se apiedado da situação de Laurent... — disse Louise, emocionada.

Armand se afastou e tornou:

— O fato é que agora estou ligado a essa mulher, sem que nenhum sentimento profundo nos una.

Encorajada, Louise arriscou:

— Não entendo, senhor. Sempre pensei que amasse a condessa Suzanne acima de tudo! Compreendi que jamais mulher alguma poderia fazê-lo esquecer da mãe de Laurent...

Tanya Oliveira ditado por Eugene

O olhar normalmente frio de Armand se modificou. Aproximando-se de Louise, roçou a mão sobre o seu rosto delicado e sussurrou:

— Por que insistes em me fazer recordar o que mais desejo esquecer? Não compreendes que o lugar que ocupas em meu coração já é maior que o de Suzanne?

Confusa, Louise procurou se afastar, mas Armand a segurou e a beijou com paixão.

Louise tentou se desvencilhar mais uma vez, mas os braços fortes que a cercavam não cederam aos seus protestos. Quando se libertou, ela falou em lágrimas:

— Como pôde, senhor? Isso jamais poderia ter acontecido! Por que alimentar essa chama, que luto todos os dias de minha vida, desde que aqui cheguei, para que se extinga?

Leve sorriso surgiu nos lábios de Armand. Louise, naquele momento, lhe parecia uma mulher adorável, na qual a beleza ressaltava diante da emoção por que passara. Trêmula, ainda conseguiu dizer:

— Sei qual é o meu papel neste castelo. Partirei o quanto antes, para que o mal não seja maior!

Armand a puxou novamente para perto de si e, segurando-a com firmeza, falou com o olhar brilhante:

— Amo-te, Louise! Ficarás comigo e enfrentaremos a tudo e a todos! A mim não importa a tua origem; sei apenas que te amo e não permitirei que partas!

Algo dizia a Louise que se afastasse, que fugisse, que deixasse para trás o castelo dos condes D'Avigny... A imagem de Jean-Piérre surgiu vagamente em seu cérebro, pedindo-lhe que se afastasse de Armand.

Louise tentou reagir, mas não conseguiu. Armand a cobria de beijos e, totalmente vulnerável ao poder de sedução do conde, Louise se deixou vencer por um sentimento que ela acreditava ser um grande e verdadeiro amor.

14 - Revelações e dor

Os dias que se seguiram foram de uma felicidade jamais sentida por Louise. Dir-se-ia que a jovem acabara de desabrochar, cheia de vida e beleza.

Realizava suas atividades junto a Laurent plena de alegria, mal podendo esperar o momento de reencontrar Armand.

Laurent, algumas vezes, a chamava para a realidade e perguntava-lhe se estava se sentindo bem. Louise sorria e, com um olhar sonhador, lhe acariciava os cabelos.

Na realidade, sentia-se amada pela primeira vez na vida! Compreendia também o que era o amor que tantas vezes lera nos livros, sem saber exatamente do que se tratava.

Armand soubera envolvê-la com gestos apaixonados, com palavras que revelavam um coração sofredor e solitário em busca de um amor sólido e verdadeiro.

Louise vivia aquele momento sem pensar no futuro. Acreditava que o amor de Armand, se quisesse, sobrepujaria

Tanya Oliveira ditado por Eugene

tudo, inclusive a tradição da família e o orgulho dos D'Avigny. "O que acontecerá quando Isabelle retornar? Descobrirá ela o que está acontecendo entre mim e Armand? Como reagirá?", perguntava-se ingenuamente.

Na realidade, Armand nunca teve o propósito de substituir Suzanne ou Isabelle por Louise. Considerava que o amor só acontecia uma vez na vida e isso já havia ocorrido...

Como, no entanto, enfrentar os olhos doces e apaixonados de Louise quando ela descobrisse que aquele idílio amoroso não tinha futuro? O assunto preocupava Armand. Agira como um predador cujo prazer se limitava a abater a presa...

Naquele dia, após um passeio pelas macieiras, Armand retornava ao castelo a passos largos, pensando em uma forma de acabar com o romance que mal principiara, visto que Isabelle logo deveria retornar.

Enquanto isso, o seu fiel mordomo e criado, Vincent, ciente da situação, resolveu falar com Louise. Logo que a moça encerrou as atividades do dia com Laurent, ele foi procurá-la, enquanto ela recolhia o material da aula ministrada.

Vincent bateu com suavidade na porta entreaberta dos aposentos do menino.

Ao perceber sua presença, Louise sorriu e o chamou:

— Por favor, Vincent, entra!

Constrangido, o homem alto e esguio sentia-se como se tivesse seu tamanho diminuído, tal o embaraço que a situação lhe causava. Percebendo que o homem em quem Armand confiava acima de qualquer coisa não se encontrava à vontade, Louise o inquiriu:

— Diga-me o que está acontecendo, meu amigo! Estou ficando preocupada...

Vincent a fitou seriamente e iniciou:

— Senhorita, Louise! Desde a sua chegada a este castelo, muitas coisas aconteceram! — Ante o olhar indagador da moça, Vincent prosseguiu: — Laurent, por exemplo, apresentou grande progresso, revelando-se outra criança. A criadagem ficou mais zelosa diante dos seus cuidados com tudo o que se referia aos D'Avigny. Pela primeira vez, o senhor Armand permitiu que uma pessoa que não pertencesse à família fizesse as refeições com o filho. O próprio conde pareceu se mostrar mais humano e piedoso com todos. O senhor Jean-Piérre retomou o interesse pelos negócios da família...

Louise sorriu — não sem um certo orgulho — ao verificar o que sua presença trouxera ao castelo. Logo, no entanto, Vincent a deixou perplexa:

— Devo lhe dizer, contudo, que antes da sua chegada, há exatamente nove anos, aconteceram também fatos que, talvez, a senhorita desconheça!

— Do que se trata? Estás me assustando!

— Na época em que a condessa Suzanne vivia aqui, este castelo fazia parte de um sonho de felicidade, até que o meu senhor, a quem muito prezo, mas no qual reconheço alguns grandes defeitos, se modificou totalmente e trouxe a desgraça e o infortúnio para este lugar!

Ofendida com as palavras que Vincent dirigira a Armand, Louise obtemperou:

— Não creio que estejas cumprindo com teus deveres para com teu senhor ao me falar dessa forma, Vincent!

Vincent não lhe deu ouvidos e prosseguiu:

— Suzanne, noiva de Jean-Piérre, rompeu o compromisso com ele assumido ao se casar com o conde Armand! — e continuou: — No início, devo lhe dizer que os dois eram como se fossem uma só alma. Não havia um capricho sequer que o senhor Armand não lhe satisfizesse. A vida do castelo girava em torno da condessa Suzanne! Ao mesmo tempo, ela era a própria doçura em forma de mulher. Cercava o conde de atenções e carinhos e, quanto mais passavam os anos, mais parecia que seu amor aumentava...

Aquelas palavras feriam os ouvidos de Louise. Tomada de profundo mal-estar, quis se retirar, mas Vincent a segurou pelo braço, dizendo:

— Estou lhe falando essas coisas porque a aprecio muito, senhorita! Quero lhe abrir os olhos para o que irá acontecer

Tanya Oliveira ditado por Eugene

inapelavelmente... O meu senhor, algum tempo antes do nascimento de Laurent, começou a modificar o seu comportamento. Ficava menos tempo no castelo, se afastando às vezes por alguns dias. Inicialmente, a condessa não deu muita importância, entendendo que os deveres do marido o aguardavam e que não deveria interferir. Com o passar do tempo, o conde Armand retornava cada vez mais calado, quase não ria mais e deixava a senhora solitária por dias neste castelo.

"A gestação ia se adiantando, quando, um dia, a condessa Geneviéve resolveu trazer sua afilhada Isabelle para fazer companhia a Suzanne; esta foi recebida com o carinho que era natural na jovem condessa...

"A convivência entre os três corria com tranquilidade, quando uma noite Suzanne acordou e, ao procurar pelo conde, dirigiu-se para a sala de estudos do senhor Armand. Como se algum gênio maligno houvesse preparado aquela cena para seus olhos, ouviu os risos de Isabelle vindo de outro local. Protegendo-se para não ser vista, viu, aterrorizada, que o conde Armand se retirava do quarto de Isabelle, beijando-a com uma despedida apaixonada...

"O final dessa história creio que a senhorita deve imaginar. Os últimos meses da gestação se tornaram penosos para a condessa Suzanne, pois trazia o coração dilacerado; o conde, por sua vez, negava tudo, dizendo que era fruto de sua mente e que aquilo jamais havia acontecido.

"Desesperada, sozinha, Suzanne acabou falecendo logo após o parto devido a complicações que o seu estado acarretou, o que desencadeou a tragédia que se abateu sobre este solar..."

— Por que o senhor permaneceu ao lado do conde se o julga culpado pela morte de Suzanne?

— A pedido dela própria, senhorita. Antes de morrer, ela me pediu que não o abandonasse.

Louise a tudo ouvia emudecida. Sim, era por isso que Armand se martirizava daquela forma!

O cultivo da memória de Suzanne, a permanência no quarto que lhe pertencera, a revolta consigo mesmo, tudo estava explicado agora...

Louise deu um suspiro e arriscou:

— Isso já passou, Vincent! O conde finalmente parece ter superado, uma vez que está com o casamento marcado.

— Minha filha — disse Vincent em tom paternal —, esse casamento se realizará por dois motivos: a questão financeira da família e a honra de Isabelle, que o duque, seu pai, cobrou da condessa. Geneviéve ficou responsável por Isabelle ao recebê-la neste castelo e o conde acabou seduzindo-a...

Louise corou. Saberia Vincent a que ponto havia chegado o seu romance com Armand? Procurando transmitir aparente tranquilidade, obtemperou:

— Entendo suas boas intenções, Vincent, mas o senhor conde não me prejudicaria, tenho certeza. Logo partirei e tudo estará resolvido.

Vincent sorriu com tristeza e afirmou:

— Não espere mais, senhorita Louise! Parta logo, antes que ele lhe amargure o coração para sempre!

Chocada com tudo o que ouvira, Louise se retirou lenta e pensativamente. Teria ela se entregado a um homem doente e sem escrúpulos, que apenas desejava alguns momentos de distração ao seu lado?

Ela colocara a sua honra, sua vida nas mãos de Armand! Agiria ele como um infame, abandonando-a, quando mais precisava do seu amor?

Desorientada, Louise buscou seus aposentos. Logo ao entrar, deixou-se cair pesadamente em uma poltrona. Inexplicavelmente, as revelações de Vincent haviam tido um efeito devastador em sua frágil personalidade.

Por que se sentia tão assustada? Por que esta sensação estranha, como se algo indefinível a espreitasse e acontecimentos desagradáveis a aguardassem a qualquer momento?

Sem demora, as lágrimas começaram a correr dos olhos de Louise. O que estava fazendo de sua vida? De repente,

Tanya Oliveira ditado por Eugene

uma ideia a aterrorizou: estaria Armand pensando em mantê-la como sua amante no castelo?

Procurando se recompor, Louise tomou uma decisão: iria procurar Armand e cobrar as promessas que lhe fizera!

Em seguida, passou a mão sobre os cabelos ligeiramente desarrumados e, verificando as condições do vestido, se dirigiu ao local onde sabia que o encontraria. Aquela era a hora que, costumeiramente, Armand se recolhia aos aposentos de Suzanne.

Apesar de não compartilhar aqueles momentos com ninguém, Louise já havia ido uma vez ao misterioso quarto. Assim sendo, atravessou o grande salão e subiu as escadarias que davam para a ala oeste do castelo. Ansiosa e insegura, segurou a respiração antes de bater na pesada porta.

As batidas soaram secas e ecoaram pelo amplo corredor; após alguns minutos, que pareceram uma eternidade, Armand surgiu diante da porta entreaberta. Louise o fitou e arriscou, com a voz quase sumida:

— Gostaria de te falar...

Armand não disfarçou o desagrado com a irreverência de Louise e falou contrariado:

— Aviso-te quando puder te receber. Não quero que te vejam aqui.

Magoada, Louise tornou:

— Peço-te, Armand, que me ouças; preciso esclarecer algumas coisas...

Irritado, Armand a repreendeu:

— Louise! Não estás em condições de me cobrar esclarecimentos! Repito que, quando puder, te chamarei!

Louise começou a chorar e contrapôs:

— Por que me tratas assim, quando ainda ontem me fazias juras de amor, Armand? O que houve? Apenas estou infeliz e queria conversar para aliviar meu coração!

Incomodado com a teimosia de Louise, Armand tornou:

— Fala logo o que desejas, pois estou muito ocupado.

Louise o fitou com imensa tristeza e pediu:

— Pensando bem, o que desejo te falar não pode ser dito diante da memória de Suzanne, a quem sempre respeitei! Estarei na estufa, após todos se recolherem...

Admirado com a atitude de Louise, Armand permaneceu em pé, próximo à porta, enquanto ela se retirava.

Louise aguardou que o movimento no castelo desse lugar à quietude. Vez ou outra ouvia algum murmúrio de um criado que demorava a se recolher.

A condessa já o fizera havia algumas horas e certamente deveria estar dormindo; Vincent e os outros criados também se haviam recolhido.

Finalmente, quando o grande relógio do salão principal anunciou as dez badaladas, o silêncio se fez por completo.

Louise colocou pequeno xale sobre os ombros e se dirigiu à estufa que pertencera a Suzanne. Não demorou muito e viu que Armand se encontrava junto à grande porta envidraçada. Observando tudo, o conde D'Avigny olhava surpreso para o local.

Não imaginava que o aposento que fora de Suzanne tivesse sido recuperado e que as antigas mesas estivessem, daquela forma, cobertas por flores. Ainda sem compreender, perguntou:

— O que significa isto? Quem reconstruiu as floreiras de Suzanne? Eu mesmo as destruí quando ela morreu!

Louise baixou a cabeça e explicou com humildade:

— Quando descobri este local, não pude deixá-lo abandonado! Sei que Suzanne amava esta estufa e, tanto quanto eu, as flores! Dei muitas aulas de Botânica para Laurent neste local. Pude lhe falar sobre sua mãe e do carinho que ela tinha pela natureza.

Armand olhou com mais atenção ao redor. Realmente, tudo estava muito bonito; parecia que Suzanne ainda estava viva, cuidando de tudo, tomando todas as providências para embelezar o ambiente...

Sob forte emoção, ele disse:

— Não te autorizei a modificar este local, mas algo me impede de tomar as providências que, em outro caso, julgaria necessárias. Nada nem ninguém pode agir neste castelo sem minha permissão!

Um calafrio percorreu o corpo de Louise, e ela divisou a presença de Suzanne. Um misto de vergonha e terror se apoderou de seu coração.

Como cobrar uma atitude de cavalheiro de Armand diante de Suzanne, a quem, sem saber como, amava?

Logo, porém, o sorriso de Suzanne a encorajou a prosseguir. Louise então falou:

— Quero saber o que planejas para o nosso futuro, Armand! Quero que me repitas as promessas que me fizeste, para que eu tenha um pouco de paz. Logo Isabelle deverá retornar e não quero que me trates como tua amante!

O olhar de Armand pareceu se tornar mais sombrio. Sentiu ímpetos de dar uma gargalhada, mas algo o impediu, e um sentimento de piedade o envolveu inesperadamente.

A presença — em espírito — de Suzanne o concitava a um sentimento cristão e abafava os ímpetos de sua maldade. Olhou demoradamente para a figura frágil e sofredora de Louise e lamentou, naquele momento, ter envolvido a moça na sua incontida necessidade de conquistar, seduzir... Isso, de alguma forma, o fazia se sentir forte, dominador, poderoso.

A personalidade de Armand era deveras complexa. Desde a época em que Suzanne estava viva, começou a sentir prazer quando uma ou outra jovem se lhe aproximava sorridente, com o olhar sonhador, apaixonando-se por sua nobreza, por seus gestos cavalheirescos.

Para Armand, suas conquistas em nada interferiam em seu amor enlouquecido por Suzanne.

Suzanne pairava em uma região que não conseguia acessar; estava além das suas paixões brutais e absolutamente carnais. Sua linda esposa representava um sonho que vivera na Terra e que o inebriava de felicidade, mas ao mesmo tempo sentia que sua natureza grosseira precisava do contato com a paixão dos sentidos para se sentir vivo.

Diante da ingenuidade de Louise, Armand sentiu uma ponta de remorso. Por que não resistira à beleza da jovem e não a liberara quando ela lhe havia pedido para ir embora?

Sabia que jamais se casaria com uma mulher que não fosse de sua condição social; certamente não amava Isabelle, mas nunca havia pensado em algo mais sério com Louise.

O caráter frio e pragmático de Armand falou mais alto. Alma infeliz, sem se preocupar com a felicidade alheia, considerou que não haveria de ser aquela pobre professora quem lhe embaraçaria a vida!

Antevendo a cena que se seguiria, Armand fitou Louise e, com um sorriso indefinível, considerou:

— Minha encantadora Louise! Nunca pensei em te tornar minha amante, assim como nunca cogitei em me livrar de Isabelle!

Sem compreender, Louise sentiu um abalo íntimo, que se traduziu em uma dor aguda na região do estômago. Tentando alcançar as palavras de Armand, questionou:

— Em qual condição me colocas em tua vida, então?

Armand se afastou e falou com voz metálica:

— Por favor, Louise! Não dificultes as coisas! És inteligente o suficiente para saber que não há lugar para ti em minha vida! Deves entender que o que aconteceu foi um desatino de nossa parte e chegou o momento de darmos um fim a esta situação! Posso, se precisares, lhe dar uma carta de recomendação...

Louise sentiu que as batidas de seu coração diminuíam e que as pernas cambaleavam, como se o sopro que lhe mantinha a vida a abandonasse.

Armand correu para ampará-la, mas, reagindo subitamente, Louise se afastou e pronunciou com a voz sumida:

— És um monstro, conde D'Avigny! Agora entendo... Suzanne preferiu a morte a permanecer ao lado de um ser tão desprezível!

Furioso, Armand se aproximou e, antes que fizesse qualquer coisa, Louise se afastou e prosseguiu:

— Juro por tudo o que existe que lamentarás este dia! Ainda irás me implorar para que permaneça ao teu lado, quando todos tiverem te abandonado... Sim! Pessoas como tu afastam a todos e acabam sozinhas, porque destroem a vida e a esperança dos que lhe passam pelo caminho...

Sem esperar qualquer resposta, Louise se retirou. Estupefato com as palavras de Louise, Armand permaneceu em silêncio. Apesar da sua ira, havia registrado uma a uma as expressões que a moça lhe endereçara em um momento de suprema dor.

Louise foi direto para o quarto e, tomada de grande desespero, caiu de joelhos no chão.

Sentia-se a mais miserável das mulheres, cuja desonra macularia sua existência de forma inexorável.

Na sua condição social, não haveria piedade e teria que carregar aquele segredo ou então entrar para uma ordem religiosa, na qual tantas jovens buscavam abrigo e reconforto depois de uma decepção amorosa.

Logo ela, que soubera se preservar de tantas armadilhas que a vida lhe havia criado, visto que uma jovem pobre e órfã, naquela época, devia se precaver de todas as formas para não se deixar levar pelas ilusões.

Armand soubera lhe cativar os sentimentos com suas gentilezas e ela havia-se deixado levar pela aura de sofrimento do conde D'Avigny. Fora uma tola e lamentava desesperadamente sua ingenuidade e seu desejo de viver um grande amor.

Se pudesse voltar atrás! Se pudesse voltar ao dia em que Jean-Piérre a avisara do perigo que corria!

Estava cega, então, e não quisera ouvir os conselhos da razão; preferira os do coração, iludido e sonhador. Agora lamentava amargamente e não havia o que fazer.

Como um autômato, Louise se ergueu e buscou sua pequena mala no velho roupeiro; aos poucos, foi colocando as poucas peças de roupa que possuía.

Um sorriso amargo surgiu em seu rosto cansado. "Como pude acreditar que Armand trocaria Isabelle por mim?" Era preciso ser muito tola, pensava, e Armand deveria ter se divertido muito à sua custa.

15 - Um ato de desespero

No dia imediato, Louise, que não conseguira dormir naquela noite, avisou Vincent de sua partida.

O velho amigo a fitou com preocupação e perguntou:

— Está tudo bem, Louise? Não precisas de nada?

Louise desviou o olhar e disse:

— Obrigada, Vincent, mas está tudo bem. Vou me despedir de Laurent.

Marion, que se afeiçoara à moça, não represava o choro, que revelava a sinceridade de sua alma. Louise tentou sorrir, mas também se deixou vencer pela emoção. Abraçou a boa amiga e disse:

— Obrigada por tudo, minha amiga! Deus permita que um dia te reencontre!

— Sim, minha menina! É só me chamar que Marion irá ao teu encontro!

As duas mulheres permaneceram abraçadas por alguns minutos; a seguir, Louise se desvencilhou com delicadeza e seguiu para o quarto de Laurent.

O menino já havia acordado, mas ainda se preparava para as aulas do dia. Surpreso ao ver Louise, perguntou:

— O que houve, Louise? Estou atrasado?

Louise forçou um sorriso e disse:

— Não, querido, eu é que vim mais cedo. Lembras que eu havia te dito que deveria partir? Fiquei a pedido de teu pai, mas chegou a hora de ir, Laurent. Preciso ir ver a minha madrinha, que se encontra doente...

Os olhos de Laurent se encheram de lágrimas, e, embora lutasse para não as deixar cair, elas brotaram em abundância.

Louise sentou-se ao lado do menino e, passando a mão sobre os seus cabelos cacheados e sedosos, falou com aparente tranquilidade:

— Conversamos em outras ocasiões sobre esse assunto, Laurent. Também lhe falei sobre a importância de cumprirmos com os nossos deveres, e eu preciso cumprir com o meu... Ademais, teu pai logo estará casado e terás uma mãe ao teu lado, que certamente irá suprir a minha ausência...

Laurent a fitou e declarou em tom enfático:

— Isabelle jamais será como uma mãe para mim! Antes de tua vinda, não me dispensava nenhuma atenção; somente quando sentiu ciúmes de ti é que resolveu prestar-me algum cuidado!

— Ciúmes? Por que dizes isso?

Ingenuamente, Laurent acrescentou:

— Ela sentia ciúmes de meu pai. Ficava rondando, procurando saber se eu não tinha nenhuma queixa contra ti, Louise. Ela não gostava de ver o meu pai conversando contigo.

Louise deu um suspiro e acrescentou:

— Bem, agora não será necessária essa preocupação por parte de Isabelle. Estou de partida e quero que saibas que deixo uma parte do meu coração contigo, meu querido!

Tanya Oliveira ditado por Eugene

Laurent se atirou nos braços de Louise e a abraçou fortemente. Louise retribuiu, e ambos choraram diante da perspectiva de não mais se verem.

Ao final de certo tempo, Louise o afastou e se retirou apressadamente. Precisava ir embora o quanto antes, pois nada mais lhe restava fazer naquele lugar.

Após descer a colina com a ajuda de Vincent, Louise voltou-se e divisou o imponente castelo que tanto sofrimento lhe causara.

Vincent — adivinhando seus pensamentos — considerou:

— Esquece, minha menina! Segue em frente e tira de tuas recordações este período triste!

Louise tornou com amargura:

— Existem mágoas que o tempo não cura, Vincent. No entanto, não pretendo retornar a este local enquanto estiver viva!

A certa altura do caminho, uma carruagem a esperava para levá-la até Paris. Mais uma vez, a moça abraçou Vincent e falou emocionada:

— Meu bom amigo! Que Deus não te afaste de minha vida!

— Sim, minha filha. Ele haverá de permitir, e, se te puder ser útil... — Constrangido, Vincent retirou um pequeno pacote de seu colete e o entregou a Louise, dizendo: — É uma pequena quantia, mas que poderá lhe ajudar em um momento difícil.

Louise balançou a cabeça negativamente e empurrou com delicadeza o presente; Vincent, entretanto, fechou a sua pequena mão com o pacotinho e a convenceu:

— Se não precisares, faze uma caridade em meu nome! Ajuda alguém que necessite...

Louise se deu por vencida e entrou na pequena carruagem. Definitivamente, encerrava um ciclo em sua vida.

Ao chegar a sua antiga residência, encontrou sua madrinha, Céline, apreensiva. Olhando-a com insistência, perguntava o que teria ocorrido para que a condessa D'Avigny lhe pedisse o seu retorno.

Louise, a seu turno, ao ver que a madrinha gozava de relativa saúde, considerando a idade, questionava o que estaria acontecendo.

Foi então que madame Touillard lhe disse:

— Era necessário que retornasses, Louise. Um dia saberás de alguns fatos que não posso te revelar agora... Peço que não insistas!

Apreensiva, Louise se aproximou e perguntou, angustiada:

— O que está acontecendo, madrinha?

Céline deu o assunto por encerrado:

— Como te disse, um dia falaremos sobre esse assunto.

Retomando a rotina de sua vida antes de ir para o castelo, Louise e Céline Touillard voltaram a frequentar assiduamente as missas que o padre Gastón celebrava em sua igreja.

A princípio, Louise o evitava, pois trazia — segundo acreditava — a alma maculada pelo seu procedimento no castelo de Armand.

Padre Gastón a instava a se confessar, a pedir perdão, uma vez que se ausentara por tanto tempo da igreja; mas Louise se esquivava, cercando-se de desculpas que só preocupavam ainda mais o bom servo de Deus.

Sem perceber que era observada a certa distância por distinto cavalheiro, Louise demonstrava em seu semblante o inferno da alma que se desvia de seus princípios.

Não temos a pretensão de julgar o procedimento de quem quer que seja, mas sim considerar as questões íntimas, pessoais de uma jovem do século XIX.

Como já ressaltamos em outras vezes, mas tomamos a liberdade de lembrar, a liberdade conquistada pela mulher, com o abrandamento de certos costumes sociais, convenções

Tanya Oliveira ditado por Eugene

e leis, foi obtida através de muitas lutas, injustiças, lágrimas, severos castigos, desonra, terminando, muitas vezes, no abandono dos conventos ou mesmo na prostituição. Uma mulher desonrada perdia o seu lugar no mundo.

O amor naquela época intimidava as mulheres honestas, porque era cercado por muitos mistérios que não compreendiam, por absolutamente não conhecerem nada sobre as relações entre um homem e uma mulher. Eram criadas como bibelôs, sendo tudo visto sob a perspectiva do pecado, e o objetivo da vida se resumia em encontrar alguém que colocasse uma aliança em seu dedo. De outra forma, seriam desonradas e serviriam de assunto a conversas maliciosas; nenhum outro jovem poderia desposá-las uma vez que estivessem maculadas.

Assim, se uma moça se entregasse a um homem antes do casamento, estabeleceria o seu destino e não estaria mais apta a realizar um casamento oficialmente, pois nenhum homem a aceitaria.

A experiência sexual a colocava no âmbito das mulheres experientes e passavam a ser consideradas "fáceis".

Louise, em sua ingenuidade, como tantas outras, colocara-se nessa situação. Não seria, entretanto, este o seu maior problema.

Todo ato tem suas consequências, e Louise se colocara em uma situação deveras difícil...

Os dias pareciam se arrastar; Louise se fechou em estranho mutismo. Realizava suas tarefas junto a Céline, prestando-lhe pequenos favores, tendo em vista que a madrinha já não gozava de plena saúde.

Intercalava as rotinas diárias com períodos de grande tristeza, quando as lágrimas se faziam suas companheiras assíduas. Pensou em falar com o amigo e conselheiro, padre

Gastón, mas ele não a compreenderia e certamente perderia mais uma amizade que considerava valiosa. "O que fazer?", pensava. "Logo todos saberão!"

Observadora, Céline, notando sua inquietação e evidente desarmonia interior, resolveu inquiri-la:

— Louise, minha filha! Por quanto tempo pretendes me esconder o que realmente aconteceu no castelo D'Avigny? Pensas que nasci ontem? Que não tenho observado o teu comportamento, tão diferente de outrora?

Procurando não fitar a madrinha, Louise falou evasivamente:

— Ora, madrinha, é impressão tua... Não aconteceu nada no castelo além daquilo que me propus a fazer.

— Por que, então, a condessa me pediu para que retornasses?

Apesar da surpresa ao saber da intervenção da condessa, Louise deu um suspiro e tornou:

— A condessa nunca simpatizou comigo. Desde o início, ela e Isabelle desejavam que eu partisse. O conde e Laurent decidiram pela minha permanência.

Céline arqueou as sobrancelhas enquanto perguntava:

— O conde? Qual seria o interesse dele?

Louise, incomodada com as perguntas, respondeu, entre a irritação e o desespero:

— Não sei, madrinha! Por que tantas perguntas? Acreditas que fiz algo errado? Que não agi de acordo com a educação que me deste?

Céline se ergueu com alguma dificuldade e, se aproximando de Louise, falou:

— Lembras, antes de partires, o que eu te havia dito? Que devias ter muito cuidado com o conde, porque as circunstâncias da morte de Suzanne eram obscuras. Geneviéve havia me pedido uma preceptora para Laurent, visto que Isabelle não gostava do menino. Ao indicar-te, sabia que correrias um grande risco ao lado daquele homem, mas confiei em teu caráter e na proteção da condessa... Terei cometido um engano, minha querida?

Louise sentia o corpo todo tremer. Inexplicável abalo nervoso percorreu o seu corpo frágil e, sem poder conter os soluços, se retirou apressadamente.

— Louise! Louise! — chamou Céline. A jovem, no entanto, correu em direção ao quarto.

Desesperada, pegou um casaco e retornou à sala onde Céline se encontrava. Ao ver as marcas de preocupação estampadas na face da madrinha, disse apenas:

— Perdoa-me! — e se retirou.

Na carruagem, que deslizava com vagar, Louise dava vazão aos seus desesperados pensamentos: "Como pude estragar toda minha vida por uma ilusão? Armand foi cruel, pois premeditou tudo, soube fazer apaixonar-me por ele, para depois me seduzir e descartar sem piedade! Como o odeio!", lamentava, chorando.

Entre as entidades que a acompanhavam naquele momento, uma se destacava. Tratava-se de um homem ainda jovem, vestes antigas, possivelmente remanescentes do início do século XIX.

Com o firme propósito de atingir os fins a que se havia proposto, o espírito que passaremos a chamar de Didier concentrava-se na ideia negativa que desejava transmitir a Louise.

A moça resistia. Quase vencida, lembrou-se da mãe de Jesus e pediu por socorro, da maneira que lhe foi possível. A rogativa subiu aos céus e, imediatamente, o seu campo mental se desligou do grupo de obsessores, em especial, Didier.

Duas entidades se apresentaram: Suzanne, acompanhada da mãe de Louise, Sophie. Com imenso pesar, abraçaram-na, e Suzanne balbuciou em seu ouvido:

— *Procura o padre Gastón! Vai em busca de auxílio, não desistas!*

O cérebro conturbado de Louise apenas registrou um nome: padre Gastón!

Batendo na portinhola da carruagem, Louise pediu que o cocheiro a levasse à igreja de Saint Maurice.

Logo ao chegar, observou que várias pessoas aguardavam a presença do venerável sacerdote.

Contrariada, resolveu aguardar, mas percebeu que a demora seria grande. Ia desistir, porém alguém lhe segurou com delicadeza o braço e disse:

— Espere um pouco, mademoiselle! O padre Gastón atende a todos que o procuram...

Assustada, Louise fitou o estranho. Tratava-se de um homem bem-vestido, beirando os quarenta anos. Na realidade, era o mesmo que a vinha observando há algum tempo, quando Louise voltara a frequentar a igreja.

A jovem aquiesceu e voltou a se sentar entre os sofredores que ali se encontravam. O cavalheiro pediu licença e se afastou discretamente.

Muito tempo se passou até que, ao fitá-la, o sorriso do padre Gastón se abrisse em seu rosto marcado pelo tempo. Uma ruga de preocupação, entretanto, surgiu na fisionomia do bondoso amigo. Compreendendo a extensão dos males que a afligiam, perguntou:

— Desejas me falar como sacerdote, em confissão, ou como o velho amigo?

— Preciso confessar os meus erros diante de Deus, padre!

Imediatamente, o sacerdote a amparou até o confessionário e se pôs a ouvir o drama de Louise. Ao final, a moça declarou ao amigo, que, no aparente silêncio do seu mandato, deixava cair grossas lágrimas ao ver a situação em que Louise se colocara:

— Acredito, padre, que estou esperando um filho de Armand! Fui uma tola, ingênua, e não tenho coragem de contar à minha madrinha... Vou partir para algum lugar, ainda não sei onde... Talvez saia da França.

Inspirado por mensageiros do bem, Gastón contrapôs:

— Não estou aqui para julgar-te, minha filha! Isso é da alçada do Senhor... Peço-te, no entanto, que não tomes nenhuma atitude precipitada! Aguarda até que encontremos uma solução... Falarei com Céline. Vamos pedir a Jesus que nos ilumine e encaminhe os teus passos daqui por diante.

— Não posso retornar à casa de minha madrinha, padre! Tenho vergonha...

Compassivo, Gastón procurava lhe dar esperanças:

— Não fales nada por enquanto, Louise. Vamos orar e aguardemos, confiantes na Providência Divina! Deves retornar e buscar reconforto na prece!

Mais aliviada, Louise perguntou ingenuamente:

— Acreditas, padre, que Deus poderá me perdoar?

Um sorriso triste surgiu nos lábios de Gastón.

— Como duvidar disso, Louise? Esqueceste das lições do Novo Testamento? Jesus não nos ensinou a perdoar "setenta vezes sete vezes" o nosso inimigo? Como poderia o Pai de Misericórdia Infinita nos recusar perdão? Tem fé e procuremos remediar o mal que já foi feito...

Louise recebeu a penitência com alguma esperança. A seguir, se despediu e se retirou.

Voltando à carruagem que a levara, começou a refletir sobre a difícil vida que a esperava. Sem dinheiro, com uma criança nos braços, passaria a vida trabalhando de casa em casa, como uma serviçal, longe de todas as alegrias da vida.

O que seria daquela criança que trazia no ventre? Talvez tivesse que sofrer mais ainda...

Esses pensamentos acabaram por atrair Didier, que havia se afastado com a chegada de Suzanne e da mãe de Louise. Em alguns minutos, a ação do vingativo espírito se fazia presente e a angústia retornava ao coração dilacerado de Louise.

A sensação de opressão no peito ressurgia e com ela a desesperança. Que futuro haveria para ela? Que vida levaria, desonrada como se achava?

De repente, a sensação de sua infelicidade atingiu o auge e Louise pediu que o cocheiro parasse; desceu da carruagem, colocou algumas moedas em sua mão e o dispensou. Voltando-se, fitou longamente a ponte sobre a qual se encontrava; embaixo, as águas do Sena deslizavam placidamente, seguindo seu curso inexorável.

Louise não pensava, apenas agia. Os preceitos religiosos haviam ficado para trás, a fé vacilava...

Aproximou-se o suficiente para sentir a mureta da ponte e medir instintivamente o esforço que deveria fazer para projetar-se no vazio à sua frente.

Quando ia fazer a terrível tentativa, sentiu uma mão forte que a segurou e disse:

— Por Nosso Senhor Jesus Cristo, mademoiselle! Recue, pois Ele é o divino pastor que não abandona a nenhuma de suas ovelhas!

16 - Caminhos inesperados

Na espiritualidade, Suzanne e Sophie, além de outros benfeitores, agiam sem descanso. Na Terra, Etiénne Dauphin tornou-se o instrumento do qual os céus se serviram para evitar a tragédia.

Etiénne havia perdido a esposa e a filha na epidemia de cólera de 1835; desde então, dedicava-se ao trabalho e a determinados afazeres que lhe absorviam todo o tempo; o pouco que lhe restava guardava para as idas à igreja, onde a conversa fraterna com o padre Gastón o reconfortava.

Contava na época, mais precisamente, trinta e sete anos. Sem esperanças de voltar a amar novamente, a perda da filha lhe martirizava a existência e buscava na fé as forças que lhe faltavam.

Naquela tarde, após assistir à missa, deveria se encontrar com um grupo de amigos que o aguardavam. Preparava-se para se retirar, quando viu Louise entrar com o semblante alterado, revelando profundo desespero.

Etiénne a observava havia algum tempo, sem saber exatamente por quê. O fato é que a moça lhe despertava a atenção, tendo sentido desde o princípio uma atração incompreensível. Algo o impulsionava para Louise, como se a conhecesse havia muito tempo!

Assim, após solicitar que a moça aguardasse a atenção do padre Gastón, Etiénne se dirigiu à saída, a fim de cumprir com seus deveres. Ao seu lado, no plano espiritual, Suzanne orava a Jesus para que lhe atendesse à rogativa.

Etiénne entrou em sua carruagem e sentiu um desconforto, uma preocupação, que lhe causou invencível mal-estar. "O que estará acontecendo?", perguntava-se. "Por que esse sentimento de dor inexplicável?"

Lembrou-se de Louise. Imediatamente, pensou no que poderia estar acontecendo à moça. Resoluto, retornou à igreja e aguardou que a jovem saísse.

Suzanne, agora acompanhada por várias entidades, cercava os dois, na tentativa de evitar o suicídio de Louise.

Quando, alguns minutos depois, Etiénne a segurou no momento do gesto desesperado, Louise, vencida pela excitação nervosa, acabou desmaiando em seus braços. Ele a colocou em sua carruagem e ordenou ao cocheiro que se dirigisse rapidamente à sua casa.

Ao chegar, com o auxílio de serviçais dedicados, acomodaram a moça em uma *chaise-longue*, para que ficasse mais confortável.

Etiénne a fez cheirar vinagre, mas Louise demorava-se em voltar à consciência. Preocupado, mandou que buscassem um médico imediatamente.

Prostrada, pálida, Louise parecia haver deixado a vida.

Ao final de longos minutos, o médico entrou apressado e se colocou ao lado da moça. Após examiná-la com cuidado, conseguiu reanimá-la; pediu então que todos saíssem do aposento e obteve da moça as informações que necessitava.

Tanya Oliveira ditado por Eugene

Chamou Etiénne e disse:
— Esta moça é sua parente?
Perturbado, Etiénne respondeu:
— Na verdade, encontrei-a hoje. Evitei que atentasse contra a própria vida...
O médico olhou com firmeza nos olhos de Etiénne e falou:
— Esta jovem está sob forte desequilíbrio nervoso. Asseguro-lhe, meu amigo, que, se ela não obtiver todos os cuidados que o seu estado requer, poderá perder a criança que carrega no ventre, e talvez a própria vida!
Chocado, mas ao mesmo tempo compadecido da situação de Louise, Etiénne disse prontamente:
— Faça o que for preciso... Assumirei as despesas!
A seguir, se dirigiu ao local onde Louise se encontrava e disse:
— Mademoiselle, receio que deva voltar à sua casa, apesar do seu estado... Não ficaria bem a senhorita permanecer aqui, visto que sou um homem viúvo.
Louise compreendeu a situação e, sentindo a cabeça girar, procurou se erguer e concordou:
— Certamente, senhor! Ainda não sei o seu nome...
— Perdoe-me... Etiénne Dauphin, ao seu dispor — respondeu com cortesia.
— Pois bem, senhor Etiénne. Chamo-me Louise Chernaud e, infelizmente, terei que retornar à casa de minha madrinha.
Visivelmente perturbado, Etiénne questionou:
— Lamento, não desejo constrangê-la de nenhuma forma, mas gostaria de acompanhá-la até sua casa.
Ao movimento afirmativo da moça, ele ofereceu o apoio, gentil, para que ela pudesse andar. No caminho, Louise fez um pedido ao seu protetor:
— Agradeço-lhe, senhor, por todo o auxílio que me prestou, mas pediria a sua discrição em relação ao incidente de hoje à tarde. Estou em uma situação difícil, mas minha madrinha jamais me perdoará se souber que cogitei tirar a própria vida.
Compassivo, ele respondeu:

— Evite preocupações desnecessárias, senhorita. Não pensava em tocar no assunto com sua madrinha. Direi que sou um antigo amigo e que o acaso nos reuniu hoje à tarde na missa. Concorda?

Louise assentiu com a cabeça de forma mecânica. Assim, para surpresa de Céline Touillard, Louise chegou em uma rica carruagem, acompanhada por distinto cavalheiro.

Após as apresentações, Céline repreendeu Louise:

— Deixaste-me preocupada com a forma como saíste, Louise!

Louise ouviu com resignação e se desculpou:

— A senhora tem razão, madrinha. Peço que me desculpe. Felizmente, falei com o padre Gastón e encontrei o senhor Etiénne.

Céline mandou uma criada servir um chá com bolos, enquanto perguntava com curiosidade:

— De onde se conhecem? Não me havias comentado sobre este senhor...

Louise e Etiénne trocaram um olhar rapidamente. A seguir, ele esclareceu:

— Conhecemo-nos através do padre Gastón. Lembro-me de que a jovem Louise frequentava com assiduidade a igreja de Saint Maurice, e o padre Gastón acabou por nos apresentar, surgindo então uma bela amizade. Após algum tempo, mademoiselle se afastou e perdemos o contato. Felizmente, nos reencontramos e aqui estamos!

Louise estampou tímido sorriso em agradecimento a Etiénne. Convencida, Céline passou a tratá-lo com sincera hospitalidade, sem disfarçar os motivos de seu interesse.

— O senhor não sabe o quanto esta menina me preocupa! Louise é muito tímida, vive sozinha, da igreja para casa, de casa para a igreja, e temo pelo seu futuro... Quem sabe se o senhor não poderia ajudá-la a distrair-se um pouco?

— Madrinha, o senhor Etiénne é muito ocupado...

Ele sorriu e tornou:

— Seria um prazer partilhar em alguns momentos da companhia de Louise, só que só o farei com uma condição.

— Céline aguardou com expectativa, e Etiénne prosseguiu:
— Faço questão que a senhora nos acompanhe...

Esboçando largo sorriso de satisfação, Céline tornou, lisonjeada:

— Oh, senhor Etiénne! Irei com muita alegria, apenas não quero ser uma intrusa — disse com discreto sorriso.

Etiénne lhe garantiu que ela não atrapalharia em nada.

Na saída, Louise, constrangida, lhe falou:

— Perdoe-me, senhor! Não pensei que as coisas tomariam este rumo. Peço que não se sinta na obrigação de realizarmos qualquer passeio.

Etiénne a fitou e, com uma expressão de alegria, declarou:

— Só a perdoarei se aceitar minha sincera amizade, senhorita. Imploro-lhe que não me interprete mal; o meu interesse é verdadeiro e desejo lhe ajudar... Acha que pode me considerar um amigo?

A sinceridade de Etiénne atingiu o coração de Louise. Com um sorriso tranquilo, ela concordou:

— Aceito a sua amizade, mas o senhor terá que conviver com a minha madrinha também...

— Ela é uma boa pessoa e nos entenderemos bem. Infelizmente, acabei relatando os fatos de uma forma um tanto diferente em relação ao padre Gastón. Vou procurá-lo e explicar toda a situação. Permite-me?

— Sim, claro. Não devemos envolvê-lo nessa história a não ser que o consinta.

— Vejo que pensa como eu, senhorita. Quando estiver recuperada, combinaremos o nosso passeio; agora, é necessário que repouse.

Louise concordou e se despediu. Exausta, com as pernas cambaleantes, ouviu a madrinha dizer:

— Estás extenuada pela tua exaltação de hoje à tarde! Vai descansar e repense tuas atitudes, Louise! Dá graças a Deus de haver reencontrado este distinto senhor...

— Sim, madrinha! — respondeu a moça, com a convicção de que, por algum motivo que não saberia explicar, aquele homem entrava em sua vida para sempre.

17 - Um amigo

Os dias que se seguiram correram sem nenhuma novidade. Louise buscava coragem para falar à madrinha a indesejada situação em que se encontrava.

Para surpresa das duas, padre Gastón foi visitá-las em uma melancólica tarde chuvosa em Paris.

Céline não se continha de felicidade, pois havia muito que o querido amigo não lhe dava aquela alegria; sempre envolvido no intuito de bem cumprir o seu dever, não se afastava com frequência de seus fiéis.

Sorridente, Céline lhe deu as boas-vindas:

— Padre Gastón! Que alegria recebê-lo em minha casa! Há quanto tempo não nos dava este prazer!

Gastón estampou um sorriso bondoso no rosto simpático e explicou:

— Não que não o desejasse, minha amiga! Mas são tantos os encargos do meu ministério, há tanto sofrimento por toda a parte! — e, mudando de assunto, perguntou: — Como está a nossa menina?

O rosto de Céline se modificou e, demonstrando preocupação, afirmou:

— Sei que ela esteve com o senhor há alguns dias, padre, o que foi de bom alvitre, pois Louise está muito necessitada de orientação e amparo.

— É verdade, Céline! Louise passa por um momento de extrema dificuldade e precisamos ajudá-la. Ela te contou o que aconteceu no castelo?

— Não, mas o pressinto! Confiei em Louise e esperava que ela retribuísse essa confiança agindo de outra forma — disse Céline com amargura.

Gastón se aproximou e a encarou com seriedade; a seguir disse com visível emoção na voz:

— Cobras desta menina inocente um proceder exemplar, sabendo a que perigos ela estava sujeita?

Céline procurou se justificar:

— Não tive alternativa, Gastón! A condessa exigiu que Louise fosse até o castelo. Sabemos que queria conhecer a irmã bastarda de Isabelle...

O padre fez um sinal positivo e pôs-se a recordar:

— Sim, o nascimento desta menina mudou a vida de muitas pessoas! Veja como a história se repete. A ruína de Sophie foi ter se aproximado da família do duque, pai de Isabelle. Espero que tudo isso não seja fruto de uma vingança da condessa...

— Não posso imaginar tanta maldade, Gastón. Lamento por Sophie, que era bela e culta, apesar de não possuir berço... Mas o que queres dizer com "a história se repete"?

Gastón tornou a voz mais grave e disse:

— Este assunto é entre tu e Louise. Lembra-te apenas do que Sophie te pediu antes de morrer. Gostaria de falar com Louise a sós, por favor...

Céline o acompanhou até os aposentos de Louise, que permanecia no leito por se sentir enjoada.

Ao ver o amigo querido, sorriu, feliz; o padre, no entanto, preocupou-se ao ver o seu estado: muito magra, faces encovadas e a palidez extrema tornavam o aspecto da moça de extrema fragilidade.

Preocupado, passou a admoestá-la:

— Louise, minha filha! O que estás fazendo? Precisas te alimentar, reagir...

Louise deixou-se cair nos travesseiros e afirmou:

— Não vejo mais sentido em minha vida, padre. É como se tudo tivesse acabado e eu não desejasse prosseguir...

— Isso é muito grave, Louise. Tens o dever de preservar o corpo que Deus te deu, principalmente agora que carregas nele uma vida... Seria um crime hediondo contra duas almas!

Louise percebeu que Etiénne não havia mencionado o seu momento de fraqueza na ponte. Lembrando-se do auxílio recebido, perguntou:

— O senhor tem visto o senhor Etiénne? Foi de grande valia a sua ajuda há alguns dias...

O padre fez um sinal positivo e a aconselhou:

— Sim, Etiénne é um homem de bom coração e um cavalheiro. Pobre rapaz! Sofreu demais e procura, aos poucos, superar a sua dor.

— Sim, ele me disse que perdeu a esposa e a filhinha na epidemia de alguns anos atrás. Lamento, também, a sorte desse pobre homem!

Padre Gastón sorriu e acrescentou:

— Ambos precisam recomeçar! Acho que poderá surgir uma bela amizade entre vocês... As decepções, os enganos, as grandes perdas tornam o nosso coração maleável, mais afeito à forja do destino. São os caminhos misteriosos do Senhor! — e, fitando-a com seriedade, perguntou: — Quando pretendes contar à tua madrinha?

Louise baixou o olhar e balbuciou, reticente:

— Estou buscando coragem, padre. Agora é preciso enfrentar o que já está feito...

— Que Deus te abençoe e proteja, minha filha! — disse o padre, beijando com suavidade a pequena mão da moça.

A seguir, se ergueu e foi se despedir de Céline, que o aguardava com impaciência. O padre segurou as mãos da amiga de tantos anos e disse:

— Seja caridosa e lembre-se do que Jesus disse: "Aquele que estiver sem pecado atire a primeira pedra!"

— O que queres dizer com isso, Gastón? Tenho medo de tuas palavras...

O sacerdote a fitou com um olhar bondoso e tornou:

— Louise foi jogada no covil de lobos e está muito machucada, Céline. A tua dívida para com a condessa lhe custou muito caro!

Após dizer isso, Gastón colocou o chapéu e se retirou.

Com ar preocupado e intrigada com a saúde de Louise, Céline resolveu ir falar com a afilhada.

Profundo mal-estar se apossou de Louise. A vergonha de que se via objeto a colocava em situação deprimente, o que piorava o seu estado geral.

Sem mencionar os motivos que a levaram a atender ao pedido de Geneviéve para que Louise fosse ao castelo, Céline se apressou em perguntar:

— Diga-me, Louise, minha filha, o que está acontecendo? Sei que fui um pouco rude alguns dias atrás, mas creio que mereço tua confiança...

O olhar marejado de Louise revelava mais que quaisquer palavras que pudesse pronunciar. Em certo momento, conseguiu falar:

— Estou em dívida com a senhora, madrinha! Deveria ter seguido seus conselhos... Oh! Quanto lamento, agora! — e desatou a chorar.

Céline, compreendendo o drama da moça, confirmou o que já desconfiava:

— Foi o conde, não é mesmo? Ele te seduziu... E estás esperando um filho dele!

Louise concordou e se apressou em dizer:

— Não te preocupes, madrinha. Partirei logo que estiver em melhores condições... Não quero que passes por esta vergonha por minha causa.

Céline deu um suspiro e disse em tom quase imperceptível:

— Infelizmente a história se repetiu! Mais uma vítima de Armand... — e, olhando para Louise, declarou: — Ficarás comigo, Louise. Não te abandonarei nesta hora. Não fiz isso anos atrás com tua mãe, quando as coisas eram bem mais difíceis, e não o faria agora...

Surpresa com as palavras de Céline, Louise a inquiriu:

— Minha mãe? O que queres dizer com isso?

Céline começava a falar quando ouviram alguém bater à porta: era Julliete, a moça que auxiliava na casa de Céline.

Ao ser indagada sobre do que se tratava, disse prontamente:

— Tem um senhor aguardando na saleta, senhora. Disse que se chama Etiénne.

Surpresa, Céline se ergueu e se apressou em descer. Louise, muito abalada, procurou se recompor, secando as lágrimas que não cessavam de cair de seus olhos.

Junto ao pé da escada, Céline saudou o visitante:

— Boa tarde, senhor Etiénne! Que surpresa agradável!

O distinto cavalheiro segurou o chapéu em uma das mãos, na qual carregava pequeno buquê de flores, e, beijando a mão que Céline lhe oferecia, considerou:

— Sei que é contra as regras da boa educação uma visita inesperada, mas, como vim até os arredores para tratar de alguns assuntos, não podia deixar de obter notícias da jovem Louise.

Céline o convidou para se acomodar em confortável cadeira na sala de estar e explicou:

— A minha afilhada está muito fraca e não estamos conseguindo fazê-la reagir, senhor...

Preocupado, Etiénne observou:

— Isso é um mau sinal. Percebi o seu abatimento no outro dia e entendo que ela deverá ter muitos cuidados para se

Tanya Oliveira ditado por Eugene

refazer. Lamento, senhora, e gostaria de poder ajudá-la... Gostaria que lhe entregasse estas flores.

Céline percebeu que Etiénne poderia ser uma esperança para Louise. Vencendo os preconceitos da época, convidou-o:

— O senhor não gostaria de vê-la agora? Ela está acamada, mas creio que para um amigo isso não terá problemas. Assim poderá dar-lhe pessoalmente as flores que trouxe...

Etiénne ficou um tanto embaraçado, porque, na verdade, não era um antigo amigo da moça. Pensando, porém, que seria uma forma de vê-la e lhe oferecer conforto, concordou:

— Eu gostaria muito, senhora Céline, apenas não sei se será do agrado de Louise...

Decidida, Céline chamou Juliette e lhe disse:

— Acompanha o senhor Etiénne aos aposentos de Louise.

Em poucos minutos, o novo amigo de Louise entrava em seu quarto da mesma forma inesperada com que havia entrado em sua vida.

Louise havia se sentado em uma cadeira próxima à janela e procurava se distrair lendo um livro.

Pedindo licença, Etiénne entregou as flores que trazia e, a convite de Louise, sentou-se à sua frente.

Não lhe foi possível deixar de perceber o rosto magro aliado à tristeza de seu olhar, além dos cabelos soltos, que compunham o quadro do grande sofrimento moral da moça.

Louise o observou mais atentamente e se surpreendeu com os traços finos e regulares de Etiénne; mais do que isso, percebia no seu interlocutor um bondoso e sofrido coração.

Agradecendo a gentileza, falou:

— Não sei como lhe agradecer, senhor...

— Ora, senhorita Louise, são apenas algumas flores, para lhe alegrar o dia.

Louise sorriu e corrigiu:

— Não me referia a isso... Agradeço pelo que fez por mim naquele dia na ponte.

Etiénne balançou a cabeça e obtemperou:

— Esqueça o que aconteceu naquele dia: já é passado! Deve pensar no que fará daqui para a frente. Sua madrinha sabe o que está acontecendo? Vejo que andou chorando...

Louise concordou:

— Sim, falei ainda há pouco tudo, ou melhor, ela adivinhou. — Concentrando-se no que iria dizer, Louise prosseguiu: — O senhor não me conhece e não sabe que tipo de pessoa eu sou. Asseguro-lhe, entretanto, que nunca me havia apaixonado antes. Foi o meu primeiro e infeliz amor! — Os olhos de Louise brilharam, enfatizando suas palavras.

Etiénne sorriu com tristeza e garantiu:

— Não é preciso me dizer o que já sei, senhorita Louise. Conheço a alma das pessoas e sei que a sua é pura e límpida — e, procurando mudar de assunto, olhou o título do livro que a moça tinha nas mãos: — Vejo que procura consolo na Bíblia! Saiba que eu nunca fui um homem religioso, mas, se não fosse a fé, teria sucumbido diante das adversidades da vida.

— Ao contrário, senhor Etiénne, sempre fui religiosa... Acredito que os meus erros tenham sido frutos do meu afastamento dos princípios religiosos. Se tivesse permanecido fiel aos meus deveres e convicções, a minha situação hoje seria outra — disse Louise com tristeza.

Procurando mudar o curso dos pensamentos de Louise, Etiénne propôs:

— Peço como amigo, se assim me permite, que esqueça o que se passou. Pensemos no futuro e nas suas possibilidades. Conte comigo para o que for preciso. Gostaria de realizar alguns passeios com a senhorita e madame Touillard por nossa Paris, enquanto o clima permite... O que pensa a respeito?

Louise ia dizer que não queria sair de casa, que não desejava ver ninguém, porém, por um ímpeto que não pôde controlar, concordou:

— Está certo, senhor. Devo-lhe bem mais do que isso...

Etiénne ficou sério e retrucou:

— Não estou lhe cobrando nada, senhorita Louise. Desejo apenas ajudar em sua recuperação. Não se esqueça da criança.

Tanya Oliveira ditado por Eugene

— Perdoe-me, não foi minha intenção.
Ele sorriu e completou:
— Venho buscá-las daqui a dois dias, às catorze horas! — e se retirou.

Quando Etiénne saiu, Louise permaneceu pensativa. "Por que tenho a impressão de conhecê-lo há muito tempo, se há apenas alguns dias o encontrei pela primeira vez? Que dom ele possui que me faz esquecer Armand e toda a tragédia que estou vivendo?"

Sem se preocupar com as respostas, Louise dirigiu o pensamento para dali a dois dias, quando o encontraria novamente.

Conforme o planejado, em dois dias, no horário marcado, Etiénne se apresentou para buscar Louise e Céline.

As duas mulheres se encontravam à espera, e ele perguntou cavalheirescamente:

— Posso saber aonde desejam ir? — e, voltando-se para Louise, insistiu: — Tem algum lugar de sua preferência, mademoiselle?

Louise o fitou e quase implorou:

— Não desejo ir aos Jardins das Tulherias, senhor. Não sei explicar, mas não me sinto bem naquele lugar...

Pensativo, Etiénne afirmou:

— É curioso, senhorita Louise! Não entendo o motivo, mas também não aprecio aquele local. Sempre o evito, pois sinto ali um mal-estar inexplicável...

Céline, que não partilhava das mesmas sensações, comentou:

— Pois eu não sinto nada além de tédio junto às Tulherias. Assim, peço que o senhor Etiénne nos conduza a seu bel-prazer...

Etiénne sorriu e declarou:

— Vou levá-las ao Jardim das Plantas! Tenho certeza de que irão apreciar!

Louise, que se mostrava apática, teve o seu interesse despertado. Timidamente perguntou:

— É onde se encontra a famosa estufa de plantas estrangeiras?

Etiénne sorriu e concordou:

— Sim, poderão ver animais no Museu de História Natural e, evidentemente, os pavilhões das estufas.

Entusiasmada, Céline entrou na carruagem junto a Louise, que procurava não parecer indelicada.

Reconhecia que possuía uma dívida com Etiénne e não gostaria de magoá-lo. Sentia, no entanto, o coração macerado de dor pelos últimos acontecimentos em sua vida.

Percebendo que Louise se envolvia em pensamentos dolorosos, Etiénne, sentado à sua frente na carruagem, indagou:

— Mademoiselle Louise, o roteiro escolhido não lhe agrada? Gostaria de, talvez, algo mais condizente com sua mocidade?

Louise demorou a voltar ao presente; seu pensamento se encontrava em um passado, não tão distante, o qual carregaria para sempre.

A perspectiva da criança que iria nascer a deixava desnorteada. Como poderia conviver com as pessoas das relações de Céline sem envergonhá-la? Desejava fugir, ir para bem longe, onde ninguém a conhecesse e pudesse recomeçar uma nova vida...

Como poderia fazer isso sem ter condições de se manter? Sabia que, à medida que a gravidez avançasse, mais difícil seria conseguir um trabalho, pois ninguém a admitiria.

Quando percebeu, Céline a cutucava, repreendendo-a:

— Louise! Por que não responde ao senhor Etiénne? Onde está a educação que lhe dei?

Louise desculpou-se e pediu gentilmente que ele repetisse a pergunta. Etiénne tornou a inquiri-la, ao que Louise retorquiu:

— Estou muito feliz em estar aqui, senhor Etiénne. Talvez eu não seja uma boa companhia, mas agradeço-lhe o convite.

Tanya Oliveira ditado por Eugene

— Sendo a mademoiselle uma preceptora, imaginei que gostaria destes locais. São fonte de conhecimento, além de proporcionar contato com a natureza...

Passados alguns minutos, chegaram ao local desejado. Primeiramente, visitaram o Museu de História Natural, onde Etiénne demonstrou grande conhecimento sobre o assunto, além de destacar os aspectos históricos do local.

Mais adiante, se aproximaram das estufas e Louise empalideceu. Ao verificar que a moça quase desfalecia, Etiénne a amparou, o que chamou a atenção dos demais visitantes.

De repente, um homem ainda jovem se aproximou e, fixando o olhar em Louise, exclamou:

— Louise! Não pensei encontrá-la em Paris! O que houve?

Etiénne o fitou e, estendendo-lhe a mão, se apresentou:

— Etiénne Dauphin, senhor... — Ao que Jean-Piérre respondeu com a mão estendida:

— Jean-Piérre D'Avigny, conde D'Avigny, senhor...

O semblante costumeiramente tão cordial de Etiénne se modificou e ele cumprimentou polidamente o rapaz.

Por sua vez, ao ouvir o nome de Jean-Piérre, Céline estremeceu. Muito pálida, com as mãos úmidas, sentiu-se cambalear.

Prontamente, Jean-Piérre a acudiu, solícito e intrigado com os episódios das duas mulheres. Diante das explicações que se faziam necessárias, Louise comentou:

— Na realidade, o ambiente desta estufa, quente e úmido, nos afetou... Creio devamos nos retirar. Está muito abafado aqui!

Céline, como que hipnotizada, não desviava o olhar de Jean-Piérre. Lembrou-se do passado distante. Ela, Sophie e agora Louise tinham sucumbido por amar homens que não pertenciam à sua classe social. Os preconceitos da época haviam destruído tantas vidas, tantas esperanças... Aquele jovem era fruto de um segredo que enterrara em seu coração! Na realidade, não era o segundo filho de Geneviéve, mas sim o seu filho, fruto do seu amor com o pai de Armand!

Quase trinta anos se tinham passado e ela mantivera a promessa de não se aproximar de Jean-Piérre, a pedido do conde. Vê-lo, no entanto, à sua frente a fizera reviver todo o passado de lágrimas e saudades.

— Convido a todos para bebermos alguma coisa, para nos refrescarmos — disse o jovem conde.

Todos concordaram e se dirigiram para um café nas proximidades.

O olhar insistente de Jean-Piérre sobre Louise deixou Etiénne contrariado. A certa altura, Jean-Piérre perguntou:

— Soube que havia se afastado do castelo, senhorita Louise. Folgo por tê-la encontrado em Paris...

— Não costumo sair, senhor. Estamos aqui por uma gentileza do senhor Etiénne.

— Nunca me falaste do senhor Etiénne. São amigos há pouco tempo, não é assim?

Preocupada com o rumo da conversa, Céline o interrompeu dizendo:

— Caro senhor Jean-Piérre, como madrinha de Louise, devo dizer-lhe que minha afilhada esteve muito doente e que, graças à amizade e dedicação do senhor Etiénne, está se recuperando. Por falar nisso, creio que é hora de retornarmos.

Jean-Piérre demonstrou preocupação enquanto dizia:

— Não sabia da doença de Louise, perdoe-me. Gostaria de poder visitá-la enquanto convalesce...

Vendo a atitude bondosa do filho, Céline não resistiu, para surpresa de Louise:

— Poderá nos visitar, meu filho, quando desejares. Serás recebido com prazer em nossa modesta casa!

Ao retornar, Louise sentia-se invadida por diversas emoções. A surpresa do reencontro com Jean-Piérre, as atitudes gentis de Etiénne, a estranha atitude de Céline...

O que haveria no passado de Céline que a prendia à condessa? Por que a presença de Jean-Piérre abalara tanto a todos?

Reconhecia que o rapaz reavivara lembranças cruéis que desejaria esquecer a todo custo... Mas e quanto a Etiénne, que se calara em um mutismo inquietante, como se a presença do jovem conde o embaraçasse, desagradando-o?

Tanya Oliveira ditado por Eugene

E Céline? Por que o olhava com tanta insistência, como se estivesse diante de um ente querido?

Cansada, Louise foi para o seu quarto com o pensamento voltado para o futuro, que, para ela, seria deveras incerto.

No dia imediato, intrigada, Louise procurou Céline na tentativa de obter respostas para as suas inquietantes perguntas.

Acabavam o desjejum, quando comentou:

— O que a senhora achou do conde Jean-Piérre, madrinha?

Céline acabava de levar a xícara aos lábios e, sem conseguir disfarçar sua perturbação, deixou-a cair sobre a mesa.

Impressionada, Louise comentou:

— Perdoe-me! Não desejava importuná-la com a minha tola curiosidade...

Na tentativa de se recompor, Céline afirmou de modo evasivo:

— Ora, Louise! Esse rapaz não difere de nenhum dos jovens da nobreza. É educado, mas seguramente deve ser bastante superficial...

Louise balançou a cabeça negativamente e disse:

— Não, madrinha. Jean-Piérre é diferente. Se eu tivesse ouvido os seus conselhos, não estaria nesta condição.

Céline a observou com mais atenção:

— O que queres dizer?

— Jean-Piérre envidou todos os esforços ao seu alcance para que eu me afastasse de Armand; pediu-me diversas vezes, assim como outros serviçais do castelo. Queria a todo custo evitar o que aconteceu com Suzanne...

Céline se ergueu da cadeira e apontou uma poltrona da sala de estar enquanto dizia:

— Vais me contar esta história desde o início, Louise!

Entendendo que não deveria ocultar nada da madrinha, que a acolhia em hora tão difícil de sua vida, Louise concordou:

— Contarei tudo o que sei... Ocorre que, nos momentos de meu descanso, dediquei-me a reorganizar o jardim de inverno de Suzanne, que estava abandonado desde a sua morte. Em certa ocasião, Jean-Piérre, que costumava ir lá para relembrar o seu antigo amor, me encontrou e, a partir de então, nos tornamos amigos... Contou-me que havia quase uma década viera ao castelo para apresentar sua noiva, Suzanne, pela qual estava perdidamente apaixonado. Inebriado com o sentimento que sentia pela moça, não percebeu as insinuações de Armand em relação a ela e, confiante na lealdade de ambos, descuidou-se, permitindo uma convivência muito próxima do irmão com a futura cunhada. Aos poucos, Suzanne foi se modificando e se tornando arredia aos seus sentimentos, até o dia em que rompeu definitivamente o compromisso de noivado. Armand assumiu o seu amor, e Jean-Piérre não encontrou outra opção a não ser se afastar do castelo definitivamente.

Ruborizada pela raiva contida, Céline indagou:

— E Geneviéve? Como permitiu que isso acontecesse?

— Madrinha, o que eu sei é que a condessa apoiou o filho mais velho, Armand. Devo dizer-lhe que é visível a sua preferência por ele, como se somente ele fosse seu filho...

Perturbada, Céline se ergueu e falou em tom baixo, como se pensasse em voz alta:

— Sim! Geneviéve deve desconfiar de algo... Ouça bem o que lhe digo — ordenou Céline —, não diga jamais que estás esperando um filho de Armand, entendeu?

— Não falaria nada a Jean-Piérre, pois me envergonho do que fiz! Ele bem que me avisou, mas não lhe dei crédito, pensei que falava movido pelos ciúmes...

— Está certo, fiquemos assim. Agora vai te aprontar, pois vamos nos atrasar para a missa!

Assim, Louise e Céline rumaram para a igreja em busca de paz e orientação espiritual.

18 - Uma proposta

    Logo ao chegar, Louise procurou, com um olhar discreto, alguém que inconscientemente desejava encontrar. Para sua decepção, Etiénne não compareceu ao templo religioso naquele dia.

    Buscou intimamente razões para a sua ausência e se lembrou de que, muitas vezes, ele realizava viagens para tratar de assuntos pessoais.

    Um tanto agastada, voltou para casa com Céline e, quando estavam entrando no portão humilde, encontraram Jean-Piérre, que saía, pois não as tinha encontrado em casa.

    Céline, gentil, convidou-o para entrar, ao que o jovem concordou prontamente:

— Será um prazer, senhora!

    Céline explicou que retornavam da missa dominical, que costumavam assistir na igreja de Saint Maurice. Jean-Piérre apenas disse com polidez:

— Respeito a sua fé, senhora, mas há alguns anos me converti aos princípios de Lutero. Talvez por ver tantos maus exemplos na religião de minha família...

Céline sorriu compassiva e disse:

— Encontramos maus exemplos em todas as religiões, meu rapaz. Se todos os fiéis praticassem os bons preceitos de suas religiões, viveríamos em um mundo muito melhor!

— Concordo, mas me sinto muito à vontade com o ponto de vista de Lutero — e, voltando-se para Louise, perguntou:
— O que pensas a respeito, Louise?

— Creio que, independentemente do nome do credo, devemos ter fé acima de tudo. A Deus não importa o nome de nossa religião, mas que a pratiquemos conforme os ensinamentos dos Evangelhos.

Convidado para a refeição, Jean-Piérre não se fez de rogado. Aceitou de boamente e distraiu, com a sua inteligência e bom humor, suas anfitriãs.

A certa altura, Céline, percebendo o desejo do rapaz em ficar a sós com Louise, pediu licença e saiu — não sem deixar Juliette, a criada, de plantão.

Jean-Piérre se aproximou da moça e, com um olhar melancólico, confessou:

— Sofri muito quando te deixei no castelo, Louise! Não pude evitar, pois havias feito tua escolha...

Os olhos de Louise se encheram de lágrimas. "Sim! Ele me havia avisado!" Secando as lágrimas com um pequeno lenço, Louise concordou:

— Tens razão, Jean-Piérre! Foi minha escolha... Logo estarei bem e voltarei a trabalhar novamente.

— Precisas de alguma ajuda financeira? Sei que tua madrinha luta com dificuldades.

Louise sorriu e replicou:

— Temos o suficiente para nos sustentarmos. Além das minhas aulas, minha madrinha recebe um aluguel de uma herdade distante que fora de sua mãe, e isso nos permite a sobrevivência. Agradeço, de qualquer forma, o teu oferecimento.

O rapaz se aproximou com tristeza:

Tanya Oliveira ditado por Eugene

— Poderia ter te dado muito, Louise! Tudo o que eu tivesse seria teu se tivesses me amado...

— Nossa amizade continua, Jean-Piérre! Não gostaria de perder tua companhia...

Passando a mão pelos cabelos revoltos, ele continuou:

— Não podes compreender, Louise, o que sofri com a tua rejeição! Quando senti que te havia perdido para Armand, saí do castelo desorientado, em desespero. Eras a segunda mulher que meu irmão me roubava, tirando todas as minhas esperanças de felicidade. Procurei amigos sinceros na Itália, que me acolheram com cuidados que se têm com um filho e, cansado das decepções que o amor me causou, deixei-me envolver com a filha de meus anfitriões, Francesca. A princípio, a presença da jovem me distraía com sua graça juvenil e me fazia esquecer tudo pelo que havia passado. Apesar da pouca convivência, aos poucos, surgiu um sentimento novo, baseado em uma terna compreensão e devotamento recíprocos. Passei a admirá-la e amá-la por suas virtudes, não imaginando minha vida sem Francesca. Devo me casar em três semanas e estou me mudando definitivamente para a Itália...

Louise engoliu em seco. Não imaginava que perderia a amizade do rapaz tão inesperadamente.

Ao reencontrá-lo, experimentou um sentimento novo, algo como um desejo de conversar com ele, tê-lo por perto, pois sabia que ele possuía um coração generoso e que, acima de tudo, a amava.

Perdê-lo a essa altura parecia-lhe a perda de algo muito precioso, alguém a quem um sentimento verdadeiramente fraterno a unia.

Duas lágrimas correram de seu rosto, e Jean-Piérre as secou delicadamente com seu lenço.

Antes de se despedir, declarou:

— Aconteça o que acontecer, Louise, se precisares de ajuda, me procura. Não posso perder esta oportunidade de ser feliz!

Quando Jean-Piérre partiu, Louise teve vontade de chorar. Como havia errado em seu julgamento! Por que não reconhecera a nobreza de Jean-Piérre? Por que escolhera de modo tão equivocado?

Os dias passavam e os indícios da gravidez se tornavam mais evidentes. Além do constrangimento que tal situação criava para Louise e Céline, havia o estranho desaparecimento de Etiénne. "Ah! Se ao menos ele viesse me visitar, não me sentiria tão sozinha, abandonada", pensava Louise. "Como fazer para revê-lo?", perguntava-se. Em breve, não teria condições de sequer ir à missa.

Angustiada, resolveu falar com padre Gastón. Ele por certo saberia o que acontecera com seu gentil protetor. Devido ao fato de Céline estar às voltas com um problema doméstico, deliberou ir à igreja sozinha.

No trajeto, refletia na situação em que se encontrava. Errara, reconhecia, mas o preço que a vida lhe cobrava lhe parecia demasiado alto. Teria que se recolher em casa de Céline, renunciando a qualquer tipo de atividade social, para evitar o escândalo e uma situação vergonhosa para a madrinha; ou então partir, ir embora e recomeçar a vida em outro lugar. Como poderia, no entanto, levar a criança? Como poderia trabalhar? O que fazer diante desta situação?

Sim! Talvez essa fosse a melhor solução! Buscaria uma orientação segura nas palavras de Gastón, o bom e experiente amigo.

Sentia-se infeliz, pois percebia que Armand praticamente sumia de seus pensamentos, dando lugar a Etiénne! Tudo não passara de um terrível engano! Louise deu um profundo suspiro.

Ao chegar, procurou o lugar que costumeiramente ocupava quando na presença de Céline. Cumprira o ritual de sua fé e, ao término, foi falar com o padre Gastón.

Este, de costas, falava com alguém que não conseguia vislumbrar. Tão logo se aproximou, verificou o semblante triste de Gastón e, ao olhar na direção de seu interlocutor, perto da sacristia, verificou se tratar de Etiénne.

Tanya Oliveira ditado por Eugene

— Senhor Etiénne! — exclamou.

Gastón a saudou e, aproveitando o ensejo, chamou o amigo que se afastava:

— Etiénne, meu filho, não vais te despedir de nossa amiga?

— Despedir? O senhor Etiénne vai partir? — perguntou a moça, com o coração acelerado.

— Sim, minha filha. Nosso amigo está partindo para a Borgonha, onde possui negócios e pretende administrá-los pessoalmente. Ao menos foi isso que tem dito, mas, cá para nós, o motivo real é outro...

Etiénne, que se encaminhava à saída da igreja, se voltou e, ao ver Louise, um brilho perpassou seu olhar.

Desejaria seguir em frente, ir embora, a ter de voltar a se aproximar de Louise novamente. Não poderia, entretanto, deixá-la daquele modo, e foi ao encontro dos dois.

À medida que se aproximava, ao perceber seu porte altivo e nobre, os cabelos ondulados, que alguns fios as provações da vida haviam prateado precocemente, Louise lamentou os enganos que cometera em sua vida.

Como pudera acreditar que amava Armand? Por que não soubera esperar por um amor verdadeiro, descompromissado e intenso, como o que começava a sentir?

Naquele momento, Etiénne se aproximou e curvou-se, beijando delicadamente a sua mão. Padre Gastón comentou:

— Veja que surpresa agradável, meu bom Etiénne. Louise resolveu vir à missa logo hoje, quando estás de partida! Não precisarei deixar-lhe os teus votos de felicidades, visto que poderás fazê-lo pessoalmente...

Louise não se conteve e indagou, magoada:

— O senhor ia partir sem se despedir de mim?! Pensei que nossa amizade lhe fosse mais cara!

Etiénne se desculpou prontamente:

— Não o fiz de modo intencional, senhorita. Partirei amanhã pela manhã e não lhe desejaria importunar...

— O senhor deve ter motivos muito fortes para deixar Paris, visto que me disse amar incondicionalmente esta cidade!

Surpreso com a indiscrição de Louise, Etiénne se justificou:
— Sim, lhe asseguro que a causa de minha partida está relacionada com questões muito sérias de minha existência.

Padre Gastón, com o intuito de ajudar, se precipitou:
— Se me permites, meu amigo... Posse lhe adiantar, Louise, que Etiénne vai partir por razões sentimentais.

O coração da moça, que havia muito batia descompassado, pareceu lhe sufocar. A pressão caiu, e Louise sentiu que o ar lhe faltava; sentindo leve tontura, foi amparada por Etiénne.

Suor intenso lhe cobria o rosto, e tanto Gastón quanto Etiénne não ousavam lhe afrouxar o vestido para que respirasse melhor. O segundo, verificando que a moça não melhorava, abriu alguns botões em seu vestido, permitindo que o ar circulasse em seus pulmões com mais liberdade.

Louise fez um sinal que melhorava e agradeceu a Etiénne. Demonstrando visível preocupação, ele falou:
— Vou levá-la em casa, senhorita. Não poderá retornar sozinha!

O orgulho de Louise falou mais alto:
— Não será necessário, senhor. Posso voltar perfeitamente bem sozinha. Foi apenas um mal-estar comum na minha situação...

Padre Gastón foi taxativo:
— Não discutas, Louise. Etiénne está sendo gentil como cavalheiro que é, e não fica bem de tua parte negar sua companhia.

Louise entendeu que não poderia recusar o alvitre de Etiénne.

Após auxiliá-la a entrar na carruagem, Etiénne se sentou à frente de Louise.

Impossível não se olharem e, nesse olhar, trocar as confidências que emudeciam em seus lábios.

Louise perguntava mentalmente por que ele partiria sem ao menos ir vê-la. Por certo havia encontrado alguém em uma de suas viagens a Borgonha e resolvera recomeçar sua vida...

Etiénne, por sua vez, desejava saber o que Louise tinha visto naquele jovem conde que havia encontrado no café dias antes. Por certo haviam reatado o antigo romance. Apesar do controle sobre seus sentimentos, não teria condições de permanecer ao seu lado como um simples amigo...

Louise tornou a comentar sobre a partida de Etiénne:

— Devo-lhe a minha vida, senhor Etiénne! Ficaria feliz em poder me despedir do senhor e desejar-lhe felicidades, embora o senhor não quisesse me dar esta alegria!

— Como lhe falei, não desejava importuná-la. Ademais, sinto-me recompensado com sua gratidão, visto que tem se referido a ela inúmeras vezes. Considere-me um amigo e ficarei plenamente feliz!

As palavras de Etiénne atingiram Louise como um dardo. "Ele ficaria plenamente feliz com a minha amizade!", pensava ela.

Sim! Ele amava alguém e a queria apenas como amiga...

Incapaz de controlar as emoções — que já se encontravam em desequilíbrio —, os olhos de Louise se encheram de lágrimas. Delicadamente, retirou um lenço de sua pequena bolsa e, enxugando os olhos, pronunciou:

— Desejo-lhe, senhor, que seja muito feliz! Sei que merece toda a felicidade possível neste mundo...

Etiénne sentiu o coração vibrar, apaixonado, porém se controlou e respondeu:

— Felicidade? Não conheço esta palavra, senhorita, e creio que não vá conhecer... Ao contrário, por sua vez, vejo-a muito feliz junto do conde D'Avigny e da criança que irá nascer.

Louise o fitou inicialmente sem entender. A seguir, perguntou:

— O senhor não está se afastando de Paris para se casar? O padre Gastón disse há pouco que razões sentimentais o afastavam...

— Casar-me? — perguntou Etiénne com tristeza. — Cheguei a sonhar com tal ventura na mocidade, mas percebi há algum tempo que um matrimônio feliz não está nos planos de Deus para mim!

Temendo ser indiscreta, Louise arriscou:

— Sempre pensei que o senhor tinha sido feliz com sua esposa. A sua busca por consolo na religião pareceu-me ser uma busca por consolo na fé pela perda terrível... A propósito, o que o senhor quis dizer sobre o conde D'Avigny?

— Sim, a religião me auxiliou muito, não posso negar. Quanto ao conde, presumo que irão se casar, visto que se reencontraram...

Louise se lembrou do encontro no parque e, percebendo o engano, se apressou em esclarecer:

— Senhor Etiénne! Há um equívoco aqui! O conde D'Avigny que encontramos é Jean-Piérre, irmão de Armand, o pai de meu filho. Na convivência no castelo, nasceu uma amizade entre mim e o irmão mais moço de Armand... Ele irá se casar com uma jovem que encontrou na Itália!

Os olhos de Etiénne se iluminaram. Quase sorrindo, perguntou:

— Não irá se casar, então? O que pretende fazer, senhorita?

Louise deu um suspiro de desânimo e respondeu:

— Ainda não sei, senhor. Não tenho muitas opções, e o mais provável é que vá para o interior, algum lugar distante, onde ninguém me conheça e eu possa começar uma nova vida.

— Esperará a criança nascer, por certo... — falou Etiénne, enquanto uma ideia começava a se esboçar em seu cérebro.

— Sim, ninguém me aceitaria para trabalhar nestas condições...

Etiénne a fitou nos olhos profundamente. Com visível emoção na voz, a inquiriu:

— Senhorita Louise! Gostaria que me falasse com franqueza sobre os seus planos para o futuro, digamos, em termos afetivos... Acredita que poderá esquecer aquele a quem ama ou julga amar?

Pega de surpresa, Louise não queria revelar seus sentimentos, pois para ela Etiénne não demonstrava correspondê-los. Deduziu que ele não esquecera a esposa falecida e por isso não se casaria novamente como havia imaginado.

Não desejava, no entanto, mentir... Assim, Louise falou a verdade quando disse:

Tanya Oliveira ditado por Eugene

— Sinceramente, senhor Etiénne? Nunca deixarei de amar o homem a quem dedico um afeto que jamais senti em minha vida!

Etiénne julgou que se tratava de Armand e, profundamente decepcionado, considerando que todas as suas esperanças de felicidade caíam por terra, considerou:

— Entendo, senhorita, e agradeço a sua honestidade. Contudo, considerando as nossas vidas, um tanto sem perspectivas, tenho uma proposta a lhe fazer...

A carruagem acabara de chegar ao seu destino. Louise aguardou que ele se pronunciasse. Etiénne falou com sua polidez habitual:

— Gostaria de buscá-la para um passeio e, se permitir, conversaremos a respeito.

Louise concordou, embora a curiosidade a roesse por dentro. Etiénne ajudou-a a descer e beijou-lhe a mão com delicadeza.

Ele voltou a subir no veículo e Louise assistiu, com o coração dolorido de tristeza, Etiénne se afastar.

Ao entrar em casa, chorava copiosamente. Céline se aproximou, preocupada, querendo saber o que havia ocorrido.

Louise a abraçou e exclamou:

— Por que nos enganamos tanto em relação ao amor, madrinha? Por que só o descobrimos quando já é tarde demais?

Céline a aconchegou em um abraço terno e falou, como se falasse para consigo mesma:

— Porque somos muito tolos e nos iludimos facilmente, Louise. Confundimos paixão com amor e acreditamos que merecemos ser amados acima de tudo... e que conosco será diferente, que estaremos acima das desilusões do coração!

Três dias depois, Etiénne, em um bairro afastado, batia à porta da residência humilde de Céline e Louise.

Ansiosa desde que ele enviara um mensageiro propondo o dia do encontro, Louise não aguentaria esperar mais um minuto sequer.

Penteara-se várias vezes, colocara a única joia que possuía, um pequeno colar de ametista que fora de sua mãe, e olhava-se repetidas vezes no espelho; enfim, a ansiedade era tanta que chamou a atenção de Céline.

Após ajudar a afilhada com o espartilho, a cada dia cedendo mais em virtude da gestação, que seguia normalmente, perguntou intrigada:

— Louise! O que está acontecendo? Vejo-te transtornada por um simples passeio com o senhor Etiénne!

Louise enrubesceu ao responder:

— Não é nada, madrinha! Apenas não quero fazer má figura com alguém a quem devo tanto...

Céline a fitou e questionou:

— Estás apaixonada pelo senhor Etiénne? Sabes os sentimentos dele a teu respeito?

— Não, ele nunca tocou nesses assuntos. Teria lhe falado alguma coisa?

Céline, experiente, tornou:

— Não, não me disse nada. Creio, no entanto, que não é indiferente aos teus encantos... Aquele dia no parque, percebi seu desagrado quando Jean-Piérre se aproximou de ti...

Louise sorriu intimamente. Era evidente que Etiénne estava com ciúmes!

Quando a campainha soou e Juliette veio avisar que Etiénne a esperava na sala, Louise saiu quase correndo em direção ao rapaz. Céline ainda teve tempo de dizer:

— Acalma-te, Louise! Deixa de ser estouvada, menina!

Louise não lhe deu ouvidos e, ao vê-lo, novamente a sensação com a qual já havia se acostumado: o coração saía-lhe pela boca e precisava respirar lentamente até tornar-se dona da situação.

Etiénne decidiu levá-la aos arredores de Paris, buscando a tranquilidade do campo. Louise sentia-se inebriada, pois o cenário era o que poderia haver de mais romântico.

A certa altura, onde o verde da vegetação predominava junto a agradável bosque, Etiénne pediu para o cocheiro parar. A

Tanya Oliveira ditado por Eugene

seguir, auxiliou Louise a descer e ofereceu-lhe o braço para iniciarem o passeio.

À medida que caminhavam, ambos se tornavam tensos, as palavras não lhes vinham aos lábios.

Louise interrompeu o silêncio com um comentário vago sobre a beleza do local. Etiénne aproveitou a oportunidade para começar:

— Senhorita Louise... É do seu conhecimento que desde a morte de minha esposa e de minha filha tenho vivido só, procurando encontrar na fé um alento para a minha vida...

Louise o fitava com atenção, demonstrando concordar com as considerações iniciais. Etiénne prosseguiu:

— Veja bem, senhorita, não desejo ofendê-la... Gostaria de fazer-lhe uma proposta. Estive ponderando sobre as nossas vidas e... — Etiénne tossiu e completou: — Visto que o senhor Jean-Piérre não é o conde que, bem vejamos, é o pai de sua criança, presumo que não esteja comprometida com outra pessoa...

Inquieta e percebendo o quanto era difícil para Etiénne tocar naquele assunto, disse sorrindo:

— Senhor Etiénne, o que deseja me falar? Somos bons amigos, não é mesmo? Por favor, fale sem rodeios o que deseja dizer-me!

O olhar de Etiénne se tornou mais luminoso e, encorajado, ele prosseguiu:

— Não desejo ofendê-la, como já disse! Sei que parece uma ideia absurda, mas, tendo em vista que sou um homem de posses e que teria condições de proporcionar-lhe uma vida relativamente tranquila, proponho o seguinte acordo: nos casarmos, mas, como não posso exigir um sentimento que sei que dedica a outro homem, esse casamento seria apenas uma justificativa para a sociedade, não lhe exigiria os meus direitos de marido... Compreende?

À medida que ouvia a proposta de Etiénne, Louise se tornava rubra. Decepcionada, ao final, com as lágrimas a lhe caírem sobre o rosto, falou entre soluços:

— Como pode me propor isso, senhor?! Julgava-o um amigo desinteressado, que desejava o meu bem! E se algum dia encontrar uma mulher que ame verdadeiramente? Abandonar-me-á certamente! Acredita que o seu dinheiro me convenceria a aceitar uma proposta desse teor?

Transtornado, Etiénne procurou esclarecer:

— Louise! Por favor, escuta-me! Sou teu amigo, sim, mas é a única forma na qual pensei poder te ajudar! Jamais te abandonaria, pois, assim como tu, não posso ter a mulher que amo. A não ser que ainda alimentes a ilusão de te unir ao conde! — A voz de Etiénne se tornou grave, demonstrando seus sentimentos.

Louise enxugava as lágrimas enquanto falava:

— Não tenho mais ilusão nenhuma nesta vida! Perdi todas no dia em que soube que fui enganada por um homem sem escrúpulos. Ajudar-me desse modo é me colocar em uma transação financeira: trocar a segurança de meu filho por sua necessidade de companhia, visto que não podes mais ter a mulher que amas...

Etiénne passou a mão pela testa como se organizasse seus pensamentos. A seguir, continuou:

— Lamento, Louise, se te ofendi. Imaginava que te dando segurança para criar esta criança ficarias feliz. Não desejava criar este desgosto em relação a mim. Peço que esqueças este incidente.

Louise se voltou e caminhou em direção à carruagem. Não desejava mais falar-lhe. Esperara tanto por aquele momento, acreditando que Etiénne a amasse, assim como ela passara a amá-lo!

Por que a vida lhe tirava o ensejo de ser feliz, uma vez que o homem a quem amava lhe pedia a mão em um falso casamento?

Sentia-se aniquilada, como se tivesse sido devastada em seu íntimo. "Por que razão não me é possível ser feliz?", perguntava-se.

O que fizera em sua curta vida que a impedia de ter as coisas mais simples: uma família, mãe, pai e afetos caros ao seu coração?

Tanya Oliveira ditado por Eugene

O dinheiro pouco lhe importava! Queria apenas ser amada!

Mais uma vez, o sentimento de que sua vida pouco importava a quantos lhe rodeavam tomava vulto em seu coração. O desejo de fugir, ir embora, abandonar tudo lhe invadia a alma sofrida...

Como poderia manter sua amizade com Etiénne depois daquela proposta absurda?

Durante o trajeto de volta, o silêncio entre os dois foi constrangedor.

O rapaz se culpava por ter proposto algo que a ofendera tanto; no entanto, não compreendia a reação de Louise. A ideia havia surgido quando ele percebera que Jean-Piérre não era o conde por quem Louise se apaixonara.

Pensando em uma forma de mantê-la junto a si, visto que a amava verdadeiramente, pensou em torná-la sua esposa, pois assim não haveria possibilidade de que o conde ou outro homem se aproximasse dela!

Parecia-lhe que o argumento da garantia de um futuro sólido para a criança demoveria Louise de qualquer resistência. Por isso perguntava-se: por que ela havia se ofendido tanto?

Não desejaria ver o seu filho feliz, granjeando todos os cuidados necessários que uma criança "bem-nascida" receberia? Arrependera-se, é certo, mas não compreendia a reação de Louise.

Em uma época em que os casamentos, em sua maioria, eram resultado de arranjos, em que os sentimentos não tinham lugar, Etiénne demorava-se em vãs perquirições acerca do comportamento inesperado de Louise.

Quando a carruagem parou diante da residência, Louise desceu e despediu-se com frieza, afastando-se.

Mais solitário do que nunca, Etiénne retornou à sua mansão.

Qual homem, em sã consciência, poderá afirmar que realmente entende um coração feminino?

19 - Auxílio espiritual

Diante da situação extraordinária que se criara, os amigos espirituais de Louise verificaram a necessidade de intervir.

Suzanne e Sophie, mãe de Louise, além do mentor responsável pela encarnação da jovem, diligenciavam sobre a melhor maneira de auxiliar.

Sophie anotava, preocupada:

— Louise é orgulhosa, e o alvitre que inspiramos a Etiénne acabou não funcionando como desejávamos, meu amigo. Como poderemos ajudá-la a não perder o ensejo que Deus lhe outorga, visto que necessita de paz e tranquilidade para que a gestação chegue a termo?

A entidade Aurelius, que se colocava como guia espiritual de Louise, ponderou e disse:

— Louise está colhendo o que semeou, apesar de nossos avisos, minha amiga. Quantos, ao longo do caminho, influenciamos no sentido de a alertarem a respeito do comportamento deplorável de Armand? Inicialmente, através da admirável Marion, a serva do castelo; a seguir, Vincent, o fiel, mas consciente criado; o próprio Jean-Piérre avisou-a das faltas do irmão com Suzanne! Não faltaram à nossa protegida avisos, pressentimentos de que corria perigo naquele lugar... Portanto, façamos a nossa parte e confiemos na Providência Divina, que sempre age pelo melhor, mesmo que não atenda aos nossos desejos momentâneos...

Suzanne, que se emocionara ao lembrar o inconstante Armand, se manifestou:

— Sim, Armand não agiu como se me amasse verdadeiramente e, em relação a Louise, a inconsequência chegou às raias do desequilíbrio. Essas atitudes, sem dúvida, lhe custarão muito no futuro, mas por ora devemos agir em favor de Louise. O que nos aconselhas, meu irmão?

— Veremos o que Céline poderá fazer por sua afilhada presentemente. Tu e Sophie poderão ir até a residência de Céline e intuí-la a aconselhar a afilhada sobre o melhor caminho a seguir. Etiénne e Louise se amam há muito tempo e retornam à França para prosseguir seu planejamento reencarnatório. É lamentável que percam tempo com questões pessoais, excessivo orgulho, pois sabemos que a felicidade não durará muito tempo...

Em sua casa, Céline refletia, enquanto bordava pequena peça de roupa infantil. "Por que Louise ainda não retornou? O que terá acontecido? Espero que desta vez tenha juízo, pois minhas forças já não são como há algum tempo, e esta pobre menina enfrentará muitos dissabores!"

Céline deu um suspiro, desalentada. O que poderia sobrevir a Louise em uma sociedade que não perdoava deslizes daquele jaez?

Passados alguns minutos, Suzanne e Sophie se apresentaram no recinto e envolveram Céline em carinhoso abraço.

Através de sua percepção espiritual, a madrinha de Louise registrou uma sensação agradável e, à medida que Suzanne lhe inspirava pensamentos de confiança e esperança no futuro de Louise, novo ânimo lhe invadia a alma. "Acredito que o senhor Etiénne a ame verdadeiramente! Se isso for verdade, Louise poderia ser muito feliz ao seu lado. Ele me parece um homem bom, honesto, e poderia lhe oferecer a segurança de que necessita, para ela e a criança... Queira Deus que ela faça a escolha certa e esqueça Armand de uma vez por todas!"

Cerca de meia hora mais tarde, Juliette correu para atender à campainha. Era Louise que chegava.

Céline veio recebê-la, mas a moça chorava convulsivamente. A um olhar de Céline, Juliette foi buscar um pouco de água.

Carinhosamente, Céline a conduziu a um sofá e, após fazê-la tomar alguns goles, procurou acalmá-la e fazê-la falar:

— O que houve, Louise? Parecias tão feliz quando saíste desta casa há algumas horas! Diga-me o que aconteceu, por Deus!

Soluçando, Louise começou:

— Oh, madrinha! Que decepção! — e continuava a chorar.

— O senhor Etiénne lhe faltou com o respeito? — perguntou Céline, com o sangue a lhe ferver nas veias.

Louise a fitou com os olhos muito vermelhos pelo choro excessivo e continuou:

— Não, não se trata disso. Ele me fez uma proposta vergonhosa, que me humilhou muito!

Na expectativa, Céline pediu que ela continuasse.

— Ele quer casar comigo, pois não tem esperanças de ser feliz com a mulher que ama... Quer apenas dar um nome ao meu filho e me amparar financeiramente! Diga-me, madrinha, se não é horrível ser pedida em casamento por piedade!

Céline ia concordar, quando sentiu que algo a impulsionava para dizer o contrário. Suzanne colocou a destra em sua testa e lhe sugeria, pelo pensamento, outra atitude. Imediatamente, Céline começou a falar:

— Escuta, minha filha! Às vezes, o que nos parece um motivo de tristeza é a Providência Divina que, disfarçada, vem em nosso auxílio. O senhor Etiénne está, na realidade, procurando te amparar, assegurando um futuro para ti e teu filho! Por se tratar de um homem íntegro, que não quer tirar proveito da situação, não deseja agir como marido, em respeito à tua condição; certamente por acreditar que ainda amas o conde...

Exaltada, Louise respondeu:

— Isso não é verdade! Não amo Armand e percebo agora que nunca o amei! Amo Etiénne, mas ele não me vê como mulher, apenas uma amiga que ele quer ajudar! — e começou a chorar novamente.

Céline compreendeu a situação e com um sorriso prosseguiu:

— Minha querida! Ouve o meu conselho... Se o amas realmente, não o deixes partir. Logo ele encontrará alguém que lhe console o coração. Se o amas, mantenha-o próximo a ti e conquista-o, se é que necessitas ainda fazê-lo...

Louise fitou a madrinha e parou de chorar. A seguir, procurando apreender o alcance das palavras de Céline, a inquiriu:

— Achas que ele acabará se casando com outra, mesmo sem amá-la? Quanto às tuas impressões sobre os seus sentimentos em relação a mim, estavam erradas, madrinha. Ele ama outra mulher, mas é um amor sem esperanças. Por isso me fez a proposta.

— Insisto, Louise! Quem te garante que não és a mulher que ele ama? Talvez não acredite que possas amá-lo!

Desalentada, Louise fez um sinal negativo e tornou:

— Não, madrinha. Ele nem ao menos insinuou qualquer tipo de sentimento em relação a mim. No entanto, convenho que, mesmo que ele não me ame, eu poderia ao menos partilhar de sua vida me casando com ele. Seria um alento viver ao seu lado, ser considerada sua esposa... Não permitiria que outra mulher se aproximasse dele!

Céline sorriu novamente e completou:

— Além disso, esta criança terá o nome dele! Frequentará boas escolas, e poderás lhe proporcionar uma vida que nunca teremos condições de lhe oferecer. Diga-me, Louise, com sinceridade: tens certeza de que o amas realmente?

— Sim, madrinha, já disse. É um sentimento muito diferente do que sentia por Armand...

Céline a abraçou e afirmou com convicção:

— Se ele não te ama, o que duvido, conquista-o! Esta é a tua oportunidade de ser feliz e não deves abrir mão dela sem lutar pelo que desejas! Daqui a algum tempo estarás sozinha, pois mais cedo ou mais tarde partirei para o outro mundo... Quero que fiques amparada, com um lar... que dependerá de ti ser pleno de felicidade!

De repente, um brilho novo surgiu no olhar de Louise. Sim! Esta poderia ser a sua oportunidade de ser feliz! O que lhe pareceu uma afronta, a princípio, poderia se tornar um recomeço para uma nova vida!

Afastando o rosto do ombro de Céline, perguntou:

— Madrinha... Saberei ser feliz? Tenho medo de ter posto tudo a perder. Disse-lhe coisas horríveis, ofendi-o e mandei-o embora!

— Vamos tentar consertar isso o mais breve possível. Falarei com ele ainda amanhã.

Ansiosa, Louise perguntou:

— O que vou fazer para conquistar Etiénne?

Com um largo sorriso, Céline a tranquilizou:

— Não te preocupes. Tu saberás, minha filha; basta que deixes a voz do coração falar mais alto!

Suzanne e Sophie sorriram satisfeitas. Fora possível consertar o que o orgulho de Louise quase colocara a perder: a sua felicidade.

— Amanhã irei cedo à casa de Etiénne! — disse Céline, confiante.

No dia imediato, cedo, Céline deliberou ir à confortável residência de Etiénne.

Um serviçal veio lhe atender com seu impecável uniforme preto sobre uma camisa alvíssima. Observando com desconfiança sua interlocutora, perguntou impaciente:

— A quem devo anunciar, madame?

— Diga ao senhor Etiénne que Céline Touillard deseja tratar de um assunto de seu interesse.

O homem se retirou, enquanto Céline podia ouvir um melancólico e conhecido noturno, revelando o estado de espírito de seu executor; alguns minutos depois, o mordomo retornou, convidando-a a acompanhá-lo.

Céline foi, então, introduzida em amplo salão, ao fundo do qual se encontrava Etiénne, sentado junto ao piano.

Imediatamente ele se ergueu e caminhou em sua direção. Após cumprimentá-la, aguardou que se manifestasse. Céline começou, então, a falar sobre o motivo de sua presença:

— Peço-lhe que perdoe a minha vinda a estas horas sem avisá-lo, senhor Etiénne! Mas o assunto que aqui me trouxe creio que seja do seu interesse, e o senhor haverá de me compreender!

Etiénne convidou-a a se sentar em uma poltrona próxima; após acomodar-se, considerou, para evitar o constrangimento:

— Não se preocupe, senhora Céline... Eu também fiz o mesmo certa feita, chegando de surpresa em sua casa. Quanto ao assunto que a traz até aqui, acredito que seja Louise...

Os olhos de Céline brilharam e ela confirmou:

— Sim, senhor! Sabe que a tenho como uma filha e ela me colocou a par de sua proposta...

Desta vez, sentindo desconforto com sua atitude, o rapaz procurou esclarecer:

— Se a senhora deseja desculpar-se pelo comportamento de Louise, não é necessário. Pensei que lhe prestaria um favor, ajudando-a a criar a criança, dando-lhe um nome, mas incompreensivelmente ela se ofendeu! De qualquer forma, prezo a sua amizade e não desejaria que um mal-entendido desse teor viesse a nos afastar.

Céline o fitou com bondade, enquanto Suzanne se aproximava e colocava a mão sobre o ombro do rapaz em um gesto de amizade. Um arrepio lhe percorreu o corpo, e ele se voltou para ver se havia alguma corrente de ar. Sophie, por sua vez, se postou junto a Céline e, colocando suavemente a mão em sua testa, induziu-a a prosseguir:

— Caro senhor Etiénne! Gostaria de saber quais são os seus sentimentos em relação a Louise. O senhor sabe, não permanecerei por muito tempo neste mundo e devo dizer-lhe que faria muito gosto se este casamento se realizasse...

Sem ter com quem desabafar, visto que o padre Gastón se encontrava adoentado, Etiénne permitiu-se revelar o que lhe ia à alma:

— Senhora Céline! Contar-lhe-ei sob uma condição: de que não revele nada a Louise! Se assim o fizer, temo que ela venha a me desprezar e isso seria doloroso demais; já sofri muito nesta existência!

— Sim, a perda de sua esposa e da filhinha deve ter sido uma provação difícil!

Etiénne se ergueu e revelou:

— As coisas não ocorreram como falei a Louise. Na realidade, meu primeiro casamento foi um tormento. Além disso, graças a uma peça do destino, acabei perdendo também a filha amada!

Admirada, Céline o inquiriu:

— Por que o senhor não lhe revelou a verdade?

— Não a queria impressionar com minha triste história... Louise estava em um período de grande sofrimento e quis lhe poupar, contando aquilo que eu desejaria ter vivido...

Impressionada com a revelação de Etiénne, Céline prometeu:

— Fique tranquilo, senhor, nada falarei à minha afilhada. Dou-lhe minha palavra...

Suzanne e Sophie se afastaram de ambos, visto que o desfecho da situação dependeria do livre-arbítrio dos envolvidos.

Etiénne se aproximou de Céline e disse:

— Amo Louise há muito tempo, senhora. Antes mesmo de sua partida para o castelo D'Avigny!

— Como, senhor Etiénne? Soube da sua amizade, mas não pensei que fosse há tanto tempo.

— Desde a morte de minha filha, frequento a igreja de Saint Maurice. Depois que a vi junto à senhora, passei a acompanhar-lhe os passos e, graças ao padre Gastón, soube que havia ido trabalhar no castelo... Temi por sua sorte, pois o conde é um homem perturbado e sem nenhum caráter.

— Como o senhor sabe disso? — perguntou Céline, estupefata.

— Obtive informações de algumas pessoas influentes, que conhecem o conde. O que quero dizer-lhe, na verdade, é que o meu amor não se alterou, apesar do desgosto de vê-la nestas condições. Amo-a, apesar de tudo, e a minha proposta foi um artifício para poder desposá-la!

Céline exultava de felicidade. Louise e Etiénne se amavam e haveriam de ser muito felizes, vaticinava. Sem compreender o sorriso que se estampara no rosto de sua interlocutora, Etiénne perguntou:

— A senhora acredita que poderei ter alguma esperança, apesar do que houve ontem?

— Se bem conheço minha afilhada, senhor, ela já deve estar arrependida de suas atitudes. Louise é uma moça tranquila, mas um tanto precipitada, e se exaltou em função da situação que está vivendo... Nada revelarei do que me disse, mas tenho a convicção de que, com o tempo, virá a amá-lo! Ela o admira muito e lhe é muito grata por tudo o que tem feito em seu favor!

Etiénne a interrompeu:

— Não desejo sua gratidão, mas o seu amor! Não quero que tenha piedade de mim!

— Entendo, senhor, e não quis ofendê-lo. O meu intuito foi lhe mostrar que os laços entre vocês são muito mais fortes do que imaginam. A convivência fará com que o amor os una em um laço inquebrantável! Se o senhor a procurar novamente, garanto-lhe que não o repudiará.

Combinaram, então, uma visita de Etiénne na semana seguinte, visto que o rapaz deveria se ausentar para tratar de assuntos particulares.

Ao se retirar, Céline sentia-se satisfeita, certa de que bem se desincumbira de sua missão.

Louise a aguardava, ansiosa, pois sabia que a madrinha tinha ido falar com Etiénne.

Céline, em sua chegada, falou-lhe que Etiénne a viria visitar na semana seguinte, pois desejava se desculpar pela proposta que lhe fizera.

Louise, que a princípio havia se entusiasmado com a presença de Etiénne, entristeceu-se com a perspectiva de que ele viria apenas para desculpar-se.

Céline foi direto ao ponto:

— Louise! Agradece aos céus a oportunidade de tê-lo de volta! Dize-lhe que pensou melhor e que aceita a proposta, sem impor condições.

— A senhora acha que ele ainda deseja se casar comigo? Mesmo que seja apenas por piedade?

Céline teve ímpetos de lhe contar o que ouvira havia algumas horas de Etiénne, mas, fiel à sua promessa, disse apenas:

— Faz a sua parte, minha filha. Quem poderá dizer o que o destino lhes reserva?

Louise calou-se pensativa, procurando encontrar as palavras adequadas para também se desculpar. Percebeu que a iniciativa de um entendimento deveria partir dela; assim sendo, resolveu enviar uma carta para Etiénne.

Em breves palavras, desculpava-se e sugeria que o encontro fosse em outro local, que poderia ser de sua escolha.

Etiénne, ao receber a missiva, apesar de uma certa tristeza pela situação, não deixou de registrar agradável emoção; afinal de contas, fosse por gratidão ou amizade, a verdade era que Louise voltava atrás e reconsiderava a sua proposta.

O encontro não tardou a acontecer, mas desta vez na residência de Etiénne. O rapaz havia convidado ela e Céline para um almoço junto a um dos avarandados da bela residência.

As duas mulheres chegaram no horário combinado e Louise pôde observar detalhadamente a casa onde estivera, havia algum tempo, em extremo sofrimento.

Lembrava-se do dia em que Etiénne a havia impedido de cometer suicídio!

Tinha a impressão de que isso acontecera havia tanto tempo! Como sua vida havia mudado desde então! Certamente alguma força superior colocara Etiénne em seu destino! Com esses pensamentos, Louise se certificava de que ele era o homem de sua vida.

Enquanto subia as escadarias, que terminavam na varanda, observava o bom gosto da residência. A murada que separava a varanda do pátio anterior era composta por colunas brancas que, simetricamente, cercavam toda a fachada frontal da casa.

Quando Etiénne as recebeu, vindo do interior da residência, encontrou-a pensativa, perdida em pensamentos. Ele procurou disfarçar a emoção que sua presença lhe despertava; cumprimentou-a, inclinando-se e beijando com suavidade a sua mão, e disse:

— Sinto-me honrado com sua presença em minha casa, senhorita Louise! Pensei que isso não seria mais possível...

Louise baixou o olhar e tornou:

— Também pensei que isso não seria possível, por isso, agradeço por ter perdoado a minha atitude em nosso último encontro... — e, virando-se para Céline, completou: — Agradeço por ter vindo, madrinha.

Para surpresa das duas, uma simpática senhora de cabelos grisalhos surgiu de dentro da residência. Etiénne segurou-lhe a mão e disse:

— Esta é minha tia Constance. Devo a ela tudo o que conquistei nesta vida e tenho certeza de que vocês irão gostar muito dela.

Ambas a cumprimentaram, e Etiénne as conduziu pelo avarandado até uma mesa oval, onde um vaso com flores de lavanda espalhava pelo ambiente o seu delicioso aroma característico; a mesa, coberta por rica toalha branca bordada, possuía acabamento com a famosa renda *chantilly*.

Procurando descontrair o ambiente, Constance contou as peraltices de Etiénne quando criança, e Céline, por sua vez, revelou algumas ocasiões em que Louise aprontara situações infantis, quando se vira na obrigação de corrigi-la.

Inesperadamente, Constance fitou Louise com seus olhos límpidos e, sorrindo, perguntou com sinceridade:

— Etiénne me falou de seus planos, Louise. Espero que o faça feliz...

Louise tossiu e tomou um pouco de água; a seguir, respondeu:

— Não tenho outro desejo na vida, senhora!

A refeição seguiu tranquila, com Etiénne e a tia se esforçando em deixar Louise e Céline à vontade. Quando terminaram, Constance convidou Céline para conhecer a residência e trocarem opiniões sobre alguns brocados que havia adquirido. Etiénne estendeu o braço para Louise:

— Precisamos conversar! — disse.

Louise apoiou-se no rapaz e foram caminhar no jardim. Após alguns passos, sentaram-se em agradável pérgola e ele começou:

— Pelo que tua tia me falou, reconsideraste minha proposta absurda, que tanto te havia ofendido...

Louise se afastou e fingiu não perceber o tom irônico de Etiénne. Respondeu com sinceridade:

— Sim. Lamento o que disse naquele dia; não esperava aquela proposta. Foi uma surpresa e não soube compreender suas boas intenções.

Etiénne a fitava, observando o quanto deveria ser difícil para ela reconsiderar e desculpar-se, visto que não o amava e fazia aquilo apenas por gratidão e pelo filho, segundo pensava.

Estaria agindo acertadamente, procurando mantê-la ao seu lado, mesmo em um casamento de mentira, apenas para afastá-la de Armand?, perguntava-se.

Tanya Oliveira ditado por Eugene

A seguir, procurando esquecer as questões éticas, falou:

— Quero que fique bem claro que não precisarás te preocupar em relação à minha fidelidade. Nada terás a temer em relação à minha conduta!

— Digo o mesmo. Serei uma esposa perfeita para a sociedade...

Etiénne prosseguiu:

— Marquei nosso encontro aqui para que te acostumes com o teu futuro lar. Não pretendo me afastar desta casa...

Louise olhou para a robusta construção e perguntou:

— Tu residias aqui quando perdeste aqueles que amavas?

— Não, não quis permanecer naquela casa. As lembranças eram dolorosas e minha tia me aconselhou a sair assim que fosse possível.

Louise tornou com tranquilidade:

— Não é necessário preocupar-te com estes detalhes. Tua casa me é muito agradável, apesar de ser muito grande... Lamento apenas deixar minha madrinha!

Etiénne se esforçou para não sorrir quando disse:

— Se quiseres, poderás trazê-la para morar conosco. Esta casa é realmente muito grande e, como me ausento com frequência, será bom ter alguém que possa te fazer companhia. Tia Constance também poderá vir e assim poderemos tornar nossas vidas mais agradáveis.

Ao ouvir que Céline poderia acompanhá-la após o casamento, Louise deu um sorriso e agradeceu com veemência:

— Obrigada, Etiénne! Nunca te poderei demonstrar o quanto sou grata por tudo!

Etiénne teve ímpetos de abraçá-la e beijá-la, mas resistiu. Isso, segundo imaginava, poderia pôr tudo a perder.

Evitando demonstrar a emoção que lhe ia à alma, considerou:

— Não desejo que nossa união leve em conta apenas a gratidão... Éramos amigos, não? Espero que continuemos assim!

Louise concordou e só lamentou verdadeiramente que aquela união, na qual existia um laço tão forte de gratidão e amizade, não se concretizasse em nome do amor que existia em seu coração.

20 - Dois casamentos arranjados

Uma vez que nada mais impedia a união de Etiénne e Louise, a data foi marcada para exatamente um mês após aquele dia.

Não haveria lua de mel, visto que Louise sentia muito enjoo e uma viagem naquelas condições lhe seria penosa; contava então com três meses de gravidez e, apesar de suas formas se modificarem, ainda se disfarçava a gestação, graças ao espartilho e aos vestidos amplos que usava.

Etiénne disse a Constance que Louise se recuperava de uma enfermidade e pediu que a auxiliasse na aquisição de pequeno enxoval para o casamento, no que Céline também participou com inequívoca dedicação.

No dia da cerimônia, Louise acabara de se vestir e, enquanto aguardava a chegada da carruagem que a levaria à igreja de Saint Maurice, refletia.

Sentia-se feliz por saber que estava, em realidade, se casando com o homem que o seu coração elegera; ao mesmo tempo, um véu de tristeza por vezes lhe envolvia o olhar, quando se dava conta de que, para Etiénne, ela era apenas uma amiga a quem se dispunha a ajudar, visto que perdera as ilusões do amor. Em determinado momento, chegara a acreditar que ele a amava, sentindo mesmo ciúmes de Jean-Piérre, mas fora tudo um engano...

Céline se aproximou e, compreendendo o estado da alma da afilhada, a aconselhou:

— Louise, minha filha, ouve-me: tens uma oportunidade valiosa nas mãos de ser feliz! Cabe a ti tornar suas vidas encantadoras, através da tua presença, com os cuidados que deverás dispensar ao teu esposo e que despertarão, se é que isso ainda não aconteceu, o amor por ti...

Com um olhar súplice, Louise exclamou:

— Oh, madrinha! Tenho medo de não saber como fazê-lo me amar! Temo que ele me despreze por eu ter pertencido a outro! Talvez nunca se aproxime de mim...

Céline passou a mão sobre os seus cabelos e, arrumando a guirlanda que trazia na cabeça, falou:

— Louise! Esquece o passado! Tens uma nova vida pela frente. Conquista Etiénne pelas tuas qualidades; sê amiga, companheira, mostra o teu desejo de fazê-lo feliz! O resto acontecerá, é só uma questão de tempo.

Louise se abraçou em Céline demoradamente. Alguns minutos depois, Constance chegava trazendo belíssimo buquê que havia feito com rosas brancas do próprio jardim da casa de Etiénne.

Interpretando o estado de Louise como próprio de uma noiva nervosa, sorriu e disse:

— Ouve-me, querida... Se depender de meu sobrinho, serás a mulher mais feliz da França! Etiénne não me engana; apesar de sua formalidade aparente, está radiante com este casamento!

Louise sorriu e entendeu que seu noivo considerava que cumpria um dever cristão, e isso o fazia feliz.

Uma hora mais tarde, Etiénne e Louise se uniam em cerimônia celebrada pelo padre Gastón, que, emocionado, realizava um sonho há muito acalentado: unir aquelas almas que lhe eram muito caras e que, segundo lhe parecia, haviam sido feitas uma para a outra.

Apenas algumas pessoas próximas ao casal estiveram presentes e, como Louise sentisse os incômodos da gestação, realizou-se um rápido almoço na casa de Etiénne em comemoração ao evento.

Apesar do constrangimento inicial compreensível dos noivos, tudo correu de forma tranquila e, em alguns momentos, tanto Louise como Etiénne se esqueceram da situação peculiar em que se encontravam e mais pareciam um casal apaixonado e feliz.

A tarde caía tépida na bela Paris e os convidados do agora casal Dauphin haviam se retirado.

O quarto do casal, localizado no andar superior, era um aposento claro e arejado, muito amplo, que Etiénne havia mandado decorar de forma elegante; os vasos de flores foram distribuídos por todo o aposento, espalhando seu perfume e criando uma atmosfera romântica.

O coração de Louise disparava e ela não conseguia disfarçar o nervosismo. Etiénne lhe ofereceu o braço e, assim que entraram no dormitório, Louise não escondeu sua admiração com a beleza e o cuidado com que o haviam preparado. Voltando-se para Etiénne, exclamou:

— Oh, Etiénne, obrigada!

Procurando manter a palavra que tinha dado, de não haver nenhum envolvimento entre os dois, ele respondeu:

— Isso faz parte do nosso trato, Louise. Deveremos manter as aparências, para que as pessoas acreditem que o filho que esperas é meu...

Decepcionada, Louise tornou:

— Sim, entendo. Gostaria apenas de te expressar minha gratidão por tudo... Nunca te poderei retribuir; não possuo recursos para te devolver uma centésima parte do que tens dispensado comigo.

As palavras de Louise feriam o orgulho de Etiénne. O rapaz respondeu de maneira objetiva:

— Acredito realmente que não o possas mesmo, Louise. Seria preciso que as coisas fossem diferentes, que tivessem acontecido de outra forma...

Louise olhou em direção a um reposteiro que havia no fundo do quarto. Etiénne acompanhou o seu olhar e explicou:

— Perdoa-me, mas havia esquecido de te falar... Atrás daquele reposteiro, existe uma porta de comunicação com o meu quarto.

— Seu quarto? — perguntou a moça, surpresa.

— Sim, não pretendo te constranger com minha presença. Manterei minha palavra e nunca te importunarei, cobrando-te meus direitos de marido!

Louise sentia que as suas esperanças de ser feliz ao lado de Etiénne terminavam naquele momento. Com um suspiro profundo, aquiesceu:

— É claro, agradeço teus cuidados. Não esperava outra atitude de tua parte...

Por esses desencontros da vida, apesar do amor que os unia pelos séculos afora, Louise e Etiénne recomeçavam um casamento com o coração partido, pois, vítimas do orgulho, não sabiam que se amavam mutuamente.

Longe de Paris, no castelo D'Avigny, outro casamento havia se realizado alguns dias antes.

Isabelle se demorara mais do que o esperado junto a seus familiares e, ao retornar ao castelo, encontrara Armand fora de si.

A partida de Louise o havia transtornado; apesar das humilhações que lhe impusera, tratando-a com desprezo, não conseguia esquecê-la.

A doce confiança com que Louise havia-se entregado ao seu amor o torturava de remorsos; lembrava-se do seu sorriso radiante, quando o encontrava... E que a havia enganado, valendo-se da sua condição de homem experiente e da sua posição social para atraí-la qual presa indefesa.

Não que isso já não tivesse ocorrido, mas com Louise era diferente. Sentia algo pela moça, que não sabia definir — sentimentos confusos, em que o carinho se mesclava com a atração física.

Isabelle, ao retornar, percebeu que algo havia ocorrido; ao saber, por Geneviéve, da partida de Louise, preferiu manter-se em silêncio, temendo uma mudança de planos de Armand. "Nada falarei sobre o assunto, agora que realizo o maior sonho de minha vida!", pensava. "Conquistarei Armand custe o que custar! Não vou lutar contra outro fantasma, eu juro! Venci Suzanne, que era a condessa D'Avigny, amada e querida por todos!" Isabelle sorriu e prosseguiu em seus pensamentos: "Não será uma reles preceptora que irá atrapalhar meu caminho!"

Alguns dias antes do matrimônio, Geneviéve a tinha mandado chamar. Ao chegar, modificou sua atitude, demonstrando submissão aos conselhos da mãe do conde.

Ela foi direto ao assunto: Isabelle deveria estar atenta e não contrariar Armand. Isabelle contrapôs:

— Não temo Louise, madrinha. Ele logo a esquecerá, como das outras vezes.

Geneviéve riu e explicou:

— Ora, sua tola! Não estou me referindo a Louise! Estou falando de Suzanne! Conheço meu filho e sei que não se perdoa pela morte de Suzanne. Considera-se culpado por havê-la traído contigo! Com este casamento procura reparar um mal, mas não te iludas, pois ele sabe fazer uma mulher sofrer!

— Por que dizes isso, madrinha? Pretendes que eu desista?

Geneviéve sorriu maldosamente e tornou:

— Aviso-te apenas. Consegui convencer meu filho a desposar-te, mas não posso fazê-lo te amar. Agora cabe a ti arcar com as consequências.

Isabelle respondeu, resoluta:

— Saberei fazer com que Armand me ame!

Efetivamente, quinze dias depois, o casamento se realizava na capela do castelo, com um reduzido número de convidados, para tristeza da noiva.

Armand se mostrou frio e indiferente, algumas vezes sarcástico, causando os primeiros dissabores a Isabelle, não demonstrando o mínimo esforço em parecer um noivo feliz.

21 - Uma fatalidade

Seguindo os conselhos de Céline, Louise assumiu as tarefas domésticas e, com a permissão de Etiénne, fez diversas modificações na casa.

Inicialmente trocou os cortinados, tapetes e alguns móveis, que estavam velhos e deixavam o ambiente pesado. Determinou que as refeições fossem feitas no salão principal e ensinou aos criados algumas noções de etiqueta, especialmente no serviço de mesa.

Com a ajuda de Céline e eventualmente de Constance, introduziu novo cardápio, substituindo pratos e adotando outros sabores, próprios de diversas regiões da França.

Etiénne estava perplexo. Nunca havia imaginado que aquela jovem frágil, que se assemelhava a um cristal, pudesse ter tanta iniciativa e capacidade para transformar sua vida daquela maneira. Amava Louise, e a presença dela em sua casa trazia-lhe uma felicidade que jamais havia pensado em sentir.

Tinha a impressão de que vivia um sonho e que estava prestes a acordar. Na realidade, se ela o amasse, nada mais lhe faltaria na Terra para se considerar o homem mais feliz de todos.

Certa feita, a antiga cozinheira da casa adoeceu gravemente. Apesar de todos os esforços para que se recuperasse, não foi possível evitar o falecimento da bondosa Terése.

O fato entristeceu Louise sobremaneira, pois Terése se tornara mais que uma serviçal: uma fiel colaboradora. Ao pensar no carinho que ela lhe dispensava, lembrou-se de Marion, a amiga que deixara no castelo D'Avigny.

Resolveu não mencionar para Etiénne que Marion trabalhava no castelo de Armand, dizendo-lhe apenas que se tratava de uma antiga conhecida. Certamente, Etiénne não entenderia seu desejo de se reaproximar de Marion, e ela perderia a oportunidade de tê-la novamente ao seu lado.

Assim, enviou uma carta, convidando Marion para trabalhar em Paris, sem dizer que se tratava de sua casa; não desejava que Armand soubesse nada de sua vida.

Os dias se passaram e não recebia notícias de Marion. Ao final de vinte dias, sem nenhum aviso, foi anunciada a presença de uma senhora chamada Marion, que desejava falar com a dona do solar.

Louise não se conteve e desceu a escadaria ansiosa por recebê-la; quando descia o último lance, torceu o pé e caiu, rolando escada abaixo.

Imediatamente, Céline acorreu, desesperada, gritando por socorro. Os criados acudiram, atônitos, entre exclamações e lamentos, e Marion, ao reconhecer Louise, percebeu o que ocorrera. Atirando-se ao chão e abraçando Louise, desacordada, chorava copiosamente.

Sob as ordens de Céline, Louise foi levada ao seu quarto e o médico da família foi chamado. Extremamente preocupada, havia afrouxado o vestido e tentava acordar Louise, que estampava no semblante profunda palidez.

Marion a auxiliava e, enquanto um serviçal buscava vinagre, para reavivar Louise, apresentou-se a Céline:

— Creio que Louise tenha falado sobre mim, senhora. Trabalhei no castelo D'Avigny, na cozinha do castelo, quando o pai do conde era vivo. Recebi um convite para trabalhar nesta casa. Não pensei duas vezes e me afastei daquele lugar horrível! Lamento ter sido responsável por esse acidente, senhora! Louise não me disse que havia se casado e era dona deste solar... — terminou chorando.

Céline a fitou e, com um suspiro, declarou:

— Lamento, minha filha, o que aconteceu hoje. Vamos pedir a Deus que não haja consequências maiores.

— Do que a senhora está falando?

— Louise está esperando um filho e temo que ela possa perder esta criança...

Marion se aproximou do leito de Louise e a abraçou, em prantos, enquanto dizia:

— Louise, perdoa-me! Por favor, perdoa-me!

Do lado de fora, Etiénne havia descido da carruagem, sentindo-se feliz por estar retornando para casa.

Havia duas semanas que se afastara, para atender a compromissos que lhe exigiam a presença, reuniões que se tornavam cada vez mais frequentes e secretas, as quais Louise ignorava.

Logo ao entrar no limiar da grande porta principal, percebeu o movimento desusado e os rostos transfigurados dos serviçais.

Uma sensação de frio no estômago lhe invadiu e, assustado, perguntou o que havia acontecido. Logo que soube que

Tanya Oliveira ditado por Eugene

Louise caíra da grande escadaria, subiu imediatamente, se encaminhando para o quarto.

Quando abriu a porta de madeira maciça e viu Louise estirada no leito, pálida, julgou-a morta.

Uma sensação de desespero o invadiu, e Etiénne sentiu as pernas fraquejarem. Vencendo as reações que o seu sistema nervoso lhe impingia, se aproximou e, sentando no leito, pegou as mãos frias de Louise.

Céline se aproximou e esclareceu:

— Chamamos o doutor Dubois. Ele deve estar chegando...

Sem esconder a dor que lhe ia na alma, Etiénne quis saber:

— Como foi que isso aconteceu?

Céline explicou sobre a vinda de Marion, e ele, estranhando o comportamento de Louise, perguntou:

— Por que Louise agiria dessa forma para receber uma cozinheira? De onde ela a conhecia?

Céline, que sabia que Marion trabalhara no castelo, preferiu calar. Para tranquilizá-lo, falou:

— Etiénne, a pobre moça está desesperada. Creio que Louise se afeiçoou a ela e, como sabes, Louise é impulsiva, não mediu as consequências de sua atitude.

Angustiado, o rapaz correu à porta ao ouvir duas batidas secas: era o dr. Dubois.

O médico se aproximou com sua maleta de couro, retirou o estetoscópio e passou a auscultar Louise. A seguir, se virou e perguntou:

— Alguém viu se a senhora bateu a cabeça ao cair? Ela ficou todo o tempo inconsciente?

Céline respondeu que era provável que Louise tivesse realmente batido a cabeça na queda. O médico franziu o cenho e pediu licença aos presentes, a fim de continuar a examiná-la. Quando Céline ia se retirar, pediu:

— A senhora fique, por favor!

Etiénne, resignado, saiu caminhando direto para outro aposento, onde abriu uma janela e sorveu o ar da tarde em longos haustos.

Parecia-lhe reviver um pesadelo indescritível. Havia pouco mais de dois meses que estava casado e, apesar da situação esdrúxula que vivia, o amor que sentia por Louise era tão intenso que julgava-se feliz apenas por tê-la ao seu lado, poder vê-la diariamente e saber que ela estava definitivamente afastada de Armand.

Como teria essa certeza se não a tivesse desposado? Sim, sabia que fora egoísta, mas o seu proceder visava também ao bem-estar de Louise e da criança.

Uma sensação de opressão passou a dominá-lo. A criança... o que aconteceria agora? Se Louise perdesse a criança, o que iria fazer? Desejaria permanecer ao seu lado mesmo sem a perspectiva de ser mãe?

Tomado pelos angustiosos pensamentos que lhe vinham à mente, e temendo o que lhe reservava o futuro, Etiénne orou.

Cerca de meia hora mais tarde, o dr. Dubois se aproximou e, entre os soluços de Céline, declarou:

— Lamento, senhor Etiénne, mas sua esposa perdeu a criança. O acidente trouxe sérias consequências e levará algum tempo para que se recupere. Aconselho um longo período de repouso, sem qualquer tipo de contrariedade, pois a senhora Louise passará por um período muito difícil.

— Quanto tempo levará para que se recupere totalmente? — perguntou Etiénne, preocupado.

O médico respondeu, solícito:

— Fisicamente não mais que uns vinte ou trinta dias; quanto à parte emocional, talvez nunca supere isso. Algumas mulheres conseguem vencer a perda de um filho, não nascido, em um curto período, mas isso depende dos laços que a prendam a este mundo. Quando possuem um casamento sólido, em que existe a perspectiva de uma nova gestação, como é o seu caso, o prognóstico é melhor. Aguarde uns dois meses, mais ou menos, e a convide para uma viagem em que possam tentar esquecer o que aconteceu...

A cada palavra do médico, Etiénne sentia que seu mundo desabava.

Tanya Oliveira ditado por Eugene

Como Louise superaria a perda daquela criança, se não havia a menor possibilidade de outra gravidez? Mesmo sendo filho de Armand, Louise nunca cogitou a ideia de se desvencilhar daquela criança, pois isso era totalmente contra os seus princípios.

Teria Deus castigado os dois por desprezarem uma instituição sagrada como o casamento, usando-a apenas para atender a interesses pessoais e aparentemente distanciados do amor?, martirizava-se Etiénne.

Algumas horas mais tarde, quando a preocupação de Etiénne beirava o desespero, Céline o chamou, para lhe avisar que Louise havia acordado.

Angustiado, entrou no aposento sem saber o que dizer a Louise; esta se encontrava apoiada sobre os travesseiros, revelando extrema palidez.

Etiénne se aproximou e a fitou, comovido. Por que lamentava a morte de uma criança que era o fruto do amor da mulher que amava com outro homem? Não deveria sentir-se vitorioso com o fato? Não havia o destino eliminado aquele filho bastardo, que uniria Louise para sempre a Armand?

Mas não era isso que sentia. Lamentava profundamente a perda da criança e desejava, acima de qualquer coisa, que Louise acreditasse nisso.

Com a voz fraca, quase em um sussurro, Louise comentou:

— Creio que sabes o que aconteceu. Perdi a criança, Etiénne! — e Louise começou a chorar desoladamente.

Etiénne se aproximou, sentou-se no leito e, segurando suas mãos com suavidade, lhe disse:

— Lamento infinitamente, Louise! Sabes que ele seria como meu filho e não lhe negaria nada do que a minha própria filha teve um dia...

Louise o fitou e, sentindo a sinceridade de suas palavras, ditas com o coração, sem pensar nas consequências, atirou-se em seus braços e permaneceu assim, abraçada, enquanto sentidas lágrimas lhe desciam pelo rosto desfigurado.

Etiénne não sabia o que fazer a princípio. Seria lícito dar vazão ao seu amor, abraçá-la, beijá-la e lhe dizer o quanto a amava, diante do sofrimento de Louise?

Contendo-se a custo, amparou-a carinhosamente entre os braços e aguardou que ela se acalmasse, enquanto lhe dizia:

— Também não sei como entender os desígnios de Deus, levando um ser que não teve a oportunidade de nascer, Louise. Sei apenas que, sendo Deus nosso Pai e Criador, nos ensina através da dor e do sofrimento a termos resignação e confiança em sua justiça...

— Que justiça é essa que tira a vida de um ser que ainda não nasceu, como disseste? Por que punir um ser que ainda nada fez para ser castigado? — perguntou Louise, revoltada.

Naquele momento, Suzanne e Sophie entraram no recinto. Haviam ido prestar auxílio a Marion, que se encontrava em deplorável estado de abatimento, visto que se culpava pelo ocorrido.

Diante do quadro que encontraram, olharam-se preocupadas e, enquanto Sophie se aproximava de Louise e, orando, procurava lhe infundir energias revigorantes através do passe espiritual, Suzanne inspirava Etiénne a mudar o estado psíquico da moça:

— Louise, em qualquer situação de nossas vidas, a revolta e a queixa nos dificultam ainda mais as provas pelas quais temos que passar. Dessa forma nos distanciamos de Deus e, perdendo a confiança, ficamos à deriva, nos afastando do porto seguro da fé. Sei que o que aconteceu foi terrível e precisarás de todas as tuas forças para venceres mais esta dor em tua vida... Mas, acredita, estarei ao teu lado; não estás sozinha!

— O que farei agora? O meu filho era a razão pela qual eu continuei a viver...

Etiénne argumentou com cuidado:

— Sim, continuaste a viver por ele, mas também por ele quiseste abandonar a vida no Sena, pela tua rebeldia contra as Leis Divinas... Creio eu que, mesmo sem nascer, essa criança te trouxe grandes lições, Louise, e uma delas é o valor da vida. Ela nos devolve na medida de nossas ações; se a encaramos com desespero, recebemos a desesperança, mas, se por outro lado a enfrentamos com confiança e alegria, recebemos a esperança em troca. A moeda de troca da vida é aquela que nós mesmos oferecemos.

Louise, que ouvia atentamente as palavras de Etiénne, sentia um reconforto indescritível em tê-lo ao seu lado, procurando aliviar o seu sofrimento.

Percebendo que a moça revelava visíveis sinais de fadiga, Etiénne se despediu, afirmando que retornaria mais tarde. Logo Céline retornou e, quando Louise perguntou sobre Marion, esta informou:

— Esta moça está muito abatida e já pedi ao teu marido que vá ter com ela...

Louise falou com voz cansada:

— Pobre Marion! Amanhã desejo lhe falar...

22 - Diante do verdadeiro amor

A convalescença de Louise se deu lentamente nos meses seguintes. Etiénne, Céline, Constance e Marion revelaram-se incansáveis junto à desventurada mãe.

Padre Gastón, a pedido de Etiénne, passava longas tardes ao seu lado, procurando lhe fortalecer a confiança em Deus e em Jesus, pois Louise tinha agora abalados os seus princípios religiosos.

À medida que a vida retomava o seu ritmo normal, Louise se inquietava. Como poderia manter a farsa do seu casamento, uma vez que o motivo que a levara a se casar não existia mais?

Etiénne havia-se casado para ajudá-la a enfrentar a sociedade, que não aceitaria uma mãe solteira sem recursos. Sem a criança, o que faria Etiénne? Dar-lhe-ia a liberdade? Qual a razão para manter aquele casamento? Talvez agora ele resolvesse partir ao encontro da mulher que realmente amava!

∞ *Tanya Oliveira ditado por Eugene*

Consolava-a o fato de que ele passara a se ausentar menos do lar, apesar de algumas viagens rápidas e das reuniões de que participava com frequência. O que faria Etiénne naquelas reuniões?

Louise não ousava perguntar, apesar de ver a preocupação em seu olhar. Não desejava aborrecê-lo e procurava, aos poucos, retomar suas tarefas no lar.

Certo dia, no qual Marion havia-se esmerado na confecção dos pratos da refeição, Constance propôs:

— Etiénne, meu querido, a tragédia que se abateu sobre nós foi dolorosa, mas graças a Deus vocês estão superando. Por que não fazem uma viagem, visto que não tiveram uma lua de mel? Não haveria com que se preocupar, pois eu e Céline tomaríamos conta de tudo. Além do mais, Marion tem-se revelado uma excelente governanta; ficaria tudo sob controle.

Prontamente, Céline se manifestou:

— É uma excelente ideia, Constance! De minha parte, está aprovada.

Louise olhou para Céline, surpresa com a sua concordância, e permaneceu em silêncio, enquanto todos os olhares se voltaram para Etiénne.

Premido pela situação, sem saber exatamente o que Louise pensaria sobre o assunto, considerou:

— Não sei se estás em condições de viajar... Temo que ainda estejas fraca, Louise!

Louise também ignorava o que Etiénne realmente desejava fazer. Com o intuito de não o contrariar, devolveu:

— Sinto-me bem, mas deixo a teu critério, Etiénne.

Os segundos passavam pesadamente... Após prolongado silêncio, ele perguntou:

— Que lugar desejarias conhecer?

Louise respondeu timidamente:

— Sempre me interessei pela Itália...

Etiénne voltou-se e declarou:

— Pois bem, iremos à Itália dentro de quinze dias — e, voltando-se para Constance, sorriu e perguntou: — Está bem assim, tia Constance?

Sem rodeios, a boa senhora respondeu:

— Está ótimo, meu filho. Tenho orgulho de ti e um dia me agradecerás por esta viagem!

Quando Louise e Etiénne se retiraram, Constance olhou para Céline e, piscando um olho, fez com que as duas sorrissem pela situação.

Percebendo a angústia de Louise, Céline havia revelado a Constance as circunstâncias do casamento; afirmou saber que os dois se amavam, mas, pela situação embaraçosa que haviam criado para si mesmos, sofriam pelo temor de mutuamente não serem correspondidos. Além disso, por haver feito a promessa de não revelar a Louise o amor de Etiénne, ela, Céline, estava com as mãos amarradas.

Constance, que já percebera algo errado naquele casamento, resolveu intervir e por isso havia combinado com Céline de aproximá-los de alguma forma.

Nos dias que se seguiram, todos se envolveram nos preparativos para a viagem.

Louise, que desconhecia a combinação de Céline, acreditava que Etiénne havia concordado para não decepcionar a tia e também para não lhe criar nenhuma contrariedade que atrapalhasse sua recuperação. Assim, auxiliava na organização da bagagem e orientava os criados.

Constance lhe ofereceu ricas peças de vestuário, bem como alguns artigos de enxoval. A vaidade de Louise não resistiu e ela os aceitou de bom grado, preparando com cuidado o guarda-roupa que usaria na viagem.

Aproveitando a ausência de Constance, em um dado momento, Céline se aproximou e perguntou sem rodeios:

— Diga-me, Louise, amas Etiénne?

Louise baixou os olhos e respondeu:

— Cada dia mais, madrinha! Quanto mais o conheço, mais forte se torna o sentimento que lhe dedico...

Céline segurou as mãos de Louise e tornou:

— Se é verdade o que dizes, então está em tuas mãos a tua felicidade. Aproveita o ensejo desta viagem e abre o teu coração, Louise.

Tanya Oliveira ditado por Eugene

— E se ele não me corresponder? O que farei, agora que perdi meu filho? Temo que ele desista, me libere do compromisso, visto que nada mais justifica este casamento.

Céline a aconselhou com a voz da experiência:

— Ouve, Louise! Nenhum homem faria tal sacrifício apenas em nome de uma amizade ou simplesmente para ajudar uma desconhecida. Etiénne tem uma razão muito forte para te ter proposto este casamento e cabe a ti descobrir qual é... se ainda não sabes.

Céline se calou, pois Constance retornava em grande animação com algumas peças que encomendara e que haviam chegado.

A madrinha de Louise não poupou elogios, e Louise, apesar de demonstrar admiração pelo presente recebido, manteve-se calada por toda a tarde.

Teria coragem de revelar os seus sentimentos a Etiénne?

Três dias depois, em uma manhã iluminada de Paris, o casal Dauphin partia de Paris a bordo de grande embarcação, em direção à Itália, mais precisamente Roma.

Logo ao entrarem na cabine do navio e ficarem a sós, Louise o questionou:

— Por que aceitaste realizar esta viagem, Etiénne? Poderíamos ter ido a um local mais próximo, sem permanecermos tantos dias longe de Paris...

Entendendo que Louise se incomodava com sua presença, talvez desejando que Armand estivesse ali, e ferido em seu orgulho masculino, o rapaz respondeu secamente:

— Achei que ajudaria em tua recuperação o clima ameno da Itália nesta época do ano. Ademais, tenho negócios a tratar em Roma.

Louise se calou. Gostaria de ouvir que tinha sido proposital a escolha de um local distante, que ela sempre desejou conhecer, e que seria, talvez, uma oportunidade para se conhecerem melhor...

O Etiénne atencioso e solícito de alguns dias atrás dava lugar a um homem melancólico e distraído.

Convencida de que a viagem seria um fracasso e lembrando-se do que lhe falara Céline, Louise resolveu mudar sua atitude.

No jantar a bordo do navio, colocou um vestido belíssimo, vermelho-rubi, e adornou o pescoço com um elegante colar da mesma pedra. Retocou o penteado, refazendo alguns cachos que caíam sobre os ombros e, com pó de arroz, disfarçou as olheiras, que revelavam sua ainda convalescença.

Quando Etiénne veio lhe chamar para o jantar, ele não pôde disfarçar a admiração que Louise lhe causava.

Percebendo, pela primeira vez, uma reação que estava longe de ser a de um amigo, Louise animou-se e perguntou, revelando interesse na opinião do marido:

— Posso pedir tua opinião sincera? Estou bem assim ou desejas que mude alguma coisa?

Impressionado, Etiénne apenas balbuciou:

— Não, estás ótima, muito... bem! — A seguir, para evitar que Louise percebesse o efeito que lhe causara, apressou-se em dizer: — Precisamos ir, Louise, pois estamos atrasados...

Assim, Louise entrou triunfante no salão do elegante navio.

Durante o jantar, evidentemente, a moça foi cercada de atenções e olhares, que não passaram despercebidos a Etiénne; como Louise se portasse com discrição e elegância, não revelando dar a mínima importância a tais demonstrações, ele sentiu-se orgulhoso e envaidecido com sua esposa.

Ao se recolherem à cabine, antes que Louise dissesse qualquer coisa, para não lhe criar nenhum embaraço, ele se adiantou:

— Agradeço o teu comportamento desta noite, Louise! Foste agradável sem ser afetada e demonstraste uma educação em muito superior às senhoras que conhecemos. Dormirei na *chase-longue*, para que fiques à vontade.

Tanya Oliveira ditado por Eugene

Decepcionada, pois tudo fizera para atrair a atenção de Etiénne, Louise concordou:

— Sim, te agradeço. Boa noite, Etiénne!

Durante a noite, nenhum dos dois conciliou o sono, em virtude da inquietação de seus corações, que ignoravam bater em uníssono. Nos dias seguintes, procuraram agir com normalidade, como se nada de extraordinário estivesse acontecendo.

Quando chegaram ao seu destino, a carruagem os levou a um hotel próximo à Piazza Navona, local muito admirado na época.

Louise se preparava para trocar suas vestes e descansar um pouco, quando Etiénne declarou:

— Vou me ausentar por algumas horas, mas não te preocupes, voltarei antes do jantar.

A atitude inesperada de Etiénne deixou Louise aborrecida, mas, acima de qualquer coisa, preocupada. Por que Etiénne se ausentava tanto, quase semanalmente, para tratar de assuntos que não revelava a ninguém? O que seriam aquelas reuniões para as quais era chamado com tanta frequência?

A suspeita havia crescido e se transformado em uma certeza: Etiénne escondia alguma coisa. Mas o que seria?

Intrigada, mas cansada da viagem, Louise acabou adormecendo.

Algumas horas mais tarde, quando acordou, já era noite. Olhou ao redor e percebeu que Etiénne ainda não havia retornado. Angustiada, correu até a janela; olhou para a grande praça na esperança de vê-lo chegar, mas nada...

De repente, um sentimento profundo de perda a invadiu, como se nunca mais o fosse rever. E se lhe tivesse acontecido alguma coisa? Estavam em uma cidade estranha; e se um malfeitor o tivesse agredido?

Uma dor indescritível, misto do medo de perdê-lo e do arrependimento por não lhe ter falado o quanto o amava, fez com que Louise chorasse inconsolavelmente.

Sim, ela o amava! Por que, no entanto, não o dizia abertamente, sem receios, sem medo de sua atitude? Se ele não

189

lhe correspondesse, pelo menos teria entregado seu coração para um homem digno, honesto e bom.

Chorando muito, Louise não percebeu que Etiénne havia chegado.

Ao ver Louise chorando em desespero, correu em sua direção, preocupado:

— Por Deus, Louise! O que houve? Sentes alguma coisa?

Vencida, Louise se atirou em seus braços e falou com veemência:

— Oh! Etiénne, não me deixes mais! Pensei que algo tivesse acontecido! Temi por tua vida!

Etiénne pensou ter ouvido mal. Sentia o corpo frágil de Louise tremendo em seus braços; o suave calor da moça lhe abalou as fibras mais íntimas da alma.

Procurando ter certeza de que vivia a realidade e não um sonho, perguntou, enquanto segurava com delicadeza o rosto de Louise:

— Não estou compreendendo... Preocupas-te comigo, Louise? Queres dizer que... sentes algo por mim além de amizade?

— Sim, Etiénne, te amo mais do que tudo em minha vida! Não teria me casado contigo se não te amasse! Casei-me, mesmo sabendo que amas uma mulher que para ti é inatingível...

Etiénne sorriu e retrucou:

— A única mulher que amo e sempre amarei és tu, Louise! Sequer percebeu o amor incondicional que te dedico desde o primeiro dia em que a vi? Amo-te, Louise, desde sempre! Acreditei que amavas Armand e que a desilusão que tiveste havia fechado o teu coração!

Louise, por sua vez, duvidava da realidade, como se não entendesse o significado das palavras. Querendo confirmar o que ouvira, considerou:

— Aquela mulher que dizias amar e que por causa dela desejavas te afastar de Paris...

— Sim, Louise eras tu! Quando percebi que havia uma esperança de te ter ao meu lado, não hesitei e te fiz a malfadada proposta de casamento. Apenas te queria junto a mim para sempre...

— Acreditavas que eu ainda amasse Armand? Oh, Etiénne! Eu te amo, e assim será pela eternidade!

Alheios à noite belíssima, inundada de estrelas, que pareciam espreitar por entre as vaporosas cortinas, finalmente após muitos enganos, aquelas almas apaixonadas se reencontravam verdadeiramente.

Um amor que atravessara os séculos, vencera inumeráveis obstáculos e provações, oriundos dos pesados débitos adquiridos, enfim se concretizava entre lágrimas e risos.

No entanto, meus irmãos, a felicidade na Terra é fugaz, passageira, pois nosso orbe ainda é de provas e expiações, e aos homens é somente permitido entrever uma diminuta parcela da felicidade. São momentos fugidios que lhe renovam as forças para a difícil caminhada, comum a todos os que ainda se vinculam ao planeta.

23 - Os caminhos se cruzam

    Envolvidos na vibração do amor pelo qual tanto haviam sofrido, Etiénne e Louise realizavam, enfim, o anseio de suas almas, que há muito se buscavam.

    Etiénne encontrava a alma que perfumava sua existência com um aroma que lhe devolvia a jovialidade e a esperança no futuro; Louise, por sua vez, sentia que poderia esquecer as feridas que haviam magoado tão profundamente seu coração de mulher.

    Cercados pelo romantismo do local, e desejosos de que o tempo parasse e pudessem viver aquele idílio eternamente, junto à Fontana di Trevi, como mandava o hábito, fizeram seus pedidos entre sorrisos, na certeza de que haviam pedido à *boa sorte* a mesma coisa: uma vida feliz a dois.

    Naquela noite iriam a um espetáculo teatral e, por isso, retornaram um pouco mais cedo ao hotel.

Louise, como na noite anterior, havia-se preparado com esmero. Desejava estar linda para o homem que amava e que lhe prometia toda a felicidade do mundo.

Sem saber por que, lembrou-se da criança que havia perdido. Uma sombra perpassou seus belos olhos, sendo imediatamente percebida pelo marido. Aproximando-se, Etiénne perguntou:

— O que aconteceu, Louise? Estás linda, encantadora, mas algo te entristeceu...

Louise o abraçou e explicou:

— Pensei na criança que estava esperando. Apesar de tudo, eu a amava!

Etiénne passou a mão em seus cabelos sedosos com suavidade e tornou:

— Sim, ela não tinha culpa de nada. Também a amava e havia assumido o compromisso de dar-lhe um nome e uma família. O que aconteceu, no entanto, foi uma fatalidade...

Louise o fitou nos olhos e tornou:

— Achas que fui imprudente? Que foi por... — O rapaz a interrompeu, dizendo:

— Não, Louise! Não penses assim! Não poderias imaginar o que ocorreria; foi como te disse, uma fatalidade! Os desígnios de Deus são insondáveis, não podemos compreendê-los. Tenho a impressão de que essa criança existiu apenas para nos unir...

— Acreditas mesmo no destino? Que somos meros espectadores diante da vontade de Deus?

Etiénne refletiu e ponderou:

— Creio que existam fatos em nossas vidas que não podemos impedir que aconteçam, pois todos os esforços para evitá-los são em vão; outros, ao contrário, dependem de nossa vontade e podemos agir conforme a nossa consciência.

Louise ficara pensativa. Etiénne se aproximou e, segurando seu rosto, a beijou, apaixonado.

Mais tarde, no teatro, o espetáculo transcorria com tranquilidade e as cenas emocionantes comoviam Louise. No intervalo, o casal saiu do camarote em busca de ar fresco, pois a noite estava extremamente quente.

Louise aguardava o marido, que havia ido buscar um refresco, quando sentiu que alguém tinha colocado a mão em seu ombro. Imediatamente ela se voltou e ouviu a voz abafada de Armand D'Avigny lhe dizer:

— Estás linda, Louise! Continuas a ser a mulher mais bela que já vi!

Pálida, a moça respondeu:

— Estou aguardando meu marido, senhor. Com licença!

Armand a segurou pelo braço e declarou:

— Jamais te esqueci, Louise! Arrependo-me a cada dia por não tê-la desposado...

Retomando o sangue-frio, Louise o fitou e perguntou, irônica:

— A nobreza de tua esposa não te faz feliz?

— Admito que tens razão; troquei-a pelas convenções da minha classe social, mas juro-te que ainda te amo!

Louise sorriu e tornou, sarcástica:

— Sai do meu caminho, conde D'Avigny! Sou uma mulher casada e feliz. Amo meu marido e não desejo te encontrar novamente. Busca consolo junto à condessa que tanto te ama!

Armand ia lhe falar alguma coisa, mas Louise se afastou rapidamente.

Etiénne havia retornado com as taças e debalde a procurou, até encontrá-la no camarote. Questionada sobre por que tinha retornado, Louise disse ter sentido tonturas com a aglomeração no saguão do teatro.

O encontro com Armand havia feito ressurgir sentimentos contraditórios, em que a raiva e o ódio se mesclavam à revolta pelo fato de ter sido desprezada.

Por que aquele homem a perturbava tanto? Sabia quanto o seu caráter deixava a desejar, mas a impetuosidade de Armand a deixava inquieta. "Desejaria não reencontrá-lo jamais!", pensou.

Apesar de tentar se concentrar nos atos finais da ópera, Louise tinha dificuldade em acompanhar o enredo. Logo que o espetáculo terminou, pediu a Etiénne que se retirassem imediatamente.

Não percebeu, todavia, quando entrou na carruagem, que um homem a observava a pouca distância. Era Armand D'Avigny, que, pela proximidade, ainda ouviu Etiénne dizer ao cocheiro:

— Dirija-se à Piazza Navona, por favor!

A carruagem havia se distanciado no meio do burburinho que cercava o teatro, enquanto Armand permanecia olhando fixamente o veículo, até que desaparecesse em uma esquina.

Nos dias que se seguiram, a atmosfera de romance que vivia com Etiénne havia feito Louise esquecer o encontro com Armand.

Acreditando que o destino não os colocaria frente a frente novamente, deu o caso por encerrado e agradeceu a Deus por estar ao lado de um homem que a fazia tão feliz.

A impressão que Armand lhe causara se perdia, e a perspectiva de formar uma família ao lado de Etiénne encheu seus dias de plena felicidade.

Deveriam, segundo o planejamento da viagem, seguir para Milão e Veneza, mas Louise pediu que permanecessem mais alguns dias em Roma; Etiénne, a princípio, relutou, mas acabou concordando com a esposa.

O que Louise não poderia imaginar era que o reencontro repercutira em Armand de forma violenta. Sentimentos tumultuados como raiva e ciúme passaram a lhe envolver os pensamentos. Aliado às inteligências inferiores que o secundavam, passou a conjeturar como poderia ter Louise novamente para si.

Certamente precisaria arranjar um meio de destruir aquele casamento ridículo, pois considerava que somente ele, Armand, poderia fazer Louise feliz.

LAÇOS DA VIDA ~∞~

Deitado no leito do hotel, aguardava a carruagem que o levaria à residência de Jean-Piérre. Precisava tratar assuntos urgentes com o irmão, visto que a saúde de Geneviéve declinava.

Trazia consigo uma certeza: se existia uma mulher que poderia fazê-lo feliz, além de Suzanne, a quem considerava acima de qualquer outra, esta era Louise.

Suzanne não estava mais neste mundo. Se quisesse ser feliz, precisaria agir a seu modo.

Sabia que o casal estava hospedado em um hotel da Piazza Navona... Não seria difícil obter informações nos hotéis nas proximidades.

De repente, levantou-se, colocou o casaco e o chapéu, pegou sua elegante bengala e se encaminhou para a porta.

Na via pública, tomou uma carruagem e pediu que o levasse à magnífica praça; após algumas tentativas infrutíferas, adentrou um hotel cuja arquitetura impressionava pela riqueza de detalhes. Logo ao entrar, olhou ao redor e falou ao recepcionista:

— Estou procurando localizar um casal de franceses. Creio que devem ter chegado há alguns dias...

O recepcionista reconheceu a classe social de Armand não apenas pela vestimenta, que, seguramente, indicava ser da nobreza, mas também pela arrogância e orgulho. Acostumado com as exigências dessas pessoas, aparentando ingenuidade, respondeu:

— Pois não, monsieur. Poderia me dizer o nome das pessoas a quem está procurando? Veja, existem vários casais nesta situação.

Armand olhou rapidamente os registros do hotel, e algumas linhas abaixo verificou que ao lado do nome de Louise estava escrito: Etiénne Dauphin. Fingindo lembrar-se, disse:

— Creio que o meu amigo Etiénne se casou com uma moça de nome Louise...

O rapaz olhou os registros e confirmou:

— Sim, o casal Dauphin está há alguns dias hospedado aqui, mas deverá partir para Veneza amanhã, senhor. Posso avisá-los de que esteve à procura deles.

Armand o fitou de modo significativo e respondeu:

— Não será necessário, garanto-lhe. Também estou de partida e nos reencontraremos na França, em meu castelo... — Dizendo isso, Armand se retirou a passos largos: não queria ser visto por Louise.

Enquanto caminhava pelas ruas centrais de Roma, questionava-se com uma ponta de ironia: "Quem poderá ser esse Etiénne Dauphin, que Louise arranjou para marido? Por certo, nenhum homem a aceitaria depois que..." — e sentiu o coração acelerar ao lembrar os momentos que vivera com a moça. "Louise! Louise! Por que fui tão tolo? Por que não enfrentei minha mãe, repudiando essa infeliz união com Isabelle, e me casei contigo?"

A imagem de Louise se desenhou em sua mente e ele a reviu exatamente como se encontrava naquele dia no teatro. "Como estavas bela, vestida com aprumo e elegância! Jamais diriam não pertenceres à nobreza!"

Ao pensar na condição de Louise, Armand recordou o afeto que a moça sentia por Laurent, seu filho. "Sim! Laurent desejou tanto nos aproximar! Ele poderá ser um elo entre mim e Louise."

Laurent tinha ido passar uns tempos com o tio, pois, após a partida de Louise, aumentaram as dificuldades de relacionamento entre ele e Isabelle.

Sem pensar nas consequências de suas ações, Armand seguiu para o seu hotel, convicto de que traria Louise de volta à sua vida.

Acompanhando os acontecimentos que se sucediam na crosta terrestre, Suzanne e Sophie conjeturavam sobre a possibilidade de intervir:

— Vejo uma tempestade se aproximando de nossa menina, Suzanne! O que faremos? Armand não descansará enquanto não a tiver ao seu lado!

O olhar de Suzanne revelou a profunda tristeza que sentia. Imprimindo no semblante o sofrimento que os equívocos do ser amado lhe causavam, completou:

— Sim, meu pobre Armand está envolvido por entidades perversas, que desejam sua queda e a de Louise! Que Jesus nos ilumine, para que possamos ajudá-los dentro das nossas possibilidades.

Naquele momento, Aurelius, mentor espiritual de Louise, se aproximou e, enquanto caminhavam em iluminado jardim, ouviu as considerações das duas entidades. A seguir, ponderou judiciosamente:

— Entendo suas preocupações, minhas irmãs, mas devemos considerar que Louise, Armand e Etiénne são espíritos em evolução e capazes de deliberar quanto ao próprio destino. Não podemos agir em seu favor, sem lhes deixar a oportunidade de escolherem o que consideram melhor, para efeito de aprendizado e resgate. Nesta altura dos acontecimentos, a despeito de nossas instâncias no sentido de chamar-lhes a atenção, precisamos deixar que exerçam a prerrogativa da escolha, com o pleno exercício do livre-arbítrio conquistado. Agiremos certamente, mas sem influenciar nas decisões que lhes cabem, auxiliando apenas para tentarmos evitar que abandonem demasiadamente o programa reencarnatório.

Sophie não conseguiu se conter e o inquiriu:

— Por que nos foi possível, então, agir no sentido de que se reaproximassem? Como nos foi permitido direcioná-los para o casamento?

Aurelius sorriu benevolentemente e tornou:

— Exatamente pelo que disse antes. Quando se trata de programações feitas aqui na espiritualidade, trabalhamos para que elas se cumpram, pois são o resultado de estudos acurados de nossos especialistas, irmãos que se dedicam à análise da Lei de Causa e Efeito e de suas consequências na vida imortal.

"O afastamento dessas diretrizes reencarnatórias nos traz transtornos incalculáveis, acarretando por vezes séculos sem

Tanya Oliveira ditado por Eugene

que essas mesmas almas se reencontrem em semelhantes circunstâncias e possam começar novamente a convivência educativa.

"O superlativo do mau uso do livre-arbítrio nos remete à lembrança de nossos desafortunados irmãos, que retornam ao mundo espiritual pela lamentável via do suicídio. Aniquilam não apenas a programação de vida estabelecida para eles mesmos, mas por certo também desorganizam a dos que lhes partilham e partilhariam a existência.

"Mesmo assim, a nós outros não cabem julgamentos nem tampouco adivinhações sobre o estado de cada um neste ponto. A desorganização mental de uma pessoa que assim age é muito grande, e as simbioses espirituais desequilibradas, associadas ao desconhecimento e total afastamento de Deus, são fatores concorrentes, que influenciam a infeliz criatura ao ato insano.

"Neste caso, somos obrigados a depositar nas mãos magnânimas de nosso Pai amoroso nossas esperanças e expectativas de um restabelecimento dentro das possibilidades, em virtude do mérito dos que assim partiram. Somos sabedores de que Deus permeia o ato humano com doses inimagináveis de misericórdia, renovando a vida de todos nós a cada dia, para o estabelecimento definitivo da imorredoura felicidade.

"Voltando para o assunto em questão... Trabalhamos para a união de Louise e Etiénne, pois era necessário que se aproximassem, e, por questões pessoais de nossa Louise, essa união estava sendo adiada. Agora, a nós outros cabe aguardar os ditames da consciência de nossa querida amiga, rogando a Jesus que a ilumine, para que ela não reincida nas faltas que lhe vêm sendo companheiras constantes ao longo dos séculos."

Voltando-se para Suzanne, disse:

— Reconheço o sofrimento que tal fato causa em seu coração, minha irmã, mas tenhamos fé e confiança em Jesus, que nos alcançará os recursos de resistência necessários quando a dor for maior.

Hesitante, Suzanne ponderou com visível esperança:

— Benfeitor amigo, penso que eu poderia auxiliar Armand e Louise se estivesse reencarnada. Não poderia retornar à paisagem terrestre, sendo recebida pelos braços de Louise?

Aurelius olhou compassivamente para sua interlocutora e obtemperou:

— Suzanne, querida filha de minha alma! Sabes o risco que correrias com tal alvitre? Consideraste o que representaria a tua presença, compondo novamente o antigo cenário, quando no passado, junto a Armand e Louise, falhaste em tuas intenções?

Suzanne baixou o olhar e tornou:

— Sei a que o senhor se refere, mas acredito que agora teria mais possibilidades de êxito. As experiências reparadoras pelas quais passei representaram valiosas lições e penso que seria uma boa oportunidade de colocá-las em prática!

— Minha cara, posso afiançar-te ser muito cedo para tal experiência. É preciso sedimentares com mais segurança as aquisições recentes de teu esforçado coração — e Aurelius prosseguiu: — Ademais, a reencarnação necessita de planejamento e cuidados, que seriam impossíveis na atual conjuntura! Isso sem nos referirmos à questão do tempo necessário, e merecido, para que prossigas com tuas conquistas em nosso plano.

Meditando na questão, Sophie considerou:

— Quem sabe daqui a algum tempo? Suzanne poderia agir no sentido de aproximar Armand e Louise?

Aurelius foi enfático quando considerou:

— Asseguro-lhes que, neste momento, seria catastrófica a presença de Suzanne na Terra. As lembranças da última encarnação ainda estariam muito vivas, e a presença de Armand alavancaria, como uma torrente, suas memórias mais recentes. O fato de vê-lo envolvido com Louise a faria sofrer com desespero. Indubitavelmente, sua intenção é louvável, mas seria difícil de se concretizar diante dos compromissos assumidos por todos. Em futuro distante, dependendo do que ocorrer doravante, poderemos estudar melhor as condições em que se dará teu retorno. Por ora, auxilia como puderes, através da oração e de tua presença junto a Louise, pois não tenho a menor dúvida: ela necessitará de muita proteção de nossa parte. — Assim falando, Aurelius as cumprimentou e se retirou.

Suzanne e Sophie se entreolharam, meditando sobre as palavras que haviam acabado de ouvir.

Na Terra, Louise e Etiénne viviam momentos de plena felicidade.

Armand, de posse dos dados de que necessitava sobre Etiénne, retornou para o hotel e partiu ao encontro de Jean--Piérre.

Na realidade, não possuía a menor afinidade com o irmão, mas reconhecia que Laurent o estimava e, apesar de tudo, amava o filho e desejava vê-lo feliz.

Laurent contava então com treze anos, e Armand considerava a possibilidade de colocá-lo em um colégio interno.

Havia desistido de tentar uma aproximação entre Isabelle e o filho, e esse fato o fazia recordar mais ainda Louise — era mais um problema que a nova esposa trazia para sua vida. "Tivesse eu tido a coragem necessária para desposar Louise!", pensava. "Eles seriam absolutamente felizes, pois ela amava Laurent, bem como por ele era amada também..."

Instável, voluntarioso, apaixonado, Armand renovava pensamentos de raiva, ciúme e impotência em relação a Louise.

Quando chegou à Sardenha, local onde Jean-Piérre vivia com a mulher que desposara, uma jovem de linhagem nobre, após a recepção cordial, mas contida, do irmão, comentou:

— Escolheste um belo país para viver e tua esposa é adorável. Conseguiste esquecer Louise?

Surpreso, Jean-Piérre tornou:

— Louise foi um sonho, mas acordei em tempo. Ela jamais me amaria como eu desejaria que uma mulher me amasse. Encontrei-a há algum tempo em Paris e ela estava acompanhada...

Interessado, Armand o inquiriu:

— Sabes o nome desse homem? Há quanto tempo isso aconteceu?

— Há uns dois anos mais ou menos. Por que tantas perguntas acerca de Louise? Não conseguiste o que desejavas? Antes de partir, avisei-a sobre tuas intenções, mas ela estava apaixonada e não me deu ouvidos.

No olhar frio de Armand surgiu um estranho fulgor. Então ela o tinha amado verdadeiramente!

Ele havia sido, sem dúvida, o seu primeiro amor, acontecimento este do qual poucas mulheres se esquecem. Se tivesse a oportunidade de se reaproximar, de falar-lhe, tocá-la, Louise poderia ceder e... voltaria a ser sua novamente!

Intrigado, Jean-Piérre interrompeu seus pensamentos:

— Por que esse interesse por Louise? E Isabelle?

Armand deu alguns passos na sala ampla e desabafou:

— Isabelle! Sabes tanto quanto eu que apenas cumpri um dever, uma questão de honra para com nossa mãe. Ela levou Isabelle ao castelo para afrontar Suzanne e...

Jean-Piérre o interrompeu, completando de modo irônico:

— ... e não te foi possível resistir aos encantos de Isabelle, enquanto Suzanne morria de desgosto! Lamento, meu irmão, mas não concordo com tuas atitudes e, se não fosse o afeto que me liga a Laurent, não serias bem-vindo em minha casa!

Armand o fixou com desdém e tornou:

— Sei disso e não pretendo retornar. Vim buscar Laurent, pois já é hora de seguir para o colégio interno. Além disso, a saúde de nossa mãe exige cuidados e existem algumas questões da propriedade que requerem tua presença.

Preocupado, Jean-Piérre questionou:

— Por que não me disseste antes? Poderias ter me avisado por carta e eu partiria imediatamente com Laurent.

Armand fitou um ponto invisível no espaço e tornou de forma enigmática:

— Senti necessidade de sair daquele castelo. Fica sabendo, meu irmão, que tomei a decisão certa!

Francesca, esposa de Jean-Piérre, entrou no salão e declarou:

— Está um dia lindo e temos uma donna e um bambino que desejam a companhia de dois cavalheiros para acompanhá-los em um passeio no campo...

Jean-Piérre caminhou em direção à mulher e beijou sua fronte com suavidade. Armand, procurando impressionar positivamente a cunhada, levantou-se e, curvando-se, respondeu:

— Estou às tuas ordens, minha cunhada! Apreciaria deveras acompanhar-te neste passeio.

Francesca sorriu:

— Que galantes são estes franceses! Fico feliz com tua presença em nossa casa, Armand!

Sorrindo, Armand ofereceu o braço e se encaminhou para a ampla porta enquanto dizia:

— Que lindas são as mulheres italianas! Se não tivesse cometido o desatino de casar-me novamente, ficaria nesta região para que a sorte me sorrisse... como a meu irmão!

Rindo alto, Francesca tornou:

— Tens razão, Armand. Nossas mulheres são belas mesmo, embora um pouco menos refinadas. Quando trarás Isabelle para nos conhecer?

Armand respondeu evasivamente:

— Um dia, quem sabe...

Jean-Piérre interrompeu o diálogo:

— Devemos nos apressar, pois Laurent nos aguarda, e, nesta época do ano, o sol se põe mais cedo.

O três se dirigiram para as cocheiras, onde quatro belos cavalos encilhados os aguardavam.

24 - A obsessão de Armand

Apesar de agir de modo normal, intimamente Armand sentia que a impetuosidade de seus sentimentos em relação a Louise era incontrolável.

Acionado por sua natureza inferior, ligada às paixões desequilibradas, e atormentado pela ideia de ter novamente Louise a seu lado, tornava-se inacessível às sugestões de Suzanne.

As companhias espirituais que o cercavam constituíam verdadeiros séquitos de espíritos de aspecto grosseiro, profundamente ligados à matéria, necessitados de reviverem sensações carnais, além da vingança que levavam a cabo.

Durante o sono, muitas vezes, Armand se via em regiões escuras, povoadas por seres estranhos que, apesar de não julgar conhecê-los, o saudavam como a um velho conhecido.

Via homens e mulheres malvestidos, em andrajos, mas que se julgavam ainda nobres, e por vezes parecia-lhe reconhecer antigos amigos da juventude.

Tanya Oliveira ditado por Eugene

Ouvia, seguidamente, um daqueles seres em estado deplorável a lhe balbuciar frases do tipo:

— *Armand, vais deixar aquele desclassificado ser feliz ao lado de tua Louise?*

Logo surgia outro que lhe falava:

— *Estou absolutamente certo de que, se a encontrasses, ela não te resistiria, meu amigo!*

Uma voz esganiçada, com timbre feminino, lhe soprava aos ouvidos:

— *És o homem que nenhuma mulher esquece, meu querido! Louise deve estar lamentando ter casado com aquele coitado!*

Um outro, de forma sarcástica, argumentou:

— *Talvez estejamos enganados, meus camaradas! A bela Louise deve estar feliz ao lado de seu príncipe encantado e... quem sabe? Deve rir-se de ter julgado amar alguém como o nosso Armand. Afinal, o marido dela me parece um excelente cavalheiro, que a aceitou apesar de... Bem, caráter por caráter, o outro é um, como se diz, gentleman. Já o nosso Armand é um bruto, egoísta, e não seria capaz de despertar amor em alguém como Louise!*

As ouvir as últimas palavras, Armand não se conteve e atirou-se em direção ao interlocutor, na tentativa de agredi-lo. Desferindo um soco no ar, acordou em sua cama molhado de suor e ainda pôde ouvir uma risada sarcástica, que ressoou por algum tempo em seus ouvidos.

Levantando-se, tomou um gole de vinho e decidiu ir à procura de Louise.

— Farei o que for necessário, mas juro que a terei de volta!

Insone, aguardou o dia amanhecer e ordenou que Laurent se preparasse para partir.

Foram infrutíferos os pedidos de Jean-Piérre e Francesca para que o jovem permanecesse mais algum tempo em sua companhia.

Armand havia deliberado retornar à França, onde tinha contatos influentes e poderia, inclusive, cobrar alguns favores e descobrir algo sobre o homem com quem Louise havia se casado.

No momento da partida, surpreendeu-se com a amizade que se havia estabelecido entre sua cunhada e o menino. Acreditava que isso se dava pela ausência de Suzanne, que mal tivera tempo de carregar o filho nos braços.

A lembrança de Suzanne agiu sobre o temperamento indomável de Armand. Ao rever em sua tela mental a imagem doce e linda de sua primeira esposa, sentiu que era impossível amar uma mulher da forma como a havia amado. Chegara às raias da loucura quando ela morrera e tinha decidido que apenas o ódio o manteria vivo: ódio da vida, das pessoas, de si mesmo!

Ainda cercado pelas entidades que o secundavam diuturnamente, Armand não percebeu quando um raio de tênue luz se formou ao seu lado e, aos poucos, uma forma feminina se consolidou, inundando o ambiente espiritual do lugar com doce claridade.

As entidades vingativas ali presentes recuaram imediatamente, praguejando e insultando a nova visitante. Impotentes, naquele momento não podiam se aproximar de Armand.

Com o olhar revelando grande tristeza, mas ao mesmo tempo lucidez, Suzanne acariciou os fartos cabelos de Armand e falou:

— *Amor da minha existência, por que não me ouves e esqueces a fantasia com a qual insistes em te iludir? Já não basta o sofrimento que vivenciamos em outras passagens pela Terra? Há muito nos temos magoado uns aos outros, negligenciando o sagrado dever de amar o próximo como Jesus nos ensinou. Por que preferes escutar as sombras às minhas rogativas de perdão e esquecimento?*

Apesar da dureza do coração de Armand, inconscientemente ele percebeu a presença de Suzanne na forma de incontrolável emoção. Estranhamente, sentia vontade de chorar! Atribuía o fato à lembrança da ex-esposa, e uma saudade indescritível do sorriso meigo e terno, dos pequenos gestos de ternura, do seu jeito suave de contornar as tempestades de seu temperamento lhe fez o coração vibrar... Tudo em Suzanne, agora, lhe parecia mais perfeito, mais real...

Por que ela o havia abandonado? Por que não o tinha perdoado mais uma vez, pois sabia que ele a amava acima de qualquer coisa?

Suzanne lhe afagava o rosto e respondia:

— Também eu errei, meu amor! E o meu erro me trouxe longos anos de sofrimento! Só me libertei quando Louise chegou ao castelo. Minha atitude diante da tua traição me levou ao desespero, o que apressou minha morte.

"O auxílio advindo das preces de Louise me fez despertar do longo torpor por que passei, que não me permitia perceber a presença de meus protetores espirituais e o seu auxílio.

"Hoje, a minha tarefa é procurar te ajudar, perdoando e aprendendo a amar os que me fizeram sofrer... Tu e Louise, que hoje amo com sinceridade, já me causaram muita dor no passado. Peço a Jesus que não voltem a fazê-lo no futuro, pois o porvir espiritual, não apenas de vocês dois, mas de inúmeros espíritos, seria totalmente comprometido!

"Vivemos por longos séculos disputando o teu amor; eu por te amar verdadeiramente, Louise por vaidade e capricho, Isabelle por inveja de Louise! Somente vim a entender esse fato na espiritualidade, com a permissão de rever o passado distante!

"Quantos erros, quantas quedas, quantos crimes perpetramos em nome desse sentimento, que nos encegueceu por tanto tempo!

"Nesse jogo, em que a ambição, a vaidade e a paixão nos arremessaram aos pináculos da dor, rastejamos na inferioridade, esquecemos a moral e os ditames da consciência, para satisfazer unicamente os ímpetos do que julgávamos ser um sentimento ideal.

"Tudo engano, Armand! Quimeras de almas inexperientes nas lições da vida, que se julgavam acima da vontade suprema!

"Quando realmente despertei para a verdade, era tarde demais; não mais me encontrava na Terra. Conforme programação de nossos mentores, não encontraria Louise.

"Eu desencarnaria alguns anos mais tarde e assim evitaríamos o risco de repetir os enganos de outrora. Era preciso que eu partisse para, da esfera em que me encontro, com maior conhecimento, poder auxiliá-los. É por isso que aqui estou, meu querido, a rogar-te que esqueças teus intentos contra Louise!

"Ela finalmente encontrou o verdadeiro amor — após longo período de separação de Etiénne —, e tua presença poderá fazê-la reviver o passado de enganos e quedas...

"Peço-te, amor de minhas vidas, esquece Louise! Deixa-a ser feliz, segue o teu caminho e dedica-te, por ora, a Isabelle e Laurent, nosso filho que necessita infinitamente de ti!"

Armand não captava as palavras-pensamentos de Suzanne literalmente, mas registrava sensações e ideias ligadas às sugestões que ela lhe dirigia.

A imagem de Louise se desenhou em sua tela mental, mas, junto a ela, um incômodo que nunca havia experimentado. Naquele momento, sentia remorso pelos sentimentos que o impeliam para Louise. Não era amor, reconhecia, como o que experimentara por Suzanne; mas como definir o que realmente sentia? Era algo ligado à vaidade, ao seu orgulho masculino, talvez; Louise era bela, fascinante com suas aparentes fragilidade e ingenuidade.

Sugestionado pela influência de Suzanne, Armand evitou pensar na moça, pois a lembrança da primeira passou a lhe povoar os pensamentos.

Resolveu que, ao chegar à França, decidiria o que fazer.

Cerca de três meses mais tarde, de volta a Paris, encontramos nossos amigos no curso normal de suas vidas.

Tanya Oliveira ditado por Eugene

Louise esquecera o encontro com Armand e a viagem realmente havia se constituído em uma verdadeira lua de mel para o casal.

Etiénne se revelava cada dia mais atencioso, realizando seus mínimos caprichos. Como o marido se ausentava com frequência, Céline e Constance faziam companhia à jovem senhora, que já possuía em Marion uma amiga dedicada.

Frequentemente, padre Gastón os visitava, aproveitando a oportunidade para um almoço descontraído.

A felicidade pairava no ar e toda a residência parecia mais bela, desde as alas internas do casarão até os jardins e arredores.

Sabendo o que se passava naquele local, os espíritos que acompanhavam Armand e que, por interferência de Suzanne, haviam dado uma trégua resolveram agir novamente.

Aproveitando-se de um desentendimento de Armand com Isabelle, no qual ela dizia suspeitar do envolvimento do marido com Louise — fato que o exasperou pelo atrevimento da mulher e que o deixou em condições vibratórias deploráveis pelas vibrações de ódio e raiva emanadas —, essas entidades encontraram as condições que estavam esperando.

O mais experiente obsessor, Didier, se aproximou e observou Armand. Espírito de vastos recursos intelectuais, com inúmeras experiências nas áreas da Ciência terrestre, analisou a tela mental de Armand e deliberou:

— Este é o momento, devemos agir. Armand estará em breve em nossas mãos novamente!

A presença de alguém que lhe era familiar foi detectada inconscientemente por Armand. Na realidade, Didier havia sido um antigo companheiro em pregressas existências, que permanecia influenciando Armand.

Sentindo-se à vontade e com uma inesperada lucidez, refletiu:

— Preciso me aproximar deste tal Etiénne. Como não me conhece, o idiota irá confiar em mim e poderei agir livremente! — Um sorriso de satisfação se desenhou no rosto transfigurado de Armand.

A um médium vidente não escaparia um fenômeno deveras impressionante: as feições de Armand, naquele momento, pareciam fundir-se com as de Didier!

O brilho no olhar, antegozando uma possível vitória sobre aquele que considerava seu adversário; o sorriso malévolo, imaginando a separação de Louise e Etiénne; e a possibilidade de tê-la novamente em seus braços faziam-no sentir-se forte, invencível.

Didier se encarregava de fornecer as imagens que Armand partilhava, por assim dizer, simbioticamente. A ligação mental dos dois era fruto de antiga afinidade vibratória, que se havia amalgamado com o tempo.

Como Armand não possuía o menor interesse em modificar seus pensamentos, agindo nas faixas mentais inferiores, onde os bons sentimentos não encontravam guarida, esse elo espiritual se fortalecia continuamente.

Certo de que tudo se encaminhava de acordo com os seus desejos, Didier sugeriu a Armand que ele agisse imediatamente, sem mais perda de tempo, a fim de apressar a reconquista de Louise.

Com a decisão tomada, Armand mandou chamar alguém que poderia lhe ajudar a executar seu plano: o velho Roger, um antigo conhecido que lhe devia alguns favores.

No dia seguinte, Vincent se aproximou e lhe comunicou que Roger o aguardava em seu escritório.

Após cumprimentá-lo, Armand foi direto ao assunto:

— Preciso de algumas informações sobre uma pessoa, Roger. Sei que tens bons contatos em Paris e creio não ser difícil descobrir o que desejo.

O velho se curvou de modo servil e tornou:

— Será uma honra atender ao vosso pedido, senhor conde. Considero-o uma ordem e envidarei todos os meus esforços para bem cumpri-la... — disse, enquanto alongava o olhar em direção à pequena bolsa de couro, que possivelmente guardava boa quantia de francos, em cima da mesa que os separava.

Atento, Armand atirou em sua direção a pequena bolsa e declarou:

— Depende de ti conseguires mais, Roger! Depende de ti!

Novamente Roger se curvou e falou com a voz afetada:

— Meu senhor, o meu desejo antes de tudo é atender ao vosso pedido! Cabe à vossa bondade reconhecer os préstimos deste pobre velho. Mas, se me permite, o alvo de nossas buscas é das vossas relações? Talvez um parente intrometido, desejoso de partilhar sua apreciável herança?

Armand levantou-se e falou em tom grave:

— Faz apenas o que te ordenei, Roger. Reprime tua curiosidade, pois preciso de tua discrição. Entrarei em contato.

— Como preferir, senhor conde. Assim que tiver alguma informação sobre a tal pessoa, venho trazer-vos imediatamente!

Armand fez um sinal para que o velho se retirasse. Quando ficou a sós, foi aos aposentos de Geneviéve, sua mãe, pois ela desejava lhe falar.

Quando entrou no quarto da condessa, Armand verificou o quanto a saúde de sua mãe decaíra após o seu casamento.

Acostumado a vê-la altiva e autoritária, tomando as decisões desde a morte de seu pai, agora encontrava uma mulher alquebrada fisicamente, mas demonstrando ainda uma vontade férrea.

Apesar de nunca ter sentido afeto por ninguém — a não ser por Suzanne, já desencarnada, portanto não contava mais para ele; por Louise, por quem sentia uma paixão fruto de um capricho; e pelo filho —, ao ver que a mãe perdia as forças e que a vida se esvaía naquele corpo, lamentou.

A doença de Geneviéve progredira com rapidez e o médico lhe dera alguns meses de vida, com grande sofrimento; as dores começavam a surgir e o câncer se disseminava pelo corpo.

Armand entrou e a criada que a atendia se afastou. Ao vê-lo, Geneviéve pediu que se aproximasse.

Armand sentou-se no leito e perguntou:

— Como estás, minha mãe? Posso te ajudar em alguma coisa?

A condessa deu um suspirou e tornou:

— Tenho pensado, Armand. Sei que não tenho muito tempo e preciso resolver algumas coisas antes de partir...

— Por favor, mãe! Não deves falar como se já estivesses derrotada. És uma D'Avigny; tens uma grande luta pela frente, mas não podes recuar dessa forma...

Geneviéve tossiu e prosseguiu:

— Sim, fui eu mesma quem te ensinou a ter orgulho por nossa ascendência nobre... Porém, o fato é que sinto esse mal se alastrar pelo meu corpo e as dores começam, Armand! É preciso, no entanto, que te revele algo antes que perca a consciência sobre os fatos!

Estranhando as palavras da mãe, Armand a fitou, atento. Geneviéve lhe pediu que ajeitasse as almofadas às suas costas, para que se acomodasse melhor e começou:

— Alguns anos atrás, a mãe de Isabelle, a duquesa Françoise de V., veio a minha procura, desesperada, pois havia descoberto que o duque a traía com uma de suas serviçais.

Armand deu uma gargalhada e comentou, irreverente:

— Ora, minha mãe! Isso acontece todos os dias em todos os castelos da França!

Geneviéve o interrompeu, dizendo:

— Escuta, Armand! A questão é que o duque se apaixonou verdadeiramente pela criada e estava disposto a largar tudo, família, riqueza, posição para ficar ao lado da infeliz. Como sabes, sempre fui muito amiga de Françoise, tanto que me tornei madrinha de tua mulher. No intuito de ajudar minha

Tanya Oliveira ditado por Eugene

amiga, fingi ser uma dama generosa e me aproximei de Sophie, a amante do duque; infelizmente, o pior havia acontecido: ela estava grávida! Aproveitando seu desespero, prometi ajudá-la a criar a criança, desde que se afastasse da vida de Gilles. Esse seria o preço do seu silêncio...

Interessado, Armand perguntou:

— Aonde pretendes chegar, minha mãe? Onde se encontra esta criança?

— Acalma-te, meu filho. Preciso continuar... — e o rosto da condessa expressou um ricto de dor, a boca entreaberta. Com enérgico vigor, se recompôs e prosseguiu: — Naquela época, tínhamos, da mesma forma, uma serviçal de nome Céline, que, antes de tudo, era uma pessoa em quem tinha plena confiança. Como Céline morava na aldeia, determinei que deveria partir para Paris junto com Sophie. Cumpri o que havia prometido, e o duque jamais soube que havia se tornado pai novamente e que, portanto, Isabelle não era sua única herdeira.

Armand caminhava nervoso pelo quarto. A certa altura, considerou:

— Qual o motivo para me contares isso agora? O que desejas fazer? Pretendes contar ao duque a verdade?

Geneviéve soltou um suspiro e falou:

— Ainda não terminei, meu filho. Os anos se passaram e tudo parecia esquecido, quando a mãe de Isabelle adoeceu. Pensávamos que se recuperaria, mas para minha tristeza, especialmente, ela veio a falecer. Ocorre que, antes de morrer, ela me fez jurar que eu a vingaria... Destruiria a vida, não mais de Sophie, que já havia morrido, mas do filho bastardo de Gilles.

— Fizeste isso, minha mãe? — perguntou Armand, admirado.

— Creio que sim... Na realidade, não se tratava de um filho, mas de uma filha. Tu a conheceste bem, Armand, pois, como imaginava, tu a seduzirias...

Armand se aproximou e, em um átimo, percebeu que se tratava de Louise. Uma expressão, misto de horror e decepção, se estampou em seu rosto, enquanto ele gritou:

— Como pudeste, mãe? Por quê?!

Com o mesmo olhar frio que caracterizava Armand, Geneviéve respondeu:

— Fiz um juramento no leito de morte de minha única amiga neste mundo! Jamais deixaria de cumprir com minha palavra!

Desesperado, chorando, Armand exclamou:

— Por que me contaste apenas agora, mãe? Por que me fizeste casar com Isabelle, sabendo que eu amava Louise?

— Sim! Desde o princípio, sabia que te apaixonarias por Louise e esqueceria Suzanne! Assim como sabia que ela acabaria correspondendo a esse amor; era minha chance de cumprir a promessa. O que importa é que precisavas saber, pois, se Louise souber e resolver cobrar a herança que lhe cabe, tua mulher Isabelle será prejudicada!

— Suzanne é o passado! Ela morreu e ainda desejo ser feliz! Louise me devolveu a vontade de viver novamente. A princípio desejava apenas uma aventura, mas acabei enredado em minha própria armadilha! Certamente ela desconhece essa história! Não sabe que o pai é o duque de V. Nunca se interessou pelo dinheiro; ela é diferente de nós!

Geneviéve riu e indagou:

— Diferente? Armand, tu a amas verdadeiramente? Então a situação é mais grave do que imaginava. És ingênuo nestas questões. Acreditas que Céline não teria contado isso para a afilhada? Esta seria a única forma de essa menina ter uma vida melhor. Ela deve estar aguardando o momento para agir, por isso te previno de que te cerques de todas as garantias legais, para evitar que ela consiga reaver a sua parte na herança... e o título que lhe pertence.

Mesmo sem princípios morais que o norteassem e levassem a ter uma conduta reta, Armand verificou que, apesar da condição orgânica deplorável em que sua mãe se encontrava, as questões materiais ainda preponderavam em suas conjeturas.

Ao lembrar a imagem pura e doce de Louise, a delicadeza de seus sentimentos, avaliava mais uma vez o grande erro que havia cometido ao deixá-la partir.

A confissão da mãe explicava uma série de coisas, mas preferiu manter silêncio sobre os planos que lhe perpassavam a mente. Interessado em localizar a moça, perguntou:
— E Céline? Ainda manténs contato com ela?
Astuta, Geneviéve, compreendendo o interesse de Armand, tornou:
— Soube que elas se mudaram alguns meses após o retorno de Louise. Aconselho-te a esquecer qualquer sentimento em relação a esta moça. Estás casado com Isabelle e é teu dever respeitá-la e ajudá-la a manter sua fortuna.
Cansado e com a cabeça pesada, Armand falou da porta, antes de sair:
— O duque ainda está vivo, minha mãe. Cabe a ele preservar o patrimônio da filha!
Exausta, Geneviéve se deixou cair nos travesseiros. Considerava-se, equivocadamente, em paz com sua consciência, pois havia cumprido o seu dever.

Cabe reportar a insatisfação do povo francês, que, novamente, transformava a França em um cenário de conflito e violência.
A Revolução havia terminado com a monarquia, mas, após o Período do Terror, que se instalou juntamente com a República, mais uma vez a nobreza havia ascendido ao poder.
Com a abdicação de Carlos X, a França passou a ser governada por Felipe de Orleans — duque de Orleans — e por uma burguesia que possuía grandes posses, uma espécie de alta burguesia.
A maioria, pequenos burgueses ligados à indústria, não tinha acesso às decisões e era prejudicada por essa elite. Os investimentos permaneciam nas mãos de alguns e, como era de esperar, iniciou-se uma oposição à situação reinante.
Os pequenos industriais, que se ressentiam com o quadro econômico europeu, desencadearam um movimento no qual se opunham à situação.

Etiénne pertencia à burguesia ascendente, que obtivera lucro com o fechamento dos mercados ingleses, mas tinha visão suficiente para entender que logo teria dificuldades em seus negócios.

Não havia dinheiro na França para promover o comércio e tornou-se necessário que os bancos auxiliassem os pequenos industriais; como os recursos não chegavam à burguesia inferior, previa-se a falência de toda uma classe.

Preocupado, Etiénne aliou-se a alguns amigos próximos e começaram a realizar reuniões às escondidas, pois havia uma proibição que vetava encontros com cunho político.

Depois de Armand haver relatado o que sabia sobre Etiénne para Roger, não foi difícil para ele descobrir seu envolvimento no movimento. O nome de Etiénne começava a se destacar entre a oposição devido à correção de seu caráter, suas posições em favor da justiça e, principalmente, por seus artigos em jornais revolucionários, embora usasse pseudônimos.

Assim que obteve as informações que procurava, Roger as levou a Armand, que, satisfeito, passou a estudar o melhor meio de agir.

Ocorre que estavam sendo realizados alguns jantares, que na realidade se tratava de encontros políticos durante os quais a oposição aproveitava para discutir o momento pelo qual não apenas a França, mas a Europa atravessava.

A maior parte do continente fervia com as revoluções liberais, e as ideias socialistas tomavam forma e atraíam as classes mais desfavorecidas. Embora inicialmente apoiasse Luís Filipe, Etiénne, ao ver as suas ações autoritárias, trabalhava agora pela sua abdicação.

Pelas informações de Roger, logo haveria um desses jantares e, inequivocamente, Etiénne estaria presente.

Sorrindo enquanto imaginava o que poderia suceder, Armand alisava a barba, já antevendo a situação em que Louise se encontraria futuramente.

De repente, a presença de Isabelle lhe despertou de seus pensamentos. Ao vê-la, Armand sentiu ímpetos de afastá-la dali, de mandá-la embora para sempre.

Tanya Oliveira ditado por Eugene

Secamente, perguntou:
— O que desejas? Por que me importunas?
Isabelle baixou o olhar e respondeu:
— Perdoa-me, Armand. Queria te ver. Estamos casados, moramos no mesmo lugar, mas quase não o vejo!
— Sabias que seria assim, Isabelle. Nunca prometi um casamento feliz, romântico. Cumpri o desejo de minha mãe e um dever de cavalheiro que ainda sou.
Os olhos de Isabelle se encheram de lágrimas. Com a voz súplice, ela tornou:
— Por favor, Armand! Deixa-me te fazer feliz! Permite que eu te ame, que possa ficar ao teu lado...
Impaciente, Armand declarou com visível irritação:
— Não preciso das tuas lamúrias, Isabelle. Necessito de silêncio, paz, e com a tua presença isso não é possível!
Sentindo-se desprezada, ela perguntou:
— Andas mais distraído, mais pensativo, Armand. Conheço-te e sei que tramas alguma coisa. O que pretendes fazer? Por que aquele homem tem vindo ao castelo? — perguntou, referindo-se a Roger.
Surpreso, Armand gritou:
— Não te dou permissão para bisbilhotar a minha vida, entendeste? Estás ficando louca, imaginando coisas! Vai cuidar dos teus bordados, já que nem o meu filho te suporta e por tua causa tive que interná-lo em uma escola longe daqui!
Humilhada, a moça se afastou aos soluços. Isabelle era orgulhosa e não se rendia facilmente diante das dificuldades, mas com Armand suas resistências eram sempre vencidas.
Amava-o desde que o vira, ainda menina, no castelo de sua família. O conde D'Avigny havia ido com os dois filhos — Armand e Jean-Piérre — visitar seu pai, o duque de V.
Não tivera oportunidade de lhes falar, mas à distância percebera a jovial irreverência de Armand e isso lhe conquistara o coração. Determinada, ela jurou a si mesma que se casaria com Armand. O destino, no entanto, levou-o aos braços de Suzanne...

Inconformada, a princípio deixou-se cair em desespero. Aconselhada por sua mãe, a duquesa, resolveu aguardar, deixando o tempo passar.

Depois de alguns anos, os primeiros rumores sobre o temperamento intempestivo de Armand surgiram, aliados às notícias de suas conquistas extraconjugais. A amizade da duquesa com Geneviéve se encarregou do resto. O convite para que Isabelle fosse até o castelo D'Avigny, para fazer companhia a Suzanne no final de sua gravidez, pareceu bastante oportuno para a moça.

Em vista do estado emocional de Suzanne, que, cansada das atitudes do marido, deixava-se cair perigosamente em mãos de obsessores impiedosos, Isabelle soube aproveitar-se da situação, aproximando-se de Armand.

O resto aconteceu como havia planejado, com a consequente morte de Suzanne. O que ela não contava era com a atitude de Armand; acreditava que, com o desaparecimento da primeira esposa, o caminho estaria livre para ela; mas tal não ocorreu. Armand pareceu haver enlouquecido — talvez de remorso — e passou a ignorá-la ostensivamente.

O tempo passou... Ano após ano, Isabelle esperou o dia em que Armand se reaproximaria, retribuindo-lhe o afeto que sempre lhe havia dedicado.

A cada dia que passava, entretanto, tornava-se mais distante, alheio a tudo o que o rodeava; passou a idolatrar Suzanne, conservando seus aposentos, os pertences, vivendo uma loucura, que refletia o estado alterado de sua mente.

Isabelle procurou se aproximar de Laurent, mas não gostava do menino. A lembrança de Suzanne tornava-se mais real, mais concreta, como se ele estivesse sempre entre ela e Armand.

Passou a evitar a criança, afastando-se e pedindo a Armand que contratasse uma preceptora para lhe acompanhar mais proximamente. Assim foram contratadas algumas moças, mas Isabelle, invariavelmente, tinha crises de ciúmes e acabava encontrando uma forma de afastá-las do castelo.

Tanya Oliveira ditado por Eugene

Louise fora a última delas; havia pressentido que com ela seria diferente. Desde o princípio, a presença de Louise a havia preocupado sobremaneira. A beleza da moça, sua inteligência, os modos delicados, tudo fazia crer que se tratava de uma jovem de classe social abastada.

Ah! Como a odiava! Como havia desejado que partisse, que saísse de suas vidas! Quando percebeu o interesse de Jean-Piérre por ela, sentiu um singular alívio. "Não há mais com que me preocupar!", pensou. Para sua surpresa, porém, Armand havia-se interposto e, pela primeira vez após a morte de Suzanne, vislumbrara um brilho diferente no olhar do homem que amava!

A lembrança trouxe lágrimas sentidas aos olhos de Isabelle; como um torvelinho, elas prosseguiam céleres, como se não pudessem mais ser sopitadas.

A presença daquela chama inconfundível no olhar, nos gestos de Armand, nas vezes em que o surpreendera espreitando por detrás das cortinas de seu gabinete, os passeios de Laurent e de Louise, a haviam feito compreender o perigo que corria. Por isso pedira a intercessão da condessa, para que sua situação — deveras delicada, visto que vivia há quase dez anos ao lado de um homem como Armand — fosse resolvida e Louise, afastada do castelo.

A demora na partida de Louise a havia deixado desconfiada, fazendo-a enlouquecer de ciúmes, principalmente porque se ausentara para os preparativos do casamento.

Armand não lhe prometera nada; pelo contrário, havia deixado claras as condições em que o casamento se realizaria. Acreditava que, com o tempo, poderia fazer com que a amasse, que voltasse a se interessar por ela...

Reconhecia agora que, se não fizesse alguma coisa, logo Armand encontraria uma forma de mandá-la embora ou então a faria enlouquecer de desespero, tal como Suzanne...

Neste momento, uma ideia terrível passou por sua cabeça: e se Armand tivesse reencontrado Louise? Com o coração disparado, as faces afogueadas pelo ódio, Isabelle começou

219

a imaginar o motivo da demora de Armand na Itália, as suas saídas inoportunas, as visitas de Roger, a distração de Armand e, principalmente, sua irritação com ela, Isabelle.

Ouviu um som proveniente dos portões e, caminhando até a janela, percebeu que alguém se afastava do castelo. Sem pestanejar, vestiu a capa e, descendo as escadarias, mandou que selassem um cavalo para seguir Armand.

25 - Desconfianças de Isabelle

Seguindo Armand à distância, verificou que o local para onde ele se dirigia não poderia ser menos recomendado.

Afastada alguns metros, próximo a uma construção em pedra, pôde ver a luz mortiça de alguns castiçais que iluminavam parcamente a taberna onde os homens da aldeia buscavam na bebida e nos braços de infelizes meretrizes a satisfação das sensações inferiores de que se faziam escravos.

Aproximando-se, ouviu quando a voz grave de Armand saudou alguém que não conhecia; ambos se concentraram em discreta conversa que não pôde detectar.

Olhou ao redor e percebeu que escurecia e que deveria retornar imediatamente ao castelo. Voltou-se mais uma vez e fixou o semblante do desconhecido com quem Armand falava.

Resolveu aguardar o dia seguinte; algo estava acontecendo e precisava descobrir o que era!

Quando chegou ao castelo, a noite havia caído sobre a região.

— Senhora — disse-lhe um homem ainda jovem —, arrisca-se andando pelo vale a estas horas. Se precisar, posso acompanhá-la, pois conheço muito bem esses caminhos e os perigos que os rondam...

Incomodada, Isabelle ia responder asperamente, fazendo-o colocar-se em seu devido lugar, mas de repente se deu conta de que ele poderia lhe ser útil.

Aproximou-se e perguntou:

— És novo aqui? Qual é o teu nome?

Um misto de orgulho e despeito se estampou no olhar do rapaz. A seguir, tornou:

— Trabalho no castelo há muitos anos, senhora. Chamo-me Gérard.

Isabelle fingiu não ouvir a primeira frase e disse, enquanto se afastava:

— Desejo falar-te amanhã pela manhã. Aguarda que mandarei te chamar...

Gérard fez um sinal positivo com a cabeça e se afastou, levando o cavalo para a estrebaria. Perspicaz, já havia percebido o estranho casamento de Isabelle e Armand.

Certamente, a nobreza seguia as rígidas regras de conduta, dando pouca vazão aos sentimentos, mas, naquele caso, era evidente a infelicidade de Isabelle diante da indiferença de Armand.

Apaixonado, Gérard pressentiu que poderia surgir uma esperança em sua vida, pois relacionamentos deste tipo eram comuns naquela época. Há algum tempo observava a jovem senhora do castelo em seus passeios solitários e tristes.

Admirava-se de uma mulher jovem e bela como Isabelle haver se casado com um homem reconhecidamente avesso ao contato social e mergulhado nas lembranças de uma morta.

Ao pensar em Suzanne, Gérard sentiu um calafrio e fez rapidamente o sinal da cruz. Entrou em seus humildes aposentos e deitou-se na cama tosca; esticou os músculos e começou a imaginar o que a senhora poderia desejar lhe falar no dia seguinte...

Isabelle havia acordado e seguido a sua rotina habitual; após vestir-se e pentear-se, com a ajuda de uma serviçal, fez uma rápida refeição e procurou o marido no quarto do segundo andar, onde normalmente ele passava as manhãs.

Ao chegar, bateu na porta e aguardou que o marido a atendesse, mas, para sua surpresa, quem surgiu a sua frente foi Vincent.

— O que fazes aqui? — perguntou asperamente.

Vincent respondeu com polidez:

— Senhora, vim abrir o aposento para a necessária ventilação...

Irritada, Isabelle o admoestou:

— Não é do teu conhecimento que meu marido não permite que ninguém entre neste quarto?

— Sim, senhora condessa, estou ciente dos cuidados do senhor Armand com os aposentos de sua falecida esposa, mas ocorre que vim a pedido do próprio conde, a fim de manter o quarto em condições, a senhora sabe... Faz algum tempo que ele não vem aqui, mas procuro cuidar trazendo as flores que o próprio conde colhe pela manhã... — disse Vincent, não sem uma pequena dose de maldade.

Mordendo o lábio, Isabelle retrucou:

— Há quanto tempo Armand deixou de vir aqui?

— Desde que retornou da Itália, senhora.

Isabelle sentiu que uma onda de raiva e ódio a invadia e, voltando-se, se retirou para uma pequena sala contígua aos seus aposentos. Ao chegar lá, mandou uma serviçal chamar Gérard a sua presença.

Não demorou muito e o jovem, que deveria ter, talvez, uns vinte e oito anos, apresentou-se curvando-se a sua frente.

Isabelle o analisou rapidamente e surpreendeu-se com os traços de Gérard. Inegavelmente, apresentavam certa regularidade, e o olhar ousado dava-lhe um aspecto sonhador, aventureiro. A seguir, fez algumas perguntas e, por fim, declarou:

— Gérard, gostaria de prestar-me alguns serviços, que saberei recompensar com a devida gratidão, e mantê-los em segredo absoluto?

O olhar de Gérard iluminou-se e ele respondeu:

— Senhora, farei qualquer coisa que me pedir! Não será necessário pagamento nenhum, pois a sua satisfação é o melhor pagamento...

Isabelle surpreendeu-se com a eloquência do rapaz e perguntou admirada:

— Aprecias tanto a tua senhora?

Sentindo-se encorajado, Gérard respondeu:

— Reafirmo que faria qualquer coisa para vê-la feliz.

O tom do rapaz fez Isabelle enrubescer, e resolveu colocá-lo em seu lugar:

— Corres grande perigo ao dizer-me estas palavras... Nunca esqueças que sou a senhora deste castelo e meu marido é um homem cuja reputação é de ser vingativo...

Percebendo que se excedera, Gérard desculpou-se:

— Perdoe-me, senhora. Não quis ofendê-la nem afrontar seu marido. Queria apenas que soubesse que estou disposto a ajudá-la no que for preciso...

— Pois bem, vamos ao motivo desta conversa. Quero que descubras o que o meu marido tem tratado na aldeia com um homem cujo nome desconheço. Sei que se encontram na taberna da aldeia.

— Fique tranquila, pois logo descobrirei do que tratavam, senhora.

Com um gesto, Isabelle deu a entender que Gérard estava dispensado.

A seguir, uma sensação de desânimo e impotência tomou conta de sua alma, pois não havia a menor dúvida de que Armand tinha conhecido alguém durante a sua estada na Itália.

Descobriria de quem se tratava e, quando isso acontecesse, acabaria com a vida da infeliz que havia se interposto entre ela e Armand!

Incentivado pelo amor que sentia por Isabelle, Gérard, jovem inteligente e ambicioso, não demorou muito para entrar em contato com antigas amizades que residiam na aldeia.

O próprio dono da taberna, amigo de juventude de seu pai, não se fez de rogado ao lhe informar:

— Sim, o conde veio algumas vezes e me pareceu muito interessado no que o parisiense veio lhe contar...

— Como sabes que era um parisiense? — perguntou Gérard, desconfiado.

François deu uma risada e tornou:

— E como não saber, se usava um traje com o corte típico dos parisienses? Além disso, o cabelo e os modos denunciaram a procedência do gentil senhor...

Gérard fez um gesto no qual dissimulava o interesse e comentou:

— Deviam tratar de negócios, sem dúvida. Esses cavalheiros só sabem falar das suas vantagens e lucros!

Sorrindo, François demonstrava orgulho por se considerar astuto:

— Ora, meu bom rapaz! Desconheces o teu velho amigo? Certamente, ao servir a bebida, pude ouvir que falavam de alguém...

O olhar de Gérard brilhou e, sem mais disfarces, perguntou:

— Alguém? Certamente deveria se tratar de uma *belle femme*...

— Não, estás enganado. Ouvi perfeitamente quando pronunciaram o nome Etiénne Dauphin! Quando voltei, mais tarde, ouvi novamente esse nome e algo acerca de um jantar.

— O que isso pode ter a ver com o conde? — perguntou Gérard, intrigado.

François passou a mão sobre a testa já com impaciência e disse:

— Isso eu não sei. Por que tanto interesse sobre as conversas do conde, meu rapaz? Veja lá o que estás aprontando!

Gérard sorriu e disse distraidamente:

— Não te preocupes, François. Não estou fazendo nada errado, apenas fiquei curioso com esta história. Até mais!

Após se despedir de François, o serviçal retornou ao castelo e retomou suas atividades nas cavalariças.

Como não podia entrar no castelo sem despertar suspeitas, aguardou até o final da tarde e, quando Isabelle foi fazer suas orações na pequena capela do castelo, fez um sinal, que ela de pronto compreendeu. Antes de retornar para o interior, Isabelle foi até as cavalariças ter com Gérard.

Nervosa, com uma sensação incômoda no estômago e torcendo o pequeno lenço rendado nas mãos, perguntou:

— Dize-me o que descobriste!

Mudando de atitude, Gérard sorriu e tornou:

— Fui até a taberna e descobri que o assunto de que trataram foi sobre um homem...

Surpresa, Isabelle não continha a curiosidade:

— Um homem? Quem?

— Um tal de Etiénne Dauphin...

Isabelle repetiu o nome, tentando se lembrar de alguém que porventura houvesse conhecido. A seguir, perguntou:

— Não descobriste mais nada?

— Parece que falaram sobre um jantar...

Os olhos de Isabelle revelaram o interesse que a informação lhe causara. Procurando concatenar as ideias, comentou:

— Fizeste um bom trabalho, Gérard. Vá até meu gabinete amanhã e lhe recompensarei...

Neste momento, uma voz grave, soturna se ergueu no ambiente e ambos estremeceram:

— Recompensará pelo que, Isabelle? E o que estás fazendo nas cavalariças a estas horas?

Pálida, Isabelle se voltou e seus olhos cruzaram com os de Armand, frios e impassíveis; Gérard se curvara diante da presença do conde, não apenas por respeito, mas para evitar aquele olhar.

Num átimo, Isabelle conseguiu responder:

— Armand, querido, vim até aqui porque o meu cavalo predileto está adoentado e Gérard o está tratando. Pelo que pude ver, a dedicação deste rapaz fez com que o meu pobre animal se recuperasse!

Armand olhou rapidamente para um dos animais que se encontrava na cocheira. A seguir, fitou Gérard e perguntou:

— Como o tens tratado?

Prontamente, Gérard respondeu sem erguer o olhar:

— Com o melhor feno da região e com as pomadas que o meu pai me ensinou, senhor. Com a graça de Deus, logo o cavalo da senhora condessa estará em condições...

Armand olhou para os dois e saiu; como Isabelle permanecesse, voltou-se e perguntou:

— Não me acompanhas?

Imediatamente, Isabelle apressou o passo e parou a seu lado. Com um olhar significativo para Gérard, acompanhou Armand até o castelo.

Ambos não viram o olhar de despeito e ciúme de Gérard, que os seguiu até a entrada da fortaleza.

Em ali chegando, Armand foi para os seus aposentos e Isabelle, com o coração confrangido, também se recolheu.

Aquela rotina que vinha se repetindo havia quase um ano a torturava sobremaneira, o que fez com que ela resolvesse tomar uma atitude. "O que Armand estará tramando? Quem será Etiénne Dauphin?", perguntava-se. Precisava ainda descobrir de que jantar Armand estava falando com aquele desconhecido. Ele detestava festas e qualquer tipo de divertimento, e esse repentino interesse demonstrava que algo havia despertado a atenção de seu marido.

Mas o que seria? Haveria realmente uma mulher entre eles? Quem seria Etiénne Dauphin?

Em Paris, a vida seguia o seu curso para Etiénne e Louise, com as amenidades de uma lua de mel.

O amor em que o casal se inebriava contagiava Constance e Céline, que, emocionadas, agradeciam aos céus pelo desfecho da viagem realizada.

Marion, por sua vez, procurava meios de superar a fatalidade de sua chegada à mansão, o que não foi difícil, pois, alguns meses após o retorno da lua de mel, Louise começou a revelar os inconfundíveis sinais de uma gravidez.

A felicidade do casal chegara ao auge e Etiénne exagerava nos mimos com a esposa. Diante de tantas demonstrações de carinho por todos, Louise acabou esquecendo por completo tudo o que havia passado desde a sua ida para o castelo. Sua única preocupação eram as frequentes ausências de Etiénne. Apesar de rogar-lhe explicações sobre o assunto, ele procurava acalmá-la, mas sem entrar em detalhes a respeito da questão:

— Minha querida, não há motivos para preocupações. São alguns assuntos de negócios que preciso tratar...

Preocupada, Louise rogava-lhe:

— Existe algo que não me falas, Etiénne! Sei que não são apenas negócios que o afastam de nossa casa! Desejo que fiques ao meu lado; temo por algo que não consigo definir. Detesto quando te afastas!

Sorrindo, ele contestava, abraçando Louise:

— Não te preocupes, minha amada! Não existe perigo algum nas minhas reuniões com meus compatriotas; apenas discutimos negócios de interesse geral.

— Leva-me contigo, então. Se não há nenhum perigo, poderia ao menos permanecer perto de ti!

Etiénne objetou prontamente:

— Isso é impossível no estado em que te encontras! Precisas de repouso e tranquilidade, e prefiro que fiques junto a minha tia e Céline.

Aflita, Louise tornou:

— Etiénne! De que adianta eu ficar à tua espera com o coração angustiado?

Após abraçá-la com infinito carinho, Etiénne a fitou e, segurando o rosto delicado de Louise, declarou com firmeza, como se falasse a uma criança:

— Escuta-me... Não estou fazendo nada de que minha consciência me acuse e, portanto, nada temo. Promete-me que irás tirar esses pensamentos de tua cabecinha? Confia em mim; tudo está sob controle e logo estarei de volta para os teus braços, meu amor.

Diante da expressão de confiança do marido, Louise, sem argumentos além de sua intuição, se deu por vencida.

No dia seguinte, ele a levou para um passeio pelo Sena, para que ela esquecesse suas apreensões. A princípio preocupada, à medida que a embarcação passava pelos locais que tão bem conhecia, Louise foi se descontraindo.

Em dado momento, passaram sob a ponte da qual quase dois anos antes ela havia tentado o suicídio, sendo impedida por Etiénne.

Louise fitou o rapaz e perguntou:

— Acreditas que nossos destinos estavam traçados e que não foi o acaso que o fez me impedir de... — Louise calou-se, envergonhada. Sentia vergonha da sua falta de fé e confiança na Providência Divina.

Etiénne, compreendendo o que lhe ia na alma, tornou:

— Sim, acredito que não houve acaso naquele episódio. Senti que devia seguir-te, algo me impulsionou para ir ao teu encalço... — e, sorrindo, completou: — Certamente um anjo deve ter guiado os meus passos, pois deveria me aproximar de ti!

Uma nuvem sombreou o olhar de Louise, quando declarou:

— Amo-te tanto, Etiénne, que o medo de te perder me torna infeliz. Não poderia viver sem ti, meu querido!

Etiénne a beijou e falou com carinho:

— As almas que se amam verdadeiramente nunca se afastam, pois o elo que as une é tão forte que supera a própria morte.

— Por que dizes isso? Nunca me falaste essas coisas!
— Não sei, a ideia me veio à mente. Sei que estás preocupada e isso se deve ao teu estado; assim, adiei minha viagem para a próxima semana. Deverei me ausentar por algumas horas esta noite apenas.

Uma sensação de alívio envolveu Louise. Assim, o resto do passeio transcorreu em um clima de felicidade, que, para aquele casal, parecia ser absoluta.

26 - No encalço de Etiénne

No final da tarde, Etiénne se preparava para sair quando um jovem veio lhe trazer uma correspondência. Após ler a missiva, uma ruga se formou na testa do rapaz. Ao perceber, Louise quis saber do que se tratava. Etiénne apenas lhe disse:
— Houve uma mudança nos planos, mas mesmo assim irei ter com alguns camaradas para esclarecer algumas coisas.
— Tem cuidado, Etiénne, e não demora!
Ele sorriu e replicou:
— Fica tranquila e cuida de nosso filho, Louise.
Louise sorriu e ele prosseguiu:
— Minha vida não tem mais sentido sem ti e esse menino que vai nascer!
— Como sabes que é um menino? — questionou a moça.
— Sei disso e já tenho um nome escolhido... Claro, se concordares.
Curiosa, Louise quis saber; ele respondeu:

— O que pensas de André? André Dauphin?

Louise ficou pensativa e tornou:

— André Dauphin! Sim, concordo, nosso filho vai se chamar André Dauphin! Mas e se te enganares e for uma menina?

— Sei que nascerá um menino, que deverá ser parecido com a mãe... uma das mais belas damas da França!

Louise riu muito e retrucou:

— Como exageras, Etiénne! Isso não é verdade; apenas sei que o pai de meu filho é um dos mais honrados cavalheiros da França!

Naquele momento, consciente do papel que representava no movimento que estava prestes a ser deflagrado, Etiénne se emocionou. Com os olhos marejados, abraçou Louise e a beijou apaixonadamente.

Sentia-se o homem mais feliz da face da Terra e, se tudo acontecesse como previa naquela noite, seu filho viveria em uma sociedade mais justa, e a França seria um lugar onde todos teriam as mesmas oportunidades.

Após permanecerem por algum tempo naquele suave idílio amoroso, Etiénne despediu-se e saiu. Antes de entrar na carruagem, colheu uma rosa de um roseiral próximo, beijou-a e a colocou nas mãos de Louise.

A moça, por sua vez, a beijou e viu o veículo se afastar, ladeando o jardim e atravessando o grande portão.

Inconscientemente, ela registrava que havia soado o sinal de um momento doloroso em sua existência, pois seria a última vez que veria Etiénne em vida.

À medida que se aproximava o dia da partida de Armand para Paris, Isabelle se tornava mais nervosa e irritadiça.

Como último recurso, ela pediu, em nome da memória de Geneviéve, cuja morte recente ainda repercutia em Armand, para acompanhá-lo. Diante das circunstâncias, ele acabou cedendo.

Tanya Oliveira ditado por Eugene

Localizaram-se então em uma propriedade de Geneviéve, nas cercanias de Paris; um tanto abandonada, mas com razoável conforto.

Gérard os acompanhara, bem como a serviçal próxima a Isabelle, pois havia poucos criados na propriedade para atendê-los.

Naquele mesmo dia, Armand caminhava de um lado a outro em seu gabinete. Tomado de uma fúria incontrolável, praguejava e blasfemava, dirigindo impropérios contra tudo e a todos.

Roger a tudo assistia, aturdido. Nunca poderia imaginar que a notícia que havia trazido poderia exaltar o conde daquela maneira. O fato de ter sido cancelado o jantar daquela noite, como uma represália do rei, lhe pareceu um acontecimento corriqueiro e justificado; Armand, porém, ao receber a notícia, parecia haver perdido o juízo.

— Covardes! Bastardos! — vociferava. — São um bando de medrosos, gaiatos brincando de revolução!

Roger, com o cuidado que a situação exigia, atreveu-se:

— Com o devido respeito, senhor conde, não faltarão oportunidades em que poderá encontrar o tal Etiénne Dauphin...

Sem que eles percebessem, alguém se aproximou da porta, que se encontrava entreaberta. Era Isabelle, que, atraída pelos gritos de Armand, viera tomar conhecimento do que estava ocorrendo. Ao ouvir a voz de Roger recuou, mas ainda pôde ouvir a última frase de Armand, que, sem suspeitar da sua presença, desabafou:

— Tu não entendes, velho! Enquanto Etiénne Dauphin viver, saberei que é amado pela mulher que deveria me pertencer; que ele a tem em seus braços quando bem lhe apraz... Eu o odeio com todas as minhas forças!

O olhar atônito de Roger revelou sua surpresa. Demonstrando haver compreendido o que ocorria, arguiu:

— Os seus sentimentos são justos, senhor! Mas, uma vez que extermine seu inimigo, ainda restará sua esposa como empecilho...

LAÇOS DA VIDA

Armand o fitou significativamente e acrescentou:

— Tomarei providências quanto à condessa. O que não permitirei é que alguém se coloque no caminho entre mim e Louise!

Ao ouvir o nome da antiga preceptora de Laurent, Isabelle sentiu as pernas fraquejarem.

— Louise! — repetiu entre lágrimas. Então era ela a mulher que lhe havia roubado Armand!

Cambaleando, afastou-se em direção a seu quarto, procurando concatenar as ideias. Subia as escadarias, quando viu Armand sair às pressas, seguido por Roger.

Isabelle mudou de ideia e foi para fora, pois precisava respirar. Gérard escovava o pelo dos cavalos que, cansados, se refaziam da longa viagem realizada.

A moça desfalecia, quando Gérard, vendo-a naquele estado, após acomodá-la, correu para o interior do castelo e trouxe-lhe algo para beber.

Recobrando os sentidos, a jovem senhora disse:

— Precisas me ajudar, Gérard. Eu e Etiénne Dauphin corremos risco de morte... Armand pretende nos matar para se casar com Louise! Precisamos ir a Paris, para evitar que o pior aconteça!

Perplexo, Gérard concordou:

— Sim, senhora, vou preparar a carruagem!

Assim, com Gérard fazendo a tarefa de cocheiro, Isabelle entrou na carruagem.

No caminho, deduziu o que estava acontecendo: "Armand deve tê-la encontrado, talvez na Itália. Ela se casou com o tal Etiénne e Armand deseja eliminá-lo!" Uma dor profunda pareceu golpear-lhe o peito, quando concluiu: "Depois, acabará por se livrar de mim, matando-me!" A seguir, tomou uma decisão que mudaria o curso de sua vida:

— Odeio Louise com todas as minhas forças! Apenas quero atrapalhar os planos de Armand. Se puder avisar o tal Etiénne, o farei, mas para vingar-me de Armand!

Isabelle chorou longamente durante o trajeto para Paris.

Tanya Oliveira ditado por Eugene

Sempre havia detestado Louise, mas não havia nada que comprovasse o envolvimento de Armand com a moça. Geneviéve a avisara algumas vezes, insinuando que com Louise poderia ser diferente, que Armand revelava um interesse incomum por ela.

Como, porém, afrontar Armand? Para que ele lhe dissesse que havia casado com ela por obrigação? "Minha vida não tem sentido! Meus sonhos se transformaram em cinzas, nada mais me resta!", lamentava-se.

As horas iam passando e Isabelle refletia sobre uma série de fatos que haviam acontecido desde a sua chegada ao castelo, entre eles, a situação de Suzanne... Como ela deveria ter sofrido!

O afastamento de Armand era compreensível com a gravidez de Suzanne, porém, a sua presença havia feito as coisas se precipitarem e, com a ajuda da madrinha, Geneviéve, tinham criado um verdadeiro inferno para ela.

O isolamento, a desconfiança, a insegurança diante do nascimento de uma criança, aliados à indiferença de Armand, por certo haviam influenciado negativamente a saúde de Suzanne e precipitado sua morte.

Lágrimas cristalinas lhe rolavam pelos olhos. Em determinado momento, balbuciou uma rogativa:

— Oh, Suzanne, perdoa-me, onde quer que estejas! Só agora reconheço o que fiz e lamento infinitamente!

Atraída pelo pensamento, Suzanne se aproximou e, tocando com delicadeza a testa de Isabelle, sussurrou:

— *Eu te perdoei há muito tempo! Também foste vítima de Armand e eu não poderia guardar nenhum sentimento contra ti; peço-te que também perdoes, para que possas encontrar a felicidade.*

Assim, sem que pudesse suspeitar, Isabelle terminou a viagem ao lado de Suzanne. Uma sensação de alívio a havia envolvido, e ela acabou adormecendo tranquilamente.

LAÇOS DA VIDA

Em Paris, apesar de ter sido adiado o grande jantar, o clima de insatisfação fez com que um encontro sem maiores consequências se transformasse em uma tragédia.

Com o cancelamento arbitrário do banquete de fevereiro, a insatisfação foi geral e um confronto foi inevitável.

Apesar de a burguesia moderada haver recuado, as classes operárias — sempre oprimidas —, insufladas pela Revolução do Proletariado, encontraram uma fonte doutrinária de onde recolhiam subsídios para suas ações.

Quando Isabelle chegou a Paris, o quadro que se desenrolou à sua frente foi aterrador.

Os ânimos alterados de grupos inconformados com o recuo diante das ameaças do rei levaram à decisão de se fazer justiça com as próprias mãos e montar trincheiras; prontos a atacar seus supostos inimigos, avançaram não apenas contra membros partidários de Luís Filipe, mas contra todos os que consideravam traidores a sua causa.

Assustada, Isabelle resolveu voltar, mas era tarde; a cidade havia virado um caos e só lhe restava seguir em frente. Lembrou-se do endereço de Etiénne Dauphin, que Roger havia falado para Armand. "Jamais me esquecerei deste endereço!", pensara.

Alguns minutos mais tarde, à distância regular da residência, ouviu vozes alteradas que gritavam palavras de ordem:

— Morte ao traidor! Ele nos deixou e vai se mancomunar com o rei! Nunca soube o que é miséria!

Isabelle levantou as cortinas e viu algo estarrecedor: um homem concitava a turba a atacar alguém que se aproximava com evidentes intuitos de apaziguar os ânimos. De repente, lembrou-se de já ter visto aquele homem que insuflava a turba... Armand havia se encontrado com ele na taberna!

Em um átimo, percebeu que ele deveria estar sendo pago por Armand para exterminar o outro, que deveria se tratar de Etiénne Dauphin!

Sem pestanejar, desceu da carruagem sob o olhar desesperado de Gérard e gritou:

Tanya Oliveira ditado por Eugene

— Senhor, saia daqui! Isto é uma cilada!

Etiénne se voltou e ainda pôde ver o olhar desesperado de Isabelle; a seguir, o estampido do disparo despertou sua atenção e viu quando algo lhe atingiu o peito.

Isabelle soltou um grito e olhou na direção oposta, podendo ver o assassino correr em direção a Armand, que a tudo assistia.

— Assassinos! — gritou Isabelle... e perdeu os sentidos.

Armand se aproximou e, tomado de cólera, segurou Gérard pela gola da camisa tosca, perguntando:

— Vais me dizer o que estavam fazendo aqui ou terás o mesmo destino do outro!

Gérard olhou para Isabelle, ainda caída no chão, e respondeu prontamente:

— A senhora ficou preocupada com sua saída e queria encontrá-lo...

Armand levantou Isabelle e a acomodou na carruagem; a seguir, se voltou, ordenando:

— Retorna para o castelo. Tua senhora está imaginando coisas e vai precisar de um longo repouso.

Desconhecendo que Gérard e Isabelle tinham conhecimento de seu plano sórdido, Armand sentia-se tranquilo e julgava ter o controle da situação.

A carruagem se afastou, enquanto o corpo de Etiénne era recolhido para ser levado à sua residência.

A aflição de Louise havia dado lugar a uma tranquilidade aparente, pois em seu íntimo temia que algo de trágico viesse a acontecer.

Quando retornamos à arena terrestre por meio da reencarnação, nossos mentores e amigos espirituais nos auxiliam a traçar as linhas gerais de nossa nova existência, cujos principais acontecimentos são previamente estabelecidos. Dessa forma, é fato natural que, quando se aproxima a hora das grandes transformações que nos cabem, sempre em concordância com as Leis Divinas, forças do inconsciente do espírito sejam acionadas e recordemos, parcial ou totalmente, sobretudo por pressentimentos, aquilo que está por ocorrer.

No caso de Louise, à medida que o tempo de sua provação se aproximava, por ter conhecimento da gravidade dos acontecimentos que deveria viver, intuições a princípio imperceptíveis foram se tornando cada vez mais concretas e passaram a dominar seu pensamento.

Por certo, nem todos os nossos pressentimentos são fatos que se realizam, e só a fé e a sintonia com os planos superiores, através da oração, podem nos auxiliar a discernir um eventual aviso da espiritualidade. Em caso de má sintonia, seguidamente somos ludibriados por espíritos que nos querem ver sofrer, dando-nos falsas impressões e pressentimentos.

Cientes do grande compromisso da jovem, Suzanne, Sophie e Aurelius haviam se dirigido para a mansão de Etiénne, pois a situação exigiria maiores cuidados.

A gravidez de Louise corria perigo e era necessário todo o auxílio possível para a desventurada esposa de Etiénne. Percebendo sua aflição, foram-lhe transmitidos passes magnéticos, visando a controlar o efeito de suas emoções. À criança que estava em formação, foram dedicados minutos valiosos, durante os quais a estrutura física reencarnante recebeu fluidos especiais, especialmente ao longo do cordão umbilical e coração.

Como era previsto, a área emocional de Louise sofreria sério abalo, e a criança receberia os choques vibratórios oriundos da própria mãe.

Quando ouviu a forte batida na porta, Louise estremeceu.

Os criados correram para atender e pôde-se ouvir o grito de Constance, seguido dos lamentos de Marion e Céline. Preocupadas, quiseram impedir a passagem de Louise, mas esta as afastou e precipitou-se em direção ao *hall* de entrada da mansão.

Tanya Oliveira ditado por Eugene

A cena que se desdobrou ficaria gravada no psiquismo de Louise por várias encarnações. A palidez marmórea de Etiénne revelava que a vida, havia algum tempo, deixara aquele corpo; o sangue que lhe tingia a camisa estancara, coagulado.

Louise fitou o corpo do homem que amava e se ajoelhou, abraçando-o; choro convulsivo a dominou e, com desespero, gritou:

— Etiénne! Meu amado! Meu Deus, onde estás que permitiu esta tragédia? Apenas vislumbrei a felicidade nesta vida e meu único alento me foi tirado! — Louise permaneceu junto ao corpo por um longo tempo. A seguir, ordenou: — Levem-no para os meus aposentos!

Céline e Constance tentaram impedi-la, mas Louise foi taxativa, dizendo:

— É um direito que me cabe despedir-me a sós de meu marido!

Céline ponderou:

— Minha filha, não estás em condições! Precisarás de auxílio...

— Quando for necessário as chamarei. Por agora, preciso ficar mais um pouco ao lado de Etiénne!

As duas se calaram, e aquele lar, que havia algumas horas resplandecia de felicidade, transformava-se em um ambiente de tristeza e desolação.

No outro lado da vida, cenas não menos comovedoras se desenvolviam diante dos acontecimentos.

Logo que seu corpo caiu pesadamente no chão, Etiénne entrou em um sono letárgico, só vindo a acordar com o grito de Louise.

O impacto da voz transtornada da moça, aliado à carga vibratória oriunda do desespero, fez com que ele despertasse bruscamente.

Frente à cena que se desdobrava aos seus olhos, não conseguia concatenar as ideias. Identificava um homem estirado no *hall* de sua residência e o pranto desesperado de Louise.

Intrigado, aproximou-se e então pôde ver, atônito, que se tratava dele mesmo!

— Como isso pode estar acontecendo? Vejo-me estirado ao chão, morto! Estou, porém, aqui, respirando, sangrando!

Viu quando Louise mandou levá-lo para o quarto que lhes pertencia, pedindo para ficar a sós.

Tão logo a porta se fechou, observou quando ela se aproximou do corpo inerte que jazia sobre o leito e o abraçou, beijando-o com desespero.

Angustiado, sentindo que enlouquecia, Etiénne gritava ao seu lado, afirmando-lhe que vivia, que aquilo era um engano; estava vivo!

Louise não lhe registrava as palavras, mas de alguma forma sabia que Etiénne estava ali ao seu lado. Percebendo que ela lhe identificara a presença, ele declarou, colocando todo o amor que vibrava em seu coração nas palavras:

— Amo-te, Louise, e estou vivo! Jamais te abandonarei, minha querida!

A forte vibração atingiu em cheio o psiquismo de Louise, e ela registrou algo, como se tivesse ouvido a voz de Etiénne a declarar-lhe ainda uma vez: eu te amo!

Convicta da presença do rapaz, sentiu uma tranquilidade inaudita, quando afirmou sobre seu corpo inerte:

— Juro-te, amado de minh'alma, que te amarei pela eternidade! Nada poderá diminuir o nosso amor e, se existe alguma forma de te encontrar, seguirei os teus passos. Viverei doravante para criar nosso filho, e este será o único móvel de minha vida. Fomos vítimas de uma fatalidade; nada posso fazer a não ser carregar o fardo dessa vida que me é odiosa, mas é preciso seguir adiante por este que é o fruto de nosso amor!

As palavras de Louise caíam como um bálsamo no coração torturado de Etiénne. A aparente calma e a certeza de que a moça procuraria viver pelo filho trouxeram-lhe uma sensação de paz nunca antes experimentada.

Naquele momento, Suzanne e Sophie oravam ao lado de ambos, auxiliando o estabelecimento da serenidade que envolvia aquelas almas em plena provação.

Aos poucos, Etiénne foi sentindo um grande cansaço, parecendo-lhe que todas as suas forças se haviam esvaído; invencível sono o envolveu e, imediatamente, foi recolhido com carinho por mãos caridosas e abençoadas, sendo preparado para ser transferido a local de repouso pelos espíritos benfeitores ali presentes.

Na mansão, a preocupação com o estado mental de Louise, que permanecia trancada em seu quarto com o corpo de Etiénne, fez com que Céline, às pressas, chamasse o padre Gastón.

Assim que soube, o venerando sacerdote se pôs a caminho, chegando meia hora mais tarde. Haviam se passado mais de doze horas quando, sob as instâncias de Gastón, Louise abriu a porta do aposento.

Com vestes negras, o olhar aparentando resignado conformismo, permitiu que o corpo de Etiénne fosse levado para ser sepultado.

Durante as exéquias, respeitando seu estado de espírito, Gastón permaneceu em silêncio. Assim que o corpo baixou à terra, ele se aproximou de Louise.

— Este é o momento decisivo de nossa fé, minha filha! Se não a possuirmos, não suportamos tamanha dor...

Louise o fitou e respondeu:

— Como não enlouquecer, vendo o ser que amamos desaparecer sob um monte de terra? Como manter a fé diante de tal atrocidade?

Gastón suspirou e tornou:

— A morte também trespassa o grande mistério da existência. É preciso que continuemos vendo a vida onde ela não mais existe, mas certos de que Deus tem o poder de mantê-la de uma forma que desconhecemos. A alma prossegue, Louise; guarda essa certeza em teu coração!

Louise o abraçou e as lágrimas correram livremente. O bom sacerdote acariciou os cabelos da moça e afirmou em tom paternal:

— Nunca estarás só, minha filha. Tens amigos dedicados, e é preciso ser forte, para que o filho que estás esperando venha à luz. Ele deverá ser o teu alento, a esperança e a prova de que a vida deve prosseguir!

— Sim, viverei por esta criança.

Preocupado, Gastón a fez prometer:

— Promete-me, diante deste crucifixo, que não voltarás a atentar contra tua própria vida? Lembra... São duas vidas agora!

Louise desviou o olhar e replicou:

— Prometo, padre. Jurei a Etiénne, diante de seu corpo sem vida, que viveria por nosso filho!

Mais tranquilo, o padre se retirou, fazendo uma série de recomendações a Céline.

Retornando à mansão, em vez de procurar repousar, como se fazia necessário diante do grande desgaste emocional pelo qual havia passado, pediu a um dos empregados de Etiénne para lhe falar tão logo fosse possível. Estranhando o pedido, o senhor Joachim se apresentou no dia seguinte no escritório de Etiénne.

Louise foi direto ao assunto:

— Senhor Joachim, antes da leitura do testamento, gostaria que me trouxesse, no máximo em dois dias, um levantamento dos bens de meu marido, seus negócios, o que está pendente, necessitando de solução etc.

Joachim engoliu em seco e respondeu:

— Senhora, os negócios do senhor Etiénne estão todos organizados, pois sou o responsável. A senhora é a única herdeira e poderá dispor dos bens como lhe aprouver.

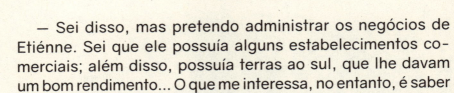
Tanya Oliveira ditado por Eugene

— Sei disso, mas pretendo administrar os negócios de Etiénne. Sei que ele possuía alguns estabelecimentos comerciais; além disso, possuía terras ao sul, que lhe davam um bom rendimento... O que me interessa, no entanto, é saber em que Etiénne estava envolvido e que talvez tenha lhe trazido a morte. O senhor poderia me dizer alguma coisa?

Surpreso, Joachim não pôde esconder o rubor de seu rosto claro. Procurando escolher as palavras, tentou dissuadi-la:

— Senhora Dauphin! Este é um momento doloroso e a senhora deveria estar repousando. Deixe que tratemos desses assuntos, conforme tenho feito há quase vinte anos para o senhor Etiénne! A senhora terá os proventos que lhe garantirão uma vida tranquila e a seu filho. Deixe esses assuntos de lado!

Louise foi categórica quando confirmou a ordem:

— Vejo o senhor daqui a dois dias com as informações que lhe solicitei.

Em seguida, fez um sinal com a mão, indicando que ele podia se retirar. Ao ficar a sós, Louise sentou-se e chorou copiosamente.

27 - Fuga e denúncia

Quando Armand retornou ao castelo, foi à procura de Isabelle, mas não a encontrou; certamente ela seria mais um entrave que ele deveria tirar do seu caminho.

Esta, ao voltar a si do desmaio, se dirigiu para o castelo de seu pai, o duque de V.

Localizado mais ao sul da França, a viagem para o castelo levaria alguns dias. Com a ajuda de Gérard, a moça conseguiu vestes mais simples, de uma mulher do povo, e, procurando viajar à noite, os dois se colocaram a salvo da ira de Armand.

Ao perceber a fuga da mulher, o conde D'Avigny teve um acesso de fúria e rasgou todas as roupas de Isabelle. Havia mandado alguns homens conhecidos pelo mau-caráter ao seu encalço, para fazer com que Isabelle desaparecesse da face da terra. Não suportava a ideia de ser enganado e, apesar de ter sido conveniente sua partida, era evidente que ela sabia

Tanya Oliveira ditado por Eugene

de algo. O que ela estaria fazendo realmente naquele lugar? Por que se havia arriscado em um dia turbulento em Paris, estando na hora e no local do ocorrido?, perguntava-se Armand.

Quando conseguiu concatenar as ideias, convenceu-se de que a fuga de Isabelle, talvez, viesse a calhar. Ela não se atreveria a denunciá-lo, pois ele poderia matá-la, além de prejudicar seu pai duramente. Além disso, ele era portador de um segredo que poderia arrasar com a vida de toda a tradicional família de V. Se por acaso ela não fosse encontrada, o assunto estaria definitivamente encerrado.

Agora, urgia se aproximar de Louise, para prestar-lhe condolências...

Em Rouen, Isabelle chegara como uma mulher do povo, para surpresa de seu pai.

Sem entrar em detalhes, apenas disse que se havia desentendido com Armand e que, temerosa de uma cena do temperamental marido, resolvera fugir.

O duque, desconfiado da história, mas conhecedor do caráter violento de Armand, convenceu-se de que Isabelle corria perigo ao lado do conde e por isso não questionou mais detalhes sobre a situação da filha. Acreditava que logo Armand iria procurá-los e tudo acabaria se resolvendo sem maiores problemas. "Essas querelas entre casais existem desde que o mundo é mundo!", pensou, sorridente. "Aguardemos, pois em breve Armand chegará ao castelo!"

Isabelle esforçou-se por parecer abalada, e não aterrorizada com tudo o que havia presenciado; declarando-se demasiado cansada, pediu licença ao pai para se retirar.

Quando se afastava, o duque perguntou:

— Por que estás usando estas vestes? Qual o motivo desse disfarce?

— Ora, meu pai, a França está em uma nova Revolução! Paris está sitiada; tivemos que atravessar barricadas e trincheiras para chegarmos até aqui. Precisei me passar por esposa de Gérard, como mulher do povo, para que não fosse agredida.

O pai de Isabelle se deu por satisfeito e beijou a testa da moça com carinho. A seguir, disse, falando para Gérard:

— Podes te acomodar no quarto de nosso capataz, que está ausente. Agradeço tua dedicação a minha filha!

Isabelle objetou que Gérard era um serviçal em D'Avigny. Mas o conde de V. deu por fim o assunto dizendo:

— É um dever de honra receber bem o homem que salvou a vida de minha filha.

Isabelle ia retrucar alguma coisa, mas o duque completou:
— Neste castelo, Gérard não será um serviçal!

Exausta, a moça se deu por vencida e se dirigiu aos seus antigos aposentos. Precisava pensar no que faria dali em diante.

Apesar de se encontrar em sua casa, local onde tinha nascido e crescido, havia muito que vivia no castelo D'Avigny. Considerava-o, portanto, o seu lar.

O pensamento de que em breve Louise pudesse se tornar a nova condessa D'Avigny fez com que seu ódio transbordasse do coração, quase perturbando sua saúde física.

Com constantes enxaquecas, quase sem dormir pensando no que fazer, tomou uma resolução. Não permitiria que Armand fosse feliz ao lado daquela a quem sempre havia odiado.

Escreveu uma carta e mandou chamar Gérard. O rapaz prontamente atendeu, feliz por gozar de algumas regalias no castelo.

Isabelle foi direto ao ponto:
— Gérard, devo-te, antes de tudo, a minha gratidão! Preciso, porém, de um pequeno favor teu antes que o deixe partir...

Surpreso, o rapaz perguntou:

— Partir? Por que partiria, senhora, agora que a posso servir com toda a dedicação que merece?

O rosto de Isabelle se ruborizou. Sabia da paixão que havia despertado em Gérard, mas tinha plena consciência de que um romance entre os dois seria impossível.

Procurando disfarçar a perturbação que sentia, tornou em tom firme:

— Sim, reconheço os teus serviços e sou grata por isso. Devo, contudo, liberar-te de qualquer compromisso comigo e meu pai. Logo que me prestares esse último serviço, te deixarei partir...

Atrevido, Gérard se aproximou e tocou-lhe os cabelos. Nunca havia sentido algo tão sedoso, macio; em seguida, roçou a mão calejada no rosto de Isabelle com delicadeza.

A moça tentou se afastar, mas Gérard a envolveu pela cintura e beijou-a. Isabelle tentou reagir, mas acabou por ceder ao atrevimento do rapaz. Armand jamais a havia beijado com tanto desejo e ardor! Era como se pela primeira vez sentisse o toque do amor verdadeiro e apaixonado.

Com esforço, tentou se desvencilhar dos braços de Gérard. O rapaz a prendia com mais força ainda, até que, súplice, Isabelle rogou-lhe que a libertasse. Livre, ela tentou se recompor e exclamou:

— Como te atreves a agir assim dentro de meu castelo? Sabes que meu pai poderia mandar matá-lo! Por que não o fizeste quando estávamos a sós, durante a viagem para cá?

Gérard respondeu sem se perturbar:

— Porque, se o fizesse quando estavas indefesa, seria um covarde e tu me odiarias; agora estás em teus domínios e podes aquilatar o quanto te amo, pois arrisquei a minha vida por ti.

Isabelle fixou o jovem e teve a impressão de que o via pela primeira vez. Estava cansada de amar um homem que jamais a tinha amado e que, sem dúvida, nunca a amaria.

Queria ser cortejada, desejada, amada enfim! Esperara Armand por mais de dez anos, perdera a primeira juventude, sentia que o tempo passava e, agora, mais do que em qualquer outro tempo, as esperanças morriam em seu coração.

Gérard era um homem do povo, simples, sem o refinamento dos homens que conhecia, mas lhe oferecia o que mais havia buscado na vida: amor.

Com o coração ainda descompassado pelo contato com o rapaz, declarou:

— Isso é uma loucura, Gérard, e não deverá se repetir! Quero que leves uma carta a este endereço e depois poderás partir e seguir o teu rumo!

Ele pegou o envelope e leu o endereço; em seguida o guardou no bolso interno do casaco roto e tornou:

— Farei o que me pedes, mas voltarei. Não sei o que irá acontecer, mas não te deixarei, Isabelle.

Em Paris, a vida prosseguia para Louise como um fardo que era preciso carregar.

A gravidez, apesar de tudo, seguia com o auxílio dos benfeitores espirituais.

Procurando tomar contato com os negócios do marido, Louise se envolvia com vários assuntos que lhe ocupavam, e assim o tempo passava, distanciando-a do dia em que a tragédia se abatera sobre sua vida.

Certo dia, estando a despachar no gabinete de Etiénne, percebeu, pelo galope dos cavalos, que alguém havia chegado.

Não demorou muito para Marion entrar, bem pálida, no recinto e lhe anunciar:

— Louise, o conde Armand D'Avigny a aguarda no salão.

Louise empalideceu ao ouvir o nome de Armand. A seguir, recobrando-se, colocou um xale negro sobre os ombros e se dirigiu ao local designado.

O contraste do vestido negro com o tom claro da pele de Louise proporcionava-lhe uma aura de sofrimento que a tornava ainda mais bela.

Tanya Oliveira ditado por Eugene

Armand, ao vê-la, estremeceu. Não imaginava encontrá-la tão resignada e ao mesmo tempo tão atraente.

Louise fez um sinal para que sentasse. Ele, cavalheirescamente, beijou-lhe a mão e a auxiliou para que ela se acomodasse. Louise aguardou que ele tomasse a palavra. Armand pigarreou e discorreu em tom comovedor:

— Minha pobre Louise! Soube há pouco do ocorrido e venho prestar-te minhas condolências sinceras. Não conheci teu marido, mas asseguro-te que lamento esta tragédia...

Louise tornou com frieza:

— Agradeço tuas palavras, conde. Foi, como disseste, uma tragédia, e não há o que fazer.

Inclinando-se em direção à moça, Armand tornou:

— Se precisares de algo, seja o que for, estou à tua disposição. Sei que não é o momento, mas o afeto que sinto por ti não me permite abandonar-te em tais circunstâncias.

Incomodada, Louise se ergueu e, arrumando o xale nas costas, que havia caído, finalizou a conversa:

— Lamento, conde, mas preciso tomar algumas providências com relação aos negócios de Etiénne. Amanhã irei visitar alguns estabelecimentos do qual ele era sócio e preciso me inteirar de alguns fatos...

Surpreso ao ver o ventre dilatado de Louise, Armand pareceu não ter ouvido o que ela lhe dissera.

— Estás esperando um filho? Estás grávida, Louise?

— Como vês, além de viúva, terei que criar esta criança sozinha!

Perturbado, Armand tornou:

— Lamento. Desconhecia esse fato. Peço-te que me considere um amigo, com o qual poderás contar em qualquer momento!

Louise estendeu a mão, que Armand beijou demoradamente, retirando-se. A presença de Armand lhe era penosa e desejaria jamais voltar a vê-lo.

Tomada de uma impressão desagradável, resolveu se recolher e descansar, a fim de afastar os sentimentos negativos que ele lhe havia despertado.

Mais uma vez, a saudade de Etiénne se fez presente, e Louise chorou por longas horas, quando a dor de sua ausência e o amor que por ele sentia se misturavam ao desespero de saber que viveria sem ele até o último dia de sua vida.

Uma semana mais tarde, um novo fato traria mudanças que teriam repercussões seculares em sua trajetória espiritual.

Após retornar da igreja de Saint Maurice, onde havia ido buscar consolo nas palavras do padre Gastón, Céline a esperava com visível preocupação. Logo ao chegar, mostrou-lhe uma carta na qual havia o selo do duque de V., pai de Isabelle.

Após tirar o xale, o chapéu e as luvas, tomou a carta e sentou-se para ler. Antes que começasse, Céline, sob inspiração, a interrompeu, dizendo:

— Querida, achas que deves mesmo ler esta carta? O que pode ser de teu interesse partindo da casa do duque?

Louise, apesar da advertência de Céline, prosseguiu, abrindo a correspondência.

À medida que lia, no entanto, tornava-se mais pálida e, em certo momento, deixou que a missiva caísse de suas mãos. Paralisada, lágrimas vertiam, incontidas, de seus olhos. Sem conseguir dizer qualquer outra coisa, apenas balbuciou:

— Assassino!

Céline acorreu com um copo d'água, trazido às pressas por Marion; Constance se aproximou, segurando as mãos frias de Louise, desesperada:

— O que aconteceu, minha filha? O que está escrito nesta carta que te deixou assim?

Céline, que havia pegado a carta caída no chão, gritou:

— Desgraçado, miserável! E ainda veio prestar-te condolências!

Louise permaneceu inerte, olhar fixo no vácuo, enquanto Céline e Constance entreolharam-se, aflitas, temendo que a moça perdesse o equilíbrio mental.

Tanya Oliveira ditado por Eugene

Após um tempo que pareceu uma eternidade, Louise as fitou e disse com aparente serenidade:

— De hoje em diante, tomarei as medidas que considerar necessárias para vingar a morte de Etiénne. Não posso obrigá-las a partilhar comigo deste propósito, por isso, sintam-se à vontade...

Céline passou a mão sobre os seus cabelos e ponderou:

— Posso avaliar o que estás sentindo, minha querida. Porém, não podemos esquecer que essa carta veio da parte de Isabelle. Essa mulher está ferida com tudo o que aconteceu e por certo desejará transformar a tua vida em um sofrimento infinito, qual no que te vês agora...

Constance, que acabara de ler a malfadada carta, prosseguiu:

— Não podes esquecer que Etiénne não aprovaria uma vingança. Conhecia meu sobrinho e sei que ele evitava guardar mágoa e ressentimento; segundo ele mesmo dizia, isso envenena a alma!

Com um olhar frio e distante, Louise tornou:

— Perdoe-me, tia Constance, mas o seu sobrinho não está mais aqui. Preciso continuar a viver pelo nosso filho... e para fazer com que Armand sinta o mesmo ódio que estou sentindo neste momento!

28 - Reaproximando-se de Armand

O estado mental de Louise havia-se alterado bruscamente. Suzanne e Sophie procuravam de todas as maneiras modificar-lhe a condição vibratória, sugerindo-lhe constantemente que perdoasse e tentasse esquecer o grave crime cometido por Armand.

Entretanto, ela permanecia alheia a qualquer tentativa de mudança de pensamento e ainda imaginava uma maneira de atingir o conde D'Avigny.

Apesar disso, cercada por benfeitores que a amparavam dedicadamente em virtude do mérito já adquirido, a gravidez de Louise chegou a termo. Nasceu um menino, tal como Etiénne havia previsto, que recebeu o nome de André Dauphin. Logo se mostrou uma criança irritadiça, chorando constantemente. Pequeno, descarnado, só após o primeiro ano conseguiu atingir o peso ideal, sob os cuidados de Céline e Constance.

Louise havia se envolvido com os negócios de Etiénne, sempre atenta a uma oportunidade de colocar seu plano em ação. Certo dia, havia tratado de assuntos urgentes com o senhor Joachim, o contador alemão, quando viu que um homem atravessava a rua em sua direção.

Pareceu-lhe que o destino lhe aprovava a decisão, pois, sorrindo, Jean-Piérre vinha ao seu encontro ao lado de belo rapaz.

Louise os fitou e, com uma expressão de admiração, exclamou:

— Laurent! Meu querido Laurent, como cresceste! Pois, então, te tornaste um belo rapaz!

Demonstrando a educação recebida, Laurent se curvou e beijou-lhe a mão, dizendo sorridente:

— Jamais te esqueci, Louise! Estou retornando para casa e ficaria muito feliz se pudéssemos retomar tua amizade.

— Sim, Laurent! Apreciaria voltar à nossa antiga convivência!

Jean-Piérre cerrou o cenho e comentou:

— Soube o que aconteceu com teu marido. Lamento muito, minha Louise. Sei o que isso significa na vida de uma pessoa...

Louise lembrou-se de Suzanne. Sim, Jean-Piérre já tinha sofrido muito a perda da mulher que um dia havia amado!

O olhar vazio e distante voltou ao seu semblante, quando ela arrematou:

— A vida é assim mesmo, nos prega essas peças. Pretendes ficar em Paris por mais alguns dias?

— Sim, mais alguns dias... A seguir, eu, Francesca e as crianças ficaremos por uma temporada no castelo. Preciso ver a questão da herança com Armand. Assim que resolvermos algumas questões, deixo a França definitivamente.

— Gostaria de recebê-los em minha casa! Poderiam almoçar comigo amanhã?

Ambos se entreolharam e concordaram, felizes.

Louise sorriu, despedindo-se. Finalmente havia dado o primeiro passo para se reaproximar de Armand sem levantar suspeitas.

No dia seguinte, na hora marcada, os dois foram recepcionados pelo criado de Louise.

Admirados com a suntuosa mansão, verificaram que o casamento havia modificado sensivelmente a situação da amiga. Evidentemente, Louise agora fazia parte de uma classe social em ascensão e, a bem da verdade, possuía uma segurança que a nobreza não mais possuía.

A industrialização chegava para ficar, enquanto as antigas fortunas da aristocracia se esvaíam por fundamentarem-se em propriedades improdutivas e heranças, que se perdiam nos gastos inconsequentes.

Acostumados a expender os bens de seus antepassados sem a necessidade do labor para a manutenção dos seus privilégios, Jean-Piérre e Laurent faziam parte de um mundo que desmoronava. Atentos, perceberam o requinte e a sofisticação do ambiente, onde a amiga os esperava.

Não demorou muito e foram convidados para a refeição, junto a Céline e Constance. O almoço começava a ser servido quando Louise fitou Laurent e disse:

— Laurent, prove esta *térrine*, por favor. Lembro que apreciavas muito!

Laurent concordou e, cortando um pedaço do pão em seu prato, provou a iguaria. Imediatamente, voltou-se para Louise:

— Tem o mesmo sabor! É igual às de Marion!

Louise sorriu e, tocando uma sineta, apontou para a moça que entrava na sala, dizendo:

— Pedi a ela que fizesse exatamente da mesma forma...

Laurent esqueceu a etiqueta e levantou-se, abraçando Marion, o que agradou a Louise, por ver que ele mantivera a espontaneidade, a despeito de sua origem.

Marion, emocionada, comentou:

— Ah! O meu menino! Como a condessa Suzanne ficaria feliz em vê-lo belo, saudável e se tornando um cavalheiro!

A conversa prosseguiu amena por toda a tarde e, enquanto Laurent distraía o pequeno André junto às senhoras, Jean-Piérre se aproximou de Louise e comentou:

— Soube que estás à frente dos negócios do teu marido, Louise. Pretendes levar isso adiante por muito tempo?

Louise tornou com segurança:

— Sim, preciso cuidar do futuro de meu filho e não tenho ninguém em quem confie. Por que me perguntas isso, Jean-Piérre?

— Porque estou preocupado contigo. Não tens uma estrutura forte o suficiente para enfrentares o desgaste deste trabalho. Temo por tua saúde e, além disso, poderás vir a sofrer algum tipo de perseguição, em função das atividades de Etiénne.

O olhar de espanto de Louise demonstrou que ele havia falado demais. Ele sabia! Jean-Piérre então não teve alternativa a não ser contar-lhe sobre o envolvimento de Etiénne no movimento revolucionário.

Louise procurava concatenar as ideias. Etiénne havia sido assassinado, mas Jean-Piérre não sabia que Armand estava envolvido no crime; seu marido fazia parte de uma conspiração, e comprovava a veracidade dessa revelação, pois Etiénne estava constantemente viajando ou em reuniões, as quais nunca lhe dizia onde eram nem o motivo. O que mais ainda descobriria?

Interessada nos esclarecimentos de Jean-Piérre, perguntou:

— Além de meu marido, milhares de pessoas perderam a vida naquele dia. Achas que corro algum perigo?

Para sua surpresa, Jean-Piérre declarou:

— Etiénne era um homem bom e defendia aquilo em que acreditava. A instalação da República representa uma luta por muitos sonhada, mas os opositores permanecem em ação e não desistirão facilmente. Existem rumores de que ainda teremos tempos difíceis na França, pois os últimos acontecimentos só fizeram recrudescer as divergências sociais. Não desejo te perturbar com estas questões, mas toma cuidado, Louise, por favor...

Prontamente, Louise o incentivou a prosseguir:
— Continua, Jean-Piérre! Desejo conhecer com detalhes a causa pela qual meu marido lutava.

O rapaz pigarreou e prosseguiu:
— Infelizmente, devo dizer-te que a queda do rei não contemplou nossos ideais, que parecem ruir diante do interesse de uma minoria. Todos os avanços que tínhamos conseguido até agora estão sendo perdidos gradativamente e vemos a classe operária se dispersar pela França, ao contrário do que desejávamos. Uma série de injustiças estão sendo cometidas contra os mais humildes e, novamente, o descontentamento se torna perigoso...

— Compartilhas dessas ideias, Jean-Piérre? Qual era o papel de Etiénne nisso tudo?

— O teu marido, Louise, pertencia a um grupo moderado e por várias vezes foi ameaçado por não compartilhar com a tomada do poder pela violência. Eu acredito, no entanto, por ser radical nessas questões, que, sem a derrubada dos poderosos, nada conseguiremos.

Surpresa e desconcertada, Louise indagou:
— Mas essa disputa, assim me parece, pertence aos miseráveis, aos pobres, e não a alguém que pertença à aristocracia, Jean-Piérre! Estarei errada?

Ele sorriu e tornou:
— Nasci na aristocracia, mas minha alma sempre se inclinou a um outro tipo de sociedade. Lembras das minhas divergências com minha mãe e Armand?

— Sim, lembro-me bem. Parecia que não te enquadravas nos preceitos e tradições que ela julgava dignos para um conde! — e, mudando repentinamente de assunto, Louise forçou um sorriso e perguntou: — E o jardim de inverno do castelo, como está? Suponho que esteja em ruínas, como o encontrei há alguns anos.

Jean-Piérre respondeu, satisfeito:
— Não, Louise. Vincent o cuida zelosamente desde a tua partida — e, pronunciando as palavras que Louise esperava,

disse: — Gostarias de ir nos visitar no castelo e rever o jardim? Seria uma alegria imensa para mim, Laurent, Francesca e, certamente, Vincent!

Louise baixou o olhar e comentou, evasiva:

— Não creio que seja um bom alvitre, Jean. O castelo me traz lembranças tristes do passado, quando cometi alguns enganos...

Apesar da negativa, Jean-Piérre se animou e objetou:

— Louise, isso é passado! Venha nos ver, minha amiga! Ficaremos muito felizes, e Armand, depois da partida de Isabelle, está pior do que antes. Passa os dias entrincheirado em seu gabinete, saindo apenas à noite, parecendo-nos seriamente perturbado...

Com a curiosidade aguçada, Louise tornou:

— Talvez esteja sofrendo com essa separação mais do que imaginamos. Os sentimentos de Armand são impenetráveis. Por que não vai em busca de Isabelle?

O rapaz deu alguns passos e comentou, pensativo:

— Sabes, Louise, nunca vou entender o meu irmão! Como bem disseste, seus sentimentos são impenetráveis! Pensei que ele amasse Suzanne mais do que qualquer coisa na vida; depois imaginei que te amasse, pois eu o via totalmente modificado quando de tua presença no castelo. Agora é Isabelle... ou talvez alguma outra coisa o esteja torturando.

Louise sorriu e deu cabo ao assunto:

— Seja o que for, não nos interessa. Voltemos para a sala; vamos ter com Laurent e André.

Assim, conforme o desejo de Louise, ficou combinado que, dali a uma semana, ela seria recebida como convidada no castelo D'Avigny.

29 - Diante do inimigo

Louise tinha contado para Céline que retornaria ao castelo D'Avigny na semana seguinte.

Preocupada, sua madrinha tentou dissuadi-la da ideia, visto que uma reaproximação de Armand poderia ser perigosa.

Louise objetou, aborrecida:

— Pensei que ficarias contente ao saber que poderei vingar a morte de Etiénne. Sabes que este é o meu único desejo na vida.

Aflita, Céline indagou:

— E quanto a André? E o teu filho, Louise? Estás tão obcecada com esta ideia de vingança, que esqueces que ele deve ser o móvel de tua vida?

Louise enrubesceu e tentou se explicar:

— Sim, claro, madrinha. Tens razão. É apenas uma maneira de falar... Mas também estou fazendo isso por meu filho; quero que ele tenha o pai vingado!

Tanya Oliveira ditado por Eugene

— Achas que Etiénne aprovaria o que tens em mente? Acreditas que ele gostaria que retornasses ao castelo?

Louise colocou o pequeno chapéu e se dirigiu para a porta da mansão, dizendo:

— Etiénne era bom demais, madrinha, e veja como acabou... O que faz com que eu encontre forças para viver é a perspectiva de fazer com que Armand sofra tanto quanto eu!

Céline ainda arriscou:

— Mesmo traindo um amigo como Jean-Piérre?

Louise se voltou e respondeu secamente:

— Ele também não ama o irmão. Farei um favor a ele de qualquer forma.

Céline balançou a cabeça desconsolada e convidou Constance para ir até a igreja de Saint Maurice orar. Precisava falar com o padre Gastón.

Enquanto na Terra as amigas de Louise procuravam a intercessão divina para contê-la, na espiritualidade Suzanne e Sophie buscavam, da mesma forma, auxílio para a desditosa moça.

A morte de Etiénne havia sido um choque terrível para Louise. Sensível em demasia, o sofrimento pelo qual havia passado em sua vida deixara marcas em seu psiquismo frágil.

Sem a confiança necessária nos desígnios divinos, sem uma fé robustecida nas experiências da vida, encontrava-se como um náufrago cuja tábua de salvação, em sua forma distorcida de análise, era a vingança. Encontrara no desejo de vingar-se um fortalecimento que a deixava quase imune ao sofrimento de cada dia, quando a ausência de Etiénne se fazia mais presente.

Certamente, essa "força" era oriunda das mentes desencarnadas que passaram a secundá-la em seus objetivos. Armand possuía inúmeros inimigos nos dois planos da vida, e esses pensamentos de ódio e revolta, além de transformarem sua existência em um pesadelo constante, pois vivia cercada de vibrações negativas, materializavam-se na Terra através de mentes dispostas a agir efetivamente.

Louise se colocava em posição delicada, pois, sintonizando-se com essas faixas, ficava à mercê da influência delas, correndo o risco de sofrer um processo obsessivo de difícil reversão.

Reportando-se a essa questão, nosso Mestre Jesus nos exortou ao perdão como forma de nos proteger contra o mal, que podemos atrair se alimentarmos sentimentos inferiores em nosso coração.

Da mesma maneira, o corpo físico se ressente; os pensamentos de mágoa ou ódio se condensam, ficando armazenados, e envolvem órgãos suscetíveis — em função do passado espiritual — e propensos a desenvolver moléstias graves, de complexa erradicação, consumindo muitas vezes existências em sofrimento doloroso, tanto para o espírito em falta quanto para seus familiares.

Conscientes dessa situação, Suzanne e Sophie se dirigiram ao castelo para observar e agir, caso fosse necessário.

Havia muita coisa em jogo, que dependeria das atitudes de Louise. Os laços que infelizmente estavam por se criar a colocariam sob o guante da Lei Maior, que agiria no futuro, cobrando cada um segundo suas obras.

Logo que a carruagem chegou ao castelo, percorrendo com dificuldade o terreno acidentado que levava até a imponente construção, Louise sentiu que o seu coração disparava.

Aquele lugar lhe trouxera tanta felicidade e ao mesmo tempo tanta amargura e decepção com a vida!

No entanto, havia encontrado Etiénne e tudo parecera sorrir novamente em seu caminho. A bondade, o caráter firme e determinado, a honestidade e o carinho do rapaz mudaram-lhe a maneira de pensar. Foi quando ela resolvera viver novamente.

Tanya Oliveira ditado por Eugene

As lágrimas surgiram abundantes nos olhos de Louise. Tudo fora um sonho! Tudo estava acabado graças a Armand! Ao se lembrar do conde D'Avigny, a fisionomia de Louise se modificou. Rapidamente, secou os olhos com um lenço e respirou fundo, procurando controlar as emoções.

O ódio que sentia por Armand era demasiado grande e temia trair-se, atirando-se contra ele e gritando, para que todos pudessem ouvir, que ele era um criminoso contumaz, ceifando vidas dignas e valiosas por um capricho qualquer.

De repente, inspirada por Suzanne, que procurava lhe desviar os pensamentos de vingança, surgiu-lhe na mente uma pergunta: "E se Armand não tiver culpa? E se foi uma denúncia infundada de Isabelle, procurando atingir Armand por ciúmes?"

A ideia vagou pelo cérebro de Louise por algum tempo, como a tentá-la, criando dúvidas em sua mente torturada. "Por que Isabelle faria isso? Teria medo de que eu me aproximasse de Armand?", questionava-se. "Não!", respondeu a si mesma. "Ela se afastou de Armand apavorada com o crime que ele cometeu! Isabelle foi mais uma vítima nas mãos de Armand! Está na hora de acabar com isso... Primeiro Suzanne, depois Isabelle e eu... Quando se cansasse de mim, arranjaria outra para fazer infeliz. Alguém precisa fazê-lo parar!"

Assim, quando Louise desceu da carruagem, estava decidida a levar adiante o seu plano.

O movimento ocasionado pela chegada da moça, com a recepção efusiva de Jean-Piérre, Francesca e seus pequenos, além de Laurent, chamou a atenção no interior do castelo.

Contrariado, Armand caminhou até a grande janela, removendo a pesada cortina. Para sua surpresa, viu Louise descer da carruagem. Absorvido por sua presença, pôs-se a contemplá-la por entre as cortinas.

Louise trajava um vestido azul, em seda; o pequeno chapéu preto lhe dava um ar aristocrático, que revelava o seu bom gosto. O cabelo e a tez clara contrastavam, belissimamente, com suas vestes, revelando sua beleza com um toque de elegância.

LAÇOS DA VIDA

Imediatamente, Armand chamou Vincent para escolher um traje à altura da convidada que chegava ao castelo. Ao saber que se tratava de Louise, Vincent franziu o cenho, preocupado. Por que ela retornava àquele lugar? Não deveria seguir com sua vida longe daquele castelo, esquecendo o passado? Por que Louise estava no solar novamente?

Apesar disso, procurou cumprir as ordens recebidas e separou a roupa que Armand lhe pedira. Assim que se aprontou, Armand olhou-se ainda uma vez no espelho. Seus cabelos haviam se tornado quase totalmente grisalhos! Fazia tempo que não se preocupava com a aparência... Como envelhecera! Mais magro, os olhos mais cinzentos, dir-se-ia ter envelhecido além do tempo que realmente havia se passado desde o último encontro com Louise.

Procurara de diversas formas se aproximar dela. Ela o repelia, dava desculpas, não o recebia, o evitava acintosamente até.

O que havia acontecido, que a fizera vir até o castelo? O que tinha mudado? Apesar de não saber as respostas para essas perguntas, Armand resolveu receber a tão desejada convidada.

No meio do alvoroço da chegada de Louise, pois até os serviçais comemoraram, Armand desceu as escadas silenciosamente.

Louise percebeu que ele se aproximava, mas fingiu não ver. Não demonstraria consideração ao assassino de seu marido.

Armand foi até ela, para surpresa dos demais, que não contavam com sua presença.

Louise ainda não se voltara, e Armand lhe dirigiu a palavra às suas costas:

— Senhora Louise, és muito bem-vinda em meu solar!

Ao ouvir sua voz forte, máscula, Louise estremeceu. Controlando-se, voltou-se e, olhando com premeditada frieza para Armand, disse, estendendo-lhe a mão:

— Senhora Dauphin, senhor conde! É uma honra poder voltar a este castelo!

Intencionalmente, Armand a provocou:

— Espero que tenha guardado boas recordações do período em que esteve aqui...

Louise entendia perfeitamente a quais recordações Armand se referia. Como fora ingênua, estúpida!, pensava. Mais uma vez, respondeu com aparente desinteresse:

— Algumas boas, outras péssimas, senhor conde. Na realidade, o que me traz aqui, evidentemente, são as boas: Laurent e meus queridos amigos, que já me brindaram com sua presença em minha casa.

Forçando uma naturalidade que inexistia em sua personalidade, Armand retrucou:

— Posso saber por que não mereci essa consideração? Por que não tive a honra de ser convidado?

Louise ia responder, mas Jean-Piérre, que já se preocupava com o andamento da conversa, os interrompeu:

— Armand! Estás constrangendo nossa convidada! Encontramo-nos por acaso em Paris e Louise quis apenas ser gentil.

A seguir, Vincent os convidou para passarem à sala de jantar, pois a refeição seria servida.

Louise procurava se conter a custo, pois Armand não desviava o olhar dela. Sentindo que a tarefa seria mais difícil do que imaginava, ela procurava se concentrar no objetivo que a levara até aquele local. "Como o suportarei, meu Deus? Não consigo olhá-lo, falar-lhe!"

Francesca, que permanecera calada, entretida em atender uma das crianças, visto que, com a morte de Geneviéve, não havia mais restrições para fazerem suas refeições à mesa, perguntou:

— Como está o teu pequeno, Louise? Ainda o estás amamentando?

Louise baixou o olhar e respondeu:

— Infelizmente, Francesca, o meu leite secou em seguida. Não consegui amamentá-lo por muito tempo. Quase o perdi em função da morte de meu marido.

Jean-Piérre repreendeu docemente a mulher:

— Querida, não devias lembrar esses fatos dolorosos a Louise!

Preocupada, Francesca tornou:

— Não tive a intenção, Louise. Lembrei-me de que, como eu, és mãe e apenas quis entabular conversação sobre as nossas crianças.

Louise se apressou em dizer:

— Não te preocupes, Francesca. Jamais esquecerei Etiénne e falar nele me faz um grande bem! Só esquecemos aquilo que não teve importância em nossas vidas, mas não é o caso de Etiénne...

As palavras da moça atingiram Armand como Louise desejava. Ferido em seu amor-próprio, sentiu-se inferiorizado em comparação com Etiénne. "Então, ele é que foi importante para ti!", pensou. Sem demonstrar o despeito que lhe ia na alma, considerou:

— Queiramos ou não, a verdade é que tanto Suzanne quanto Etiénne estão mortos! Precisamos continuar a viver...

Louise o fitou e retrucou com frieza:

— Felizmente, temos nossos filhos para amar e a quem dedicar nossa existência!

Francesca perguntou, curiosa:

— Queres dizer que não pensas mais em casar?

— Evidentemente que não! — disse Louise, categórica.

— Mas és linda, jovem; por que não voltar a amar? — falou, espantada, Francesca.

Laurent, que permanecia em silêncio, temendo uma reprimenda do pai, se arriscou:

— Louise sempre será amada por todos que a conhecerem!

Jean-Piérre se apressou em dizer:

— Perdoa minha esposa, Louise. Ela é sincera e te aprecia muito!

Louise sorriu e contrapôs:

— Pergunta o que quiseres, Francesca. Também te estimo. Nada tenho contra o amor, mas, uma vez que encontramos o verdadeiro e único amor de nossas vidas, não vejo necessidade em prosseguirmos com essa busca. Vê o caso do senhor conde: após encontrar sua primeira esposa, Suzanne, não desejava outro matrimônio. Casou-se com a senhora Isabelle por um dever de cavalheiro, foi o que a senhora condessa me disse, e veja o que aconteceu...

Armand aproveitou e completou:

— Amei Suzanne até quase enlouquecer, realmente. Só encontrei uma pessoa que poderia substituí-la, mas, quando me dei conta, ela já estava casada.

— E continua casada? — perguntou Francesca, maliciosa.

— Vamos passar à sala de música para acompanharmos Laurent ao violino — disse Armand, para encerrar a conversa.

O grupo se dirigiu à sala contígua e Laurent apresentou algumas peças a fim de distrair a convidada.

O olhar insistente de Armand recaía sobre Louise sem cerimônia; a moça, por sua vez, permanecia indiferente, distribuindo sorrisos aos demais, certa de que isso irritava profundamente o conde.

Para evitar o cansaço da viagem de retorno, Louise deveria permanecer aquela noite no castelo. A viúva de Etiénne Dauphin sabia que estava agindo em terreno inimigo e teria que reunir todas as suas forças para vencer os ardis daquele que destruíra os seus sonhos de felicidade.

30 - Tecendo a teia

Jean-Piérre havia mandado preparar um aposento para Louise no andar superior, na ala dos quartos de hóspedes.

Para surpresa de todos, ela solicitou pernoitar no quarto que um dia usara como preceptora de Laurent; apesar da relutância de Jean-Piérre, este acabou aceitando diante dos seus argumentos. Segundo ela, nada havia se alterado substancialmente em sua maneira de ver as coisas em função da modificação da sua posição social; permanecia, no íntimo, a pessoa que sempre fora, simples e modesta.

Na realidade, queria que todos acreditassem que permanecia a mesma pessoa que haviam conhecido.

Armand exultava intimamente, visto que sabia como lidar com a Louise ingênua e sonhadora que um dia havia chegado a seu castelo. Precisava de algum tempo para que ela esquecesse por completo o marido — pobre infeliz —, que ousara se interpor entre ele e Louise. Considerava, assim, que as coisas estavam bem encaminhadas e, confiante, considerou:

— Se quiseres, poderemos mandar buscar o teu filho. Ficarias mais tranquila e poderias estender tua permanência no castelo.

Louise respondeu sem demonstrar sua admiração com o convite:

— André está com Céline, minha madrinha. Não poderia ficar mais tempo, senhor, pois compromissos em Paris reclamam a minha presença...

Armand ficou pensativo e repetiu:

— Céline... Creio que já ouvi esse nome. É tua mãe?

— Não, senhor. Minha mãe morreu logo após meu nascimento e Céline me criou como sua afilhada. Acredito que a senhora condessa deva tê-la conhecido, pois solicitou a Céline uma preceptora para Laurent.

Armand lembrou-se, então, da confissão de sua mãe dias antes de morrer. Céline havia sido serviçal do castelo e tinha criado Louise após a morte de Sophie. As únicas pessoas que conheciam a verdadeira origem de Louise eram ele e Céline!

"Que estranho!", pensou. "Duas irmãs: estou casado com uma e amo a outra... E preciso me livrar da 'esposa' o quanto antes!"

Louise o trouxe de volta de suas reflexões:

— Conheces minha madrinha, senhor?

— Não. Devo ter confundido os nomes. A propósito, não me agrada que me chames desta forma. Não poderias me chamar por meu nome apenas?

Louise fingiu constrangimento e tornou:

— Não poderia. Foi assim que me acostumei a chamá-lo.

Intencionalmente, Armand provocou:

— Quando da tua partida, não me chamavas assim. Não podemos voltar a ser bons amigos?

O ódio que se mantinha sob controle nos domínios do sentimento de Louise se agitou como uma onda incontrolável em direção a Armand. Antes que pudesse censurá-las, as palavras saíram de sua boca, sem reservas:

— Senhor conde, jamais contaria o senhor entre os meus amigos! Reconheço minha condição social inferior e sou grata à consideração de seu irmão. O motivo pelo qual me encontro aqui é o carinho que nutro por ele, que aceitou minha amizade antes de eu ter sido felicitada pela fortuna.

Intraduzível mal-estar tomou conta do ambiente. Ninguém se atrevia a falar, temendo uma explosão de Armand.

Ele, a custo, mantinha-se calado, pois o que desejava fazer era contar a todos que ela havia sido sua amante e que ele a desprezara como a um objeto qualquer.

Louise percebeu que tinha sido grosseira e que poderia pôr tudo a perder. Procurando remediar a situação, demonstrando outras intenções, completou:

— Repito, contudo, que este castelo me traz boas e más recordações. Quem sabe não é o momento de começar uma vida nova, apenas com momentos felizes, esquecendo o passado de tristezas e decepções?

O olhar de Armand brilhou, satisfeito, pois Louise abria novamente a porta de seu coração, certamente para que ele pudesse entrar.

A esta altura, Jean-Piérre, preocupado, interrompeu:

— Deves repousar um pouco, Louise, antes do jantar. Logo poderão conversar novamente.

Louise concordou e segurou o braço do rapaz, que a aguardava. Francesa havia-se retirado com as crianças, para atender aos seus caprichos.

Laurent apenas observava a cena que se desdobrara à sua frente e, apesar dos seus catorze anos, entendia perfeitamente os sentimentos do pai e de como agiria em relação a Louise. "Saberá ela o perigo que corre?", perguntava-se.

Jean-Piérre havia-se aproveitado da trégua entre Louise e Armand para conversar com ela mais intimamente. Logo que ela se instalou no quarto que já lhe havia pertencido, ele perguntou:

— Posso saber o que sentes por meu irmão? Atrevo-me a pensar que o amas...

Louise empalideceu e tornou:

— Não sabes o que dizes, Jean-Piérre! Isso é um insulto; não admito que o repitas!

— Por que, então, essa batalha, essa disputa entre vocês? O que realmente aconteceu aqui?

Louise baixou o olhar e contou o que havia acontecido quando partira do castelo: a gravidez, o desprezo e a tentativa de suicídio, que Etiénne havia impedido.

O rapaz permaneceu em silêncio por alguns instantes e por fim a interpelou:

— Louise! Por que não me procuraste? Sabes que eu viria de qualquer lugar para te ajudar!

— Eu não pensei em nada, apenas desejava morrer! Tive vergonha do meu comportamento, principalmente em relação a minha madrinha...

Observando-a atentamente, Jean-Piérre perguntou:

— O que pretendes fazer? Desejas vingar-te de Armand?

— Armand não merece nada de minha parte a não ser desprezo! Vim em nome de nossa amizade e pretendo me afastar o mais rápido possível deste lugar.

Jean-Piérre ficou pensativo e completou:

— Se eu soubesse desses fatos, jamais te convidaria para vir até D'Avigny. Temo por ti, Louise! O sentimento que percebi no olhar de meu irmão é forte demais para ser reprimido por muito tempo. Partirás amanhã na primeira hora, assim que clarear o dia.

Isso contrariava os planos de Louise. Rapidamente, ela asseverou:

— Não é preciso ter esses cuidados comigo, Jean-Piérre. Não sou mais aquela moça ingênua que Armand soube iludir, enganar. Sou uma mulher independente e saberei me defender.

Apesar da fragilidade da aparência de Louise, sua voz demonstrou tanta firmeza e decisão, que o rapaz se convenceu de que Armand não lhe faria nenhum mal.

Conhecendo porém o irmão, antes de se retirar, lhe disse:
— Tem cuidado, minha amiga. Armand é inteligente e não se intimida diante de nenhum obstáculo.

Louise concordou:
— Tenho consciência disso, não te preocupes!

Louise procurou repousar, mas não conseguiu. Como tivera coragem de se aproximar de Armand usando Jean-Piérre, a quem amava como um irmão?

Admirava o rapaz desde que o conhecera; a alma sincera e fiel do jovem conde D'Avigny se assemelhava à de Etiénne. "Meu Deus! Que saudades de Etiénne!", pensou.

As lágrimas rolaram em seu rosto, quentes, como se refletissem o calor do seu coração. Por que Deus permitira que Etiénne partisse, deixando-a à mercê da loucura de Armand? Onde a justiça, se o assassino prosseguia com sua vida, livre, preparando nova investida contra suas vítimas?

Um sentimento de culpa a atormentou momentaneamente. Havia se lembrado de André, o filho que seu amor com Etiénne tinha gerado. "André é o meu único alento e por ele farei justiça!", exclamou. "Haja o que houver, serei firme o suficiente para fazer Armand pagar pelo que fez!"

Envolvida em suas ideias de vingança, Louise perdeu a noção do tempo. De repente, ouviu que batiam à sua porta insistentemente.

Voltando a si, levantou-se da cadeira onde se encontrava e foi em direção à porta. Ao abri-la, teve a grata surpresa de rever Vincent.

O serviçal se curvou com elegância e anunciou:
— Senhora, o jantar será servido em quinze minutos.

Louise sorriu:
— Vincent, deixaste de ser meu amigo? Por que esta formalidade?

Ele sorriu e tornou:

Tanya Oliveira ditado por Eugene

— Se existe uma virtude que possuo é saber me colocar em meu lugar, senhora. Não és mais a jovem que chegou aqui como preceptora, mas uma dama da sociedade.

— Vincent! Sou a mesma pessoa, apenas não preciso mais trabalhar em residências de estranhos! Trabalho, porém, administrando os negócios de meu marido. Não posso contar com tua amizade em virtude disso?

Ele sorriu e se deu por vencido:

— Está bem! Sempre a mesma encantadora Louise!

— Assim está melhor, meu amigo. Estou terminado minha *toillete* e logo descerei.

Cerca de trinta minutos mais tarde, Louise entrou no salão das refeições. Usava um vestido negro, que ousadamente deixava à mostra seus ombros e o colo através de delicada renda; o mesmo tecido descia por seus braços, formando uma manga ajustada, que terminava no punho com delicado babado.

O vestido, bastante justo na cintura, destacava-lhe as formas femininas e causou o impacto desejado em Armand.

Louise sabia do rigorismo do conde com relação aos horários e foi com prazer que se atrasou em alguns minutos. Fingindo desconhecer esse detalhe, após sentar-se, falou com aparente desinteresse:

— Peço desculpas por meu atraso, senhores! Perdoa-me, Francesca... O cansaço me venceu e adormeci.

Armand a contemplou e declarou:

— Estás perdoada, senhora Louise, tendo em vista os benefícios que teu descanso te proporcionou; seguimos a tradição em nossos horários, porém hoje a exceção está justificada.

Francesa, procurando ser agradável, comentou:

— Veio a propósito esse atraso no jantar. Pude ficar ao lado de meu filhos até adormecerem. Normalmente deixo esse encargo às amas.

Louise sorriu, satisfeita:

— Fico feliz em não ter causado maiores transtornos às tradições da família e ter contribuído com a felicidade de meus amigos Francesa e Jean-Piérre.

A refeição havia iniciado e Armand lhe perguntou:
— Ainda aprecias a Itália e seus teatros?
Louise o fitou, empalidecendo levemente. Lembrou-se do encontro rápido que tivera com Armand em Roma, na viagem que havia feito com Etiénne. Retomando o sangue-frio, respondeu:
— Não, senhor conde. O único interesse que tive pela Itália foi em acompanhar meu marido, que possuía negócios naquela região. Não pretendo retornar, pois as lembranças me são dolorosas.
Francesca interrompeu:
— Querida, o meu país é tão lindo! Deves retornar para conhecê-lo melhor. É um país romântico, onde cada recanto revela um pouco da história da humanidade.
— Não quis ser indelicada, Francesca, mas não retornarei à Itália. Tenho muitos afazeres aqui na França.
Jean-Piérre mudou o rumo da conversa ao dizer:
— Estás encontrando alguma dificuldade na administração do patrimônio de teu marido?
Louise respondeu com propositada insinuação:
— Mais do que os haveres materiais, Etiénne deixou um exemplo de vida; foi um homem de ideais e se sacrificou por uma causa justa. Saberei transmitir ao nosso filho esses valores e lhe mostrarei que o pai foi um grande homem. Penso também no filho do assassino de Etiénne, que, se soubesse quem realmente é seu pai, o odiaria e execrá-lo-ia por toda a vida.
Incomodado com a conversa, Armand obtemperou:
— Isso foi uma tragédia! Estávamos em meio a uma revolução!
Louise o fitou, evitando demonstrar o desprezo que sentia; a seguir, anuiu:
— Tem razão, senhor! Foi uma tragédia que jamais será esquecida!
Francesca interveio com doçura:
— Querida, a tua perda é recente e ainda estás com o coração ferido. Mas ainda és tão jovem e bela... Quem sabe, no futuro, se o amor não retorna a tua vida?

— Não creio que isso seja possível — disse Louise, convicta. — Em meu coração, jamais haverá lugar para outro homem!

Armand não se conteve e revidou:

— O amor nos prega peças, Louise! Veja o meu caso: apesar de ter amado minha primeira mulher apaixonadamente, voltei a amar. Isso não quer dizer que Suzanne não tenha um lugar especial em meu coração.

Louise sabia do sofrimento que Armand havia causado a Suzanne e do papel que ele havia tido em sua morte, mas, se obedecesse a seus impulsos, acabaria por estragar tudo. Refletiu e declarou:

— Realmente, o amor é estranho e nos engana muitas vezes.

Laurent, que apenas ouvia os assuntos dos adultos, se encorajou, comentando:

— És muito jovem, Louise, para tanta desilusão! Seria melhor, então, fugir desse sentimento, o amor?

Surpresa, Louise sorriu e disse em tom mais ameno:

— Oh, Laurent! Perdoa-me se pareço tão desiludida! É que já sofri muito por amor e, agora que julgava ter encontrado a mais perfeita felicidade, ao lado de um homem que considerei ideal, o destino o afastou de mim! Deves, no entanto, acreditar na força desse sentimento, que é tão forte que pode vencer até a morte!

A veemência das palavras de Louise calou a todos. O jantar prosseguiu sem maiores considerações. Após a refeição, a conversa versou sobre assuntos pueris, fato que deu o ensejo para Louise se retirar para o repouso.

No relógio, ouviram-se onze badaladas, e Louise permanecia acordada. Sentia o perigo a lhe rondar os passos e, vez por outra, parecia-lhe que olhos invisíveis lhe perscrutavam, curiosos. "Como atrair Armand se não o suporto?", dialogava consigo mesma. Até que ponto iria para atingir os seus objetivos?

LAÇOS DA VIDA

A aproximação de Armand lhe havia trazido lembranças que desejaria sepultar para sempre em sua memória.

Louise tinha a cabeça fervilhando quando ouviu as batidas em sua porta. As mesmas batidas, na mesma sequência, que ela e Armand haviam combinado quando, alguns anos antes, ela se entregara ao conde D'Avigny.

Por quanta tristeza e desilusão havia passado por ter atendido àquele chamado, ao amor de um homem que a tinha desprezado sem compaixão! Tais pensamentos a fizeram recuperar a frieza necessária, e ela atendeu à porta resolutamente.

Armand a fitava, revelando a intensidade de sua obsessão por Louise. Seria amor, desejo, paixão? Diante da complexidade daquela personalidade, tornar-se-ia difícil definir. O próprio Armand não o saberia; o que ele sabia apenas era que precisava ter Louise a seu lado.

Sem perguntar, entrou no aposento e fechou a porta.

Louise deu um passo atrás. Ele, rindo, perguntou:

— Amedronto-te? Não tinhas tanto medo de mim em outros tempos!

Com o rosto corado, Louise tornou:

— Como ousas? O que queres de mim?

Ele a observou com atenção e disse:

— Não te farei nada que te magoe, Louise. Desejo-te e cheguei ao extremo, à pior situação a que um homem pode chegar, para ter-te ao meu lado. Serei objetivo, como é do meu feitio. Quero-te como minha esposa; quero que sejas a nova condessa D'Avigny!

Pálida, Louise tornou:

— O que estás dizendo? O que fizeste de tão abjeto por minha causa?

Armand estremeceu, pois havia revelado o seu segredo; sem escrúpulos, mentiu:

— Quis dizer que me entreguei ao desespero; cheguei a pensar em tirar a própria vida quando percebi que te havia perdido...

— Sabes que encontrei o verdadeiro amor. Por que te aceitaria depois do que me fizeste sofrer?

Armand se aproximou e, colocando as mãos em seus ombros, disse:

— Pensas que não me arrependo do que fiz? Quero-te, Louise! Precisei errar, te perder, me afundar na dor, para compreender o que havia feito. Perdoa-me, te suplico! Por favor, esquece o passado e comecemos uma nova vida! Criaremos Laurent e teu filho juntos, ambos herdarão tudo o que tenho, serão os futuros condes D'Avigny!

"Tudo se encaminha como o desejado", pensou Louise. Pareceu-lhe muito mais fácil do que imaginava. Percebendo as intenções do conde, Louise se sentiu em vantagem e tornou:

— Não posso aceitar isso, Armand! Não preciso de tua fortuna, nem dos teus títulos! Tenho recursos suficientes para dar uma boa educação para André e nos mantermos em uma situação confortável.

— Quero reparar o mal que te fiz! Podemos ser felizes, Louise! Suzanne e Etiénne permanecerão em nossos corações, mas precisamos continuar a viver...

Com os olhos chamejantes, Louise o afastou e disse:

— Jamais pronuncies o nome de Etiénne em minha frente, ouviste? Nunca mais digas este nome!

Estranhando a atitude da moça, Armand concordou:

— Entendo; por isso, estou disposto a te conceder um tempo. Esperarei até que possamos recomeçar nossas vidas juntos.

Imediatamente, Armand a puxou para perto de si e a beijou com arrebatamento.

Louise tentou se desvencilhar dos braços fortes de Armand, afastando-o a custo de muito esforço.

Armand se retirou satisfeito, e Louise procurava pensar no que havia acontecido. O beijo de Armand tinha sido precipitado, antes do que esperava, mas talvez tivesse sido oportuno. Armand alimentaria esperanças em relação ao futuro e, enquanto isso, ela poderia agir.

Agora era preciso arregimentar forças, pois teria um longo caminho até chegar ao que ela julgava ser a vitória final!

As cenas que se haviam desdobrado no castelo foram presenciadas por Suzanne e Sophie. Acabrunhada, Suzanne permanecia em silêncio no retorno à colônia espiritual.

A certa altura, Sophie, compreendendo seus sentimentos, indagou:

— Não gostaria de falar-me a respeito dessas ideias que estão a te perturbar, minha amiga?

Suzanne sorriu entristecida e confessou:

— Lamento sinceramente, mas não tenho a condição necessária para lidar com esta situação. Ainda estou ligada a Armand em meu coração como esposa; amo-o apaixonadamente e vê-lo desejando outra mulher me fez sofrer de novo...

Sophie a abraçou com carinho e obtemperou:

— Isso é natural, minha querida. Os nossos laços não se dissolvem como por encanto quando deixamos a Terra. Se até ontem amavas Armand profundamente, com a dedicação que uma mulher dispensa ao ser amado, é perfeitamente compreensível que continues a amá-lo dessa forma!

— Eu não deveria estar isenta de sentimentos como o ciúme? Por que ainda desejo estar ao lado dele como esposa?

— Porque a morte não nos liberta de nossos sentimentos de um dia para o outro. Teus sentimentos ainda são os de ontem, mas hoje é a oportunidade de transmutá-los em algo diferente, com base nos alicerces do espírito, para que possas ajudá-lo.

Pensativa, Suzanne tornou:

— Como ajudar Armand, que usa minha memória para justificar seus desejos por outra? Que me exalta, mas que me define como "morta"? Que anseia pelo amor de outra, esquecendo tudo o que vivemos outrora?

Sophie a fitou com ternura e prosseguiu:

— Precisas ver teu antigo esposo com os olhos espirituais. Armand é, antes de tudo, filho de Deus, um irmão necessitado de experiências que lhe iluminem a alma. Se não lhe pode ser fiel, é porque ainda possui alguns degraus a galgar em sua evolução, até que compreenda o amor na sua essência mais pura. Não te esqueças de que daqui de nosso plano podemos ver a vida sob um aspecto mais amplo. O sentimento que te ligou a Armand um dia por certo deverá se expandir, superando os limites estreitos que a encarnação nos impõe.

Suzanne ficou em silêncio. Sentia-se traída pelos próprios sentimentos e verificava o quanto deveria modificar-se para aceitar o comportamento de Armand.

Precisava orar para agir de acordo com os ensinamentos de Jesus! Pressentia uma grande luta para sua alma, ainda ligada pelos laços de sua última existência ao ex-esposo.

A repercussão do comportamento de Louise, entretanto, atingia outro coração que buscava o reequilíbrio: Etiénne.

Assim que chegaram, Suzanne e Sophie, à colônia espiritual, encontraram Aurelius em colóquio com o jovem; se aproximaram e ainda puderam ouvir o que o devotado mentor dizia:

— ... teus temores, meu filho, ainda se relacionam muito aos fortes laços que o aproximaram de Louise. Cabe no entanto ampliar os nossos horizontes, neste lado da vida, para o amor maior, vislumbrando-o pelo prisma da fraternidade — e, voltando-se para Suzanne, prosseguiu: — Evidentemente, o amor conjugal deve prosseguir, mas sem as sombras da paixão que cega, carregada de ciúmes e da ilusão de que o ser amado nos pertence...

Suzanne refletiu no alcance das palavras de Aurelius e indagou:

— Mas, no caso em questão, Louise pretende vingar-se apenas com a intenção de prejudicar Armand. Vejo dois espíritos que amo às portas de grande sofrimento! Como podemos evitá-lo?

Aurelius meneou a cabeça com tristeza e tornou:

— Sim, minha filha, o problema que se desenha à frente requer nossa maior atenção, para auxiliarmos de forma efetiva os nossos amados. O que fazer, no entanto, se eles têm o direito de realizar suas próprias escolhas? Não podemos interferir além da vontade de cada um dos envolvidos.

Etiénne, pesaroso, exclamou:

— Louise age contra as Leis Divinas, julgando vingar a minha morte! Não consigo fazer-me ouvir, pois está obcecada com a ideia de vingança! Detesto Armand, mas não posso aceitar que ela se prejudique por minha causa. Além disso, temo pela aproximação dos dois, pois sei que no passado também se amaram...

Aurelius interveio com suave energia:

— E qual será o nosso papel nesta questão de acordo com o Evangelho de Jesus? O que nos pede o Mestre diante dos enganos de nossos irmãos? Armand agiu contra as Leis Divinas ao tirar-lhe a vida e por certo resgatará o crime que cometeu, mas, diante do conhecimento que já possuis, Etiénne, o que lhe cabe fazer?

Etiénne silenciou, envergonhado. Não seria a oportunidade de exercitar o perdão que Jesus ensinara? Perdera a vida física, é verdade, porém sabia que também possuía débitos com a Lei Maior; tinha, no entanto, uma oportunidade única de agir de maneira diferente, perdoando o inimigo, o que lhe angariaria a libertação dos laços de sofrimento que o ódio perpetua indefinidamente.

Diante da luta interior de Etiénne, Aurelius perguntou:

— Se a situação fosse diferente e Louise tivesse preferido Armand. Poderias afirmar convictamente que nada farias para afastá-la dele?

Etiénne titubeou. Não era um homem violento, nunca fizera mal a ninguém. Havia pensado que Jean-Piérre era o conde D'Avigny pelo qual Louise se apaixonara e até desistira da moça, apesar do sofrimento que isso lhe havia causado. Armand, no entanto, lhe era abominável; não saberia ao certo que atitude teria tomado.

Tanya Oliveira ditado por Eugene

Aurelius sorriu e prosseguiu:

— Ainda somos muito frágeis para julgar nossos semelhantes, meu caro. Não podemos desejar, por agora, que venhas a amar Armand na qualidade de irmão do coração, mas, para o teu equilíbrio e permanência nesta colônia, é imprescindível que comeces a pensar no perdão e no esquecimento do mal, para que Jesus possa agir no íntimo de tua consciência. Aproveita a oportunidade que te é oferecida, pois do contrário poderás te afastar ainda mais dos que amas. Se desejas realmente auxiliar nossa Louise, é preciso manter-te dentro do equilíbrio necessário.

E, dirigindo-se para Suzanne, completou:

— Quanto aos teus esforços, desde que foste recolhida em nossa colônia, só posso te parabenizar, pois tens feito grandes progressos! Seria lamentável que revivesses uma situação antiga, que inclusive contribuiu para teu desenlace, minha filha. Foram muitos anos de sofrimento naquele castelo após tua morte, que só terminaram pela compaixão de Louise. Considera, antes de qualquer coisa, a irmã que te auxiliou com suas preces e que, ainda presa aos enganos do ódio, julga que com a vingança poderá encontrar a paz.

As lágrimas correram pelos olhos de Suzanne. Compreendia, enfim, o papel que deveria desempenhar diante dos acontecimentos. Reconsiderando sua atitude, exclamou:

— Lamento ter-me deixado novamente levar pelo ciúme, Aurelius. Na realidade, deveria sentir piedade desses dois espíritos, que enveredam pelos caminhos da dor e do sofrimento. Tentarei ajudar no que for possível!

Sophie, que permanecera calada, completou, emocionada:

— Busquemos na oração as diretrizes que o Senhor certamente nos dará, para que possamos agir no Bem, esquecendo nossa personalidade inferior, voltada ao egoísmo, aos nossos interesses. Que a semente do Evangelho frutifique em nosso coração e possamos amar de forma incondicional os nossos irmãos, reconhecendo que todos estamos em aprendizado...

As palavras de Sophie fizeram com que cada um buscasse o recolhimento necessário para refletir sobre as lições recebidas naquele final de tarde, quando apareciam as primeiras estrelas.

Na Terra, o sono de Louise havia sido agitado e por diversas vezes tinha acordado durante a noite.

Havia sonhado que se encontrava nos braços de Armand, como outrora, e que ele a beijava e ela, como outrora já o fizera, cedia apaixonadamente aos desejos do conde.

Com o coração batendo aceleradamente, a respiração ofegante, acordou. O suor corria pelo rosto. Ela levantou para tomar um pouco de água e se refrescar.

Odiava a ideia de que poderia sentir ainda qualquer sentimento por Armand que não fosse o ódio que a alimentava para se manter viva. Sabia, entretanto, o poder que a personalidade de Armand exercera sobre ela poucos anos antes. O amor profundo e apaixonado de Etiénne, que a encantara, jamais poderia ser ofuscado pela paixão desenfreada de Armand.

Sentia ainda o reflexo do sonho que tivera e, temendo que Armand a procurasse novamente, resolveu partir assim que o dia raiasse.

Precisava se afastar do castelo, evitar as lembranças. Aconselhar-se-ia com Céline e, quando estivesse fora da influência de Armand, deliberaria o que fazer.

Teria que agir com rapidez, para que seus propósitos não se alterassem diante do carisma de seu inimigo.

Após decidir sobre a partida, Louise escreveu rapidamente algumas palavras em uma folha de papel, dobrou-a e, já vestida, aguardou o sol nascer. Pediu a um criado que a ajudasse e, ao deparar-se com Vincent, pediu:

— Peço-te, meu amigo, que entregues esta mensagem a Jean-Piérre. Não desejaria partir sem me despedir dele e de

Francesca, bem como de Laurent, mas é necessário que eu me afaste...

Vincent a fitou e, com o discernimento da experiência que a vida havia lhe outorgado, tornou:

— O que te trouxe aqui realmente, minha filha?

Desviando o olhar, ela se afastou alguns passos e, colocando as luvas, respondeu de modo vago:

— Queria me aproximar de Jean-Piérre e de Laurent, mas gostaria de jamais voltar a ver Armand. Não o perdoei pelo que me fez, Vincent. Fui muito humilhada neste castelo e pensei ter superado o mal que aqui sofri, mas isso não aconteceu. Não o suporto e não quero magoar aqueles a quem amo.

Vincent a acompanhou até a carruagem e a aconselhou paternalmente:

— Ouve, minha filha! Sabes que a estimo muito. Se queres encontrar a paz, esqueça Armand D'Avigny, parte e jamais retornes aqui! Estimo-o sinceramente, mas sei de seus desvarios e o quanto pode ser destruidor da felicidade alheia! Armand vive afastado dos princípios cristãos; desconhece os ensinamentos sagrados de Nosso Senhor, que nos ensinou a amar os semelhantes fazendo o bem. Pensa apenas em si mesmo, sem medir as consequências de seus atos...

Impressionada com as palavras de Vincent, Louise comentou:

— Se não fosse Etiénne, eu não estaria viva, Vincent; avalia então a extensão de sua maldade! Como se não bastasse, ele ainda... — e Louise se calou, sufocada pelas lágrimas.

Vincent franziu a testa e indagou:

— O que ele fez que eu desconheço?

Louise entrou rapidamente na carruagem e, voltando-se, arrematou:

— Um dia te contarei tudo. Agora preciso ir!

Vincent beijou a pequena mão de Louise e o cocheiro estalou o chicote, dando início ao deslocamento.

LAÇOS DA VIDA

O olhar de Louise se perdia na paisagem de cores suaves e tépidas da região, sem na realidade registrar as cenas que se desdobravam aos seus olhos.

Nunca como naquele momento sentira tanto a ausência de Etiénne! Desejaria que a sua voz, seu carinho, suas palavras apaixonadas e confortadoras pudessem amenizar aquela dor que a presença de Armand havia despertado em seu coração.

Sentia-se sem forças para perdoar e, se assim o fizesse, acreditava erroneamente que não mais poderia viver.

Instada pelo próprio Etiénne, que a abraçava com ternura, vislumbrou em sua tela mental a imagem do filho, André, a lhe sorrir com a candura própria das crianças.

Louise sentiu uma opressão no peito e o desejo de estar o mais rápido possível com o menino em seus braços. A presença de Etiénne a acalmou, e ela se sentiu invadida por uma tranquilidade que há muito não experimentava.

31 - A armadilha

 Louise não se cansava de mimar o pequeno André após o seu retorno.
 Tinham sido pouco mais de dois dias de ausência, mas Louise havia compreendido que seu filho era o tesouro de sua vida. Nada mais lhe restava: Céline, a quem amava como a uma mãe, um dia partiria também; assim, André deveria ser o seu arrimo quando chegasse o tempo da solidão.
 Céline e Constance se alegraram com sua atitude, pois a obsessão por vingança as assustava e afastava a própria Louise do filho.
 Passados alguns dias após seu retorno, dando andamento às suas ideias de vingança, ela não teve dificuldades para entrar em contato com os setores conservadores — monarquistas — devido às relações que havia desenvolvido em sua nova posição social.

Pretendia propor a denúncia de um membro da aristocracia que, na realidade, faria acreditar ser um traidor. O nome em questão seria um escândalo por se tratar de uma família tradicional, respeitada e que sempre fora considerada contrar-revolucionária.

Entendia Louise que assim estaria vingada, pois, se Etiénne havia morrido pelo ódio de Armand, este morreria por seu ódio.

Com a queda de Luís Filipe e a eleição de Luís Napoleão para presidente, retomando a República, os conflitos sociais haviam se acirrado. A burguesia se afastava definitivamente do proletariado. Cada facção lutava a seu modo a fim de obter vantagens.

O momento político era propício a uma denúncia, pois os ânimos se encontravam exacerbados.

Nessa época, Luís Napoleão recebera cartas anônimas nas quais afirmava-se que o conde D'Avigny tramava contra o seu desejo de se autoproclamar imperador.

A trama bem urdida por Louise colocava Armand contra os dois lados, sem possibilidade de defesa.

Para os monarquistas, Armand os trairia revelando as suas estratégias para o presidente; para o último, o conde D'Avigny procurava impedir os seus planos em relação ao Império.

As perseguições contra quem atravessasse o seu caminho já eram conhecidas pelos adversários de Luís Napoleão.

Louise solicitou ao seu contato apenas algum tempo para juntar as provas necessárias e provocar a situação ideal. Selado o acordo de interesses, restaria apenas aguardar o correr dos dias...

E, como esperava, cerca de quinze dias após o seu retorno do castelo, recebeu uma carta. Nela, Armand se desculpava por seu procedimento na noite em que ela permanecera no castelo e, como prova de sua sinceridade, a convidava para um jantar, prometendo agir como o legítimo cavalheiro que era.

Louise sorriu e pensou: "Aceito com prazer, conde D'Avigny! Agora estaremos em meu território!"

O esmero no preparo da *toillete* chamou a atenção de Céline. Fazia alguns dias que desejava falar com Louise sobre sua estada no castelo, mas ela se esquivava e desculpava-se em função de seus diversos afazeres; entre estes, achavam-se a compra de vestidos, joias, chapéus, perfumes...

Intrigada, Céline a procurou no quarto e a questionou:

— O que está acontecendo, Louise? Não estou entendendo. Sei que vais jantar com Armand, mas o que significa isso? — e apontou para as caixas que se acumulavam pelo quarto todo.

Louise a fitou com firmeza e declarou:

— É do que disponho para arrebatar meu inimigo, madrinha! Não preciso de armas, sortilégios, venenos, para acabar com Armand. Basta apenas que eu o subjugue através da sua maior fraqueza...

Preocupada, Céline interveio:

— Louise! Entendo o que sentes, mas isso está errado! Além do mais, é muito perigoso! Já amaste este homem! O que houve no castelo?

Louise disfarçou sua perturbação ao responder:

— Ele foi ao meu quarto, como eu imaginava...

— Louise! — exclamou Céline, vexada. — Como permitiste?

Louise sorriu sarcasticamente e comentou:

— Sabia que ele o faria, por isso resolvi dormir no quarto que me pertenceu quando fui preceptora de Laurent. Desejava testá-lo...

— E o que aconteceu? Afirmo-te que estás sendo irresponsável, Louise! Armand é um criminoso; não deves brincar com seus sentimentos. Isso é contra as leis de Deus, minha filha!

Revoltada, Louise tornou:

— Contra as leis de Deus? O que estás me dizendo, madrinha? Este homem mandou assassinar o meu marido, a razão da minha vida! Tirou-me a única felicidade que tive na Terra! Nada que eu faça poderá se comparar à dor que carregarei por todos os dias de minha vida!

Consternada, Céline replicou:

— E quanto a teu filho? Ele não poderá ser o teu consolo, visto que é fruto do teu amor por Etiénne?

Mais calma, Louise prosseguiu:

— É por meu filho que faço isso. Sem ele, estaria morta, junto com Etiénne...

— Por favor, Louise, reconsidere teus atos. Armand é um homem perigoso e tu poderás sofrer ainda mais...

Louise deu por encerrado o diálogo:

— Nada aconteceu entre mim e Armand e jamais acontecerá! Odeio-o, e tudo o que eu fizer a partir de agora, podes acreditar que será com um único objetivo: vingar-me!

Na hora aprazada, a carruagem de Armand entrou na alameda que levava à residência de Louise. Um criado veio atender à porta e ele foi introduzido no salão principal, onde Céline se encontrava.

Ao vê-lo, ela não disfarçou seus sentimentos:

— Não deve lembrar de mim, senhor conde. Sou Céline, madrinha de Louise... — e estendeu-lhe a mão com frieza.

Armand a fitava, perscrutando na memória onde já vira aquele rosto. Compreendendo o que ocorria, Céline decidiu ajudá-lo:

— Trabalhei para os seus pais há muitos anos... À época, o senhor deveria ter uns quinze ou dezesseis anos.

Armand lembrou-se então da criada que se havia afastado repentinamente do castelo sem nenhum motivo aparente.

Procurando demonstrar uma simpatia que estava longe de sentir, a cumprimentou:

— Faço votos, senhora, de que estejas passando bem!

Céline foi direto ao ponto:

— Estou muito bem, senhor conde. Entretanto, ficaria bem melhor se o senhor não se houvesse reaproximado de minha afilhada. Sei o quanto Louise sofreu por sua causa e não desejo que isso torne a acontecer.

O rosto de Armand se contraiu, demonstrando seu inegável incômodo. A seguir, ele afirmou:

— Isso é passado, senhora. Arrependo-me dos meus atos e desejo corrigi-los, se me for dada uma oportunidade...

Céline percebeu a argúcia de Armand, procurando conquistá-la com uma falsa humildade. O passado misterioso de Armand, com a morte da primeira mulher e a partida súbita de Isabelle, a deixava em alerta contra o inescrupuloso conde.

Percebendo que Louise descia as escadarias, disse à meia-voz, próximo a Armand:

— Não a faça sofrer novamente, senhor. Louise ainda não o perdoou e talvez jamais o faça!

As palavras de Céline perturbaram Armand. Ao ver Louise se aproximar, teve um pressentimento, um aviso de que deveria sair daquela casa, esquecer aquela mulher. Mas, ao vê-la absolutamente deslumbrante, caminhando em sua direção, esqueceu seus temores e, oferecendo-lhe o braço, despediu-se polidamente de Céline.

No trajeto, fitou longamente Louise e declarou:

— Sinto-me realizado, Louise. Nada poderia me fazer mais feliz!Louise sorriu e tornou:

— Acreditei um dia em tuas palavras e elas eram falsas, apenas servindo aos teus intentos de me seduzir. O que teria mudado?

Aproximando-se, Armand reconheceu:

— Percebi tarde demais o meu erro, pois já havia me comprometido com Isabelle. Não quis fugir à palavra empenhada, pois Isabelle havia me ajudado em um momento difícil, além da influência de minha mãe, é claro. O reconhecimento do meu erro deverá ser a maior prova do meu arrependimento.

Louise o afastou e tornou:

— Etiénne foi o grande amor de minha vida, mas quem sabe se com o tempo poderei esquecê-lo? Terás que me dar grandes provas desse amor que dizes sentir...

Esperançoso, Armand segurou a mão de Louise e exclamou:

— Dar-te-ei quantas forem necessárias, pois quero que esqueças o passado.

Durante o jantar, Louise apenas respondia de maneira vaga, mostrando uma frieza que provocava Armand ainda mais. A certa altura, ele comentou:

— Desde que nos separamos mudaste muito, Louise. Eras uma jovem doce, meiga, e agora tenho à minha frente uma mulher que em alguns momentos... desconcerta-me!

Louise de uma gargalhada e tornou:

— Eu, desconcertar o conde D'Avigny? Tolice, Armand! Apenas mudei, pois muitas coisas aconteceram em minha vida e eu amadureci. Vê, por exemplo, a morte de Etiénne. Não sabia de seu envolvimento com a política e foi com grande surpresa que tive notícias desses movimentos revolucionários.

Armand, apesar de pertencer à nobreza conservadora, mantinha contatos esporádicos com seus correligionários.

— Teu marido se envolveu em coisas perigosas, que o colocaram em uma situação crítica. Acredito que deveria saber o que estava fazendo...

Louise mordeu o lábio, para disfarçar a raiva que sentia. Quem era Armand para falar de Etiénne, o homem que ele havia mandado matar?

— Sim, és da nobreza e jamais verás o mundo sob o prisma dos que choram e sofrem pelo pão de cada dia. Os operários se revoltaram pelas condições péssimas de trabalho e por sua dignidade! Admiro cada vez mais Etiénne, pois morreu por uma causa nobre.

Quase perdendo sua postura cavalheiresca, Armand retrucou:

— Por favor, Louise! Esqueçamos o passado, a política, Etiénne! Devemos pensar no futuro, em nós...

— Nós? Acreditas mesmo que isso seja possível?

Armand segurou a mão da moça e, beijando-a, falou:

— Fomos feitos um para o outro, já nos amamos! Não vou forçá-la a nada, mas quero poder vê-la, me aproximar, sentir o calor de sua presença em minha vida.

Louise teve ímpetos de dizer a verdade, para que todos a ouvissem naquele local. Falar do ódio que sentia e do desprezo que Armand lhe inspirava. Isso acabaria com toda aquela farsa e ela poderia partir, ir para outras terras, tentar esquecer...

Mas, com a ingênua ideia de que poderia fazer justiça com as próprias mãos, disse:

— Aceito tua amizade, Armand. Poderemos nos ver algumas vezes, mas não posso prometer te amar até que esta ferida que carrego no peito esteja cicatrizada.

Armand sorriu e agradeceu a chance de fazê-la feliz novamente.

Ao retornar, ele a conduziu até a soleira da mansão e, antes que Louise entrasse, tentou beijá-la, mas a moça o afastou com delicadeza.

— Não posso, Armand. Quem sabe daqui a algum tempo...

Ele concordou e se retirou com o coração e o pensamento em tumulto.

32 - Um prato que se come frio

A partir de então, a vida social de Louise e Armand se tornou intensa. Frequentemente, o casal era visto em bailes, espetáculos teatrais, óperas e nas rodas sociais da época.

A todos que os viam pareciam um casal perfeito, vivendo um amor ideal. Armand realmente havia mudado, tornando-se afável e interessante, pois, inteligente, sabia conduzir uma conversa de forma elegante e atraente.

Louise era apontada como a causa dessa mudança e por esse motivo passou a ser considerada uma mulher excepcional; invejada pelas demais damas da sociedade da época, todas lhe requisitavam a companhia e seus conselhos sobre qualquer futilidade do momento.

Tudo seguia como havia sido idealizado. Certo dia, Armand foi ter com ela antes do horário combinado. Louise ainda se encontrava em seus aposentos, quando soube da presença do conde.

A princípio preocupou-se, mas, após pedir-lhe que a aguardasse, foi ao seu encontro.

— O que houve, Armand? Ainda não o esperava...

Ele a fitou e, por um momento, Louise sentiu aquele olhar frio que ainda a assustava. Segurando-a pelos ombros, ele exclamou:

— Louise! O que estás fazendo comigo? Soube que foste a um café com o duque de Savoy! O que pretendes? Desmoralizar-me, encher o meu nome de lama?

— Armand! Tenho negócios com o duque! Ela apenas foi gentil, quis me agradar com alguns doces. O teu comportamento não se justifica! — disse Louise, com forte irritação.

Porém, mais irritado ainda, Armand tornou:

— Não se justifica? Tenho tido muita paciência, esperado o momento em que poderei ao menos beijá-la! Não permites os meus carinhos, afasta-te dos meus beijos; o que realmente desejas?

Um calafrio percorreu o corpo de Louise. Havia ido longe demais e Armand não admitiria ser apenas um brinquedo em suas mãos. Se não tomasse uma atitude, ele se afastaria, seu amor se transformaria em ódio e tudo teria sido em vão.

Procurando controlar-se e fingindo uma brandura que estava longe de sentir, Louise sorriu timidamente e disse:

— Oh, Armand! Perdoa-me! Não pensei que me amasses tanto assim!

Ao ver o semblante desarmado de Louise, que ele julgava amar mais do que qualquer coisa, se aproximou e, colocando a mão em sua nuca, puxou-a para si e a beijou com o calor que a paixão lhe provocava.

Louise tentou se desvencilhar, mas a mão forte de Armand a manteve cativa daquele beijo; quando finalmente conseguiu se libertar, reclamou:

— Assustas-me, Armand! O que sentes realmente por mim? Que sentimento é esse que se manifesta com tanta violência?

— Também não entendo os meus sentimentos, Louise. Nunca desejei uma mulher como a ti, apesar de teres sido minha. Creia, já cometi desatinos por tua causa!

Louise sabia do que ele estava falando. Sim! Ele mandara matar Etiénne para tê-la ao seu lado. Compreendendo que havia chegado o momento de deflagrar sua vingança, Louise disse:

— Não quero ser mais uma concubina do conde D'Avigny! Chega de promessas, Armand! Se me queres ao teu lado, terás que divorciar-te de Isabelle e me conduzir ao castelo como a condessa D'Avigny!

— Se me permitires corrigir os erros que cometi contra ti, Louise, serei finalmente um homem feliz!

Louise sorriu e acariciou o rosto de Armand. Era preciso ter apenas um pouco de paciência...

Armand não cabia em si quando anunciou a todos os convivas da reunião daquela noite que em breve se casariam, estando todos convidados para o enlace. Ao som de "vivas" e "felicidades", o jantar foi conduzido com a alegria e satisfação de todos.

Louise sorria, agradecendo os votos recebidos. Aquela farsa terminaria logo, logo...

No dia seguinte, a primeira medida que tomou foi avisar a Joachim, o seu fiel contador, que precisaria de alguns documentos que julgava importantes. Assim, lhe escreveu uma carta, acertando alguns detalhes.

Naquela noite, Jean-Piérre veio jantar em sua residência. Assim que foi introduzido no ambiente, Louise sorriu e disse ao cumprimentá-lo:

— Sente-se, meu amigo. Já o esperava.

Acomodando-se em ampla poltrona, ele foi logo perguntando:

— O que está acontecendo, Louise? Soube pelo meu irmão que vão se casar... Por acaso Armand enlouqueceu?

Desviando o olhar, Louise confirmou:

— Não, Jean-Piérre. Ele te disse a verdade...

Perturbado, o rapaz se ergueu novamente e, sem compreender o que ocorria, a inquiriu:

— Como podes te casar com um homem que só te fez mal? Um homem egoísta, sem escrúpulos, que te engravidou e depois mandou embora?! Eu te desconheço, Louise!

Erguendo-se, Louise suplicou:

— Jean-Piérre! Não tornes as coisas mais difíceis para mim! Peço-te que confies e aguardes... Sei o que estou fazendo!

— Estás tramando alguma coisa? — O silêncio de Louise confirmou as suspeitas dele. — Detesto Armand, mas reconheço que ele te ama! Nunca o vi tão feliz, parece outro homem...

Louise o encarou com firmeza e afirmou:

— Armand nunca irá mudar. Deseja apenas obter algo com que cismou e nada o deterá!

Curioso, Jean-Piérre indagou:

— Do que estás falando, Louise? Como podes falar com tanta frieza do homem a quem vais te unir?

Louise compreendeu que precisaria de alguém para lhe ajudar em seus propósitos. Com o olhar úmido, disse-lhe:

— Creio que chegou a hora de conheceres a verdade! Armand não me atingiu apenas por me mandar embora quando esperava um filho seu... Isabelle me enviou uma carta, alguns dias após a morte de Etiénne, em que me relatou tudo o que ocorreu. Armand, aproveitando-se das rebeliões operárias de fevereiro, contratou um homem para matar Etiénne...

— O que dizes? Isso não pode ser verdade, Louise! Como poderia fazer isso, se estavam separados e há muito não se viam? Além disso, Isabelle certamente não suportaria a ideia de te ver ao lado de Armand. Faria tudo para separá-los!

— Ouve-me, Jean. Devo te contar alguns fatos... — Assim, a moça relatou o encontro com Armand no teatro na Itália e o motivo da partida de Isabelle.

Percebendo a extensão do mal que as atitudes de Armand haviam provocado, Jean-Piérre perguntou:

— O que pretendes fazer? Aceitarás casar com um homem apenas por vingança? Como suportarás conviver com o assassino do teu marido?

Louise deu um suspiro e tornou:

— Vivo para fazer justiça a Etiénne e, para tanto, nenhum sacrifício será demasiado. Se as coisas ocorrerem como antevejo, tudo se resolverá antes que ocorra o casamento.

— Mas ele quer que se realize o mais breve possível. Está contratando criados e pretende organizar uma festa inesquecível!

Louise deu uma risada e concordou:

— Acredita, Jean-Piérre, será realmente inesquecível!

O jantar havia sido servido e os dois se reuniram à mesa com Céline e Constance.

Após saber que elas tinham conhecimento do crime de Armand, ele comentou:

— Sei como se sentem em relação ao meu irmão. Armand sempre afastou as pessoas que se amavam. Comigo não foi diferente. Apresentei-lhe Suzanne, com quem pretendia me casar, e em pouco tempo ele a tirou de mim, conquistando-a; apesar de terem se casado, ele lhe foi infiel, precipitando a minha infeliz noiva em um inferno que a levou à morte!

Céline o observava com atenção e simpatia. Após lhe ouvir o desabafo, falou com ternura:

— Deves ter sofrido muito e eu lamento, Jean-Piérre. Não concordo com as atitudes de Louise, apesar disso. A vingança fere mais o agressor do que a vítima, porque quem se vinga vive com o pensamento no passado, enclausurado na dor sofrida; o agressor de ontem, muitas vezes, se regenera e prossegue com o olhar no futuro e em novas realizações.

— Agradeço suas palavras, senhora, e concordo com suas considerações.

Incomodada, Louise, voltando-se para Céline, retrucou:

— Este não é o caso de Armand, madrinha. Ele destruiu a minha vida e, se fosse preciso, o faria novamente. Alguém precisa detê-lo, senão, no futuro, outras mulheres sofrerão o que eu sofri.

Jean-Piérre falou com discernimento:

— Não nego teu direito de vingares teu esposo. Considero, no entanto, que poderias privar-te do dissabor de conviver com o assassino de Etiénne. Isso não seria um sacrifício deveras cruel? Por que não o denunciaste às autoridades?

Indignada, Louise tornou:

— Achas que não tentei? Esqueces que Armand é o conde D'Avigny? Quem sou eu para acusar um homem de sua estirpe? Aconselharam-me a esquecer o que sabia e me afastar da França.

— Louise! Não tenho sentimentos fraternos em relação a Armand, mas não me agrada vê-la envolvida em uma trama que poderá ser perigosa. Tenho saudades da jovem sorridente e sonhadora que conheci um dia...

Louise falou com tristeza:

— Com essa jovem, Armand acabou com a morte de Etiénne; como bem sabes, Etiénne me salvou de me afogar no Sena, logo após ter sido abandonada pelo teu irmão...

— Sei o que pretendes. Casando-se com Armand, retornarás ao castelo como a condessa D'Avigny e poderás cobrar o respeito com que ele te faltou um dia. Mas valerá tal sacrifício, visto que não o amas? Suportarás, repito, viver ao lado do homem que tanto te prejudicou?

Louise sorriu misteriosamente e a pergunta ficou sem resposta. Jean-Piérre não fazia ideia do que ela tinha em mente.

Era melhor assim... Se contasse o que pretendia realmente fazer ele certamente se oporia e poderia até mesmo arruinar seus planos. Portanto, deveria fazê-lo acreditar que sua vingança se daria apenas no terreno amoroso, tendo Armand à disposição de seus caprichos. Apenas ela sabia o ponto exato em que sua sede de vingança estaria satisfeita.

Na época, Louise desconhecia que a justiça divina é absoluta e concede a cada um de acordo com suas obras. Vítima que havia sido nas mãos de Armand no presente, também ela, um dia, fizera outros sofrerem por sua desídia em relação aos sentimentos alheios.

Por certo, ainda não ouvira falar da Lei de Causa e Efeito, que age em todo o Universo, nos proporcionando as experiências necessárias ao aprendizado de acordo com nossos atos.

Aprendera em sua religião que o perdão deveria ser concedido "setenta vezes sete vezes", ou, em outras palavras, ilimitadamente. Porém, em seu desequilíbrio, oriundo do ódio que acalentava, havia-se esquecido de tudo aquilo em que acreditava.

33 - Novo auxílio

Apesar da insistência de Armand para que o casamento se realizasse com brevidade, Louise conseguiu ganhar tempo, a fim de tomar algumas providências. Precisava obter certas garantias, pois, se algo desse errado, teria que partir da França e precisaria de muito dinheiro.

Assim, aos poucos, conseguiu que Armand passasse para o seu nome algumas propriedades, que ela recebia a título de presentes de casamento. A situação, entretanto, se tornava insustentável, pois, apesar de apaixonado, a personalidade de Armand era muito forte e ela sabia que a qualquer momento ele tomaria uma atitude definitiva.

Preocupada com os acontecimentos, Louise resolveu ir até o castelo sem avisar. Céline procurou de todas as formas dissuadi-la, mas não logrou êxito. Como última instância, resolveu recorrer ao amigo, padre Gastón, para se aconselhar.

Após assistir à missa, aproximou-se de Gastón, que a recebeu afetuosamente.

— Precisamos conversar, Gastón... A nossa menina está em apuros!

Gastón convidou Céline a acompanhá-lo até a sacristia e ofereceu-lhe uma cadeira. Após sentar-se, Céline começou:

— Não sei o que fazer! Louise perdeu o juízo! Vive obcecada com a ideia de vingar-se de Armand. Prometeu-lhe casamento e provoca-o, exige que lhe atenda caprichos absurdos, humilha-o sempre que pode. Temo que ele acabe se cansando e tomando uma atitude que a prejudique. Conheces Armand, meu amigo!

Extremamente preocupado, o sacerdote se sentou e concordou:

— Sim, conheço-o bem! Sei exatamente o que é capaz de fazer, Céline. É muito parecido com a mãe, e nós sabemos o que ela fez um dia...

— É verdade! Pensei que a condessa houvesse perdoado Sophie e que daria uma oportunidade a Louise. Demorei para compreender o que realmente desejava ao chamá-la para trabalhar no castelo! Sinto-me culpada por isso, Gastón. Como pude ser tão tola?

Gastón passou a mão pela cabeça calva e tornou:

— Como poderíamos imaginar que ela desejava se vingar em Louise? Ela jurou protegê-la, esquecendo o passado e a sua origem! Por Deus, ela jurou-me em confissão!

Céline começou a chorar.

— Falhei com Sophie! A aproximação de Louise ao castelo só lhe trouxe infelicidade. Pensei que ao se casar com Etiénne tudo estaria resolvido e ela jamais voltaria àquele lugar! Deus quis que tudo acontecesse de forma diferente, e agora Louise retorna almejando uma vingança em relação à qual temo por sua vida! O que poderemos fazer?

— Posso aconselhá-la! Ela sempre ouviu meus conselhos. Irei visitá-la hoje à tarde — falou o padre.

Céline agradeceu e despediu-se mais confortada.

Junto a ela, no outro lado da vida, Sophie, a mãe de Louise, observava o colóquio. Envidaria todos os esforços ao seu alcance para tentar evitar a tragédia que se desenhava.

Louise partiria em alguns dias para o castelo
Lembrava-se do último encontro que havia tido com Armand, quando ele lhe disse, após fitá-la longamente:
— Estou procurando modificar o meu modo de pensar em relação a muitas coisas, por tua influência. É como se apenas agora começasse a viver realmente. Suzanne me sufocava com os ciúmes dela!
Aquelas palavras foram ditas com um tom tão sincero, que por um instante ela havia titubeado.
Influenciada por Sophie, prosseguiu com as recordações:
— Não dizes nada? — perguntou Armand.
Depois de acariciar seu rosto, ele prosseguiu:
— Reconheço que estou em tuas mãos, Louise. Podes dispor de mim como quiseres! — e, a seguir, falou com o seu inequívoco sorriso provocador: — Se me pedires para que eu me atire do penhasco do castelo, tenha a certeza de que o farei...
Assustada com o sentimento que havia despertado naquele homem, Louise pensou em recuar.
Sophie, a seu lado, a influenciava através do pensamento:
— *Minha filha querida! Esquece essa vingança cruel que te levará à desgraça! Perdoa este homem e segue teu caminho, livre para cumprires o destino que Deus te traçou!*
Um sentimento de insatisfação consigo mesma se avolumou no coração de Louise. Algo lhe dizia que, se Armand havia errado de diversas formas com ela, vingando-se, ela se tornava igual a seu algoz.
O choque com a perda de Etiénne e o ódio que havia sentido ao descobrir o papel de Armand em sua desgraça a haviam

ligado a espíritos vingativos, que desejavam a sua ruína e de Armand.

Antigas vítimas do passado remoto e recente ansiavam por aquele momento. Especialmente Didier, espírito perseguidor de Armand, também passara a secundá-la em suas atitudes, agindo como um parceiro na trama que Louise pretendia levar a efeito.

Como Deus permite essa ação dos espíritos em nossas vidas?

Somos responsáveis não apenas por nossos atos, mas também por nossos pensamentos. Temos sempre a liberdade de pensar o que desejarmos; entretanto, ao fazê-lo, atraímos aqueles que se sintonizam conosco e partilham das mesmas ideias e desejos.

Os pensamentos se "materializam" na esfera espiritual, adquirindo aspectos ainda desconhecidos por nossos irmãos encarnados, mas que implicam responsabilidades que ultrapassam os limites do domínio da vida material.

Na realidade, somos o que pensamos. Se emitimos energias voltadas ao bem, elas atrairão espíritos dessas faixas vibratórias; se nos afeiçoamos ao mal, da mesma forma.

Assim, Deus nos concede, por sua misericórdia infinita, o livre-arbítrio para construirmos nosso caminho em direção à felicidade pelos caminhos que escolhermos. A conquista da felicidade não nos é opcional. Todos seremos felizes a despeito de nossas momentâneas tristezas ou frustrações; fica, no entanto, a nosso critério, pelas escolhas e decisões que tomarmos na vida, o tipo de experiências que nos serão necessárias ao aprendizado indispensável.

Louise ainda se encontrava perdida em suas lembranças, quando ouviu a criada anunciar o padre Gastón.

Surpresa com a chegada do sacerdote, ela o recebeu com alegria, pois sentia-se oprimida com os sentimentos contraditórios que a envolviam. Gastón a fitou e foi direto ao ponto:

— Com estás, minha filha? Algo me diz que este coração está cercado pelas sombras do passado!

Louise curvou-se e, segurando as mãos do velho amigo, disse:

— Ah, como desejaria poder revelar minhas aflições ao senhor! Mas isso não é mais possível. Preciso terminar o que comecei!

Preocupado, Gastón segurou suas mãos e disse enfaticamente:

— Por Deus, Louise! Ainda é tempo de evitares uma tragédia para a tua alma! Desiste do mal que desejas fazer e te libertarás do sofrimento que te aflige! A vingança não te trará paz, minha filha, isso é uma ilusão. Apenas o perdão te desligará da dor que um dia te golpeou! Dedica-te a teu filho, a uma causa nobre, e poderás encontrar a felicidade novamente!

— Não posso, padre! Sinto-me algemada a esta promessa e deverei cumpri-la! Devo isso à memória de Etiénne.

Compadecido, Gastón considerou:

— Digo-te com toda a convicção de minh'alma que ele não deseja que assim o faças! Etiénne era um homem bom, correto, uma alma iluminada pelo sofrimento. Não desejaria ver-te praticando o mal em seu nome!

Louise titubeou e respondeu:

— É o que me dá forças para viver, padre! Ver que meu filho terá a morte do pai vingada!

— Louise! Ouve-me! André nada sabe sobre a morte do pai. Saberá um dia o grande homem que ele foi! Estás cometendo um erro em aproximá-lo do algoz de Etiénne com este casamento sem amor, nascido do ódio!

Louise começou a chorar convulsivamente diante da angústia que a ideia de conviver com Armand lhe despertava. Uma onda de desprezo e raiva se apossou de seu coração, e Didier, o espírito vingativo que desejava a mesma desforra sobre Armand, aproximou-se. Sob o impacto daquela presença espiritual o choro cessou e, secando os olhos com um lenço, aparentemente mais tranquila, ela falou:

— Perdoe-me, mas não posso me deixar levar pelas emoções neste momento, padre Gastón. Os maus devem ser punidos, para que não continuem a prejudicar os bons! Armand continuará fazendo todos a sua volta sofrer se não for detido!

Sem compreender a mudança repentina, Gastón a admoestou:

— Não cabe a nós fazermos justiça, Louise! Existe uma justiça divina, sábia e impoluta, que decide o que pertence a cada um!

— Mas essa justiça pode tardar demais! Lamento, padre, mas é tudo o que tenho a lhe dizer.

Diante da atitude de Louise, Gastón baixou a cabeça, penalizado, e retirou-se. Sabia que Louise havia escolhido um caminho que a afastava de Deus... e que isso seria a sua ruína.

Louise, sob as instâncias de Céline, resolvera avisar que iria ao castelo D'Avigny e não se surpreendeu ao ser recebida como a legítima dona do solar.

Armand havia exigido o máximo da criadagem, tornando o escuro, frio e desconfortável castelo iluminado, enfeitado e aquecido para a sua nova esposa.

Jean-Piérre e Francesca, junto às crianças, a recepcionaram com o carinho que lhes era peculiar, e Laurent abraçou sua futura madrasta com efusões de felicidade.

Tudo parecia sorrir, e uma nova vida estava para começar... Sim, haveria um novo começo, mas muito diverso do que todos imaginavam!

Louise tratou a todos com doçura e amabilidade, especialmente Armand.

Procurando conter os ímpetos do noivo apaixonado, ela passou a frequentar o gabinete de Armand, procurando inteirar-se de seus assuntos pessoais.

Com a desculpa da organização da festa para o casamento, lia a correspondência, anotava medidas relativas ao castelo, tomava providências.

Tanya Oliveira ditado por Eugene

Preocupada com algum percalço em seus planos que viesse a prejudicar os demais integrantes da família D'Avigny, solicitou a Armand que, em sua homenagem, como presente de núpcias, cada um recebesse uma propriedade.

Armand, a princípio, achou a ideia absurda e não concordou, pois isso não lhe pareceu uma atitude plausível. Louise, cercando-o de carinhos, disse:

— Armand, sei que és generoso, apesar dessa couraça que te cobre o coração! És um conde e, desde que assumiste os negócios, a fortuna voltou a te sorrir. Tens tudo o que desejas, inclusive a mim... — e, dizendo isso, sorriu com doçura. — O que custaria distribuir algo de nossa felicidade aos entes que tanto amamos? Não estou pedindo para o meu filho, mas para os teus familiares! Sei que Jean-Piérre sonha em voltar para a Itália; Laurent gostaria de se aventurar pela América. Por que não o fazer?

— Mas Jean-Piérre é meu herdeiro apesar de tudo, assim como Laurent um dia herdará meu título e minhas posses...

— Como também é verdade que viverás muito e eles não poderão usufruir como deveriam desses bens! Seria um presente para a tua futura esposa...

Envolvido pela paixão, Armand se aproximou e a abraçou, beijando-lhe o rosto, os cabelos, a boca. Louise entregou-se aos seus carinhos, pois precisava chegar até o fim.

Com a concordância de Armand em relação aos seus caprichos, Louise teve acesso a tudo que lhe poderia ser útil no momento que desejasse: as cartas de Armand e, principalmente, o fato de ter conseguido, com algum treino, copiar a sua letra, inclusive a assinatura; do sinete da família D'Avigny não foi difícil conseguir uma cópia, visto que ela mesma teria um em breve.

Satisfeita com o que obtivera em sua viagem, Louise anunciou que retornaria a Paris para acertar os últimos detalhes do enxoval.

Todos protestaram, argumentando que ela poderia fazê-lo sem precisar retornar. Jean-Piérre, que se acostumara com a ideia do casamento, pediu-lhe que ficasse com insistência.

Louise, porém, foi categórica e aproveitou a ocasião para revelar o presente que ela e Armand dariam para festejar a sua união.

Inicialmente, os benefícios que Louise obtivera de Armand causaram espanto, mas em pouco tempo a felicidade tomou conta daqueles corações; Louise, sinceramente, regozijou-se em ter conseguido aquela vitória junto ao seu futuro marido.

34 - A denúncia

Após retornar a Paris, Louise foi à procura do seu contato no partido conservador.

Armand possuía muitos inimigos, que havia granjeado ao longo de sua vida. A sua personalidade arrogante e hostil afastara tanto a nobreza quanto a burguesia de suas relações.

Desde a época do conde, seu pai, a questão das terras do castelo era discutida com os proprietários das redondezas. Falava-se, então, que o conde D'Avigny — pai — ocupara de modo ilegal terras que não lhe pertenciam, avançando seus limites territoriais exageradamente.

A disputa havia sido acirrada e, por fim, a influência política da família D'Avigny havia falado mais alto. Com a perda das terras, o castelão vizinho diminuíra a sua produção, já deficitária, o que ocasionou a ruína de uma longa estirpe de nobreza e opulência.

Ao deixar o mundo, o duque Didier fez com que seus descendentes jurassem se vingar do clã D'Avigny. Percebendo que a vida prosseguia além da morte, Didier continuou com seus planos de vingança, aliando-se a outros espíritos encarnados e desencarnados.

No plano material, Louise se adequara perfeitamente aos seus objetivos ao ligar-se a ele por anseios em comum. Inconscientemente, quando decidiu vingar-se de Armand, ela se aliou à falange de Didier e, sob sua influência, passou a agir de modo a comprometer seu futuro espiritual por um longo tempo.

Naquele dia, Louise preparava-se para sair, quando André fugiu dos cuidados de Céline e correu para o seu quarto. O menino sorria, corado da travessura que fizera, e se atirou no colo de Louise, rogando-lhe atenção e carinho.

Apesar do contratempo, Louise o acolheu e percebeu a semelhança que a criança possuía com Etiénne. O olhar profundo, o nariz, a boca... Tudo lembrava Etiénne.

A saudade da presença do homem que amava, do seu sorriso, da sua voz, do contato carinhoso que lhe sustentava a vida se tornou tão forte e profunda, que Louise sentiu uma dor quase física.

Era como se alguém a tivesse ferido violentamente naquele momento; ela teve mesmo que afastar André, pois precisou apoiar-se junto à escrivaninha.

Céline, que havia entrado no aposento no encalço de André, presenciou a cena e acorreu, preocupada:

— Por Deus! O que houve, Louise?

Louise secou as lágrimas que caíam em profusão e, com a voz marcada pela dor, exclamou:

— Céline! André me fez recordar de Etiénne com tantas saudades que me senti mal! O peito doeu com tanta intensidade que pensei que iria morrer...

— Louise, minha filha! Precisas cuidar de tua saúde! Tens André para cuidar e orientar pelos caminhos da vida. Deixa o passado para trás e segue em frente!

Louise arrumou o traje e, se despedindo de André, sentenciou:
— Agora é tarde, Céline. Não posso recuar!

Cerca de meia hora mais tarde a carruagem de Louise parou junto a outra, que a esperava próximo ao cemitério de Montmartre, conforme havia sido combinado.
Um homem vestido elegantemente desceu de sua carruagem e entrou na de Louise. Com poucas palavras, Louise entregou as cartas que havia trazido ao homem.
Ele as analisou e fez um sinal positivo com a cabeça. A seguir, disse, sorrindo sarcasticamente:
— Finalmente, poderei colocar as mãos no conde D'Avigny!
Louise fingiu não ouvir e procurou lembrá-lo do que haviam acertado:
— Senhor, cumpri a minha parte. Espero poder confiar em sua palavra de que não haverá represálias para o resto da família, que é tão vítima de Armand quanto os demais...
O homem fitou Louise de forma misteriosa e abriu a porta da carruagem; antes de sair, porém, falou:
— Armand é a caça, senhora. O resto não me interessa.
— Quando pretendem denunciá-lo?
Louise entendeu que seria em breve. Fez um sinal para o cocheiro e retornou para a sua mansão em elegante bairro parisiense.
Admirava-se de não ter nenhum sentimento em relação ao que acabara de fazer. Sentia-se sem emoção, fria, alheia a tudo.
Agora restava apenas esperar.

Armand vinha seguidamente a Paris desde que se reaproximara de Louise. A princípio, ela se aborrecia, mas com o passar do tempo a presença de Armand já não lhe era tão intolerável.

O ódio que passara a sentir por aquele homem que havia destruído sua felicidade se mesclava ao reconhecimento de que ele mudara. Havia-se tornado mais afável, e a intolerância — sua característica marcante — dava lugar a uma nascente desvalorização de seu próprio ponto de vista.

Assim, quando ele chegou trazendo mais um presente para Louise, fato que se tornara rotina, ela agradeceu com um de seus mais cativantes sorrisos.

O dia transcorria normalmente e, apesar da insistência de Armand em ver os preparativos do enxoval, Louise se esquivava, inventando desculpas, para que ele não descobrisse a verdade: não havia nenhum preparativo de sua parte.

A certa altura, a campainha soou e o criado foi atender. Distraída, Louise pensou ter ouvido mal quando o nome de Isabelle foi anunciado.

Armand se ergueu e fez menção de se dirigir à entrada da mansão, mas Louise o deteve e pediu que Isabelle fosse conduzida até eles.

Céline, que ouvira o nome da moça, se aproximou e aguardou, para ver do que se tratava. Isabelle entrou no recinto e, ao ver Armand, empalideceu. Contida, falou secamente:

— Não desejo perturbar os pombinhos! Soube que vão se casar em breve. Dou-lhes os parabéns, pois vocês se merecem!

Os olhos de Armand reviveram a antiga fúria que tão bem conheciam; antes que a antiga agressividade se manifestasse em suas palavras, Louise considerou:

— Não vieste aqui para nos desejar felicidades no matrimônio, Isabelle. Por favor, fala o que te trouxe a minha casa!

Isabelle fitou Armand e prosseguiu:

— Não era meu intento falar na presença do conde, mas isso não fará diferença a estas alturas. — Ao ver Céline, disse: — Creio que poderás me ajudar a confirmar o que tenho a revelar...

Impaciente, Armand ordenou:

Tanya Oliveira ditado por Eugene

— Fala o que queres e retira-te daqui!
Isabelle sorriu e tornou:
— Temes alguma coisa, Armand? Alguma revelação que acabe com o teu casamento?
Temendo que Isabelle contasse que sabia do envolvimento de Armand na morte de Etiénne, Louise se antecipou:
— Do que se trata, Isabelle? Se quiseres falar em particular...
— Não, Louise. Agora, prefiro falar na presença de todos. Ocorre que o meu pai, o duque de V., tem pouco tempo de vida... — Os olhos de Isabelle se encheram de lágrimas.
Na realidade, Isabelle havia mudado! A beleza fria e serena havia dado lugar a traços duros e marcantes. O tempo revelava sua ação em seu semblante, e a jovem de outrora dava lugar a uma mulher envelhecida precocemente.
Louise lamentou o fato e insistiu mais uma vez, perguntando o que Isabelle realmente desejava. A duquesa respondeu:
— Há poucos dias, meu pai me revelou que há alguns anos, mais precisamente vinte e dois anos, teve um romance com uma das criadas do castelo. Após algum tempo, essa moça se afastou repentinamente, deixando uma carta na qual dizia que precisava partir, pois não desejaria destruir nossa família com um escândalo.
À medida que Isabelle falava, Céline revelava grande inquietude e, por fim, Louise lhe serviu um copo de água para aliviar seu mal-estar. Interrompida com a cena, Isabelle prosseguiu:
— Céline conhece essa história... Meu pai procurou a criada por toda a parte sem conseguir encontrá-la, até que desistiu. Minha mãe jamais tomou conhecimento dessa insensatez, graças a Deus!
Impaciente, Louise a inquiriu:
— O que isso tem a ver conosco?
Isabelle retomou a palavra:
— Ocorre que ele citou um nome que ouvi minha madrinha falar no castelo D'Avigny: Sophie Chernaud!
Louise deu um grito:

— Minha mãe!

Foi então que Armand se adiantou e relatou o que havia acontecido:

— Enganas-te, Isabelle, ao pensar que tua mãe nada sabia sobre esse assunto. Ela descobriu o romance do duque e pediu auxílio a minha mãe para separá-lo de Sophie...

Louise fitou Armand e perguntou:

— Por que não me disseste antes? Por que me escondeste este fato?

— Não queria te perturbar com essa questão, afinal, considero nosso casamento mais importante!

— Armand! Isso diz respeito a minha vida, a meu pai!

— Acalma-te! Se alguém te deve explicações, não sou eu... Mas, se me permitem, continuarei este relato: como dizia, minha mãe lembrou-se de uma antiga criada de nossa casa, de sua confiança, e pediu que ela abrigasse Sophie, assim não a perderia de vista. Em troca, ela auxiliaria a manter a criança... — e, voltando-se para Céline, comentou: — Tu podes contar o resto com mais exatidão, Céline.

Céline chorava muito. Louise não conseguia pronunciar nenhuma palavra, apenas a fitava, estarrecida:

— Fui obrigada a participar desta trama!

— Isso é mentira! — disse Armand com firmeza.

— Ouçam-me, por favor! — bradou Céline. — Minha história foi semelhante à de Sophie. Acho que foi isso que nos uniu por toda a vida... Aliás, esses romances sempre aconteceram entre senhorios e criadas, mas no nosso caso amávamos verdadeiramente! Infelizmente, a história se repetiu com Louise!

Mais refeita, Louise questionou:

— Céline! O que significa isso? Como me enviaste ao castelo, sabendo que a condessa me odiava e que desejava o meu mal?

— Ela me convenceu de que te ajudaria, Louise! Disse que havia perdoado Sophie e que queria reparar o mal que fizera, e que levaria os fatos ao conhecimento do duque.

— Na verdade, o que minha mãe queria era cumprir uma promessa feita no leito de morte da duquesa de V.: vingar-se de Sophie através de Louise... — completou Armand.

— Não quero ouvir mais nada! — disse Louise em prantos.

Céline, no entanto, continuou:

— Chegou a hora de esclarecer tudo, minha filha. O conde Armand desconhece que perdeu um irmão no nascimento. Eu e Geneviéve ficamos grávidas quase ao mesmo tempo, mas ela perdeu a criança poucos dias após dar à luz. O conde viu a oportunidade de levar nosso filho para o castelo. Jurou-me que protegeria o menino e que Geneviéve jamais saberia a verdade. Tudo aconteceu muito rapidamente, pois Geneviéve precisou de cuidados após o parto e não percebeu a ausência de seu filho por alguns dias... Esse menino é Jean-Piérre!

Isabelle, procurando concatenar as ideias, perguntou:

— Por que aceitaste? Por que não lutaste por teu filho?

Depois de um longo suspiro, Céline respondeu:

— Porque ele seria criado pelo próprio pai, que poderia dar-lhe uma vida digna, longe da pobreza em que eu vivia...

Todos estavam estarrecidos ante as revelações daquela tarde.

Em virtude de muitos desenganos, em que o ódio substituiu o amor, a vingança tomou o lugar do perdão, acompanhada, como sempre, pela dor e pelo sofrimento.

Estariam mais felizes se tudo tivesse sido diferente? Impossível dizer.

O que podemos afirmar é que a vida deveria ser tecida por laços de amor; a dor do homem se origina sempre no orgulho e no egoísmo, quando fazemos com que os nossos interesses mesquinhos se sobreponham às leis maiores que nos regem a existência.

35 - Diante da verdade

 Todos ainda estavam sob o impacto das revelações inesperadas. Na realidade, no plano espiritual, Sophie, Suzanne e Etiénne aguardavam as decisões que os encarnados tomariam em função do seu livre-arbítrio.
 Sabiam que as ações desencadeadas por Louise teriam grandes repercussões no futuro espiritual de todos, principalmente em seu próprio caminho.
 Com a descoberta de sua verdadeira origem, sabendo que ela era filha do duque e irmã de Isabelle, acreditavam que poderia mudar sua atitude e ainda evitar que tudo estivesse definitivamente perdido.
 Etiénne não aceitava serenamente o enlace de Louise com Armand, mas antes de tudo entendia que o mal que ela tencionava fazer ao seu algoz os afastaria por um longo período.
 Perplexa e decepcionada, Louise comentou ironicamente:
 — Fala, Céline, existe mais alguma coisa que desconheço? Quem mais sabe desta história?

Céline ergueu o olhar e respondeu com amargura:

— O padre Gastón sabe de todos estes fatos... Sempre me aconselhou e tentou impedir tua ida para o castelo, lembras-te? Sei que me condenas, Louise, mas imploro que entendas que fui enganada por Geneviéve! Desconfio de que ela tenha descoberto que Jean-Piérre era meu filho; meu e do conde D'Avigny...

— É um bastardo que não permanecerá no castelo, usando um título que não lhe pertence! — disse Armand, enraivecido.

— Não, Armand! Jean-Piérre não pode ser punido por erros que não cometeu — disse Louise exasperada. — Não podes lançar teu ódio contra um inocente!

Tomado de ira, Armand voltou-se para Céline e explodiu:

— Esta mulher fez a infelicidade de todos nós com suas mentiras, provavelmente enganando a meu pai, um tolo! Quem poderá afirmar, sem qualquer dúvida, que Jean-Piérre é realmente filho dele, como ela diz?

Ofendida, Céline se ergueu e caminhou em direção a Armand. Após fitá-lo intensamente, afirmou:

— Jamais faças qualquer alusão ao teu pai, que foi um homem justo, digno e, acima de qualquer coisa, um homem de honra! Não assumiu a criança publicamente porque eu não o permiti, pois isso desonraria o nome D'Avigny! Ele não me repudiou pela minha origem humilde nem abandonou o próprio sangue por vergonha!

Estranhando o tom de Céline, Armand questionou:

— O que estás insinuando? O que estás dizendo, mulher?

— Não, por favor! Cala-te, Céline!

— De que adianta agora omitir, Louise? Por mais que diga te amar no presente, este homem já te fez muito mal!

Percebendo que o seu plano desmoronava, Louise falou:

— Eu o perdoei! Esquece isso, Céline...

Indignada com a atitude de Louise, Isabelle atirou em seu rosto:

— Perdoaste? Como podes perdoar o homem que... — Louise a interrompeu, antecipando a revelação:

— Sim, Isabelle! Perdoei por ele ter me mandado embora do castelo. Armand não sabia que eu estava esperando um filho dele!

O olhar de Armand refletia o seu horror. Aproximou-se de Louise e, segurando-a com força, bradou:

— Por que não me contaste, Louise? Por que me omitiste que estavas grávida? E a criança? Onde está esta criança?

— Eu perdi a criança, Armand. Caí na escadaria e perdi a criança...

Armand ficou em silêncio. A seguir, questionou:

— Estavas casada... Etiénne sabia da gravidez?

— Sim — respondeu Louise. — Etiénne me propôs casamento para dar um nome para o nosso filho.

Armand sentiu vergonha. O homem que mandara matar havia assumido o seu filho! Tinha consciência de que, mesmo que houvesse sabido da gravidez de Louise, não assumiria a criança.

Diante de mais aquela revelação, Isabelle resolveu se retirar. Não havia nada mais a fazer naquela casa; antes, porém, de sair, falou para Louise:

— Meu pai deseja te ver antes de morrer!

Louise permaneceu em silêncio. Estava cansada demais para falar, pensar, agir. Sentia o corpo todo doer, como se tivesse sido esmagada.

Ia dar um passo à frente, mas suas pernas fraquejaram e ela desfaleceu; o desgaste havia sido muito grande, e as forças psíquicas da moça estavam exauridas. Armand a amparou, e Céline abriu caminho em direção ao quarto.

O médico foi chamado e Louise, com febre alta durante três dias e noites, delirava, pronunciando palavras desconexas; repetia alguns nomes, entre eles, Etiénne, Sophie, Didier...

Armand não se afastou de seu leito, e Céline jurou a si mesma que, quando Louise se recuperasse, se afastaria de seu caminho para sempre.

A recuperação lenta de Louise deu ensejo à permanência constante de Armand na mansão. O fato de Louise ter perdido um filho seu tornava patente a Armand o canalha que havia sido, quando praticamente a expulsara do castelo. Pensava então que, com a dedicação que tencionava demonstrar-lhe doravante, deixaria claro o quanto havia mudado e o seu desejo de reparar o mal que havia causado a ela.

Louise, por sua vez, permanecia em um silêncio preocupante, sem falar absolutamente nada por longas horas, com o olhar distante, como se vivesse em outra dimensão.

Jean-Piérre e Laurent vieram visitá-la. Intrigado com a doença desconhecida de Louise, o primeiro procurou Armand. Ao encontrá-lo próximo a uma janela lateral da mansão, fumando o seu aristocrático cachimbo, Jean-Piérre o inquiriu:

— O que aconteceu com Louise, afinal? Perguntei a Céline, e ela hesitou em responder... Louise pareceu-me distante, sem desejar falar sobre o assunto.

Armand deu uma baforada e, contrariado, respondeu:

— Aconselho-te a aguardar os acontecimentos. Assim que Louise estiver melhor nos casaremos e, quando ela estiver fortalecida, poderás lhe falar a respeito.

— Mas o que houve? Por que este mistério? Tem algo a ver comigo, Armand?

Propositadamente, Armand respondeu de modo evasivo:

— Talvez. Por ora é só o que tenho a te dizer.

Aborrecido, Jean-Piérre compreendeu que a conversa havia terminado e se retirou, prometendo retornar para esclarecer a situação.

Poucos minutos após a saída de Jean-Piérre, uma criada entrou com um papel nas mãos e, fazendo pequena reverência, entregou um envelope ao conde.

Armand observou o papel, tentando identificar sua procedência. Verificou que provinha de um membro da nobreza de suas relações. Apesar de estranhar o fato, abriu o envelope e viu se tratar de um convite para uma reunião do grupo de monarquistas.

Certo de que Louise estava fora de perigo, foi à suposta reunião em conhecido café, considerado reduto dos monarquistas de Paris.

LAÇOS DA VIDA

Ao chegar, Armand cumprimentou a todos os que ali se encontravam, mas estranhou a ausência daquele que o convidara. Entendeu que o mesmo devia estar atrasado e iniciou as conversações.

Ao olhar os semblantes, notou que existia alguma coisa indefinida no ar; algo que o incomodou pairava no silêncio daqueles homens.

Profundo mal-estar se apoderou de Armand. Tinha a sensação de que havia alguma coisa errada, como se o acusassem apenas com o olhar. Procurando manter a tranquilidade, indagou de um homem de cabelos brancos que estava sentado à sua frente:

— Dize-me, barão, o que está acontecendo? Existe algum fato que desconheço, meu amigo?

Inesperadamente, o barão se ergueu e disse sem meias palavras:

— Não costumo contar entre meus amigos os traidores da França!

Sem compreender, Armand tornou:

— Creio que estás enganado, barão. Sou tão dedicado à França como todos os que aqui se encontram! Desejo tanto quanto meus pares que a França se liberte de Luís Napoleão, que tem agido contra os nossos interesses. Não entendo esta fria recepção de meus pares.

Naquele momento, o barão se virou e percebeu que o autor do convite a Armand se aproximava. Sem esperar que ele se pronunciasse, exigiu:

— Apresenta as provas que conseguiste contra este traidor!

O duque Louis de Savoy retirou alguns envelopes do bolso de seu casaco e os apresentou ao barão.

Avidamente, ele os abriu e começou a ler. Exaltado, com as faces rubras, o barão balançou a correspondência no ar, afirmando:

— Vejam com os próprios olhos o que este traidor estava tramando contra nós!

Os demais então se aproximaram e, ao lerem o conteúdo das cartas, verificaram que eram documentos nos quais

Armand se comprometia de maneira clara com os interesses adversários. Colocava-se aos pés de Luís Napoleão, oferecendo como prova dessa adesão a delação de uma trama contra o presidente.

O grupo ali reunido não sopitava o espanto que lhes advinha do que ouviam. Jamais poderiam supor que Armand D'Avigny partilhasse de uma posição antimonarquista.

Com os ânimos acirrados, amedrontados com os movimentos sociais que insuflavam toda a Europa, nem sequer permitiram a defesa de Armand, conhecido por suas posições monarquistas. Na realidade, Armand jamais aceitaria interesses diversos do seu *status* social.

Lembraram-se então das posições políticas de Jean-Piérre e da ligação de Armand com Louise. Sabiam que em breve se casariam e também como o primeiro marido de Louise havia morrido, participando de um movimento revolucionário. Assim, definitivamente, os que ainda relutavam em acreditar se deram por vencidos.

Louise se prevenira e intrigara o nome de Armand com Luís Napoleão, que, vaidoso e obcecado com a ideia de se tornar imperador como o tio, perseguia todos os que se opusessem aos seus interesses.

Sabendo que o conde se encontraria naquele local, naquele dia e hora, não demorou muito para que a guarda nacional entrasse e prendesse Armand, para surpresa dos monarquistas.

Na realidade, as cartas resolviam tanto para os monarquistas como para o então governante a questão de eliminar Armand, que possuía muitos inimigos.

Furioso, contorcendo-se, ele procurava esclarecer que aquilo tudo não passava de um engano.

O conde, então, quase a lhe esfregar no rosto, mostrou-lhe as cartas nas quais, absolutamente surpreso, Armand reconheceu a própria letra e seu brasão. Estupefato, gritou que as cartas eram falsas, que jamais as havia redigido, mas foi tudo em vão.

Armand foi recolhido à prisão e não mais retornou à mansão de Louise.

⊗

Apesar de seus protestos, Armand foi encarcerado, permanecendo incomunicável.

O duque Louis de Savoy, que era o contato de Louise, mandou-lhe um bilhete lacônico em que se liam as seguintes palavras: "Tudo correu conforme o planejado".

Debilitada, Louise leu a mensagem, parecendo não dar nenhuma importância ao fato.

Jean-Piérre, ao saber da prisão de Armand, foi visitá-la.

Louise, que estava recostada em um poltrona, pediu que ele se sentasse. A seguir, contou-lhe a verdade sobre a sua origem, terminando por lhe dizer que os dois tinham vivido toda uma existência de mentiras.

Jean-Piérre insistia em não aceitar a verdade, e Louise pediu que Céline fosse chamada. Aflita, Céline entrou no aposento, empalidecendo ao ver Jean-Piérre. Apertando as mãos em um gesto nervoso, perguntou:

— O que desejas de mim, Louise? Sabes que estou de partida...

Louise a fitou e tornou:

— Creio que antes de partir deverias ter uma conversa com teu filho.

Céline pousou o olhar no rapaz e disse melancolicamente:

— O meu filho foi criado por uma condessa. Não vou importuná-lo com uma história que se perdeu no tempo... Não desejo que tenha vergonha de sua mãe. Sei que jamais irá me considerar como tal e tenho consciência de que não posso exigir um amor que não lhe dei!

Jean-Piérre se levantou e exclamou, alterado:

— Não tinhas a intenção de me contar a verdade, não é mesmo? O teu intento era de morrer com este segredo!

Céline limpou as lágrimas, que caíam grossas sobre seu rosto. Com profunda expressão de dor na voz, retrucou:

— Por favor, meu filho, coloca-te no meu lugar! Se soubesses que teus filhos seriam mais felizes longe do teu coração, mesmo que isso significasse a tua infelicidade, o que farias?

Jean-Piérre ia falar, mas calou-se. Era pai e, por um instante, pensou no dilema que Céline havia vivido. Louise, percebendo que ele, cedendo à sua boa índole, tendia para o perdão, afirmou:

— Jean-Piérre! Fomos enganados! Como poderemos cobrar a nossa desdita por não termos tido o carinho de um pai e de uma mãe? Cresci longe de meu pai, passando por sacrifícios e humilhações! Tu nunca tiveste o amor da condessa, pois ela só tinha olhos para Armand. Como reaver esse tempo perdido em nossas vidas?

Ele se voltou e disse:

— Louise, minha querida amiga! Existem coisas na vida que perdemos e precisamos nos conformar com o fato. Esta mulher, que te abrigou em seu lar, já sofreu muito para que eu a julgue! Se a sua consciência não a acusa, se ela pretendeu me aproximar de meu pai, procurando propiciar-me uma vida melhor, posso compreendê-la. Agora preciso auxiliar Armand, pois a situação é grave.

— Armand não faria isso por ti, Jean-Piérre! Afasta-te daqui com Francesca e teus filhos! Deixa que a justiça cuide de Armand!

Surpreso, Jean-Piérre exclamou:

— Louise, meu irmão não tem nada a ver com esta denúncia! Nunca trairia os monarquistas! Jamais aceitou a República, sabes tão bem quanto eu disso!

— Mas as cartas estavam com a letra e a assinatura de Armand! Além disso, o brasão de tua família está impresso nelas...

Preocupado, mas sem desconfiar de Louise, o rapaz exclamou:

— Isso foi uma armadilha que prepararam para Armand. Ele sempre teve muita influência com suas opiniões, apesar de se relacionar com poucas pessoas. O nome de nossa família sempre teve destaque na política. Irei ter com as autoridades e farei tudo o que for possível para ajudá-lo. Assim que tiver notícias, te aviso.

Louise concordou com um sinal afirmativo. Sabia de antemão que não haveria nenhuma novidade.

Enquanto isso, Armand, na prisão escura e fétida, procurava explicações para sua situação. Sentado no chão que lhe servia de leito, com a cabeça recostada na parede, refletia. O que realmente ocorrera para que chegasse àquela situação? Quem poderia estar por trás daquela armadilha?

Reconhecia que inimigos não lhe faltavam. Nunca se preocupara em fazer amizades nem em conquistar a simpatia de quem quer que fosse. Por que, entretanto, alguém desejaria prejudicá-lo tão profundamente? Isso só poderia ser obra de um grande desafeto, de alguém em quem inspirava um ódio profundo!

Instintivamente, seu pensamento deteve-se na imagem doce e meiga de Louise, e uma sensação de opressão atingiu o seu coração pesadamente. "Louise!", pensou. "Como estará ela ao saber de minha prisão? Minha pobre noiva! Deve estar desesperada, talvez temendo perder-me!", imaginava com um velado deleite. "Assim que tudo for esclarecido, celebraremos o casamento e poderei tê-la finalmente a meu lado!", confiava a si mesmo.

Ocorre, todavia, que os dias foram passando e nada se alterava na situação de Armand.

A maioria detestava tudo o que Armand representava: a nobreza, o dinheiro, a arrogância; Luís Napoleão, apesar da denúncia, não confiava no conde. Assim, o interesse de ambas as partes era no sentido de afastá-lo de qualquer forma.

Jean-Piérre moveu todos os recursos que tinha à sua disposição; sua inconformidade com o destino do irmão fez com que o plano de Louise atingisse mais vítimas do que ela supunha: Jean-Piérre foi preso.

Assim que soube, Louise foi à procura do duque Louis de Savoy e cobrou-lhe a palavra de que não atingiria os familiares de Armand. Com uma risada sarcástica, o conde lhe respondeu que não poderia perder a chance de prender dois D'Avigny!

Desesperada, Louise conseguiu que Francesca e as crianças saíssem da França, retornando novamente à Itália.

As coisas fugiam do controle, e o inferno de Louise na Terra estava apenas começando...

Nossos atos imprevistos e avessos às leis de nosso Pai costumam dar início a processos mais intrincados do que imaginamos. Uma atitude desse jaez pode ser o estopim de séculos de sofrimentos a tantos quantos se achem incursos nesta faixa de resgate.

Sem poder mais adiar, Louise partiu ao encontro do pai, o duque.

A viagem tornou-se demasiado cansativa para ela, que se encontrava com os nervos abalados devido aos últimos acontecimentos.

Logo ao chegar, foi recebida por Isabelle, que, com os olhos brilhando, disse com um sorriso:

— Graças a Deus! Temia que Armand ficasse impune de todo o mal que causou...

Louise sorriu enquanto tirava o chapéu e declarou:

— Posso te assegurar que não deves agradecer apenas a Deus...

Curiosa, Isabelle perguntou:

— O que queres dizer?!

— Deves agradecer a mim, que me dediquei muito para obter este sucesso, minha irmã, se assim me permites te chamar! — disse Louise de forma misteriosa.

Isabelle a fitou com intensidade e afirmou:

— Se tens algo a ver com a prisão de Armand, podes me chamar de irmã, sim! Já te odiei muito um dia, mas consegui enfim compreender que a culpa foi de Armand e que foste mais uma vítima em suas mãos. Apenas não entendo o porquê de Jean-Piérre ser atingido. Não eram apenas amigos? Ou mais do que isso?

Tornando-se séria, Louise replicou:

— Nunca tive nada com Jean-Piérre, Isabelle! Isso não estava nos planos e preciso libertá-lo de qualquer forma.

— Tentarei te ajudar, Louise. Não vejo motivo para punir Jean-Piérre. Podes contar comigo!

Assim, as duas "irmãs", embaladas na falsa felicidade da vingança, rumaram para o interior do castelo, onde o duque as aguardava em seus últimos momentos de vida.

O quarto jazia na penumbra, o que causou certo mal-estar em Louise.

A decoração requintada falava do bom gosto com o qual o ocupante do aposento estava acostumado.

No leito, recoberto por finos lençóis, se encontrava um homem aparentando uns cinquenta e poucos anos. Um suor abundante umedecia suas vestes, indicando que a febre estava alta.

Isabelle se aproximou e, verificando se o duque se encontrava desperto, falou:

— Meu pai, eu trouxe alguém que deseja lhe ver!

O duque abriu os olhos com dificuldade e logo um intenso brilho se fez presente em seus olhos azuis. A seguir, perguntou ansioso:

— É ela? É minha filha?

— Sim! — respondeu Isabelle e, voltando-se, fez um sinal para Louise se aproximar.

A moça deu alguns passos e se postou junto ao leito. O pai tentou se erguer, mas Louise fez um gesto delicado, impedindo-o. Aproximou-se mais e, fitando-o com serena energia, disse:

— Não convém que faça esforços desnecessários, senhor! Atendi ao seu chamado assim que me foi possível.

Ao vê-la melhor, Gilles exclamou, admirado:

— Sophie! É inacreditável a semelhança! — e os olhos do duque se encheram de lágrimas.

— Por favor, meu senhor! Não desejo perturbá-lo com lembranças que só lhe farão mal.

Isabelle, cujo caráter se parecia com o da mãe, demonstrando certa frieza, perguntou:

— Por que nunca me contaste a respeito de Louise, meu pai? Por que somente agora me revelaste a sua existência?

O duque, demonstrando grande dificuldade para falar, tornou:

— Porque eu jamais poderia imaginar que tinha uma filha além de ti! Quando Sophie abandonou o castelo, disse que não me obrigaria a enfrentar um escândalo por sua causa. Achei que não me amasse mais e que havia encontrado um antigo amor... Que eu havia sido somente uma aventura. Apesar do meu orgulho, procurei-a por toda a parte, mas não consegui encontrá-la!

— Na verdade, a duquesa a havia ameaçado de morte ao saber da gravidez. Foi para preservar a minha vida que ela aceitou partir! — disse Louise com os olhos úmidos.

— Sim! — aquiesceu o duque. — Tua mãe foi uma mulher excepcional e a amei durante toda a minha vida. Permita Deus que eu a encontre após a minha morte, minha filha. Quanto à pergunta de Isabelle, descobri há pouco tempo a verdade... Antes de morrer, Geneviéve me enviou uma carta confessando tudo. É estranho, não? Parece que deixamos as grandes revelações de nossas vidas para a hora da morte, quando não podemos mais corrigir o passado...

Louise não se conteve:

— Por que o senhor demorou tanto em revelar a verdade? Perdi meu marido nessa época e, se tivesse tido o seu consolo, poderia ter sofrido menos.

O olhar agora embaçado do duque revelou toda sua angústia:

— Sim, filha, eu errei porque queria provas da verdade. Sempre fui um homem prático, objetivo, e a trama que minha mulher e Geneviéve engendraram me atingiu o orgulho. Por que aceitei a mentira de Sophie sem desconfiar de nada? Como pude ser tão tolo em não perceber que ela sofria desesperadamente ao dizer que partiria?

Um silêncio profundo se fez no recinto. A lembrança pungente e a gravidade do momento haviam atraído a presença de Sophie. A sua presença foi percebida por Gilles, que, entrevendo uma forma graciosa de mulher próxima a Louise, disse:

— Sophie veio me ver, Louise! Perdão, amada de minha vida, pelo meu orgulho, que me fez te abandonar... E pela filha que não conheci e que acabou órfã, passando por tantos sofrimentos!

Louise, emocionada, exclamou:

— Acalme-se, senhor. Não estou aqui para julgá-lo, porque sei o que a condessa D'Avigny era capaz de fazer. Tenho certeza de que minha mãe nunca deixou de amá-lo.

Sophie sorriu e, acariciando a cabeça exausta de Gilles, afirmou:

— *Meu amor! Logo estarás comigo e iniciaremos uma nova etapa juntos. Agora que tudo foi esclarecido, graças a Jesus, poderei levá-lo para o merecido descanso após tantas lutas. Nossa filha irá precisar muito de nossa fortaleza de ânimo para conseguir superar as dificuldades que gerou a si mesma...* — e, ao olhar para Louise, uma nuvem de tristeza se estampou no rosto de Sophie.

Percebendo que Gilles havia adormecido, Isabelle e Louise se retiraram, sem perceber que Sophie permanecia ao lado dele em fervorosa oração, rogando aos céus pelos seres que tanto amava.

36 - Um acerto de contas

O duque deixou a Terra alguns dias após conhecer a filha cuja existência por tanto tempo havia ignorado.

Com as alterações no testamento, Louise passou a utilizar o título que lhe pertencia por direito. Isabelle, aparentemente conformada com o seu destino, havia-se tornado amante de Gérard, o servo com quem fugira do castelo D'Avigny.

O rapaz, muito ambicioso, revelou grande aptidão para os negócios, e Isabelle lhe deu o posto de administrador das propriedades, embora sob sua austera supervisão.

Com a destruição de seus sonhos românticos no casamento infeliz com Armand, ela resolveu que não se casaria novamente; sentia-se feliz com o amor que Gérard lhe dedicava.

Procurou — como prometera a Louise — entrar em contato com pessoas influentes, a fim de libertar Jean-Piérre.

Louise, por sua vez, buscava todos os recursos ao seu alcance para corrigir a falha no seu plano, pois jamais pensara em atingir o rapaz; esquecera Armand, mas não tinha sossego ao pensar no sofrimento do amigo querido por sua causa.

Passados seis meses, depois de haver pago grandes quantias para a libertação de Jean-Piérre, finalmente conseguiu que o enviassem para a África.

A promessa de libertação em solo africano, porém, não se cumpriu, e Jean-Piérre realizou trabalhos forçados por longos anos; a liberdade só veio realmente quando as mudanças políticas na França determinaram o arquivamento do seu processo.

Louise tentou localizá-lo em vão, pagando aquilo que lhe era pedido, porém não logrou encontrá-lo.

Já Armand debatia-se na prisão, sem compreender a demora em sua libertação. Nunca cogitou a ideia de que a sua prisão era definitiva e aguardava impaciente o momento de sua liberdade. Esquecia-se de que sua presença sempre fora incômoda a muitos e que havia chegado a hora de sua reparação.

Estranhava a ausência de Louise. Depois de algum tempo, uma dúvida começou a lhe castigar o pensamento; algo o incomodava e procurava afastar uma suspeita dolorosa demais para ser verdade: a de que sua noiva estaria envolvida em sua prisão.

As atitudes estranhas de Louise, a sua indiferença constante, o comportamento distante, a falta de entusiasmo com o casamento, como se estivesse cumprindo um desígnio que havia imposto para si mesma, e, principalmente, a resistência aos seus carinhos começaram a evidenciar que, de alguma forma, Louise fazia parte de algo que ele não conseguia vislumbrar com precisão.

Esses pensamentos, cada vez mais constantes, trouxeram, a princípio, uma dor profunda a Armand. Desesperado, gritava como louco em sua cela, chamando a atenção da guarda.

Ironizando a atitude de demência do conde, os guardas lhe atiravam água fria e algumas vezes urina, fazendo piorar o seu estado de desequilíbrio.

Impotente, Armand rugia, feria-se ao precipitar-se contra as grades da prisão, quebrando as unhas, arranhando-se nas paredes imundas. Coabitando com insetos e roedores, como aranhas, baratas e ratos, e alimentando-se parcamente, sem saber quando era dia ou noite, no final do primeiro ano se encontrava extremamente doente.

Foi-lhe dado direito a um julgamento, para evidenciar apenas a sua culpa. Louise mais uma vez não compareceu, mas forneceu um testemunho por escrito de que o conde Armand D'Avigny era um traidor e pretendia liderar um movimento contra o então presidente.

A dúvida havia-se transformado em uma triste realidade: Louise o traíra e era a agente da sua desgraça.

Condenado, Armand refletia em sua existência e na miserabilidade em que se encontrava. Sim! Errara muito, mas havia decidido reparar os seus erros casando-se com Louise, dando-lhe o título de condessa e acolhendo o filho dela e de Etiénne.

Assim como Etiénne resolvera amparar o seu filho, que Louise perdera, ele, por sua vez, daria o seu nome a André e não o distinguiria dos filhos que tivesse com Louise.

O amor de Armand aos poucos foi se transformando em ódio tenaz, e o seu único objetivo passou a ser o de vingar-se igualmente; tal pensamento ocupava todos os minutos de seu dia, enfraquecendo-o, pois o ódio o consumia.

As decepções no terreno amoroso fazem, a cada dia, milhares de vítimas passarem a viver uma espécie de alienação mental se não tiverem o porto seguro da fé. Ainda assim, sem a chave libertadora que o conhecimento da reencarnação faculta, somos passíveis de estabelecer importante desequilíbrio psíquico, como vemos ordinariamente nos crimes passionais que enxameiam as páginas de notícias todos os dias.

A lesão psíquica causada pelas deserções à palavra empenhada no terreno amoroso é responsável por grande parte dos suicídios, pela depressão e por uma infinidade de doenças da alma que compõem o triste quadro da Terra.

É mais um gênero de provas que aqueles que desdenharam dos sentimentos alheios no passado ingressam, inscritos como devedores, para retificar sua conduta e buscar, na resignação e na confiança em Deus, restabelecer o equilíbrio outrora usurpado de seu semelhante, até atingir a paz em sua consciência.

Armand evitava alimentar-se diante da precariedade da ração que recebia, e a sua imagem transtornada passou a exercer medo em todos que dele se acercavam.

Tinha conhecimento de um fato corrente na época: inúmeros inocentes morriam esquecidos do mundo nas prisões infectas de Paris. Com horror, percebia que ele seria um dos próximos.

Suzanne se aproximava e, com o coração constrangido de sofrimento, o amparava com infinito amor, recolhendo-o ao seu colo e orando, pedindo reconforto e paz ao ser que tanto amava. Reconhecia que Armand havia errado muito, mas quem, ao trilhar os caminhos terrenos, não cometera enganos?

Quem não confundira sentimentos, não agira em proveito próprio para ter o ser amado junto a si, mesmo que isso significasse cometer crimes e causar sofrimentos inenarráveis ao próximo? Não havia dito Jesus: "Atire a primeira pedra quem estiver sem pecados?"

Assim, rogava ao Senhor misericórdia para Armand! Que Jesus lhe desse condições para aprender as lições necessárias daquela experiência e que, ao retornar, ele pudesse estar em melhores condições, mais apto a recomeçar sua jornada na espiritualidade.

Dessa forma, por dois longos anos, Armand teve a assistência benéfica de Suzanne, Sophie e, por vezes, Etiénne, que lhe levavam bálsamos, fluidos e o consolo da prece, na tentativa de que os últimos momentos do conde — que se aproximavam — fossem menos dolorosos.

Quando soou a hora de Armand deixar o invólucro terrestre, ante as convulsões da febre, a imagem de Suzanne se fez mais nítida em sua mente.

Lágrimas pungentes lhe desceram pelas faces envelhecidas, quando balbuciou:

— Suzanne! Como pude te esquecer? Perdoa-me! Sei agora o que te fiz sofrer!

Comovida, Suzanne respondeu ao seu lado:

— *Meu querido! Esqueçamos o passado! É hora de partir e recomeçar!*

Ouvindo mentalmente a voz doce de Suzanne, Armand exclamou:

— Não te mereço e nunca merecerei, Suzanne. E também nunca perdoarei aquela maldita!

O semblante de Suzanne se anuviou, e a entidade falou com suave energia:

— *Não fales assim, Armand! Perdoa, pois do teu perdão dependerá a nossa felicidade. A hora é de reconciliação com a tua consciência e de buscarmos o perdão de Deus!*

O olhar de Armand vagou pelas paredes escuras e fétidas da prisão que lhe haviam servido de moradia nos últimos anos. Quanta dor, quanto desespero aquelas paredes tinham testemunhado!

Armand pensou nos que o haviam antecedido naquele local. Aquele lugar resumia a miséria mais absoluta a que um ser humano podia chegar.

Pensou em Jean-Piérre... Ele sempre o odiara e não estranhou a sua ausência. Afinal de contas, quem o havia realmente amado em sua vida? Não se lembrava de ninguém, a não ser Suzanne; mas a imagem de Louise se interpunha em sua mente, e foi com a dor da traição que sofrera que Armand D'Avigny deu seu último suspiro naquela existência.

A difícil condição espiritual de Armand o afastou do auxílio que Suzanne e seus amigos podiam lhe oferecer. Nutrindo um grande ódio, o pensamento fixo em Louise o atraiu para onde a moça se encontrava.

Compreendendo que Céline fora mais uma vítima de Geneviéve, a moça a perdoara e pedira-lhe que permanecesse em sua mansão. Céline consentira, principalmente por observar as mudanças que se haviam operado na vida de Louise.

O remorso pelo mal que atingira Jean-Piérre dilapidava a sua existência. Ia diariamente à igreja de Saint Maurice orar e pedir consolo ao padre Gastón.

Não se arrependia do que havia feito a Armand. Tinha esquecido seu noivo, lembrando vez por outra do olhar apaixonado do conde, de suas promessas que se concretizariam com o casamento.

Depois de algum tempo, tinha a impressão de que ele a observava, como se estivesse à espreita. Inicialmente, Louise não deu importância, mas o choro de André quando a babá o levava ao seu quarto começou a incomodá-la. A criança chegava rindo, brincando, mas, quando ali entrava, apontava o dedinho para uma cadeira a um canto e começava a chorar. Louise também não gostava daquele canto e o evitava, sem saber por quê.

Havia perdido o interesse pelos negócios de Etiénne e os delegara, evitando qualquer envolvimento. A sua condição de duquesa, agora, a deixava tranquila em relação à questão financeira e sabia que o futuro de André estava garantido.

O castelo D'Avigny permaneceu nas mãos de Laurent e o rapaz partiu para a América; a descoberta da participação de Louise na prisão do pai o abalara fortemente e, sem delongas, Laurent deixou a França.

Louise entregou ao padre Gastón alguns documentos para que, na sua ausência, ele agisse de acordo com as necessidades em relação à igreja.

Os dias lhe pareciam intermináveis, e ela procurava entreter o pensamento com leituras, com o filho, mas tudo lhe trazia enfado. Não conseguia se concentrar nas leituras, tinha sempre uma aflição cuja causa desconhecia; André, quando a via, começava a chorar... Não se sentia bem em lugar algum. O padre Gastón havia lhe dito para orar, mas não conseguia balbuciar as primeiras frases e acabava desistindo.

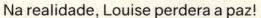 *Tanya Oliveira ditado por Eugene*

Na realidade, Louise perdera a paz!

Evitava pensar no que havia feito, mas tinha a impressão de que sua vida havia desmoronado. Nada do que fizera lhe havia proporcionado qualquer felicidade, como imaginava anteriormente.

A prisão de Armand e a sua condenação não lhe fizeram tão bem, nem lhe causaram a sensação de prazer que imaginara. Parecia que sua vitória se dava sobre uma terra arrasada onde nada mais cresceria: estava tudo em cinzas.

Normalmente, passava as noites em claro, porque sentia terror ao pressentir a presença de Armand. Era como se lhe ouvisse a voz a chamá-la: "Traidora"! Tinha a impressão de que uma voz distante a acusava o tempo todo, dizendo-lhe que traíra, que enganara, que punira inocentes.

Louise, então, caminhava pela mansão, levando um antigo castiçal para iluminar os ambientes. Conversava com Céline, pois Constance havia morrido um ano antes, e lembrava-se com saudades da vida simples e singela junto à sua madrinha.

A riqueza, o título, só lhe trouxeram infelicidade. Concluía que a única coisa que lhe proporcionara ventura na vida havia sido o encontro com Etiénne e, consequentemente, André.

Observava a criança enquanto dormia, e os seus olhos se enchiam de lágrimas. O que a vida lhe reservava? Até quando suportaria viver daquela forma? Pensando nisso, Louise antecipou o seu testamento, nomeando um tutor para o caso de sua ausência.

Certo dia, sentindo o coração descompassado, Louise resolveu se recolher mais cedo. Grande mal-estar a dominava e, ao acomodar-se no leito, sentiu um sono invencível e adormeceu.

Logo ao se ver livre do corpo, reconheceu no aposento o seu invólucro carnal, que repousava. Olhou ao redor e, para sua surpresa, no canto onde jazia a poltrona que tanto assustava André, Armand estava sentado.

Louise sentiu um calafrio e a custo o reconheceu, pois a aparência dele estava deplorável. Com as últimas impressões do corpo, Armand estava deformado, sujo, cabelos desgrenhados, olhos afundados e enegrecidos, vestes rotas.

Louise permanecia estática, sem conseguir se mexer; Armand deu uma gargalhada e se ergueu em sua direção. Aproximou-se e gritou em seu rosto:

— Finalmente! Chegou a hora do nosso acerto de contas, cara noiva!

Louise conseguiu balbuciar:

— Por favor, me deixa! Estás morto! Sei que estou sonhando, vai embora!

Armand caminhou a sua volta e disse:

— Há sonhos muito reais, sabia? Eu estou aqui em carne e osso... O que digo? Seja lá o que for, estou vivo! Mas tu logo estarás aqui, junto a mim! Então será a hora de nos entendermos!

Desesperada, Louise procurou refúgio no corpo físico e acordou, com um suor frio a lhe sair pelos poros; o coração parecia que galopava em seu peito. Aliviada por se tratar de um sonho, tentou se acalmar.

Armand, no entanto, permanecia ali e, inconformado com a fuga de Louise, avançou em sua direção e gritou em seu rosto:

— *Eu me vingarei, sua maldita!*

A intensidade do ódio foi tão forte naquele momento, que a emissão vibratória a atingiu violentamente, pois ela se encontrava vulnerável ao ataque de Armand pelo medo que sentia. Em função desse choque vibratório, por um instante, visualizou a terrível imagem do conde.

Enlouquecida de pavor, Louise correu para fora do quarto e, esquecendo de pegar o castiçal, se precipitou em direção às escadas, pisando na barra da longa camisola e caindo.

Louise girou várias vezes e no fim do percurso seu corpo se chocou duramente no chão, quando fez-se ouvir um som abafado, imperceptível aos outros moradores da casa. Louise abriu os olhos ainda uma vez e voltou o olhar para o quarto de André. Não conseguia se mexer e, com uma dor inenarrável, expirou.

Tanya Oliveira ditado por Eugene

Armand a observava do alto da escadaria com um sorriso.

No dia seguinte, com os gritos desesperados de Céline, Louise foi encontrada morta.

Terminava de forma drástica a vida da duquesa de V., outrora Louise Chernaud, uma linda jovem cujos sonhos se perderam ante os reveses da vida.

Da mesma forma que Armand, a condição espiritual de Louise impediu que Suzanne, Sophie e Etiénne pudessem socorrê-la de imediato.

Logo que despertou de um sono profundo, cujo tempo Louise não poderia precisar, viu-se ao lado de um túmulo, em conhecido cemitério em Paris.

Não compreendia o motivo de se encontrar em tal lugar e, olhando ao redor, o cenário lhe pareceu aterrador: seres disformes, maltrapilhos, cujo odor fétido que exalavam lhe provocou náuseas e levou Louise a correr, fugindo do que considerava um pesadelo cruel.

Caminhava sem destino, perdida e aterrorizada. Seguidamente ela sentia como se alguém a seguisse, a espreitasse. Aquela sombra lhe causava medo, pavor, e Louise fugia, se escondia, temendo ser encontrada por alguém que imaginava ser um verdugo cruel.

Quando conseguia concatenar as ideias, perguntava-se onde estariam todos: Céline, André... Lembrou-se do filho e lágrimas abundantes lhe molharam a face. André! Onde estaria o filho — criança bela e saudável — que Etiénne lhe deixara? E seu lar, a mansão? Para que lado ficaria?

Sentia-se perdida, abandonada; olhou para suas vestes e deu um grito: rotas, amassadas, sujas... Estaria ela nas mesmas condições que aquelas criaturas horrendas que havia visto? Seria um daqueles seres disformes, assustadores? Louise sentou-se em um túmulo e começou a chorar.

Como fora parar naquele lugar? O que havia acontecido? Tinha uma dor intensa no corpo, como se estivesse com os ossos quebrados, triturados... A cabeça lhe doía, sentia-se enlouquecer... Sede cruciante a devorava e parecia-lhe ser, a morte, iminente.

De repente, percebeu que algo ou alguém se movimentava e pôde vislumbrar a sombra que a seguia sempre. Sentindo horror daquele ser, Louise começou a correr, correr, na tentativa de fugir, mas ele sempre a cercava e, logo após, desaparecia... até surgir novamente e tudo recomeçar.

Assim se passou um tempo que, na cronologia da Terra, se registraria algo em torno de cinco anos; Louise, cega aos apelos daqueles que a amavam, ligada à cena da morte, relembrando-a constantemente, permanecia na faixa vibratória de Armand, que não a deixava em paz.

Era necessário, porém, algo fazer em favor daqueles espíritos, e, atendendo às preces de Céline e do padre Gastón em favor de Louise, uma esperança surgiu no coração de todos.

Suzanne, havia muito tempo, procurava se aproximar de Armand, mas, devido ao seu grande comprometimento espiritual, ele não a percebia, deixando-se permanecer em faixas vibratórias inferiores.

A paciência se fez companheira de Suzanne e, em vez de abdicar, ela sentia-se fortalecer, antevendo o momento de socorrer Armand, reconduzindo-o ao caminho de sua libertação espiritual.

Infelizmente, Louise ainda se encontrava em grandes dificuldades pelas circunstâncias do desencarne, por sua postura mental, e, por isso, era preciso esperar.

Armand, porém, já dava mostras de cansaço, enfadado com a situação. Não lhe causava mais tanta satisfação assustar

Louise, segui-la, espreitando-a, deixando a moça cada vez mais desequilibrada psiquicamente.

Algo o incomodava, como um chamado longínquo, persistente, pedindo que mudasse a sua atitude. Sentia-se exausto; precisava repousar. Dessa forma, buscou abrigo em uma capela situada na região de Alençon, próximo ao mosteiro de Saint Claire.

Armand caminhava cambaleante, sem forças para continuar. Aqueles anos dedicados à vingança contra Louise haviam consumido todas as suas energias.

Lembrava-se de lhe haver provocado a morte e de tê-la perseguido implacavelmente, mas sentia-se cada vez mais fraco, não tendo mais como prosseguir.

Finalmente, as preces de Suzanne lhe atingiam o íntimo e o efeito benéfico começava a despertar sua consciência.

Armand foi resgatado para a colônia espiritual que abrigava o grupo e, tempos depois, iniciou atividades de auxílio junto aos órfãos que eram abrigados no mosteiro.

Anos mais tarde, Louise veio se juntar a eles e somente então foi possível planejar uma nova existência para os nossos amigos.

Era necessário que a carga fluídica dos erros acumulados, da qual os corpos espirituais de nossos amigos se faziam portadores, fosse drenada no abençoado corpo físico — agente divino de nossa redenção. Retomariam todos, pelas experiências retificadoras, o equilíbrio perdido.

A reencarnação restabeleceria a paz e a harmonia entre aquelas almas.

37 - A família Siqueira

O carro se afastou lentamente pelas alamedas da grande mansão do elegante bairro, até passar pelo portão principal e acelerar a marcha, desaparecendo ao olhar atento de Maria Luísa.

Voltando-se para o interior da residência, um misto de tristeza e saudade oprimiu seu coração. Maria Luísa caminhou até a estante de livros e retirou cuidadosamente um volume, certamente bem conhecido dela.

Abriu-o com cuidado; parecia procurar algo por entre as páginas. Folheou mais adiante e sorriu: havia encontrado o que procurava!

No meio das páginas, surgiu a fotografia de uma bela jovem, cabelos castanho-escuros, que emolduravam um rosto expressivo cujo olhar parecia refletir o céu. "Ah! Fernanda, minha filha! Há quanto tempo não a vejo! Quantas saudades, minha

Tanya Oliveira ditado por Eugene

querida..." As lembranças de Maria Luísa foram interrompidas pelas lágrimas que caíam, abundantes, pelo seu rosto.

Naquele momento, outra jovem entrou na ampla sala e, percorrendo com o olhar o recinto, o deteve em Maria Luísa. Imediatamente, franziu a testa e se aproximou dizendo:

— Mãe! Você já está chorando novamente? Por que não a esquece de uma vez? Não percebe que ela também nos esqueceu?

Maria Luísa a fitou e retrucou:

— Você não sabe o que está dizendo, Sílvia! Sua irmã jamais nos esquecerá, sei disso. Se não fosse por essa situação que se criou, ela estaria aqui conosco!

Sílvia deu de ombros e disse:

— Concordo que o meu pai é uma pessoa difícil e eu também não o suporto, mas Fernanda foi uma tola ao ir embora, deixando tudo para trás, correndo o risco de ser até deserdada! Isso eu não faria jamais!

A mãe respondeu com paciência:

— Os valores de sua irmã são diferentes. Fernanda não aceitou viver sob as condições absurdas que seu pai lhe impôs. Preferiu abdicar de uma herança a ter que abandonar o homem que amava.

— Não entendo o que tem a ver uma coisa com a outra, mãe! O que custava fingir aceitar as condições de papai e viver o seu grande amor? Por que agir guiada apenas pelas emoções, sem pensar no futuro, na vida prática?

Maria Luísa deu um longo suspiro e pensou: "Como Fernanda e eu nos parecemos! Eu faria o mesmo que ela...", e respondeu:

— Sílvia, minha filha! O noivado de Fernanda foi o estopim dessa história, mas você sabe tanto quanto eu que ela e seu pai sempre tiveram atritos. Desde a infância, ela nunca aceitou a presença dele, se esquivando até mesmo de seu colo!

— Sim, mas o meu pai sempre me pareceu obcecado por Fernanda! Sempre controlando todos os seus passos, atento a tudo o que lhe dizia respeito, inclusive os namorados.

— Ele quer o melhor para vocês, Sílvia. Essa maneira que ele tem de agir é, segundo o seu entendimento, a mais correta.

A jovem a fitou e perguntou de forma provocativa:

— E você, mamãe? O que pensa sobre as atitudes de meu pai?

Maria Luísa compreendeu aonde sua filha queria chegar. Com muita paciência, respondeu:

— Sílvia, amo o seu pai há tanto tempo, que é como se eu o amasse desde sempre. Parece-me, às vezes, que eu o amava antes de nascer e que, quando o encontrei, relembrei o amor que estava amortecido no fundo do meu coração. Não o julgo, apesar de não concordar com muitas das suas atitudes. Sempre que posso ajudá-lo a compreender melhor a vida, sensibilizando seu coração, eu o faço, acredite! Mas essas coisas vão se modificando aos poucos, e você não pode esquecer que a educação que seus avós deram a ele foi muito rígida, o que o tornou uma pessoa extremamente exigente.

A jovem permaneceu em silêncio e se retirou. Segundo o seu modo de pensar, sua mãe era daquelas mulheres que tinham renunciado à própria vida por causa de um homem, coisa que ela jamais faria.

Encerrada a conversa, Maria Luísa se dirigiu para o interior da residência a fim de acompanhar a atividade dos empregados.

Otávio B. Siqueira era um homem exigente com todos os que lhe partilhavam a existência: família, subordinados, amigos.

Tudo devia ser feito à sua maneira, de acordo com os seus interesses. Por uma dessas estranhas contradições da vida, havia escolhido a Medicina por profissão.

Dedicava-se, era verdade, tendo se tornado um respeitado cirurgião cardíaco, mas o que nele prevalecia era a técnica. A capacidade de estender o auxílio aos seus clientes não ia além dos aspectos estritamente materiais do seu conhecimento.

Os dramas humanos que são vividos junto a uma enfermidade passavam despercebidos ao dr. Otávio Siqueira. Considerava uma obrigação de sua parte curar os seus pacientes, pois este era o seu trabalho.

Assim, de acordo com os desígnios divinos, nossos amigos Armand, Suzanne, Isabelle, Laurent e Louise se reencontravam na Terra para juntos, em uma nova romagem terrena,

Tanya Oliveira ditado por Eugene

resgatarem o passado de enganos e sofrimento. Sob o mesmo lar, recebiam a oportunidade de retornar em uma mesma família, em que os pesados compromissos assumidos na França ressurgiam nas dificuldades quase insuperáveis de relacionamento.

A reencarnação colocava frente a frente — com a permissão da Misericórdia Divina —, nas lutas cotidianas, antigos afetos e desafetos, propiciando um novo recomeço.

Já era noite — pontualmente às vinte horas — quando Maria Luísa ouviu o barulho do motor do carro de Otávio. Como de hábito, ele era aguardado para o jantar.

Otávio entrou na ampla sala e beijou a mulher; após observá-la com mais atenção, perguntou:

— O que houve, Maria Luísa? Andou chorando?

Hesitante, ela respondeu:

— Não, querido, estou bem. É que às vezes sinto saudades de nossa filha...

A ruga na testa de Otávio demonstrou que o assunto o incomodava. Sentou-se displicentemente em uma poltrona e disse com enfado:

— Ora essa, Maria Luísa! Esse é um assunto encerrado nesta casa! Não quero mais ouvir lamúrias por Fernanda! Ela escolheu o seu caminho; não temos mais nada a ver com ela!

Com o olhar súplice, Maria Luísa considerou:

— Otávio! Entendo que você nunca teve um bom relacionamento com Fernanda, mas lembre-se de que ela é sua filha! Você não pode apagá-la de sua memória, tirá-la do seu coração, como se fosse uma pessoa estranha. Você nunca deixará de ser o pai dela; ela sempre carregará o seu sangue!

Irritado, ele se ergueu e tornou:

— Ela sempre me evitou, desde criança! Tentei me aproximar, ofereci-lhe tudo o que estava ao meu alcance para fazê-la feliz, e o que aconteceu? Ela partiu, foi viver com aquele pobre coitado que nada pode lhe oferecer. Preferiu-o a nós!

Procurando evitar uma discussão, Maria Luísa contemporizou:

— Sim, você não deixa de ter razão. Mas também é preciso lembrar que ela sempre foi voluntariosa e você quis impor a sua vontade, tendo inclusive tentado influenciar sua escolha profissional!

Otávio se serviu de um uísque e colocou uma pedra de gelo; bebeu um gole e defendeu-se:

— Não nego que procurei influenciá-la, porque eu poderia encaminhá-la e ela teria uma carreira meteórica! Em pouco tempo Fernanda chegaria a uma posição confortável, sem precisar fazer o esforço que eu fiz. Além disso, não acredito que não tenha ligado para ela durante todo este tempo...

Maria Luísa o fitou seriamente e respondeu:

— Poucas vezes, se deseja saber. Não quis mais interferir em sua vida e me contento em saber, esporadicamente, que está bem. Faz muito tempo, no entanto, que não nos falamos. Entendo, meu querido, que os nossos filhos têm seus caminhos a trilhar! Não podemos obrigá-los a seguir nossas pegadas...

Naquele exato momento a porta se abriu e entrou um rapaz aparentando uns trinta anos. Otávio se voltou e sorriu ao dizer:

— Eis um filho do qual me orgulho e que jamais me deu um aborrecimento sequer!

Rafael se aproximou, beijou a mãe e perguntou, curioso, voltando-se para o pai:

— O que está acontecendo? Falavam de mim?

Otávio respondeu, após tomar outro gole:

— Sua mãe está a se lamentar por causa de Fernanda; em vez de sofrer por uma filha que a deixou, preferindo viver uma aventura, deveria dedicar-se mais a você e sua irmã.

Magoada, Maria Luísa defendeu-se:

— Nunca deixei de cumprir os meus deveres de mãe com Sílvia e Rafael! Estou sempre à disposição e dediquei-me a esta casa e aos meus filhos integralmente! Foi por sua vontade que permaneci em casa, sem exercer a minha profissão.

Rafael, que sabia que a mãe falava a verdade, se aproximou e carinhosamente a abraçou, dizendo:

— Mãe, o meu pai não quis lhe ofender... Além disso, eu estou aqui para provar que você foi a melhor mãe que se poderia desejar.

Tanya Oliveira ditado por Eugene

Maria Luísa sorriu, emocionada, ao ouvir as palavras do filho e tornou:
— Querido, eu o amo! O que faria sem o seu carinho?
Ambos se abraçaram, enquanto Otávio terminava a sua bebida. Uma jovem uniformizada avisou timidamente que o jantar estava servido.
Os três se dirigiram à sala de jantar e Otávio convidou a esposa para sentar. Ela o fitou e sorriu, aceitando.
Otávio podia ser, por vezes, um tanto áspero, mas ela o amava incondicionalmente. Muitas de suas amigas já tinham seus casamentos desfeitos, fosse por incompatibilidades insuperáveis do casal ou por traições, infidelidades.
Ela sabia que Otávio exercia um fascínio estranho nas mulheres. Apesar de não ser um tipo de beleza tradicional, por seu caráter marcante e certo *glamour* profissional, acabara sabendo das paixões que ele despertara.
Certamente não arriscaria dizer que ele nunca a havia traído; evitava esse assunto, pois sentia uma vaga tristeza, um pesar que não conseguia explicar.
Amava-o e, se tivesse que perdoá-lo, certamente o faria. Sua maior preocupação era harmonizar o seu lar, favorecendo o entendimento entre todos. As brigas constantes entre Otávio e Fernanda, as discussões acirradas, a levaram a considerar a partida da filha como o melhor caminho. O relacionamento entre pai e filha era o pior possível e ela temia que algo mais grave acontecesse.
Sílvia também não se entendia com o pai, mas ao mesmo tempo estava sempre pronta a criticá-la também. Magoava-se, seguidamente, com a filha, que a agredia sem motivo aparente.
Nos refolhos da consciência, o passado se erguia e trazia para o presente de Maria Luísa a intuição de que deveria envidar todos os esforços para aproximar aqueles seres que tanto amava.
Suzanne renascia para cumprir a promessa de vencer o abismo de ódio que se criara entre Armand, Louise e Isabelle por meio dos seus exemplos de amor e renúncia.

38 - Recomeçando

O movimento era intenso no grande aeroporto. Uma multidão se deslocava em vários sentidos, apressada, buscando seus destinos quase automaticamente.

Sentada em uma cadeira com conforto regular, uma jovem com o olhar fixo em um ponto invisível aos demais parecia envolta em pensamentos que lhe causavam sofrimento.

A testa franzida, os olhos marejados — que ela secava com um lenço de vez em quando —, a extrema palidez demonstravam que uma grande dor lhe perpassava a alma.

Fernanda procurava em seu passado e presente os motivos para o rompimento de seu relacionamento. Abrira mão de tudo: da família, da profissão, dos amigos, e partira com Fabrício para um país distante — a França —, para começarem uma vida juntos.

Tudo havia corrido da melhor forma possível até seis meses atrás; depois disso, começaram os desentendimentos, as

Tanya Oliveira ditado por Eugene

discussões e, finalmente, as brigas, que culminaram na separação.

"Como isso pôde acontecer?", perguntava-se. O que teria feito de errado? Seriam os seus estudos a causa da mudança de Fabrício? — e as lágrimas rolavam pelo seu rosto.

Envolvida em seus próprios pensamentos, Fernanda estava alheia ao que ocorria ao seu redor. Perdera a noção do tempo; apenas sentia uma dor profunda, que a afastava da realidade, ficando somente a relembrar e procurar as razões que a afastaram daquele que considerava ser o grande amor da sua vida.

Subitamente, Fernanda voltou a si e percebeu que o alto-falante avisava que era a última chamada para o voo com destino ao Rio de Janeiro. De imediato, levantou-se, pegou sua bagagem e seguiu apressada para o portão indicado.

Alguns metros adiante, um jovem se dirigia rapidamente ao mesmo portão e percebeu que Fernanda havia deixado cair algo; tentou alcançá-la, mas ela já havia embarcado.

Vinicius olhou para a fotografia em suas mãos e ia jogá-la fora, mas algo o deteve e ele a guardou no bolso do casaco. Apressando o passo, seguiu para o embarque. A viagem seria longa e, após sentar em sua poltrona, acomodou-se e procurou relaxar.

Retornar ao Brasil lhe dava uma grande alegria, principalmente após um período de férias que julgava merecidas. Os compromissos de trabalho, a pressão de que se via objeto — era advogado — e a separação ocorrida havia alguns meses foram a gota d'água para decidir fazer aquela viagem.

Nunca encontraria uma mulher como a que idealizava, disso tinha certeza.

Durante toda a viagem, Fernanda manteve o seu estado de espírito e, apesar de ao seu lado sentar-se uma senhora muito simpática, ela não conseguiu entabular conversa que a distraísse.

Absorta em seus pensamentos, lamentava o fato de ter priorizado sua profissão em detrimento de sua vida pessoal. Pensava que, quando tudo terminasse, ela estaria disponível para ficar o tempo que fosse necessário com Fabrício.

Ocorre que, com o desgaste da relação, ele acabou se afastando aos poucos e, após quatro anos de relacionamento, decidiu que não poderia mais continuar ao lado de Fernanda.

As coisas haviam mudado — segundo ele —, e ele mesmo tinha mudado também. Não desejava mais retornar ao Brasil; faria carreira em uma pequena cidade francesa no vale do Loire. Essa decisão havia conturbado o relacionamento dos dois, pois Fernanda não concordava em permanecer na França, principalmente para viver naquela região.

Sua vinda para Paris só havia ocorrido depois de muita relutância. Havia um receio; uma vaga angústia a envolvia quando o assunto era a França. Gostava das belas paisagens, do bom gosto, da arquitetura, mas era tudo envolto em uma tristeza, algo que a deprimia inexplicavelmente.

Assim, apenas concordara em ir porque Fabrício havia decidido e, estando apaixonada, não queria perdê-lo sob hipótese alguma! Decidiu então acompanhá-lo, o que determinou seu afastamento definitivo da família.

Família! Sentia saudades, sim, mas de sua mãe e do irmão; do pai e da irmã... Procurava evitar pensar neles; o pai exercia um poder que a subjugava, asfixiando-a, não a deixando viver... A irmã, sempre com demonstrações de inveja e despeito, não lhe demonstrava amizade, carinho.

Fernanda decidiu que logo que chegasse ao Rio iria se comunicar com a mãe. Precisava ouvir seus conselhos e decidir o que fazer. Só ela entenderia a decepção e o sofrimento pelos quais passava.

Com um longo suspiro, o cansaço venceu suas últimas tentativas de permanecer acordada e, finalmente, conseguiu adormecer.

Tanya Oliveira ditado por Eugene

Quando o avião aterrissou em solo brasileiro, o sol já ia alto.

A emoção de estar no Brasil novamente fez com que os olhos de Fernanda umedecessem. "Apesar de tudo, é bom estar de volta!"

Após o desembarque, nossa amiga procurou entrar em contato com a mãe pelo celular. Quando estava em Paris, haviam se falado poucas vezes, porque sabia que seu pai tinha determinado que Maria Luísa não entrasse em contato com a filha. A mãe sempre que podia o fazia, mas ela preferia evitar, para não lhe acarretar maiores dissabores.

O pai! Sempre ele em seu caminho! Como podia exercer tal domínio sobre as pessoas, determinando como elas deveriam agir, abrindo mão de suas vontades e interesses?

Ah! Como o odiava! Desejaria nunca mais voltar a vê-lo, pois agora ele jogaria em seu rosto que tinha razão quando não aprovara seu relacionamento com Fabrício. "Nunca admitirei que ele estava certo! Direi que desisti, que resolvi voltar para terminar meus estudos aqui!", pensava.

O telefone dava sinal de que estava chamando. Uma voz suave atendeu, e Fernanda disse com visível emoção na voz:

— Mãe, é a Fernanda! Estou de volta. Acabei de chegar e queria ver você! Você pode falar comigo?

O silêncio que se fez do outro lado demonstrava o impacto da notícia em Maria Luísa. A seguir, ela tornou:

— Sim, querida! Minha filha, onde você está? Quero vê-la imediatamente! — disse, com a voz embargada.

— Estou no aeroporto ainda, mas vou para a casa da vovó Adelaide. Queria encontrá-la ainda hoje. Estou com muitas saudades!

— Eu também, minha filha. Nos últimos dias estava com o coração apertado, sentindo que você precisava de mim. Diga-me, estava certa?

Fernanda confirmou em tom baixo:

— Como sempre, mãe! Mais uma vez, você acertou. Vou pegar um táxi e nos encontramos na casa da vovó Adelaide.

Algumas horas mais tarde, Maria Luísa chegou à casa de Adelaide.

Fernanda, já instalada, se atirou em seus braços, e as duas assim permaneceram por alguns minutos, entre lágrimas e afagos.

Maria Luísa a repreendeu, pois havia emagrecido muito e estava pálida; demonstrou preocupação com a filha. Fernanda achou a mãe abatida, sem o brilho no olhar que lhe era característico.

— O que está havendo, mãe? Meu pai fez alguma coisa? Eu juro que, se ele lhe fez... — Maria Luísa a interrompeu, dizendo:

— Esqueça o seu pai e diga-me por que retornou, Fernanda.

A moça olhou para a avó e falou:

— Eu e Fabrício brigamos...

— Você deixou tudo para trás por causa de uma briga? Está me falando a verdade, Fernanda?

Adelaide resolveu interferir:

— Luísa, Fernanda está sofrendo muito. O desentendimento foi sério...

Maria Luísa se aproximou da filha e disse com carinho:

— Sou sua mãe; por favor, conte-me tudo o que aconteceu.

Assim, Fernanda relatou as dificuldades pelas quais o seu relacionamento vinha passando, até culminar com a descoberta da traição de Fabrício. Com os olhos vermelhos, Fernanda disse:

— Mãe, eu estava disposta a perdoá-lo, entendi os motivos que o levaram a agir daquela forma, mas ele não quis me ouvir, disse que a amava... — e ela desatou a chorar novamente.

A mãe, penalizada, procurou consolá-la:

— Filha, acalme-se. Se esse rapaz não aceitou seu perdão, preferindo a companhia de outra moça, é porque realmente não a ama mais. E, se isso aconteceu, você não pode exigir-lhe amor; isso acontece ao natural entre duas pessoas, e vocês dois precisam seguir o próprio caminho.

Fernanda a fitou, aborrecida:

— Pensei que você ia me consolar, mas parece que está dando razão a ele! Não estou entendendo você, mãe! Será que a convivência com meu pai a deixou insensível também?

Adelaide se antecipou, dizendo:

— Fernanda! Não fale assim com sua mãe! Ela só quer ajudá-la.

— É assim que ela pensa em me ajudar? Dizendo que devo aceitar tudo, sem fazer nada contra Fabrício?

Maria Luísa deu um suspiro e, passando a mão delicada sobre os longos cabelos de Fernanda, comentou:

— Minha querida! Quanto você ainda tem que aprender sobre a vida! Entendo o que você está sentindo... como não entenderia? Você sabe tanto quanto eu que passei por algumas situações difíceis com seu pai. Mas já estava casada e, apesar de tudo, amo-o profundamente e resolvi aceitar o assédio de que ele sempre foi objeto. Mas, no seu caso, veja bem, Deus permitiu que isso acontecesse quando ainda há tempo de você repensar os rumos que sua vida estava tomando. Lembra que, inicialmente, você não queria viver na França? Que sempre desejou permanecer no Brasil, salientando que aqui é que são necessários pesquisadores na sua área de atuação? Isso, Fernanda, me faz pensar que você estava desistindo de seus projetos pessoais em função de Fabrício e que por isso jamais seria inteiramente feliz.

Ouvindo atentamente, Fernanda obtemperou:

— Você também não abriu mão de sua profissão por causa de meu pai?

Maria Luísa sorriu.

— Sempre o seu pai! Sim, querida, mas a situação era diferente. Na época em questão, poucas mulheres trabalhavam fora de seus lares e eu optei por ser mãe, cuidar do lar etc. Não é o seu caso, que já está terminando um doutorado, com um grande futuro pela frente...

Fernanda se aconchegou nos braços da mãe e disse em tom de lamento:

— Não sei, mãe... Acho que nada irá dar certo. Não sei o que vou fazer!

Adelaide se aproximou e, acariciando o rosto da neta, tentou acalmá-la:

— Não se preocupe com nada, meu amor. Você ficará em minha casa o tempo que desejar. Ficarei muito feliz, pois fico muito só nesta casa desde que seu avô faleceu.

Maria Luísa sorriu e completou:

— Se você quiser retornar à nossa casa, é bem-vinda, porém seu pai certamente exigirá algumas explicações, como você bem sabe.

— Por favor, mãe, peço-lhe que não diga nada a meu pai. Não suportaria ter que dar-lhe razão!

— Querida, mais cedo ou mais tarde ele saberá. Não se preocupe com as considerações de seu pai, pois na realidade ele faz isso para o seu bem.

Assim, ficou combinado que Fernanda permaneceria com a avó, pois necessitava de um tempo para refletir em algumas questões de sua vida.

No dia seguinte, o barulho da chuva sobre a calha da antiga residência despertou Fernanda.

Cansada, havia tomado um banho e, após um lanche rápido que sua avó preparara, se recolheu, adormecendo profundamente.

Quando resolveu desfazer as malas, ao guardar um casaco, percebeu que algo havia caído de seu bolso. Juntou o pequeno pedaço de papel e viu se tratar de pequeno cartão. Nele estava escrito um nome: Javier Martins.

Ao lê-lo, sorriu, pois se tratava de um amigo que fizera durante o período em que estivera na França. Quando concluiu seus estudos, ele lhe havia deixado um cartão com seus contatos, para que, quando ela retornasse ao Brasil, eles pudessem se encontrar.

Tanya Oliveira ditado por Eugene

  Javier era chileno e sempre havia demonstrado ser um excelente colega de trabalho, além de uma companhia interessante. Fernanda não ignorava o seu interesse, que se revelava um pouco além da mera amizade, mas fingia não perceber.
  Após fitar por longo tempo o pequeno cartão, resolveu ligar para avisar que havia retornado ao Brasil. Pegou o celular e digitou a sequência de números; aguardou algum tempo e, após algumas chamadas, a ligação caiu na caixa de mensagens, pedindo para deixar um recado.
  Imediatamente, Fernanda desligou e considerou que não deveria ter ligado. O que diria para Javier?, perguntou-se. Que Fabrício a havia deixado e que ela retornara desesperada ao Brasil? Javier, porém, sempre demonstrara ser um amigo fiel, que a ajudara bastante quando estavam em Paris. Fernanda, assim, retomou seus afazeres e foi tratar de seus interesses mais prementes: precisava encontrar um emprego.

  Enquanto isso, na residência dos pais de Fernanda, uma cena interessante se desdobrava.
  Reunidos à mesa para o jantar, Otávio, Maria Luísa e Sílvia faziam a refeição em silêncio, quando Otávio, observando a esposa, perguntou:
  — Alguma novidade? Você parece que quer me falar algo! — indagou com o cenho fechado.
  Maria Luísa deu um suspiro e, reunindo toda sua serenidade, concordou:
  — Sim, querido. Você realmente me conhece. Tenho algo para contar a vocês. Deus ouviu minhas preces e Fernanda retornou ao Brasil!
  Otávio a fitou, surpreso. A seguir, perguntou visivelmente contrariado:
  — Quando foi isso? Você anda me escondendo fatos sobre sua filha?

Com um olhar triste, Maria Luísa falou com firmeza:

— Nossa filha, Otávio. Fernanda tem o meu e o seu sangue nas veias. Mas, respondendo à sua pergunta, não escondi nada... Ela chegou ontem.

Sílvia, que ouvia com certa indiferença, questionou:

— O que houve? Vieram passar as férias aqui?

Aparentando tranquilidade, Maria Luísa respondeu:

— Não, parece que ela e Fabrício se desentenderam. Não sei ao certo, porque ela não quis me dar maiores detalhes.

Naquele momento, Otávio teve uma atitude inusitada. Batendo com os talheres na mesa, alterado, exclamou:

— Não me diga que o "romance" do século terminou? Eu tinha absoluta certeza de que isso aconteceria! Não adianta, eu nunca erro em meus julgamentos!

Fitando-o com infinita paciência, Maria Luísa considerou:

— Não entendo sua atitude, Otávio. De acordo com você, não existe nenhum homem à altura de nossa filha. Você sempre implicou com todos os seus namorados. Na verdade, sua implicância com Fernanda não tem limites; para você, ela sempre está errada! Será que você não consegue ver que ela precisa de nosso apoio para, quem sabe, ser mais feliz?

— Ela nunca quis me ouvir em nada. Poderia ter cursado Medicina e trabalhar em um dos melhores hospitais do país. O que ela preferiu? Ser professora, trabalhar com as classes mais pobres, com a miséria; quanto aos namorados, você tem razão: sempre achei que ela merecia coisa melhor. Infelizmente, ela sempre se apaixona por esses pobres coitados, professores como ela! Belo futuro tem a "nossa" filha!

Sílvia, que se enfadava com o assunto, concluiu:

— Bem, com o retorno de minha irmã, ela volta a ser o assunto desta casa! Aliás, ela nunca deixou de ser o tópico das discussões. A ausência de Fernanda a tornou mais presente, por incrível que pareça! Mas tudo bem, já estou acostumada. Agora devo cuidar também de minha vida. Com licença! — A seguir, levantou-se e se retirou.

Tanya Oliveira ditado por Eugene

Aproveitando que se encontrava a sós com Otávio, Maria Luísa colocou a mão delicada sobre os cabelos grisalhos dele e disse com carinho:

— Entendo que Fernanda nunca o tratou como se trata um pai, mas peço-lhe, querido, que tenha paciência. Para mim, você é um marido maravilhoso, um pai dedicado; só precisa ter um pouco de tolerância com as pessoas. Inclusive com seus filhos.

Desarmado, Otávio beijou as mãos da esposa e sorriu com alguma dificuldade. Isso era difícil para ele. A seguir, considerou:

— Lembra-se de quando ela era pequena? Quantas vezes tentei me aproximar, pegando-a no colo, dando-lhe presentes, mimos que os pais costumam dar para as filhas. O que ela fazia? Afastava-se de mim, demonstrava desprezo por tudo que lhe oferecia!

Maria Luísa baixou o olhar e concordou:

— Sim, tive que levá-la a um psicólogo para procurar entender o porquê desse comportamento. No fim, ele considerou que era uma birra passageira, que com o tempo iria passar.

Otávio se recostou na cadeira e continuou:

— E na adolescência? Sei que tenho inimigos, mas nenhum me olhou com tanto ódio quanto Fernanda, certa feita. Sei que sou difícil, reconheço que não sou considerado um homem bom, mas nunca desejei o mal dela... Conheço casos de pais que têm ciúmes das filhas, mas acredite, Maria Luísa, eu só queria ser um pouco amado por ela. Queria que ela tivesse sucesso na vida, poderia lhe oferecer muitas coisas. Se ela desse um pouco de atenção para mim, um décimo do que dedica a esses tolos, já seria feliz.

Com os olhos umedecidos, Maria Luísa tornou:

— Vamos ter paciência, meu amado. Um dia, tenho certeza, as coisas vão ser diferentes. Vou orar para que Deus os aproxime!

— Creio que isso seja impossível. O que o seu Deus faria para unir seres tão diferentes? Vamos dormir, pois essa menina já nos ocupou demais por hoje.

Fernanda havia saído para resolver algumas questões pessoais, quando ouviu o celular tocar. Estava saindo de uma agência bancária e atendeu sem verificar de quem se tratava.

Ao ouvir a voz do outro lado da linha, reconheceu ser a voz de Javier.

— Olá, Javier! Como você está?

— Fernanda! Que surpresa... Vi sua chamada agora. Há quanto tempo não ouço sua linda voz! — disse o rapaz com forte sotaque.

Constrangida, Fernanda procurou se explicar:

— Não o queria incomodar, Javier. É que retornei ao Brasil e lembrei que você havia me dito para procurá-lo quando retornasse...

Um silêncio se fez ouvir, dando pausa na conversa. A seguir, Javier indagou:

— E Fabrício?

— É uma longa história, que um dia vou lhe contar. Retornei só e preciso de uma colocação, Javier. Você é bem relacionado...

Javier sorriu no outro lado da linha. Sem disfarçar a satisfação que as notícias lhe traziam, explicou, feliz:

— Não posso lhe prometer nada agora, Fernandinha. Me mande um currículo e farei o possível.

Fernanda riu do entusiasmo do amigo. A seguir, agradeceu e se despediram.

Ao retornar para a casa da avó, lembrou-se de algumas cenas de ciúmes que Fabrício havia protagonizado em função da amizade que ela nutria por Javier.

Na realidade, Javier não procurava esconder a admiração que sentia por ela. Em muitas ocasiões, quando o namorado a deixava sozinha por longos dias, era Javier quem procurava distraí-la, levando-a a lugares pitorescos de Paris.

Morador antigo da cidade, conhecia os lugares onde os intelectuais da universidade se reuniam; os melhores — e mais baratos — restaurantes; as bagueterias; os cafés; os teatros etc.

Apesar de se sentir em casa na "Cidade Luz", Fernanda estava cansada daquela vida. No íntimo, desejava voltar ao

Brasil, pois aqui havia muito o que fazer. Era como se houvesse um grande trabalho a ser realizado aqui, algo que a instigava, que a motivava a levar adiante tudo o que havia aprendido.

Uma sensação de confiança a invadiu e, apesar da promessa de Javier, começou a enviar currículos para várias universidades do país.

Havia se passado um mês e Fernanda começava a inquietar-se. Adelaide, sua avó, procurava acalmá-la, dizendo-lhe que havia um tempo para as coisas acontecerem e que era preciso ter paciência. Fizesse ela a sua parte enviando currículos, buscando seus relacionamentos, estudando.

Uma tarde, quando resolvera se conformar com a situação, o celular tocou.

Fernanda viu que era Javier e atendeu com o coração acelerado:

— Javier!

— Queria lhe dar uma boa notícia. Casualmente, uma professora da universidade vai ganhar um bebê e precisam de uma substituta. Tenho certeza de que a contratarão mais tarde em definitivo. O que você acha de morar em Curitiba?

Fernanda tinha vontade de chorar de alegria. Com a voz embargada, exclamou:

— Javier! Que ótima notícia! Eu acho maravilhoso, vou adorar esta experiência!

Satisfeito, Javier a orientou:

— Você vai receber um telefonema para marcar a entrevista; conheço o diretor do departamento e vou falar com ele sobre você.

— Acha que tenho alguma chance? Sei que tenho um bom currículo, mas você sabe exatamente quais as competências que estão procurando?

Javier sorriu e comentou:

— Ah, minha Fernanda! Sempre preocupada em demasia! Fique tranquila, pois tudo vai dar certo. É só uma questão de tempo para trabalharmos juntos!

Fernanda se despediu e voltou para casa sentindo que começava uma nova etapa em sua vida.

Javier era um ótimo rapaz e, além de amizade, dedicava-lhe um sentimento sincero, apaixonado. Sabia que não o amava, pelo menos como ele merecia ser amado. Era, no entanto, um alívio saber que poderia contar com alguém como ele para recomeçar sua vida.

O que ela não contava era com a surpresa que a aguardava na casa da avó.

Logo ao entrar na casa antiga e confortável de Adelaide, Fernanda deixou escapar uma expressão de susto. À sua frente, um homem alto, de cabelos grisalhos, olhar frio e penetrante causou-lhe calafrios, mal-estar. Não entendia por que sentia essas coisas na presença de seu pai. Como podia ter medo de alguém cujo sangue corria em suas veias?

Não sabia então que ali estava alguém a cujo passado estava ligada de forma dramática. Difícil precisar quem fora a vítima e quem o algoz.

A presença do pai lhe provocava um pânico irracional e tinha vontade de sair da sua presença, fugir.

Evitava-o desde criança, mas era irremediável o fato de que, vez por outra, tinha que enfrentá-lo.

Nossa Louise do passado se ressentia na presença de Armand, embora mais de cem anos tivessem se passado desde a última encarnação na França. A lembrança que ficara indelevelmente marcada em sua mente fora a visão de um Armand desfigurado e mau, em sua queda na escada.

Otávio, por sua vez, sentia satisfação ao ver o efeito que causava em Fernanda. Armand, de certa forma, ainda se comprazia em sua vingança, apesar do tempo transcorrido.

A presença do antigo inimigo causava emoções diversas nos dois, mas todas ligadas à mesma causa: a ausência do perdão.

O perdão traria o bálsamo que eles procuravam para prosseguir em suas jornadas evolutivas, mas o orgulho os colocava em posições antagônicas, um sempre buscando atingir o outro.

Em função dos sentimentos acirrados que nutriam mutuamente, fora necessário o afastamento daquelas duas almas em sua penúltima encarnação, para que o prejuízo da proximidade não comprometesse seu futuro espiritual; mais uma vez, entretanto, ao se reencontrarem, se identificaram — inconscientemente —, e as antigas emoções retornaram.

Otávio, ao perceber o susto que havia causado na filha, esboçou leve sorriso. Em seguida fitou-a e constatou que sua semelhança com Maria Luísa era surpreendente. Os mesmos olhos, o nariz, o cabelo escuro... Apenas a boca revelava um orgulho que Maria Luísa não possuía.

Propositalmente, comentou com ironia:

— Parece que a sua viagem lhe fez muito bem! Pensei, apenas, que duraria mais... Você deve lembrar que me havia dito que nunca mais retornaria.

Profundamente irritada com a ironia na voz de Otávio, Fernanda revidou:

— Voltei porque não havia mais nada a fazer em Paris. Pedi para minha mãe lhe ocultar esse fato, assim evitaríamos este encontro desagradável...

Otávio se sentou em uma poltrona e contrapôs:

— Queria vê-la admitir que eu estava com a razão. Quantas vezes lhe disse que o seu namorado não prestava?

Fernanda o fitou e, reunindo todas as suas forças, o enfrentou em tom de deboche:

— O doutor Otávio Siqueira veio até aqui para que eu, uma pobre mortal, admita que ele está com a razão? Ora, vejam só como a minha opinião é importante para ele! O senhor "dono da verdade" precisa do meu reconhecimento para se sentir satisfeito!

Otávio cerrou os dentes e replicou com raiva:

— Peço-lhe que me respeite, Fernanda! Sei que você não tem por mim o sentimento de uma filha, mas, por favor, me respeite!

Naquele momento, Adelaide entrou na sala. Otávio havia pedido que se mantivesse afastada, mas, percebendo o rumo da conversa, ela resolveu interferir:

— Com licença! A Tereza vai servir um café para nós, meus queridos. — Logo atrás dela, surgiu uma moça de aparência humilde com uma bandeja nas mãos.

Interrompidos em sua discussão, Otávio e Fernanda calaram-se. Era o que Adelaide desejava, pois era necessário mudar o rumo da conversa.

Otávio, após tomar alguns goles da bebida, comentou:

— Não vim aqui para brigar com você, Fernanda. Percebi a sua decepção ao me ver e...

— ... resolveu me jogar no rosto o quanto eu havia me enganado com Fabrício, não é mesmo? O que você esperava que eu fizesse?

Adelaide novamente interveio:

— Escutem os dois: isso precisa acabar! Vocês são pai e filha! Por maiores sejam as diferenças, precisam encontrar um ponto em comum em suas vidas. Coloquem-se na posição do outro e verão o quanto as palavras de cada um ferem os sentimentos reciprocamente. Isso precisa acabar, repito! O que vocês entendem sobre a vida? Para que acham que Deus os colocou no mundo? Será que a finalidade de nossa existência é brigar, aumentando as diferenças e nos ferindo uns aos outros? Ou será que estamos na Terra para nos entender, nos perdoar?

Otávio fez um gesto de impaciência e comentou:

— Ora, dona Adelaide! Já vem a senhora com essas filosofias baratas!

Adelaide o fitou com tolerância e afirmou:

— Essa filosofia barata, Otávio, foi mencionada por Aristóteles e Platão. Posso enumerar outros filósofos, mas prefiro lembrar que Jesus também a ensinou.

Tanya Oliveira ditado por Eugene

— Isso é um ponto de vista, uma crença. A senhora acredita, é a sua fé. Eu não acredito em nada disso e assim prosseguimos...

Adelaide completou:

— Prosseguem, sim, mas infelizes e perdendo a oportunidade de ser felizes. Como seria a vida de vocês se não houvesse esse rancor, essa mágoa entre os dois? Pensem nisso!

Fernanda falou abruptamente:

— Não se preocupe, vovó. Isso vai terminar logo. Se Deus quiser, estarei me mudando para Curitiba em breve.

Adelaide fitou, surpresa, Fernanda e comentou:

— Por que não me falou sobre isso?

— Soube há pouco e ia lhe contar desta possibilidade. Se tudo der certo, vou trabalhar em uma faculdade como substituta de outra professora.

— Vai dar aulas? — perguntou Otávio, com preconceito. — Ofereci-lhe as melhores escolas, os melhores cursos, e você escolhe essa profissão! Poderia ter cursado Medicina ou Direito...

Fernanda deu uma gargalhada e tornou:

— E ficaria sob suas ordens no hospital, sendo comparada com o "magnífico" doutor Otávio Siqueira! Ora, meu pai, por mim, nem seu nome eu carregaria!

As palavras da moça provocaram uma mágoa profunda em Otávio. Por que ela o odiava tanto?

Sem entender os motivos da filha, revidou com cólera:

— Posso não ser o pai que você desejava, mas meu nome deveria ser motivo de orgulho para você! Sou um homem honesto, dedicado ao trabalho e nunca lhe neguei nada. Talvez tenha sido isso o que a deixou com tanta pretensão, sentindo-se no direito de magoar todos os que a cercam! Ouça, menina, isso não vai ficar assim, entendeu? Pode ir para onde você quiser. Estou cansado de você, Fernanda!

Otávio voltou-se e saiu, batendo a porta.

Fernanda sentou-se e começou a chorar. Cuidadosamente, Adelaide colocou-se ao seu lado e fez com que ela deitasse a cabeça em seu colo, dizendo:

— Você colhe o que planta, minha filha. O seu pai é um homem orgulhoso e você tem razão em muitas coisas a seu respeito. No entanto, precisamos reconhecer que você o trata muito mal, agride-o quase gratuitamente. Para dizer a verdade, não a reconheço quando estão juntos!

Secando as lágrimas, Fernanda desabafou:

— Não sei o que acontece, vovó, mas, quando ele está por perto, sinto emoções que não consigo controlar; tenho medo e ao mesmo tempo um ódio irracional, quero vê-lo a distância, bem longe de mim! Não entendo e gostaria que fosse diferente, mas, repito, não consigo controlar meus sentimentos!

Adelaide ficou pensativa e considerou:

— Lembro que você fez terapia por algum tempo. Não notou nenhuma melhora nesta situação?

Fernanda balançou a cabeça em negativa.

— Deveria ter continuado, mas, infelizmente, com a ida para a França, acabei me afastando. Ainda não aprendi a lidar com esses sentimentos e não o conseguirei enquanto não entender o porquê. Deve existir uma razão para alguns pais e filhas se amarem com tanto carinho e eu e meu pai vivermos dessa forma.

Adelaide sorriu e obtemperou:

— Acredito que exista, sim, uma razão, mas está ficando tarde e preciso ver como está o nosso jantar. Amanhã conversaremos sobre esse assunto, querida.

Assim, Fernanda foi para o seu quarto para se refazer, enquanto Adelaide ajudava na preparação da refeição.

Após o jantar e breve conversa sobre assuntos triviais, as duas se recolheram.

39 - O passado

 Fernanda havia-se recolhido, preparando-se para dormir. O sono demorou a chegar, mas, quando conseguiu adormecer, entrou em sono profundo.
 Cerca de uma hora e meia mais tarde, Fernanda se agitou levemente no leito. Em seguida, seu corpo estremeceu e passou a agitar-se de modo cada vez mais intenso.
 Via-se em imenso castelo, em local e época que não conseguia determinar. Naquele castelo morava um homem muito rico e poderoso, que lhe inspirava atração e temor.
 Lembrava de mirar-se em pequeno espelho, mas era muito diferente! Vestia-se com trajes antigos, tinha longos cabelos louros... Lembrava-se de que alguém a espreitava em uma janela. A seguir, viu-se nos braços de um homem que a beijava. O dono do castelo!
 As cenas desdobravam-se em sua mente, misturando-se. A certa altura, ouviu alguém gritar: "Louise!"

LAÇOS DA VIDA

Reconheceu que estava em famosa ponte sobre o rio Sena, em Paris. A seus pés, via o rio agitado; desesperada, voltou-se e caiu desmaiada nos braços de um rapaz.

Fernanda acordou com um sobressalto e sentou-se na cama; ainda parecia ouvir o som do rio e as palavras de reconforto que alguém lhe dizia em francês. Com a respiração opressa, transpirando, demorou alguns instantes para voltar à realidade.

O que fora aquilo? Como poderia sonhar ser outra pessoa? Lembrava-se com exatidão da roupa que usava. Longos vestidos, tinha um cabelo diferente. Como podia ser?

E o homem do castelo? Conhecia aquele olhar frio, que seduzia, mas inspirava ao mesmo tempo medo. Onde vira aquele olhar? Quando?

O jovem da ponte! Sem saber como nem por que, sabia que o amava! Como se chamaria?

Pensativa, tentava entender como podia sonhar com uma vida que nunca havia vivido; agitada, não conseguiu mais conciliar o sono.

Lembrou-se de que a avó lhe havia falado algumas vezes da teoria da reencarnação... Não acreditava em coisas que não compreendia e as evitava. Mas e se fosse verdade?

Teria ela vivido uma outra existência, com aparência diferente, e amado alguém com tanta intensidade?

Sim, porque o jovem da ponte lhe inspirava algo profundo, imensurável. Lembrava-se do seu olhar preocupado, de algumas palavras que havia pronunciado, mas aquilo fora mais do que suficiente para saber que ele lhe despertara um sentimento mais forte do que tudo o que conhecera.

Com essas reflexões, Fernanda acabou adormecendo, um sono mais tranquilo e sem sonhos.

Quando acordou, a preocupação com os preparativos para a viagem lhe absorveu os pensamentos, esquecendo, aparentemente, o estranho sonho que tivera.

Precisava reorganizar a sua vida e, de alguma forma, o ensejo de um novo trabalho, distante do Rio, lhe enchia o coração de esperanças.

Quinze dias haviam se passado e, com o auxílio de Javier, Fernanda se acomodava em pequeno apartamento, próximo à casa do amigo.

    Javier não escondia a alegria de tornar à antiga convivência com Fernanda. Sentindo inegável atração pela moça, felicitava-a por ter se afastado de Fabrício, com quem nunca havia simpatizado. Jean-Piérre, renascido como o amigo dedicado, revivia o antigo sentimento que tivera por Louise no passado.

    Iniciando suas atividades, Fernanda foi apresentada a vários colegas e, a convite de Javier, se encontraram no restaurante universitário para o almoço.

    O grupo de professores, reunidos, comentavam suas experiências e expectativas em relação ao semestre que se iniciava, quando surgiu a ideia de realizar um seminário multidisciplinar em que todos poderiam trazer suas experiências em vários segmentos da Educação.

    Sorridente, Fernanda considerou:

— Existem várias experiências pedagógicas interessantes na Europa, Estados Unidos, Japão etc., mas não posso deixar de reconhecer as iniciativas de professores brasileiros que, superando inúmeras dificuldades, realizam projetos inovadores em regiões de grande precariedade. São iniciativas inspiradoras para prosseguirmos com o nosso trabalho...

— Sim — concordou Javier. — Aqui mesmo em Curitiba temos alguns projetos interessantes. Vou levá-la para conhecer alguns deles.

    Um coro de risadas se ergueu, dando a entender que Javier aproveitaria a oportunidade para permanecer mais tempo ao lado de Fernanda.

    Um dos presentes comentou:

— Também sou responsável por um projeto junto a comunidades carentes que irá lhe interessar... — Novamente o grupo riu descontraidamente.

Alguns dias se passaram sem maiores incidentes. Fernanda prosseguia em sua rotina com as tarefas que tinha assumido na faculdade.

Mantendo contato frequente com Maria Luísa, obtinha informações sobre a família, principalmente o irmão e a avó, que, depois de sua mãe, eram as pessoas a quem mais se sentia ligada.

A amizade com Javier se fortalecia e o rapaz começou a alimentar a esperança de que o sentimento que dedicava a Fernanda pudesse ser correspondido.

O pequeno grupo de professores, por serem oriundos de outras regiões do país, começaram a fortalecer os laços de amizade.

Com suas variadas experiências, a companhia agradável entre pessoas que partilhavam interesses aproximou Fernanda, Javier, Joachim, professor de Filosofia, Mariana, formada em Biologia, e Juliana, que acabara de terminar um mestrado em Psicologia.

Apesar de heterogêneo, a juventude e o desejo de iniciar uma carreira acadêmica promissora levaram o grupo a compartilhar esperanças, desejos e sentimentos.

Logo surgiu o interesse de Joachim por Mariana; Juliana estava noiva e pretendia casar-se em breve com Luís Alberto, já formado; dessa forma, criara-se uma situação delicada para Fernanda, pois ela e Javier eram os únicos solteiros do grupo.

Certa noite, após as aulas noturnas, Fernanda havia se demorado em sala de aula, recapitulando um ponto do conteúdo. Após a saída dos alunos, reunia o seu material para voltar para casa quando percebeu que alguém a fitava à porta da sala.

Olhou e viu que Javier a observava pensativo. Fernanda correspondeu ao olhar e perguntou com simpatia:

— Posso lhe ajudar em alguma coisa? Tem alguma dúvida sobre epistemologia genética?

Javier sorriu e respondeu:

— Sobre epistemologia não, mas sobre outros assuntos tenho todas as dúvidas do mundo...

Fernanda segurou a bolsa e algumas pastas. Javier se aproximou e a auxiliou. Ela o fitou, tentando entender o sentido de suas palavras.

Pensativo, ele perguntou:

— Perdoe-me a indiscrição, mas preciso saber...

— Por favor, diga! — exclamou a moça com simpatia.

Enquanto caminhavam até o carro, Javier pousou seus expressivos olhos em Fernanda e perguntou:

— Você ainda ama Fabrício?

Fernanda riu, aliviada, e respondeu:

— Era essa a sua dúvida? Não, Javier! Esqueci-o completamente! Parece estranho, não? Fiquei arrasada com a separação, porém, passados alguns meses, nem me lembro de Fabrício.

— Paris! — disse ele como se lembrasse de alguma coisa. — Eu gostaria muito de voltar lá...

— É mesmo? No momento, não tenho a menor intenção de retornar. Há muito trabalho aqui no Brasil!

Javier perguntou à queima-roupa:

— Tem certeza de que o esqueceu?

Surpresa, Fernanda ficou séria e respondeu, enquanto caminhava:

— Sei que esqueci Fabrício e não pretendo voltar a Paris. Satisfeito?

Percebendo que se excedera, invadindo a intimidade da amiga, ele se desculpou:

— Perdoe-me, Fernanda. Não queria aborrecê-la, perdoe-me. Não tenho muito jeito para essas coisas, sabe como é... Você quer uma carona?

— Não, obrigada. Pegarei um táxi, não se preocupe... Minha mãe insiste em que providencie um carro, mas não tenho tempo para ver isso. Vou caminhar um pouco, preciso organizar as ideias.

— Fernanda! É perigoso. Venha que a deixo em casa...

Ela concordou e seguiram o trajeto conversando sob certa tensão. Quando Javier se aproximou da residência da moça, ele disse:

— Fernanda, preciso lhe dizer algo que tenho certeza de que você já sabe. Gostaria que me visse de outra forma...

Era isso o que Fernanda temia: uma declaração ou alguma manifestação do rapaz nesse sentido.

O carro percorreu mais alguns metros e ela respondeu procurando ser, por sua vez, também franca:

— Eu sei que um dia isso vai passar, mas ainda não consigo pensar em outro relacionamento, Javier. Consegui esquecer Fabrício, mas me envolver novamente com outra pessoa é outra coisa... Você deve saber, Fabrício me traiu, esqueceu de que eu abri mão de tudo, da minha família, dos meus planos, para acompanhá-lo. Sei que preciso refazer a minha vida, mas não desejo me envolver com ninguém por enquanto. Preciso de um tempo só para mim.

O rapaz ouviu e tornou, desapontado:

— Entendo o seu ponto de vista, apesar de não o aceitar. Nossa convivência na França foi grande e nos conhecemos bem. Se não despertei nenhum sentimento em você além de amizade, acredito que o melhor é esquecer. Amigos?

Ela sorriu e respondeu:

— Amigos!

Ele a beijou no rosto e ela entrou em um prédio em agradável bairro residencial. Quando o carro arrancou, Fernanda ainda o observou por algum tempo e pensou com pesar: "Como seria mais fácil se eu me apaixonasse por Javier! Ele me ama e faria de tudo para me ver feliz! Por que as coisas não são mais simples na vida? Por que a gente complica tudo?"

40 - A Lei de Causa e Efeito

Alguns meses se passaram e a roda da vida continuava girando, atraindo cada um de nossos amigos às experiências a eles vinculadas pelos laços da reencarnação.

Como para todos nós, a Lei de Causa e Efeito os atraía para as ações reequilibrantes necessárias e indispensáveis ao acerto com suas consciências.

De modo geral, esquecemos os erros do passado pela infinita Misericórdia Divina, que atua em nosso favor em todos os momentos da caminhada, desde a nossa criação.

Se recordássemos as infindáveis quedas de nossa alma, não teríamos condições psíquicas para a vida no planeta, especialmente diante daqueles a quem prejudicamos.

Como viver em um lar onde tragédias ocorreram entre os que dividem o mesmo teto ou compartilham o mesmo ambiente de trabalho? Como encarar um desafeto do passado que agora se faz nosso companheiro na forma de esposo ou esposa, irmão, pai, mãe?

E quanto aos filhos? Como acarinhar um ser que talvez tenhamos levado a quedas desastrosas nas sendas do vício e do abandono?

Ensina-nos Jesus que "a cada um será dado de acordo com suas obras", mas também mostra o caminho ao dizer que "a caridade cobre a multidão dos pecados", significando que, se muito devemos diante da Lei Maior de amor, também, através do bem, poderemos restituir nosso equilíbrio espiritual.

Em verdade, quando praticamos a verdadeira caridade, que mais não é do que um estado íntimo altruísta cristão em que a situação do semelhante nos importa realmente, nós nos mobilizamos em todos os sentidos para ajudar no que for possível; nesse caso, alteramos nosso estado vibratório, deixando as faixas de um possível ajuste e nos transportando a zonas de equilíbrio e paz espiritual.

O bendito esquecimento do passado nos impede de facearmos conscientemente os corações bondosos e inocentes que aniquilamos; as vidas que se perderam em função de nosso orgulho e vaidade; a discórdia que semeamos em vez de aproximar, unir as criaturas que nos cercavam; os lares desfeitos, pela satisfação de nossos interesses mundanos!

Sim, meus irmãos! Se olharmos para trás veremos que deixamos um rastro de dor e sofrimento. As folhas crestadas pela intensidade das paixões cobrem a estrada dos nossos enganos.

Quando surge o momento do resgate ou de nossa reconciliação com a Lei Maior, desponta em nós a perplexidade, como se fôssemos pegos de surpresa, incautos, desprevenidos...

Mas, queiramos ou não, esse dia surge no horizonte de nossas vidas!

∽ *Tanya Oliveira ditado por Eugene*

Parecia um dia normal na vida de Maria Luísa e sua família. Ela havia, pela manhã, falado com Fernanda pelo telefone, ouvindo, satisfeita, que a filha reorganizava sua vida na nova cidade.

Como de costume, estava na época de realizar seus exames de rotina anuais. De posse das requisições fornecidas pelo médico, se dirigiu à clínica sem maiores preocupações.

Logo no início da ecografia mamária, percebeu que o médico permanecia calado, sem fazer nenhum comentário. Estranhou, pois não era o costume; ele sempre lhe dizia alguma coisa, mesmo que fossem amenidades.

Depois de examinar várias vezes o quadrante superior direito de sua mama, o médico falou:

— Creio que você deva levar este resultado logo ao seu ginecologista, Maria Luísa.

Preocupada, ela o inquiriu:

— O que houve, doutor? Alguma coisa errada?

Visivelmente preocupado, ele respondeu:

— Falo na condição de amigo... Você tinha um pequeno nódulo na mama há algum tempo, lembra-se? Ele permaneceu por anos exatamente igual, sem alterações, não revelando malignidade. No entanto, agora as coisas mudaram. Ele dobrou de tamanho. Você deverá retirá-lo e fazer uma biópsia.

Maria Luísa engoliu em seco. Não, aquilo não estava acontecendo! Após vestir-se automaticamente, ela saiu e procurou um local onde pudesse pensar.

O que fazer? Se contasse para Fernanda, prejudicaria a filha, que começava a se recuperar de uma dolorosa separação. Sílvia era uma incógnita, e o filho, apesar de ser médico, sofreria sem dúvida. Tinha com Rafael uma relação tranquila e de profunda afinidade.

Dirigiu-se para a Barra e a muito custo conseguiu estacionar. Desceu do carro e caminhou até a praia.

Como amava a praia! Igual a ela, só Fernanda; ambas amavam o mar, o sol, a areia. Tirou os sapatos e começou a caminhar, caminhar... até cansar.

Quando se deu conta, estava chorando. Mas por que chorar, se ainda não tinha nenhum resultado, se ainda não fizera a biópsia?

Porque ela já sabia qual seria o resultado. No íntimo, não acalentava nenhuma esperança: sabia que estava com câncer!

Lembrando as palavras de sua mãe, Adelaide, resolveu orar. Tinha o hábito da prece, que havia aprendido desde criança, mas evitava fazê-lo diante de Otávio, que a ridicularizava.

Otávio gostava de alardear a sua incredulidade; costumava ironizar os que admitiam acreditar na existência de um poder superior, um Criador. "Mas, se não fosse esse Deus que me criou, quem poderia agora me ajudar?", pensou.

Com humildade e resignação, orou. À sua frente, o mar lhe trazia, em suas ondas, um refrigério para a alma dolorida. Pensou em Jesus, o Divino Amigo. Lágrimas pungentes lhe correram dos olhos. "Por que eu?", questionava-se.

O sol se escondia no horizonte e observou uma revoada de aves que se recolhiam, humildes, aos seus ninhos. Ponderou que estavam em perfeito equilíbrio com os ditames de uma vontade superior que rege os mundos, desde os seres iniciantes na escala evolutiva; olhou ao redor e viu crianças correrem em direção aos braços dos pais; observou, também, um casal de namorados que se fitavam, apaixonados, e pessoas que iam e vinham, dando continuidade a suas vidas... e um sentimento de amor tomou conta de sua alma.

Como ela era pequena, insignificante, diante da maravilha do Universo! Mesmo assim ela fazia parte de tudo aquilo, era um ser que entrava na ordem das coisas, e uma lei que ela desconhecia agia, dentro de um princípio determinado, fazendo com que sua vida cessasse... Quanto tempo teria de vida? "Não importa!", pensou. "Vou viver cada minuto como se fosse o último e ainda hei de unir a minha família, conforme me propus há tanto tempo!"

Maria Luísa levantou-se lentamente e começou a caminhar de volta. Quanto tempo havia se passado? Não sabia.

Tanya Oliveira ditado por Eugene

Sentia-se revigorada, quase feliz. Uma serenidade a envolveu e, quando retornou ao lar, estava com o semblante tranquilo.

Otávio já havia retornado do hospital e perguntou, curioso, onde ela havia estado. Ela o beijou na face e respondeu:

— Precisava pensar sobre algumas coisas, querido. Às vezes, é necessário parar um pouco e prestar atenção na vida... Senão, ela passa e a gente não percebe que precisamos mudar, deixar de ser meros assistentes e agir em prol de nossa felicidade.

Ele levantou o olhar de um livro que lia atentamente e comentou:

— O que você quer dizer, Maria Luísa? Por que esses pensamentos agora? A propósito, você está muito bonita!

Sorrindo, ela o convidou a passar à mesa para jantar. Havia resolvido nada revelar até que o seu médico tomasse alguma medida.

Sozinhos, jantaram em silêncio. Otávio a fitou e comentou:

— Eu estive pensando, Maria Luísa... O que você acha de fazermos uma viagem?

Surpresa, ela respondeu:

— Viajar? Você nunca quis viajar, Otávio. Acostumei-me a não pensar mais neste tipo de coisa.

— Não entendo mesmo as mulheres! Ainda há algum tempo você dizia que adoraria ir a Paris, a Roma. Agora que lhe proponho uma viagem, você me cobra pelo passado!

Maria Luísa ficou pensativa. Era verdade! Ela sempre havia sonhado em fazer uma viagem com o marido, uma segunda lua de mel. Como ele continuamente recusasse, acabou desistindo. Viajava com as amigas, com as filhas, mas desistira de convidá-lo, de fazer planos com Otávio.

Como a vida era estranha! Logo agora que havia recebido uma notícia negativa, que possivelmente estivesse com câncer, ele vinha convidá-la para uma viagem...

Ela o envolveu em um olhar amoroso e respondeu:

369

— Querido, eu irei com você aonde e quando você desejar; apenas precisarei de algum tempo, para acertar algumas coisas. Depois disso, estarei pronta para o acompanhar a qualquer lugar.

Entusiasmado, Otávio continuou:

— Estive pensando, sabe? Tenho trabalhado demais e estou ficando cansado; talvez esteja ficando velho para assumir tantos compromissos. Sua filha, Fernanda, sempre me acusou de viver afastado da família, viver apenas para o trabalho etc. Sempre me cobrou atenção, embora jamais tenha tido um gesto de carinho para comigo; enfim, você não merece isso, tem me tolerado por todos esses anos, sempre fiel, amiga. Talvez seja a única pessoa que realmente me ame!

Maria Luísa estava impressionada. O que teria acontecido para Otávio refletir sobre os próprios atos? Aquela não era uma atitude normal, ela o conhecia.

Na realidade, Aurelius, que outrora a acolhera, como Suzanne, no mundo espiritual, encontrava-se presente.

Condoído com o sofrimento de alguém que muito amava, Aurelius viera em seu auxílio, acompanhando-a desde o exame realizado na clínica, incitando-a a orar e, finalmente, influenciando Otávio a lhe proporcionar essas pequenas alegrias, como os gestos de atenção e carinho.

Aurelius sabia da grandeza do amor de Maria Luísa por Otávio e o quanto a atenção deste iria alegrar o seu coração.

Estando há várias encarnações junto ao coração inquieto do marido, muitas haviam sido as renúncias, os gestos de abnegação, as lágrimas vertidas em silêncio diante do sofrimento que Otávio lhe tinha causado.

Em uma das últimas experiências, como Armand, ele houvera sido responsável por seu desencarne, como Suzanne. O comportamento de Armand a levara ao desespero e uma severa depressão pós-parto havia acabado com sua vida.

O tempo passara, mas a dívida prosseguia e, sem que Otávio soubesse, havia chegado o tempo de acertar as contas.

Tanya Oliveira ditado por Eugene

Era preciso resgatar, devolvendo em amor e sofrimento o manancial de amor que já havia recebido da alma abnegada de Suzanne/Maria Luísa.

Mais quinze dias se passaram e Maria Luísa foi ao médico, que, antes de qualquer coisa, era um grande amigo.

Ao ver os exames, profunda ruga lhe marcou a testa.

— Lamento, minha amiga, mas teremos que realizar uma biópsia. É um procedimento simples, rápido e necessário.

Maria Luísa ouvia a recomendação médica e perguntou:

— Diga-me com franqueza, Eduardo, o que você realmente pensa a respeito. Não quero me enganar.

Reticente, Eduardo procurou ser otimista:

— Não posso dizer nada, seria apenas uma opinião. Estes exames, às vezes, nos induzem a diagnosticar. Certeza, mesmo, só depois da biópsia. Existem boas razões para pensarmos que é apenas um desses falso-positivos. Você não tem antecedentes na família?

— Não que eu me lembre. A minha mãe não teve até agora e minha avó morreu do coração.

Eduardo sorriu e, levantando-se, segurou a mão de Maria Luísa.

Os olhos dela se encheram de lágrimas e ele disse com convicção:

— Independente do que der a biópsia, estarei com você. Isso é perfeitamente superável nos dias de hoje. Você já venceu tantos obstáculos, Maria Luísa, não se intimide com mais um!

Ela concordou e saiu para tomar as providências necessárias à realização da biópsia. Assim que a amiga se retirou, Eduardo sentou-se à sua mesa e fez uma ligação telefônica.

No outro lado da linha, Otávio atendia cordialmente. Deu-se então o seguinte diálogo:

— Alô? Otávio, aqui é o Eduardo, médico da Maria Luísa. Como está você, amigo?

Otávio reconheceu a voz e tornou:

— Olá, rapaz! Tudo em ordem?

Eduardo deixou transparecer a sua preocupação:

— Olha, Otávio, você deve saber que a Maria Luísa fez uns exames a meu pedido...

— Não, ela não me disse nada. O que há, Eduardo? Alguma coisa grave?

— Parece-me que sim, Otávio. Ela possui um nódulo na mama esquerda e tanto a mamografia quanto a ecografia mamária indicam um aumento de tamanho preocupante em relação ao ano anterior. Além disso, as características morfológicas me preocupam... São claramente malignas.

A voz de Otávio havia sumido no outro lado da linha. Percebendo a situação do amigo, Eduardo falou:

— Escute, Otávio. Você é médico e sabe perfeitamente o que pode ser feito. Ela tem muitas chances, mas é preciso começar logo o tratamento. Apenas lhe avisei porque não quis assustá-la falando diretamente e porque, devido à nossa amizade, sabia que poderia contar com você. Ela precisa fazer o mais breve possível a biópsia...

Respirando fundo, Otávio concordou:

— Sim, entendo. Agradeço o seu interesse, Eduardo. Vou tomar as providências necessárias.

— Não poderia ser de outra forma, meu amigo. Manteremos contato!

Assim, os dois homens se despediram.

Otávio sentia-se, pela primeira vez, impotente diante da situação. Costumava dar a notícia aos seus pacientes de forma quase fria, calculada. Quantas vezes ele falara uma sentença de morte sem dar nenhuma atenção ao olhar aterrorizado do paciente sentado à sua frente?

Ironicamente, a conhecida doença batia à sua porta, entrava em sua casa e se instalava no ser a quem mais ele amava.

Tanya Oliveira ditado por Eugene

Não era um homem de sentimentos humanísticos, sensível ao sofrimento de seu semelhante. Encarava a medicina como uma profissão apenas, que lhe possibilitara enriquecer. Sabia que, quanto mais estudasse e se aprimorasse, mais clientes salvaria e, portanto, mais dinheiro ganharia.

Havia algo que o aterrorizava, sem saber exatamente o motivo; acreditava, mesmo, que isso o fazia trabalhar mais e mais. Era o medo de perder, repentinamente, toda a sua fortuna.

Detestava a miséria, a pobreza. Evitava se aproximar de indigentes, pessoas maltrapilhas.

Lembrou-se, naquela hora de incerteza, apesar do conhecimento que possuía, de seu filho. Confiava nele, no seu caráter equilibrado, no seu bom senso.

Rafael era reservado, quieto, mas o respeitava e parecia lhe dedicar algum afeto.

Angustiado, Otávio foi falar com Rafael.

41 - Provações

Otávio foi à procura do filho na outra ala do hospital. Enquanto andava pelos corredores, sendo cumprimentado por aqueles que o conheciam ou haviam ouvido falar nele, pensava que ninguém poderia imaginar o que estava sentindo.

Apesar de toda aquela consideração, sentia-se tão abalado como qualquer familiar que recebe uma notícia daquele teor.

Sabia todos os procedimentos pelos quais Maria Luísa teria que passar, todos os protocolos, a medicação, a quimioterapia, talvez a radioterapia, e os estágios do tratamento, suas consequências, seus efeitos colaterais. O problema era ver alguém que lhe era caro passar por todo aquele processo.

Estava acostumado a ver os outros vivenciarem essa situação, não a sua família. Assim que chegou ao bloco da cardiologia, divisou Rafael conversando com o familiar de uma paciente. Após ouvir com atenção e paciência, prosseguiu, dando algumas explicações, e, por fim, abraçou uma senhora de meia-idade.

A senhora, que inicialmente chorava de angústia, após a conversa com o jovem médico passou a sorrir e se afastou, confiante.

Rafael voltou-se e viu o pai; estranhando a presença paterna ali, caminhou em sua direção. Ao perceber o olhar de Otávio, preocupou-se:

— O que houve, pai?

Otávio respondeu, sério:

— Precisamos conversar em particular. Vamos ao seu consultório.

Após se dirigirem para uma sala próxima, Rafael perguntou:

— Sei que aconteceu alguma coisa, pai; diga-me o que está se passando!

Otávio foi direto ao ponto:

— Conversei com o Eduardo, médico de sua mãe. Ele me pediu para ver o caso dela com rapidez, Rafael. Ela deve fazer uma biópsia imediatamente, mas ele tem certeza do resultado. É da opinião de que ela deve iniciar o tratamento de uma neoplasia mamária o mais rápido possível.

O impacto da notícia se fez ver no rosto do rapaz.

— Como pode ser? — perguntou.

— Não entendo também. Até o ano passado tudo estava bem com os exames dela... O nódulo aumentou muito, apresenta irregularidades e mudou suas características. Você sabe o que isso significa...

Pálido, Rafael comentou:

— Vamos levá-la ao melhor oncologista da cidade. Se é que a doença está nesse estágio, precisamos agir com presteza. Ela já sabe?

— Parcialmente. Pensa que a biópsia é um procedimento normal, apenas para descartar o câncer.

Rafael observou o pai mais detidamente. O aspecto cansado, as reticências na voz revelavam que Otávio estava em sofrimento. Procurando manter a calma, aconselhou:

— Pai, você enfrenta situações semelhantes diariamente; é um médico respeitado, sabe que o prognóstico nesses casos nos permite ter esperança. Não entendo o seu abatimento...

Otávio deixou-se cair no amplo sofá a um canto da sala. Passou a mão pelos cabelos espessos e exclamou:

— Sei disso, mas sinto uma sensação estranha, meu filho. É como se já tivesse perdido sua mãe, sem que eu nada pudesse fazer.

Rafael riu e comentou:

— Não me diga que está tendo um *déjà vu*!

— Não seja ridículo. Você sabe muito bem o que penso dessas balelas em que sua avó acredita. Tecnicamente não devemos ter problemas, mas a sua mãe é uma pessoa sensível, delicada; a quimioterapia pode devastá-la.

— Ela pode ser tudo isso, mas é uma mulher forte e, quando decide alguma coisa, é muito determinada. Tenho certeza de que lutará com todas as suas forças!

Pai e filho se entreolharam, mudos, e Otávio foi para o estacionamento. Desejava ir para casa, queria estar com Maria Luísa.

A campainha tocara duas longas vezes: era o sinal de que Maria Luísa estava à porta.

Apressando o passo, Adelaide se antecipou à sua auxiliar e abriu a antiga porta de madeira maciça.

Após beijar a filha, foi logo perguntando:

— O que houve? O que a preocupa? Algo com Fernanda?

Maria Luísa se sentou na ampla sala e respondeu:

— Não, mãe. Agora o problema é comigo — e passou a relatar os últimos acontecimentos e seus possíveis desdobramentos para o futuro.

Adelaide ouvia atentamente, com o coração opresso. No íntimo, orava para ter forças e poder falar com a filha querida com a tranquilidade necessária.

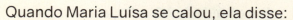 *Tanya Oliveira ditado por Eugene*

Quando Maria Luísa se calou, ela disse:

— Oh, minha querida! Lembre-se de que só Deus tem poder sobre nossas vidas e, neste momento, é preciso, antes de entender, aceitar.

As lágrimas caíam dos belos olhos de Maria Luísa. Com a voz entrecortada, falou:

— Sim, eu sei. A princípio senti revolta, mas entendo que nada é por acaso. Isso estava no meu caminho; preciso ter aceitação para poder resolver o problema. É isso, mãe?

Com os olhos marejados, Adelaide concordou:

— Sim, minha amada, é isso. É uma prova de fé. Você vai ser instigada a confiar e lutar. Alie-se a Jesus, Nosso Mestre, na certeza de que ele estará a seu lado sempre! Por maiores sejam as dores, os sofrimentos, entregue o coração ao Nazareno, para que ele o abençoe e torne o seu fardo mais leve; quanto à luta que a aguarda, se iniciará primeiro com você mesma: não poderá desanimar, mesmo que os obstáculos sejam muito duros. Você deverá lutar para viver, Luísa!

Envolvida na atmosfera psíquica de Aurelius, Adelaide captava seus pensamentos, transformando-os em palavras consoladoras à filha.

Ciente de que a mãe se achava inspirada pelo plano espiritual, Maria Luísa não se detève:

— Mãe, por que a senhora acha que isso está me acontecendo? O que devo ter feito no passado para receber esse castigo agora?

Adelaide respondeu com firmeza:

— Luísa, minha filha querida, não se trata de castigo. Nós simplesmente colhemos o que plantamos. As Leis Divinas são perfeitas, e o Universo, fruto do pensamento de Deus, nosso Pai, reflete Sua excelsa bondade e sabedoria. De alguma forma, transgredimos essas leis, seja por nossa ignorância ou por nosso egoísmo, orgulho. Quantas vezes devemos ter agido pensando apenas em nós mesmas? Ainda hoje não fazemos isso, sem levarmos em conta os sentimentos do nosso próximo? A quantos prejudicamos em

LAÇOS DA VIDA

nome de nosso orgulho e vaidade? O ódio, a inveja, o ciúme, a quantos crimes devem ter nos levado? Esses "monstros" que temos dentro de nós nos acompanham há muito tempo, fazem parte de nossa bagagem espiritual. Agora sabemos o quanto nos são prejudiciais e tentamos lutar contra eles, mas isso não é fácil. É um combate constante contra essas tendências inferiores que nos ligam ao mal.

Maria Luísa ouvia atentamente; aproveitando-se da pequena pausa feita por Adelaide, perguntou:

— Mas o que isso tem a ver comigo e esta doença?

Pacientemente, Adelaide respondeu:

— O mal ou bem que fizemos fica registrado em nosso perispírito, uma espécie de elo entre o espírito e a matéria, o corpo. Esse corpo espiritual adoece quando praticamos o mal; fica com sequelas. Ao encarnarmos novamente, essa "matriz" espiritual transmite ao corpo essas sequelas. A transmissão parcial ou total do que temos a drenar para o corpo é administrada pelos mentores espirituais, que participam da elaboração de nosso corpo físico. Esses espíritos, responsáveis por nossa reencarnação, conhecem as nossas necessidades e aquilo que deveremos corrigir na oportunidade que se descortina à frente. Com o tempo, conhecendo esses aspectos da caminhada rumo à perfeição, vamos nos aprimorando, deixando de lado os velhos hábitos e erros do passado. Chegará o dia em que praticaremos somente o bem, consoante com as Leis Divinas. No seu caso, minha filha, você terá que fazer um grande esforço para não desanimar. Não deve se entregar à doença nem ao sofrimento; lembre-se de seu marido, seus filhos...

— Não quero deixá-los de forma nenhuma! Amo-os mais que a própria vida, não posso deixá-los! Reconheço que o tratamento me assusta, mãe...

— Sim, mas com fé, confiança, tudo será superado. Quem sabe se você não desistiu da vida em alguma encarnação anterior? Quem sabe se não se entregou ao desânimo, ao desespero, antecipando sua morte? Agora é a hora de lutar pela vida, minha filha!

Maria Luísa permaneceu pensativa. Uma secreta intuição dizia-lhe que Adelaide estava dizendo a verdade. Nos refolhos de sua memória espiritual, seu desencarne como Suzanne ficara registrado. A depressão que a acometeu nos últimos meses da gestação, seguindo o pós-parto, havia-lhe minado as forças, levando-a inevitavelmente à morte.

As atitudes inconsequentes de Armand, agora na personalidade de Otávio, haviam sido determinantes, sem dúvida. Ocorre que, pela sua falta de fé diante da provação, ela desistira de lutar, de viver.

Com uma sensação de opressão no peito, Maria Luísa chorou, amparada nos braços de Adelaide. Com serenidade, a boa senhora acariciou os cabelos e o rosto da filha, e concluiu:

— Não cai uma folha de uma árvore sem que Deus permita, querida. Você não está sozinha nesta batalha e haveremos de vencer, com a permissão de Deus!

Aos poucos ela foi se asserenando e falou, decidida:

— A senhora tem razão como sempre, mãe. Vou enfrentar isso de outra forma. Tantas pessoas passam por situações como esta e superam com coragem, confiança e aceitação. Seria indigno de minha parte me revoltar, quando já recebi tanto da vida! Chegou a hora de dar algo em troca. Devo dizer, porém, que me preocupa a situação dos meus filhos, de Otávio...

— Tudo se resolverá, Maria Luísa. Eles haverão de compreender e procurarão ajudar, cada um à sua maneira.

— Você sabe o quanto me aborrece a situação de Fernanda com o pai. Gostaria de vê-los unidos ainda nesta vida — lamentou-se Maria Luísa.

— Um dia isso irá fatalmente acontecer. Não foi em vão que reencarnaram juntos, como pai e filha, para corrigir o passado que os envolve.

Admirada, Maria Luísa perguntou para a mãe:

— Você tem consciência do que aconteceu com todos nós? Sabe o que houve em nossas vidas anteriores?

Adelaide refletiu e respondeu:

— Às vezes, vislumbro cenas de outras épocas e nos identifico em situações bem diferentes das de agora. Sinto fortemente o teor dos elos que unem as pessoas umas às outras.

— Gostaria de saber o que existe em nosso passado para termos uma família tão desunida, apesar de todos os meus esforços. O que, por exemplo, houve entre mim e Sílvia, que mal me tolera? E entre Fernanda e Otávio? Chego a temer o que poderá acontecer entre os dois, tal é o ódio que identifico entre eles! Apenas Rafael me deixa tranquila, pois é o filho que nos ama igualmente, a mim e a Otávio.

— Quem sabe um dia você não descobrirá a história que se esconde por trás de sua família? Agora venha, filha, vamos tomar um café com um pedaço de bolo que acabei de fazer!

Assim, abraçadas, elas caminharam em direção à agradável cozinha de Adelaide.

42 - Mudança de planos

Após retornar da visita à sua mãe, Maria Luísa se surpreendeu ao encontrar Otávio em casa, à sua espera.

Questionada sobre onde estivera, sem poder mais esconder a situação, acabou por contar a Otávio o que estava acontecendo. Apesar de saber sobre a doença, ele omitiu o fato e, aparentemente com frieza, disse que tomaria todas as providências para que a biópsia fosse realizada o mais breve possível.

Maria Luísa ponderou que não havia necessidade de se apressar, que poderiam realizar a viagem que ele havia proposto e, na volta, ela faria o referido exame. Otávio, entretanto, não admitiu postergar a investigação.

Enquanto seus familiares viviam a apreensão dos dias que antecedem um veredito médico, com as noites maldormidas, angústias e apreensões naturais, longe dali, e sem nada saber, Fernanda acabava de corrigir as últimas provas do semestre.

A pedido de Maria Luísa, ela não havia sido informada sobre a doença da mãe, que acabara se confirmando.

Com o grupo de amigos prestes a se dispersar para as férias de verão e com o seu contrato chegando ao término, Fernanda pensava no que iria fazer dali para a frente, quando Javier se aproximou e disse:

— Falei com o coordenador do curso e ele vai levar adiante a proposta de sua contratação em definitivo. *Qué piensas?*

O sotaque carregado de Javier lhe dava um certo charme, isso era inegável, admitia Fernanda. Na realidade, ela estava se sentindo só, como se sua vida não importasse para mais ninguém.

Dessa forma, respondeu sem maiores preocupações:

— Está ótimo para mim, Javier. Poderei desenvolver uma série de projetos se tiver a perspectiva de levá-los adiante. Além disso, a faculdade me proporciona uma ótima oportunidade para completar algumas atividades importantes a fim de terminar a minha formação.

Feliz, Javier propôs:

— Está ótimo. Vou levar o assunto adiante e, para comemorar, você vai jantar comigo, certo?

Fernanda sorriu e ia dizer que não, que estava cansada ou dar uma desculpa qualquer, porém se lembrou de que Javier era um amigo dedicado, que estava sempre disposto a lhe ajudar, fosse qual fosse a circunstância. Assim, ela concordou:

— Está bem, pode vir às nove.

Javier se despediu com um beijo em seu rosto e se afastou.

Distraída, Fernanda voltou à realidade quando ouviu o toque do celular. Percebeu que a ligação era da casa de seus pais. A voz do outro lado da linha se fez reconhecer:

— Nanda, aqui é o Rafael!

— Oi, Rafa, tudo bem? Estou com saudades! Há quanto tempo não conversamos...

Reticente, Rafael começou a falar:

— Também estou com saudades, mas estou ligando por causa de nossa mãe.

Tanya Oliveira ditado por Eugene

Assustada, Fernanda alterou a voz quando perguntou:

— O que houve? O que aconteceu com ela?

— Olha, é difícil de falar, mas ela fez uns exames e vai ter que fazer uma mastectomia. Deve ser ainda nesta semana; tudo está acontecendo muito rápido.

Paralisada, Fernanda não conseguia articular qualquer palavra. Diante do silêncio, Rafael perguntou:

— Você está aí? Nanda?

— Sim, estou! — disse Fernanda. — Como foi isso, Rafa? Por que não me disseram antes?

— Foi a mamãe quem pediu. Ela não queria prejudicar o seu trabalho. Achei que já era a hora de você saber.

Sem poder se conter, as lágrimas desciam pelo rosto da moça. Quando conseguiu falar, exclamou:

— Irei o quanto antes para o Rio. Preciso encaminhar alguns assuntos apenas. Como ela está, Rafael?

— Estamos admirados com a tranquilidade dela, Nanda. Está aceitando tudo com muita calma; você sabe, ela tem fé... Herança de nossa avó Adelaide.

— Sim, ela sempre nos dá muita força porque tem convicção, acredita mesmo. Obrigada por me avisar, Rafa. Logo estarei aí!

Assim que desligou o telefone, Fernanda pensou em ligar para Javier e desmarcar o jantar, pois perdera não apenas a fome, mas a vontade de sair. Queria estar ao lado de sua mãe naquele momento difícil.

Sabia que Maria Luísa era vaidosa, apesar da elegância discreta. Deveria estar sofrendo intimamente na sua vaidade feminina, porque era apaixonada por seu pai.

"Como uma mulher como mamãe pode amar tanto alguém como o meu pai?", perguntava-se. Ela, meiga, serena, como um lago de águas tranquilas e doces, e ele, arrogante, intempestivo, como um mar agitado, violento.

Fernanda pensou com tristeza que talvez por isso mesmo eles se atraíssem: por serem tão diferentes... Quando retornou de seus pensamentos, lembrou-se de Javier e resolveu não desmarcar o jantar.

LAÇOS DA VIDA

Precisava conversar com alguém, desabafar. O que faria se a doença de sua mãe se prolongasse? Não queria pensar no que o futuro reservava...

No restaurante, colocou Javier a par do que estava ocorrendo. O rapaz lamentou com sinceridade e se colocou à disposição para o que fosse preciso.

— Javier — disse Fernanda —, estou muito preocupada! Vou organizar algumas coisas, mas no máximo daqui a dois dias irei para o Rio.

— Acalme-se, Fernanda. Cuidarei das coisas por aqui. Além do mais, agora vai iniciar o período de férias e, até retornarem as aulas, você poderá ficar tranquila em relação ao trabalho. Aproveite e cuide de sua mãe, mostre seu carinho por ela neste momento. É importante ela saber que você a ama, e não que está com pena dela.

Ouvindo atentamente o que o rapaz dizia, Fernanda pensava. Por que não o amava? Por que não sentia o mesmo afeto que ele lhe dedicava abertamente, sem se preocupar em esconder de ninguém?

Vendo-a pensativa, ele perguntou:

— Você não vai me abandonar, não é mesmo? Vou ficar à sua espera! — e segurou a mão da moça com delicadeza.

Ela sorriu e contrapôs:

— Claro que não, Javier. Logo agora que encontrei um lugar para encaminhar o meu futuro? Tenho grandes planos para este trabalho!

— E eu — completou ele — tenho grandes planos para o nosso futuro! — Dizendo essas palavras beijou as mãos da moça.

Mais tarde, quando deixou Fernanda em casa, ele disse:

— Eu poderia me aproveitar da situação, porque sei que você está fragilizada, Nanda, mas isso não é do meu feitio. Prefiro que você me fale quando achar que chegou o momento de vivermos essa história. Amo-a demais para magoá-la ou ser inadequado. Vou ficar à sua espera!

— Mas você não vai viajar nas férias? Por que não vai ao Rio? Poderá ficar hospedado na casa de minha avó.

Ele ficou pensativo e disse:

— Pode ser, quem sabe? Também tenho algumas coisas pendentes...

— Ora, Javier! Fique conosco! Irá me ajudar muito contar com a sua presença!

Ele sorriu e prometeu ir assim que fosse possível. Após beijar Fernanda, se retirou.

A moça subiu para o seu apartamento tentando analisar seus sentimentos. Seria esse o amor da sua vida?

Sempre havia pensado que um dia se apaixonaria e amaria intensamente alguém. Não era isso que estava sentindo naquele momento. Devia, contudo, admitir que Javier era atraente, inteligente e, principalmente, um homem admirável.

Fernanda entrou em seu apartamento e foi para o computador para enviar e-mails, verificar o seu cronograma de aulas, organizando, na medida do possível, o próximo semestre.

Após, começou a juntar sua bagagem, pois a vida a havia feito mudar de planos.

Dois dias depois, quando chegou à casa de Adelaide, Fernanda estava com o cenho fechado.

Abraçou a querida senhora e quis saber tudo o que estava acontecendo. Adelaide, resumidamente, contou tudo e disse que Maria Luísa as aguardava em sua residência ainda naquele dia, véspera da cirurgia.

Fernanda não conseguiu esconder sua contrariedade. Adelaide a repreendeu:

— Querida, não posso pensar que você magoaria sua mãe por causa dessa situação com seu pai. Esqueça suas diferenças com ele por amor a ela, por favor!

Fernanda pediu desculpas e foi se preparar para a visita que faria à tarde.

Algumas horas depois, ela retornava, acompanhada de Adelaide, para a casa onde nascera, crescera e passara uma grande parte de sua juventude.

Tudo estava organizado, bonito, demonstrando os cuidados que sua mãe dedicava ao que ela chamava de lar, pois era mais do que uma casa.

Fernanda abraçou Sílvia, a quem não via havia muito tempo; beijou a auxiliar do lar, Clarice, que sempre considerara alguém da família.

Ao ver a mãe, bela e sorridente, jogou-se em seus braços e chorou profundamente. Por que havia se afastado dela tanto tempo se a amava tanto?

Maria Luísa acariciou seus cabelos e falou, serena:

— O que houve, minha filha? Ainda não morri e, fique sabendo, não morrerei desta vez. Tenho muito o que fazer neste mundo ainda! Quero ver meus filhos felizes, quero poder ajudar outras mulheres nesta condição. Já tenho muitas ideias a respeito, sabe? Depois vou contar para vocês o que andei pensando. Agora venham tomar um suco e vamos conversar...

Fernanda procurou se controlar e perguntou:

— Mãe, como você pode estar tranquila desta forma? Você vai passar por uma cirurgia por causa dessa doença!

— Câncer, minha filha. Não tenha medo de dizer: câncer. É uma maneira de resgatar alguma coisa, conforme sua avó me explicou. Bom, nunca gostei de ficar devendo nada, então o bom Deus me deu o ensejo de pagar... — disse Maria Luísa sorridente.

— Mãe, isso é grave! Você sabe o que virá depois. Não está preocupada?

— Eu estaria preocupada se fosse um dos meus filhos. Como é comigo, agradeço todos os dias. Seu pai tem me ajudado muito, me explicou tudo o que precisava saber para encarar isso com mais serenidade. Ele tem sido um grande amigo e companheiro, Fernanda.

Adelaide, preocupada com o que a moça poderia falar, interveio:

Tanya Oliveira ditado por Eugene

— Vamos tomar logo este suco, porque estou com sede. Clarice, você fez aquele bolo de laranja de que a Fernanda tanto gosta?

Clarice respondeu com orgulho:

— Claro que fiz, sim, dona Adelaide. Vou buscá-lo.

— Você fez o "meu" bolo, Clarice? Você é única, não existe outra como você!

Clarice riu gostosamente e tornou:

— Ora, menina! Vai me deixar envergonhada...

Fernanda voltou, então, ao assunto com certa ironia:

— Quer dizer, mamãe, que o doutor Otávio está cuidando bem de você...

— Sim, Fernanda, seu pai não tem poupado esforços para que eu me sinta tranquila. Ao contrário, eu é que ando preocupada com ele! Está muito esgotado.

— Imagino... A propósito, pelo menos tem chegado mais cedo, para lhe fazer companhia? Ou a tem deixado sozinha?

Maria Luísa deu um longo suspiro e tornou:

— Você me faria muito feliz se esquecesse por algum tempo suas diferenças com seu pai. Não posso negar que ele não agiu corretamente com você, se mostrando excessivamente possessivo e querendo determinar sua vida. Porém, não vejo em tudo isso nada além de cuidado e preocupação com seu futuro. Nada que o desabone como pai, Fernanda.

Ao ouvir as palavras da mãe, Fernanda percebeu que estava agindo de forma errada. Não deveria tranquilizar e proporcionar momentos de serenidade a ela? Não lhe caberia dar uma relativa trégua em relação aos atritos que tinha com o pai?

Envergonhada, resolveu admitir:

— Sim, mãe, talvez você tenha razão. O problema é a maneira como ele faz as coisas. Não posso amá-lo, tenho que admitir, mas também não quero odiá-lo.

Adelaide, que a tudo ouvia atentamente, interveio:

— Assim é que se fala, minhas queridas! Cada uma mostrando o seu ponto de vista com tolerância em relação à opinião da outra. Um dia haverá o entendimento e a concórdia que tanto almejamos. Afinal, é para isso que estamos na Terra!

LAÇOS DA VIDA

Fernanda riu e perguntou em tom de brincadeira:

— Você acha que estou na Terra só para me entender com meu pai? Será isso tão importante para a minha "evolução"?

Adelaide sorriu com bondade e considerou:

— Você não tem ideia da importância dessa aproximação para sua jornada espiritual! O mesmo digo para ele. Ambos estão ligados por um vínculo profundo do passado, muito forte, e que trouxe sofrimento demais para os dois.

Adelaide expressava com fidelidade o pensamento de Aurelius. Interessadas, Maria Luísa e Fernanda ouviam; a certa altura, Fernanda perguntou:

— Como posso "resgatar" esse passado se não me lembro? Não tenho a menor ideia do que a senhora está falando!

Maria Luísa interveio:

— Querida, concordo com sua avó. Sempre estranhei a repulsa que você demonstrava, mesmo pequenina, em relação a Otávio. Inicialmente, ele revelou o desapontamento natural para um pai que deseja cuidar de um ser tão indefeso; com o tempo, porém, a distância aumentou, até chegar aos dias de hoje.

— Eu tenho a impressão de que ele sempre me perseguiu, a vida toda. Nunca me deixou em paz, sempre controlando minha vida. Primeiro foram os meus estudos. Ele queria que eu seguisse a sua profissão; depois foram meus namorados: nenhum deles foi aprovado! Eu só queria que ele me deixasse viver...

Adelaide retomou a palavra:

— Agora, o mais importante é a saúde de sua mãe. Vamos nos unir em prece rogando a assistência necessária para que Maria Luísa confie em Jesus, no seu auxílio pleno de misericórdia. Temos uma grande tarefa pela frente e não nos é lícito perturbá-la com nossas questões pessoais. O problema com seu pai terá sua solução no tempo certo. Confiemos!

As três mulheres se dirigiram para um jardim interno, onde Maria Luísa cultivava suas orquídeas e uma mesa com algumas iguarias as esperava.

Fernanda olhou ao redor do jardim e exclamou, sentindo grande bem-estar:

— Adoro este local, mãe! Sinto como se me trouxesse lembranças antigas, que não distingo com exatidão, mas que me fazem sentir muito bem!

— Desde criança você gostava do meu jardim de orquídeas. Ficava horas brincando com suas bonecas naquele canto... — e Maria Luísa apontou para um local agradável, onde havia uma banqueta.

Fernanda sorriu e concordou:

— Sim, me lembro! Acho que aqui é o melhor lugar da casa...

Naquele instante, uma voz de timbre forte se fez ouvir:

— Concordo, Fernanda. Sua mãe é o coração das nossas vidas e este jardim é o coração desta casa!

Surpresa, Fernanda fitou o pai e observou:

— Quanta diferença, doutor Otávio! Nunca pensei ouvir estas palavras de sua boca!

Preocupada, Maria Luísa beijou o marido e ofereceu algo para ele beber. Otávio fingiu não ouvir e perguntou como a mulher havia passado.

Ela sorriu e tornou:

— Muito feliz com a presença dos meus grandes amores aqui comigo! Quando Sílvia e Rafael chegarem, não precisarei de mais nada!

Os olhos de Otávio pousaram sobre Fernanda. Enquanto bebia uma xícara de café, perguntou:

— Você veio de Curitiba por causa de sua mãe? O que pretende fazer depois, durante o tratamento?

— Ainda não sei ao certo... É definitivo que ela fará a quimioterapia?

Otávio respondeu, aborrecido:

— Expliquei para sua mãe o que deve ocorrer nesses casos. Com a biópsia, vamos ver o estadiamento da doença, para sabermos o melhor tratamento. Existem critérios para chegarmos a uma conclusão, tais como o tamanho do tumor, se atingiu os linfonodos e se existe metástase...

Ao ouvir aqueles termos, Fernanda sentiu o coração se confranger. Como poderia estar aquilo tudo acontecendo em sua vida?

A sensação de sentir que a pessoa que ela mais amava fazia parte de uma estatística cruel, razão pela qual milhares de mulheres deixavam a vida todos os anos, mudava completamente a situação.

Sua mãe não era apenas um número; era alguém que ela amava profundamente, pelo seu caráter, bondade, princípios. Era uma mulher especial, que tivera momentos felizes, mas também havia sofrido, muitas vezes em silêncio, porém tudo havia suportado em prol da família. A intempestividade de Otávio, seu gênio difícil, suas exigências descabidas o tinham feito um homem que todos temiam e somente Maria Luísa conseguia acalmá-lo, fazendo com que ele se tornasse mais maleável, tolerante.

Tinha uma grande admiração por sua mãe e, pensando nisso, ela convidou Adelaide para se retirarem.

No caminho, Fernanda deu vazão às lágrimas, que conseguira segurar diante de Maria Luísa. Após alguns momentos em que se permitiu sentir toda a dor que a situação lhe causava, Adelaide lhe disse:

— Chore, querida, mas chore pela tristeza de vermos a nossa amada diante de uma provação difícil. Precisamos nos fortalecer para ajudá-la! Maria Luísa precisa de nós e, diante dela, seremos firmes, confiantes, serenas. Quando a nossa dor for muito grande, vamos nos recolher, para dar expansão ao nosso sofrimento. Lembremos, porém, que ela se apoiará em nossa força e precisamos respaldá-la diante dos dias que se aproximam...

Fernanda abraçou a avó e assim permaneceram por algum tempo. Era preciso arregimentar forças, pois no dia seguinte seria a cirurgia de Maria Luísa.

43 - Acerto de contas

As dificuldades que enfrentamos em nossa trajetória terrena, apesar de possuírem graus variados, apresentam-se sempre, independentemente de posição social, crença ou raça.

Sendo a Terra ainda um mundo de provas e expiações, o sofrimento e a dor são os instrumentos necessários para a evolução dos espíritos que aqui habitam. Fatalmente chegará o dia em que daremos o nosso testemunho de fé e resignação ante a Lei Maior.

Como alunos matriculados em inestimável escola, passamos por diversas classes, com uma programação educativa que varia de acordo com a nossa disposição e entendimento das leis da vida. Se nos revoltamos quando não encontramos as condições que julgamos ideais para os nossos anseios, agindo de forma infantil, como crianças que não ganham o presente que desejam, acabamos tendo que repetir a lição, para que o aproveitamento seja satisfatório.

A aceitação diante das situações inevitáveis da existência representa a consciência de nossas necessidades, o entendimento, no âmago da individualidade, de nossas escolhas antes de retornar à arena terrestre.

A dor que hoje nos sufoca, sem dúvida, é o resultado de ações distanciadas do amor em relação ao nosso semelhante. O sofrimento que sentimos deveria ser o que causamos, mas a Misericórdia Divina age sempre em nosso favor, levando em conta os menores gestos nas faixas do bem para atenuar nossos resgates.

Para os nossos amigos, havia chegado o tempo de acertar antigas questões que tinham ficado pendentes em uma região da França, no vale do Loire.

Após a mastectomia, Maria Luísa iniciou um período difícil, mas que enfrentou com coragem e determinação.

Amparada por Adelaide, Otávio e os filhos, sentia-se fortalecida no carinho dos familiares, encontrando forças para encarar toda uma série de incômodos que se seguiram: a colocação do cateter, ou acesso, para a medicação, os efeitos colaterais, a indisposição geral de que se via objeto.

Após as sessões de quimioterapia, Maria Luísa observava as mudanças que ocorriam em seu corpo, como a febre, os vômitos intermitentes, a sede incessante, o cansaço profundo.

Certa noite, em que havia passado praticamente em claro, quando a medicação auxiliar pouco havia ajudado, Otávio sentiu-se impotente para atendê-la. Via que o seu conhecimento se perdia diante do sofrimento da mulher; que o seu organismo reagia violentamente ante as agressões que a medicação lhe causava.

Logo que amanheceu, ligou para Adelaide e pediu para falar com Fernanda. A moça atendeu, preocupada, e Otávio disse secamente:

Tanya Oliveira ditado por Eugene

— Sua mãe passou a noite sem dormir. Preciso me ausentar e gostaria que ficasse ao lado dela.

Fernanda sentiu como se lhe golpeassem o estômago. Quase sem voz, perguntou:

— Como ela está agora? E Sílvia e Rafael, onde estão?

— Está com febre, mas adormeceu há pouco. Rafael e Sílvia não poderão ficar com ela...

— Eu e vovó logo estaremos aí!

Otávio desligou e se aproximou de Maria Luísa. Passou a mão por seus cabelos, habitualmente sedosos, e percebeu que vários fios se soltavam.

Ele se afastou bruscamente e, envolto em pensamentos de revolta e desespero, foi para o carro e saiu em alta velocidade. O que mais o desesperava era a sensação de impotência por sua condição de médico, que naquele momento de nada lhe valia.

"Essas religiões com suas pieguices não são suficientes para explicar por que isso acontece com pessoas como Luísa!", pensava, enquanto acelerava mais o carro. "Entendo que, se fosse eu, haveria certa lógica... Sempre desprezei a religião, nunca acreditei nesse Deus mesmo! Mas Luísa sempre foi uma pessoa boa, talvez a única que tenha me amado! Que ordem no Universo pode determinar essa injustiça?", prosseguia questionando. "Sei que ela frequenta a religião da dona Adelaide... Ah! Esses espíritas têm explicação para tudo! Apenas crendices, bobagens. Tolerei, porque sei que isso a fazia feliz e porque ela precisava de algo para se sentir útil, agora que os filhos estão adultos. Afinal de contas, não permiti que Luísa trabalhasse, queria-a somente para mim e os filhos...", considerava Otávio enquanto dirigia, permitindo que seu pensamento se distanciasse do volante.

A certa altura, quando entrava em uma curva acentuada, o excesso de velocidade não lhe permitiu frear com segurança ao ver uma criança atravessar e, em questão de segundos, seu carro rodopiou na via e chocou-se com uma motocicleta que vinha em direção contrária, na contramão.

LAÇOS DA VIDA

Logo que tomou consciência do que acontecera, Otávio apressou-se a sair do carro e atender ao jovem motociclista. Caído no chão, o rapaz estava consciente, mas seriamente ferido.

Junto com as autoridades rodoviárias, os transeuntes se aglomeraram ao redor do acidente por mera curiosidade; Otávio foi acusado por alguns de estar dirigindo a uma velocidade acima da permitida.

Identificando-se como médico, Otávio se prontificou a examinar a vítima e acompanhá-la até o hospital, junto com a ambulância que havia sido requisitada. Após preencherem-se os requisitos legais, Otávio efetivamente deu entrada no hospital onde trabalhava, acompanhando o jovem ferido.

A notícia se espalhou e Rafael foi avisado do que ocorrera. Procurando imediatamente o pai, eles providenciaram o atendimento o mais rápido possível para Marcos, a vítima.

Assim que os primeiros socorros foram providenciados, Rafael conseguiu saber do pai o que ocorrera. Otávio relatou sobre Maria Luísa e os acontecimentos que se sucederam.

Preocupado, Rafael questionou sobre os compromissos do pai naquele dia. Otávio respondeu que não se encontrava em condições de trabalhar; precisava descansar, estava muito tenso, principalmente depois do que acontecera. O filho, surpreso, considerou:

— Entendo, pai, mas você tem alguma cirurgia marcada para hoje?

— Sim, tenho um caso rotineiro. Por isso mesmo, vou pedir para um colega realizá-la.

Uma ruga surgiu na testa de Rafael, que a verbalizou nestes termos:

— Só quero lembrá-lo de que seu paciente o escolheu, provavelmente entre outros cirurgiões. Não seria uma desconsideração com o paciente e sua família passar o encargo a um colega? Além disso, a cirurgia oferece algum risco? Não será melhor transferi-la?

Otávio, quase perdendo a paciência, tornou:

Tanya Oliveira ditado por Eugene

— Rafael, você acha que tenho condições de fazer uma cirurgia cardíaca no estresse em que me encontro? Não consegui nem ao menos dirigir direito, veja o que aconteceu! Não quero transferir, pois será muito difícil para a família, que vem se preparando há algum tempo para este dia.

O rapaz ainda insistiu, sujeitando-se a ouvir uma repreensão paterna:

— Você confia, tanto quanto em você mesmo, no médico que irá substituí-lo?

— Sim, é um colega em que deposito inteira confiança.

Ainda inquieto, Rafael perguntou:

— Para quando está marcada a cirurgia?

— Só consegui reunir a equipe na primeira hora da tarde, o que você sabe que eu não gosto. Prefiro operar o mais cedo possível, pela manhã.

— Bem, você sabe melhor do que eu os riscos que está correndo. Vá para casa que lhe avisarei se houver alguma notícia.

A seguir, o rapaz se afastou e entrou em contato com Fernanda, para inteirá-la sobre o que havia ocorrido.

A moça ouviu em silêncio e desligou o telefone: parecia que o chão se abria sob seus pés. As coisas saíam do controle.

O que ainda aconteceria à sua família? Tudo parecia desmoronar a sua volta!

Fernanda permaneceu ao lado da mãe, apreensiva. Sua preocupação, porém, era em relação ao estado de Maria Luísa. Se ela soubesse o que havia sucedido, poderia piorar, em função da fragilidade de sua saúde.

Após conversar com Adelaide, comunicou a Sílvia e Rafael sua opinião sobre o caso. Ambos concordaram que seria a melhor solução.

No hospital, Marcos apresentava politraumatismos e foi encaminhado rapidamente para o bloco cirúrgico.

A cirurgia durou mais de três horas e as notícias não eram boas: Marcos havia perdido muito sangue e o baço tinha sido atingido, além de algumas costelas estarem quebradas; seria necessário aguardar as próximas quarenta e oito horas para que a equipe médica fizesse uma avaliação.

Marcos tinha por volta de vinte e oito anos; trabalhava durante o dia como *motoboy*; à noite, cursava a faculdade de Direito.

O pai tinha falecido havia mais de dez anos, tendo a mãe arcado com a dura tarefa de criar dois filhos com suas aptidões de doceira. Na realidade, ela preparava cardápios para festas, tal a sua habilidade.

Juliana, a irmã mais velha, era enfermeira e trabalhava, sem nenhuma coincidência, no mesmo hospital de Rafael e Otávio. Quando soube do acidente do dr. Otávio Siqueira, algo em seu íntimo a incomodou, como se um mau pressentimento a tomasse de assalto. Como não conseguisse esquecer o assunto, resolveu procurar saber mais informações e, para sua infelicidade, verificou que se tratava de Marcos, seu irmão.

Desesperada, foi até o consultório de Otávio e, diante das secretárias perplexas, deu vazão à sua dor e mágoa.

Surpreso, Otávio ouviu o seu desespero; Rafael se adiantou e, segurando-a pelo braço com firmeza, a retirou da sala. O jovem médico pediu a uma das secretárias que trouxesse um copo d'água para a moça, que chorava muito.

Depois de se acalmar um pouco, Juliana falou entre lágrimas:
— Como vou contar à minha mãe? Como vou dizer a ela que Marcos está entre a vida e a morte?

Rafael, penalizado, procurou consolá-la:
— Tenha calma, por favor. O seu irmão é jovem e forte, e faremos tudo o que for possível para salvá-lo.

Juliana o fitou e, de seus grandes olhos negros, caíram duas grossas lágrimas:
— Ouça o que vou lhe dizer: o seu pai não sairá ileso dessa história! Só porque é o doutor Otávio Siqueira, pensam que vai ficar tudo por isso mesmo, não é?

Tanya Oliveira ditado por Eugene

Incomodado com a atitude da moça, Rafael revidou:
— Como pode nos acusar desta forma? O meu pai não teve culpa, pois o seu irmão estava na contramão!
— Até que isso seja provado, e eu duvido que seja, o nome de seu pai estará em todos os jornais e será um escândalo!

Indignado, Rafael revidou:
— É isso o que você deseja? Prejudicar o meu pai apenas para se vingar? Pensei que estivesse preocupada com seu irmão!

Juliana voltou a chorar. A seguir, enxugando as lágrimas que escorriam de seu belo rosto, falou:
— Marcos é tudo o que eu e minha mãe possuímos. É a alegria de nossa casa, o alento de nossas vidas. É um rapaz bom, trabalhador, e tem nos amparado em todos os momentos... Está estudando Direito e o seu maior desejo era nos dar uma vida melhor.

Rafael calou-se. Observou Juliana mais detidamente. Era uma bonita jovem! O cabelo preso, o perfil delicado, o olhar expressivo... Lembrou-se logo de uma princesa que havia visto em uma história...

Enquanto o pensamento do rapaz vagueava, pela lembrança da obra lida, Juliana prosseguiu:
— Quero que saiba que não me atemorizo por vocês serem quem são. Se perder o meu emprego, paciência!

Rafael voltou a si de suas divagações e afirmou:
— Não se preocupe, Juliana. Nada vai lhe acontecer. Agora é preciso concentrar nossas energias em Marcos!

Juliana olhou surpresa para Rafael, como se o estivesse fitando pela primeira vez. Mais calma, pediu licença e se retirou, dirigindo-se ao CTI, para saber notícias do irmão.

Otávio retornou para casa alegando o desejo de ficar próximo a Maria Luísa, o que na realidade era verdadeiro. A proximidade da mulher sempre lhe granjeava serenidade e o reequilíbrio de suas emoções.

Havia chegado mais cedo que o normal, causando estranheza à esposa. Com aparência cansada, olheiras profundas, respondeu aos olhos indagadores da mulher:

— Estou cansado, Luísa. A senhora me deu um "baile" na noite passada...

Maria Luísa estendeu os braços e o convidou para um abraço afetuoso. A seguir, disse em seu ouvido:

— Perdoe-me, querido! Mas, se não me perdoar, não importa, porque o amo cada vez mais!

Ele a beijou e exclamou:

— Está tudo bem, está perdoada. Como você está?

— Melhorei bastante e devo isso a minha mãe, que me trouxe conforto e a terapia em que tanto acreditamos. Não vou entrar em detalhes, pois sei que você não aceita...

Otávio caminhou em direção à escada que levava ao andar superior e comentou, um tanto acabrunhado:

— É melhor assim... Não quero discutir com você. Vou tomar um banho e descansar um pouco.

Ela sorriu e respondeu:

— Vou dizer a Fernanda que você chegou e que, se ela desejar ir descansar também, está liberada.

A tarde ia a meio, quando o celular de Otávio tocou insistentemente. Após várias tentativas sem sucesso, o telefone parou de tocar, passando então a chamar o telefone residencial.

Fernanda ainda não tinha retornado para casa e atendeu. Imediatamente, reconheceu a voz de Rafael, angustiado, que desejava falar com o pai.

Curiosa, ela quis saber do que se tratava, mas o rapaz exigiu que ela chamasse o pai. Contrariada, Fernanda subiu ao quarto dos pais e bateu na porta antes de entrar. Após aguardar alguns segundos, abriu a porta e encontrou os pais dormindo.

Desejava acordar a mãe, para que ela por sua vez acordasse o pai, mas, ao vê-la dormindo placidamente depois de haver passado a noite anterior sob tanto desconforto, penalizou-se.

Não teve, então, outra solução a não ser acordar o dr. Otávio e enfrentar o seu mau humor. Depois de chamá-lo por diversas vezes, Otávio finalmente acordou. Ao vê-la ao seu lado, perguntou:

— Você aqui? O que houve?

— Rafael acabou de ligar e pediu que você entre em contato com ele. Não sei o que houve, mas está muito nervoso!

Fernanda se retirou e Otávio ligou para Rafael. Ao ouvir a notícia que o filho lhe dava, empalideceu.

Rafael lhe comunicava que o paciente que ele deveria ter operado acabara de falecer. Apesar de não ser dado a sentimentalismos, Otávio lembrou-se da família do rapaz, do olhar esperançoso da esposa, dos filhos...

Ah! Aquele homem humilde era amado pela esposa, pelos filhos, e faria muita falta! O que deveria ter acontecido? Não havia tantos riscos; não era, assim, um caso tão delicado.

Com as pernas amortecidas, se ergueu do leito e procurou trocar de roupa para retornar ao hospital. Como explicar o que estava acontecendo?

Ao chegar, logo encontrou reunido na sala de espera do bloco cirúrgico um grupo de pessoas chorando copiosamente.

Ao vê-lo, uma mulher de uns cinquenta anos se aproximou e disse com raiva:

— Por que o senhor não operou o Armando? Por que não adiou a cirurgia já que não podia operar?

Otávio ficou a princípio sem nada dizer. Era o que Rafael havia lhe aconselhado. Seguidos alguns minutos de silêncio, respondeu:

— Ainda não me inteirei sobre o que ocorreu, minha senhora. Considerei que a família estava exposta a um grande estresse e que o adiamento iria prolongar essa situação.

Chorando copiosamente, ela exclamou:

— O senhor não vê o que nos fez? Confiamos em sua palavra, na capacidade de seu colega! Agora estou sem meu marido e meus filhos, sem pai! O senhor sabe o que isso significa?

Um dos jovens ali presentes se adiantou, com os olhos vermelhos, e, colocando o dedo no rosto de Otávio, ameaçou:

— Vamos processá-lo por displicência! O senhor nos enganou! Confiamos no senhor e, quando precisávamos da sua experiência, entregou nosso pai a um médico muito mais jovem!

Pálido, Otávio se justificou:

— Por favor, vamos conversar. Entendo perfeitamente a dor pela qual estão passando, mas estão se precipitando. Não colocaria o senhor Armando nas mãos de um colega em quem eu não confiasse! Apesar de ser jovem, é um grande cirurgião, não tenham dúvida disso; ademais, o caso de seu pai era de rotina!

— Mais uma razão para que o senhor realizasse a cirurgia! — disse a mulher, transtornada. Com raiva, ameaçou: — Tenho poucos recursos, doutor Otávio Siqueira, mas não hesitarei em gastar até o último centavo para fazer justiça!

Otávio ia responder, porém concluiu de que nada adiantaria. Naquele momento, aquela família estava sob forte impacto emocional e não lhe ouviria as ponderações.

Afastou-se, procurando a equipe médica, para se inteirar sobre o que havia ocorrido.

Os dias que se seguiram foram de grande expectativa para a família Siqueira.

Maria Luísa apresentava sensível melhora, amparada que se encontrava pela espiritualidade e pela intervenção benéfica de Adelaide.

A terapia do passe espiritual e da água fluidificada lhe insuflava novas energias, e as suas disposições íntimas no sentido de vencer a doença lhe proporcionavam as condições necessárias para superar as dificuldades.

Sem saber o que ocorrera com Otávio, atribuía a expressão de preocupação de Sílvia e Rafael ao seu estado de saúde.

Tanya Oliveira ditado por Eugene

Quanto à Fernanda, era-lhe profundamente grata. Aborreceu-se ao saber que a filha havia abandonado o trabalho em Curitiba para ficar ao seu lado, mas Fernanda fora tão enfática ao lhe dizer que de nada valeria o seu trabalho se estivesse longe dela, que abrira mão de tudo, perfeitamente consciente da escolha que havia feito, sabendo que o que mais desejava no mundo era estar ali.

Maria Luísa podia avaliar o sacrifício da filha, pois, além de abandonar o trabalho, era obrigada a conviver, mesmo que esporadicamente, com Otávio.

Qual seria o motivo de tanta aversão da filha em relação ao pai? O que deveria haver no passado daquelas duas almas que justificasse tanto ódio?

Sentindo leve torpor, compreendeu que em breve adormeceria. Alguns minutos se passaram e Maria Luísa identificou a seu lado um espírito que irradiava intensa luz. Ao reconhecê-lo, exclamou com emoção:

— Aurelius!

O benfeitor espiritual sorriu e exclamou:

— Suzanne, querida filha! Estou mais uma vez a teu lado, para ajudar-te a atravessar este momento difícil de tua caminhada. Nossa equipe de trabalho está a postos, portanto jamais estarás desamparada pela Misericórdia Divina.

Lágrimas de gratidão brotaram dos olhos de Suzanne, agora como Maria Luísa. Com grande emoção, conseguir dizer:

— Oh, meu irmão! Não me queixo das dificuldades pelas quais estou passando, pois sem dúvida as mereço, embora não lembre a origem. O que me confrange o coração é a situação em que vejo aqueles que amo! Por que tanto ódio e ressentimento entre Otávio e Fernanda? Qual a razão para um pai e uma filha se digladiarem pela vida afora? Amo Fernanda sem restrições, mas neste caso ela me surpreende com suas atitudes. Reconheço suas qualidades de coração, pois é bondosa, leal, sincera e possui inúmeros vestígios do seu caráter franco e verdadeiro, revelando-se a mim como um espírito de valor. Mas, quando o assunto é o pai, ela se modifica, parecendo-me alguém que alimenta mágoas e rancores incompreensíveis! Otávio, por sua vez, apesar do seu temperamento difícil, taciturno, ensimesmado, desde a infância da filha procura cativá-la, agradá-la, mas, quanto mais ele assim procede, mais ela se afasta, menosprezando-o abertamente...

Aurelius colocou a destra sobre a cabeça de Maria Luísa e fez silenciosa oração. A seguir, falou:

— Voltemos à França, minha filha. Se eu te narrasse estes fatos, talvez tivesses dúvidas sobre a sua veracidade. Vamos recordar algumas situações que ocorreram em um castelo, quando tu eras a condessa D'Avigny!

Como se embalada por um sonho dentro de outro sonho, Maria Luísa começou a rever, como se assistisse a um filme, os marcantes episódios que haviam se desenrolado na primeira parte de nossa história.

Como Suzanne, viu seu desequilíbrio causado pelos ciúmes de Armand, a sua morte e as consequências para o marido e o filho; o assédio de Armand, agora Otávio, sobre Louise, reencarnada como Fernanda; o desespero da moça quando se viu grávida e abandonada por um acordo familiar feito entre Geneviéve, mãe de Armand, e Isabelle — agora Sílvia —, na época afilhada de Geneviéve.

As recordações surgiam e Maria Luísa, com os olhos fechados, chorava, não pelas lembranças, mas pela infinita bondade de Deus, que reaproximava antigos inimigos em um mesmo lar, a fim de se reconciliarem.

Percebia que o antigo grupo se reencontrava, tanto pelos laços do amor quanto do ódio. Viu com infinita tristeza a atitude de Louise, que dedicou sua vida a vingar a morte de Etiénne, terminando por destruir a encarnação de Armand. Observou as consequências das ações da moça na vida de inúmeras pessoas, inclusive Laurent, que agora reconhecia como seu filho Rafael. E finalmente verificou a sua influência sobre Armand, para tentar demovê-lo da ideia fixa de se vingar

Tanya Oliveira ditado por Eugene

de Louise, na qual não logrou êxito, uma vez que a moça acabou desencarnando em virtude da ação de seu inimigo.

O tempo havia passado, mas no íntimo das consciências as ações perpetradas continuavam a existir, fortes, pungentes, levando os sujeitos de mais de cem anos atrás a retomarem antigos sentimentos.

Como poderiam Otávio e Fernanda se aproximar por laços de amor de pai e filha, se ainda não se haviam perdoado pelo que tinha ocorrido?

Quem teria prejudicado mais o outro? Na realidade, ambos tinham prejudicado a si mesmos, trilhando caminhos de dor e desenganos, afastando-se de outros companheiros de jornada, por permanecerem imantados ao passado e ao ódio ao qual ainda se votavam.

Otávio, por ter sido quem dera início ao processo, sob influência de seus mentores espirituais, havia reconhecido o seu papel e as responsabilidades que assumira, mas, diante do ódio implacável de Fernanda, várias vezes falhara em sua tentativa de reaproximação.

Quando as memórias cessaram, Maria Luísa, expressando preocupação, questionou:

— Diga-me, mentor amigo, o que pode ser feito para que surja um novo dia na vida desses espíritos a quem tanto amo? Como poderei contribuir para que possam se perdoar definitivamente?

— Minha filha, no passado a tua partida em situação deplorável para o plano espiritual deixou o nosso irmão Armand, agora Otávio, em situação absolutamente crítica. Embora ele tivesse responsabilidades no processo depressivo que te acometeu, a verdade é que a sobrecarga da culpa alimentada por nosso irmão o levou a uma condição psíquica doentia.

"O afastamento da vida em sociedade, o abuso de autoridade, a arrogância e o egoísmo o transformaram em um ser nocivo e sem escrúpulos. Se tivesses permanecido em razoável equilíbrio, o teu desencarne, mais tarde, teria sido absorvido de outra forma por Armand e ele teria se conformado. A manutenção dos objetos que te haviam pertencido, as horas intermináveis em que ele permaneceu nos teus aposentos, a atmosfera de sofrimento a que ele se impôs, o levaram a uma espécie de loucura, que o ligou a irmãos menos felizes da espiritualidade.

"Os acontecimentos que se seguiram fugiram ao controle de todos os envolvidos; os enganos de nossa Louise, excessivamente sonhadora, a levaram a atitudes cruéis e de grande comprometimento espiritual, que a custo de lágrimas e sacrifícios vem resgatando. Chegou, porém, um momento crucial na evolução deste grupo, em que a possibilidade de efetivarem um passo maior, nas faixas do perdão, se me afigura verdadeiramente possível."

Aurelius então perguntou:

— Qual atitude tomar para que esses espíritos finalmente se aproximem de forma fraternal, tal como o Cristo nos ensinou? O que trouxe Fernanda de volta para casa, fazendo-a vencer as desavenças e problemas com o pai?

Maria Luísa respondeu prontamente:

— Minha filha fez uma grande renúncia; teve um gesto de profundo amor ao abandonar tudo para ficar ao meu lado. Acredito que poderei ajudá-los, mas ainda não sei como...

Aurelius sorriu e completou:

— Os sentimentos se modificam, se aperfeiçoam em nossa rota evolutiva. A paixão devastadora dará lugar ao amor fraternal que, fatalmente, unirá todos os seres. Aguardemos as lições da vida e os benefícios do tempo para que a obra do amor seja esculpida de maneira integral nos corações. Mantenha o pensamento ligado a Jesus e ele indicará ao teu coração o caminho a seguir! Dentro de algum tempo, nossa Louise e Armand precisarão de todo o teu amor para o resgate que os aguarda; e a tua fé será o caminho da redenção desses espíritos!

Maria Luísa abriu os olhos e percebeu que havia sonhado. Lembrava-se de algumas cenas nebulosas, mas tinha certeza de que havia estado próxima de alguém que lhe era muito especial.

Um forte sentimento lhe dizia que as desavenças entre Otávio e Fernanda tinham uma razão de ser e que os motivos estavam ligados a existências anteriores. E que cabia a ela, de alguma forma, agir no sentido da reconciliação daqueles espíritos.

No hospital, Marcos encontrava-se entre a vida e a morte. O fator positivo era que já havia se passado o período crítico após a cirurgia, o que significava que o corpo jovem do rapaz lutava pela vida.

Naqueles poucos dias, a aparência de Otávio se modificara. Desde o início da doença de Maria Luísa, verificava-se grande alteração no seu rosto, parecendo haver envelhecido alguns anos. O cabelo, antes grisalho, apresentava-se quase todo branco. O ar cansado, pela primeira vez, dava-lhe a aparência de um homem idoso.

Apesar das diferenças com o pai, Fernanda era obrigada a reconhecer que, em relação à sua mãe, as atitudes dele estavam sendo irrepreensíveis. As atenções do marido, era evidente, davam novo alento para Maria Luísa, que o amava verdadeiramente.

Foi Rafael, em uma das visitas rápidas à mãe, em uma tarde, quem considerou:

— Sabe, Nanda, quando vejo o casamento de nossos pais, noto que ainda existe amor entre eles, e isso é muito difícil em nossos dias, como você sabe...

Fernanda deu um suspiro e concordou:

— É verdade. Apesar de tudo, acho que se amam. Pelo menos é o que parece. Nossa mãe é quase uma "santa", para conseguir conviver com o doutor Otávio...

Rafael fitou a irmã e disse:

— Veja bem, moça: apesar das diferenças que você tem com relação a ele, eu não posso me queixar. Ele sempre foi um bom pai, me ajudou muito profissionalmente e foi um bom amigo quando precisei. Assim, devemos considerar que ele possui inúmeros defeitos, mas, sem dúvida, tem muitas virtudes... Acho que você nem sempre tem sido justa para com ele.

— Sim, claro, você sempre acaba por defendê-lo! Apenas eu e Sílvia nos entendemos nesta questão. Tanto ela quanto eu sabemos do que ele é capaz e como é difícil conviver com a sua maneira de pensar. É um dos homens mais egoístas que conheço.

Balançando a cabeça, Rafael tornou:

— Você é teimosa mesmo! Ainda que seja egoísta, ele tem se dedicado muito à nossa mãe. Além disso, tem demonstrado muita preocupação com Marcos, o rapaz atropelado... E o que me preocupa é que a irmã do jovem prometeu fazer um escândalo sobre o ocorrido.

Surpresa, Fernanda se interessou:

— Eu não sabia disso. Vou falar com ela!

— Não será preciso, Nanda, eu mesmo cuido disso.

— Esta moça deve estar precisando de dinheiro...

— Por coincidência, ela trabalha no hospital! É enfermeira da pediatria. Não sei se é o caso, não gosto de julgar, mas me pareceu honesta, apesar de mal-educada. Disse-me uma série de coisas sem o menor motivo.

Alterada, Fernanda questionou:

— Tomara que este rapaz se recupere logo! Vai ser difícil esconder esse assunto de mamãe por muito tempo...

— Sim, é verdade. É melhor ir ter com ela, pois ela poderá desconfiar de que estamos mesmo escondendo algo!

Assim, eles foram ter com Maria Luísa, abraçando-a carinhosamente e iniciando uma animada conversa, com o intuito de distraí-la.

Eram momentos de relativa tranquilidade, que possibilitavam a recuperação de energias. No entanto, no relógio da eternidade, soara o tempo dos ajustes necessários.

44 - Reencontrando Etiénne

 Quando Otávio chegou em casa naquela noite, não foi possível ocultar a tempestade que lhe ia no íntimo.
 Durante o jantar, quase não pronunciou qualquer palavra. Maria Luísa, preocupada, acariciou a mão do marido e perguntou:
 — Algum problema, querido? — Otávio fitou a mulher e respondeu:
 — Nada que eu não possa resolver, Luisa. Estou, apenas, muito cansado. Amanhã vou levá-la à quimioterapia e espero que Sílvia possa trazê-la de volta para casa.
 Incomodada, Maria Luísa tornou:
 — Era só o que me faltava! Preciso de babá agora! Nada disso! Você me deixa no hospital e na volta venho de táxi.
 Otávio fitou Fernanda e perguntou:
 — Você poderia trazer sua mãe para casa? Se não puder, não tem problema. Acho mesmo que vou contratar um motorista particular.

Fernanda ia responder que, se ele não fazia questão de que ela acompanhasse a mãe, não deveria questioná-la. Algo, no entanto, a fez ponderar e ela respondeu:

— Pode deixar que levo a mamãe e voltamos juntas também.

— Querida, você disse que precisava resolver alguns problemas amanhã, lembro-me disso. Não quero atrapalhar mais ainda a sua vida! — disse Maria Luísa. Fernanda tornou atenciosa:

— Mãe, assim fico mais tempo ao seu lado. Quando você ficar boa, talvez vá morar longe novamente. Dessa forma, aproveito mais sua companhia.

Otávio sentiu-se aliviado. Após o jantar, aguardou a chegada de Rafael e os dois, a seu pedido, se dirigiram ao seu gabinete.

O rapaz o fitou preocupado e contou:

— A família de seu paciente, o senhor Armando, fez um escândalo no hospital...

Otávio sentou-se em sua cadeira preferida e concordou:

— Sim, você tinha razão! Como eu poderia saber que as coisas iriam terminar assim? O Guilherme é um excelente cirurgião, apesar de ser jovem...

— O caso não era grave, pai. Apesar de não haver riscos, contudo, o paciente era diabético, hipertenso, a situação poderia se complicar... O que o senhor pretende fazer?

Otávio deu um suspiro e considerou:

— Não sei o que pensar, em realidade. As coisas estão se precipitando na minha vida... Primeiro a doença de sua mãe, seguida do acidente com esse rapaz, o Marcos, e agora mais essa! A propósito, como ele está?

— Parece que vai se recuperar sem sequelas. A família está mais conformada.

Otávio deu um olhar significativo ao filho e disse:

— Já pensou se ele viesse a óbito e eles também me processassem?

Rafael, procurando mudar o rumo da conversa, afirmou:

Tanya Oliveira ditado por Eugene

— Vamos nos concentrar nos aspectos positivos, pai. Marcos está melhorando, a mamãe está conseguindo superar as dificuldades da doença, graças a Fernanda e vovó Adelaide...

— Sim, devo reconhecer que sua irmã tem ajudado muito. A influência dela sobre Maria Luísa é benéfica.

— Fernanda — disse Rafael — tem inúmeras qualidades, pai. É inteligente, dedicada, solidária. Não entendo como ainda não se casou.

Otávio ficou em silêncio, pois havia interferido nos relacionamentos da filha em diversas ocasiões. Passados alguns minutos, comentou:

— Sua irmã sempre fez as escolhas erradas. Nunca encontrou alguém à altura dela e, por consequência, de nossa família.

Surpreso, Rafael contrapôs:

— Ora, pai, Fernanda é adulta, deve escolher alguém que ela ame, independentemente das nossas opiniões! A vida é dela e devemos respeitar as suas escolhas!

Otávio se levantou e fez algum comentário que Rafael não compreendeu. Pensativo, lembrou-se de Juliana, a irmã de Marcos. "Se ele soubesse que estou apaixonado por essa moça, certamente teríamos problemas!"

Alguns meses se passaram e a vida parecia voltar à relativa normalidade, sendo praticamente esquecidos os episódios dolorosos que haviam ocorrido.

Maria Luísa vencera as etapas do tratamento, sendo submetida a quimioterapia e, posteriormente, a radioterapia. As células doentes haviam sido eliminadas.

Fernanda fora contratada por uma empresa na qual era responsável pelos projetos de cunho social. Entusiasmada, conversava com Maria Luísa:

— O projeto de minha responsabilidade será voltado para mulheres em regime prisional, mãe! Vou poder trabalhar com a educação dentro do presídio feminino!

Maria Luísa, demonstrando preocupação, ponderou:

— Não é perigoso, Fernanda? Acho um trabalho bonito, mas não oferece riscos?

Fernanda sorriu e explicou:

— Tudo na vida oferece riscos. Ocorre que somente participam do projeto aquelas que desejam estudar e oferecem condições para a sua reintegração à sociedade. Estou muito feliz com a oportunidade!

— Bem, se é assim, minha filha, você tem o meu total apoio!

Na mesma época, Sílvia havia ido morar sozinha, fato que desagradou a Maria Luísa. A reaproximação de Fernanda trouxe à tona antigas questões do relacionamento familiar.

Sílvia sempre havia se considerado em um plano secundário em relação a Fernanda. Apesar das dificuldades com o pai, Fernanda ocupava uma boa parcela das preocupações do casal Siqueira, o que causava profunda mágoa em Sílvia.

Na realidade, a moça não encontrava — de acordo com o seu ponto de vista — afetos profundos na família. Considerava Maria Luísa bondosa "demais", perfeita "demais", não poupando esforços para encontrar defeitos na mãe, principalmente antes da doença; o pai era, a seu ver, um estranho, alguém que lhe era indiferente. "Ao menos com Fernanda ele demonstra algum sentimento!", pensava com irritação. "Eu não lhe provoco nenhuma reação, é como se eu não existisse!"

Em relação a Rafael, o rapaz não lhe demonstrava afeto, mas também não evidenciava sentimentos negativos; havia uma relação cordial apenas.

Com Fernanda, apesar dos ciúmes, elas sentiam-se unidas pelas dificuldades com Otávio; mesmo com as diferenças de personalidade, existia cumplicidade, pois as duas tinham um desafeto em comum.

Certo dia, Fernanda ligou para a irmã, demonstrando preocupação:

— Sílvia, estou preocupada. Um oficial de justiça intimou o nosso pai a ir a uma audiência. Pode ver isso para nós?

Sílvia, admirada, respondeu:

— Sim, claro. Preciso de algumas informações apenas. Verei o que está acontecendo.

No dia seguinte, após tomar ciência do caso, Sílvia encontrou Fernanda na hora do almoço e disse:

— O assunto é sério, Fernanda. O doutor Otávio está sendo acusado de negligência... Parece que ele deixou de atender, ou melhor, delegou a outro cirurgião um procedimento pelo qual ele era o responsável. O paciente morreu e a família o acusa de omissão por ter deixado de realizar a cirurgia.

Fernanda ouviu com atenção e considerou:

— Mas e o Conselho de Medicina? Ele não deveria ser julgado primeiro nessa instância? Apesar de tudo, não podemos deixar de reconhecer que ele é um bom médico; Rafael me disse que ele tem uma técnica perfeita, embora seja frio, não se envolvendo com os pacientes.

Sílvia considerou com expressão séria:

— Que novidade! Imagina o doutor Otávio envolver-se com alguém... Só com a mamãe mesmo, e, você sabe, tenho cá minhas dúvidas... Mas, sobre a sua pergunta, são coisas distintas, Fernanda. Em relação ao fato lesivo, as pessoas prejudicadas podem procurar a justiça comum e os médicos envolvidos poderão ou não ser investigados pelo órgão de classe independentemente.

Fernanda concordou e comentou:

— Entendo suas considerações como advogada... Tenho, porém, visto um lado que desconhecia em nosso pai. A dedicação dele pela mamãe durante a doença foi verdadeira. O problema é que ele é arrogante, egocêntrico, insensível. Você vai representá-lo na audiência?

— Não, Fernanda. Não vou me envolver neste assunto e peço que não insista. Posso lhe indicar um colega com experiência se quiser.

Fernanda aceitou:

— Vou ver com Rafael o que ele pretende fazer e lhe aviso.

Ambas se despediram e Fernanda voltou ao trabalho. No dia seguinte, procurou o irmão, e este, extremamente preocupado, esclareceu:

— Eu acompanhei este caso desde o princípio. Avisei papai do risco que ele corria em não fazer o procedimento, mas ele achou que não tinha condições de realizá-lo. Foi no mesmo dia em que ele atingiu o Marcos, o rapaz da moto.

— Sim, me lembro. Acho melhor você conversar com ele e ver o que ele deseja fazer. Sílvia indicará um advogado experiente para representá-lo na audiência.

Rafael assentiu com a cabeça:

— Acho que vamos precisar de um bom profissional...

A situação que se criara, apesar de seu ferrenho orgulho, havia abalado o prepotente dr. Otávio Siqueira.

Acostumado a ser respeitado por sua competência profissional, embora fosse um médico inacessível, distante do sofrimento de seus pacientes, via sua reputação ser colocada em jogo.

Quando Rafael lhe disse que Fernanda tinha o contato de um advogado, Otávio argumentou que possuía inúmeros causídicos que poderiam defendê-lo e considerou desnecessária a intervenção de Fernanda.

Rafael, contrariado com a atitude do pai, argumentou:

— Pai, é a primeira vez que Fernanda intercede em seu favor! Acho mesmo estranha tal atitude, mas ela pediu a Sílvia que indicasse alguém; acho que o senhor deveria levar isso em consideração.

Otávio compreendeu que a outra filha, Sílvia, se negara a defendê-lo e que, surpreendentemente, Fernanda se interessava por sua defesa. Dois dias após, Fernanda, então, foi à procura do dr. Vinicius Borelli.

Tanya Oliveira ditado por Eugene

A moça foi recebida em um escritório em prédio agradável, próximo ao Leme. A sala, decorada com bom gosto, não ostentava um luxo opressivo, mas, com tons suaves, possuía discrição e elegância.

Ao ser anunciado o seu nome, Fernanda se ergueu e se dirigiu pelo caminho indicado pela secretária. Deu alguns passos e viu que um homem de uns trinta e cinco ou trinta e seis anos vinha em sua direção; apresentava o cabelo um pouco exagerado para a época, com uma mecha que sobressaía caindo teimosamente em seu rosto moreno.

Sentindo-se pouco à vontade, sentou-se em uma poltrona que ele lhe indicou e aguardou que tomasse a palavra.

Vinicius a observou discretamente e, com simpatia, perguntou:

— Muito bem, senhora Fernanda Siqueira, em que posso lhe ser útil? Creio que já nos conhecemos, não?

— Por favor, me chame de Fernanda. Creio que não o conheço... Minha irmã, Sílvia Siqueira, me indicou o seu nome. Parece que foram colegas na faculdade.

— Desculpe-me, pensei já tê-la visto. Sim, claro, lembro-me de Sílvia! Como ela está? Como posso lhe ajudar?

Fernanda fez algumas referências à irmã e narrou o problema que a levara até ali, a situação do seu pai, e, certa da contratação do advogado, terminou:

— Desejamos que isso acabe logo, pois minha mãe sabe apenas uma parte da verdade e um choque como esse poderia prejudicar sua saúde, o que nos preocupa muito.

Vinicius balançou a cabeça e falou em tom formal:

— Sinto muito, senhorita, mas não vou poder ajudá-la. Neste caso, Sílvia poderia representar o seu pai perfeitamente.

Surpresa e indignada, Fernanda questionou:

— O que o senhor quer dizer? Não vai defender o meu pai? Posso saber qual o motivo?

Vinicius a avaliou rapidamente com o olhar e pensou: "Que coincidência! Agora me lembro. É a mesma moça que encontrei no aeroporto de Paris! Jamais esqueceria aquele rosto..."

A seguir, refeito de sua lembrança, disse:

— Não tenho interesse em defender o seu pai; já tive outras oportunidades de acusá-lo, mas, por princípios, declinei. Não teria motivos para defender um médico que, apesar de conceituado, é conhecido pela sua frieza e falta de compaixão com seus pacientes.

Pálida, por saber que se tratava da verdade, Fernanda obtemperou:

— Entendo seu ponto de vista; meu pai sempre teve problemas de relacionamento. Ocorre que, desta vez, ele não foi culpado do ocorrido. Apenas não operou porque não se encontrava em condições, por causa de minha mãe. Oferecemos-lhe o valor que desejar para evitar uma situação constrangedora a um médico em fim de carreira...

Vinicius a fitou longamente e contrapôs:

— Eu não defenderei o seu pai por nenhum valor, não há dinheiro que me pague, senhorita. Certamente, o seu pai encontrará alguém disposto a representá-lo. Posso inclusive indicar alguns de meus colegas...

Irritada, Fernanda respondeu:

— Certamente, os seus colegas serão mais profissionais que o senhor! Apenas não entendo como o senhor permite que suas antipatias pessoais interfiram em seu trabalho!

— Isso não é verdade, senhorita Fernanda. Não são apenas antipatias pessoais; são convicções, valores de vida. O seu pai vem há algum tempo tratando com indiferença os seus pacientes, magoando pessoas humildes que o respeitam, mas que não são respeitadas da mesma forma, porque não possuem dinheiro ou posição social... As coisas só podiam acabar dessa forma.

Furiosa, Fernanda se levantou da poltrona e se retirou. Quando foi pagar o valor da consulta, Vinicius, que a seguira, lhe disse:

— A senhorita não me deve nada. Não houve nenhuma orientação quanto ao caso.

Mais uma vez Fernanda o fitou e se retirou, humilhada. Nunca poderia imaginar que o advogado que Sílvia lhe indicara poderia negar-se a defender o seu pai.

Logo ao sair, ligou para Sílvia e contou o ocorrido; Sílvia deu uma gargalhada e disse:

— Ele continua o mesmo! Cheio de princípios, pieguices e escrúpulos. Devia ter imaginado que isso aconteceria. Lamento, pois é um bom advogado!

Após despedirem-se, Fernanda comunicou Rafael, que ficou profundamente decepcionado. Também não esperava aquela atitude do rapaz.

Retornando para a casa de sua avó, Fernanda relatou com irritação o que acontecera. Adelaide procurou acalmá-la com um chá e, sentadas à mesa enriquecida com *petit-fours*, bolachinhas doces, considerou:

— Foi estranha mesmo a atitude deste rapaz. Quem sabe houve alguma coisa que o fez detestar o seu pai assim?

— Mas o que seria, vó? Nunca o vi antes, ele não me conhecia, pensou que eu fosse casada!

Mais intrigada ainda, Adelaide tornou:

— Como assim? Ele não viu que você não usa aliança? Como poderia pensar que é casada?

— Não sei, isso não me chamou a atenção. Só sei que só disse bobagens, desculpas para não defender o meu pai.

Ensimesmadas, ambas resolveram tomar a bebida, enquanto procuravam uma resposta para a situação que se criara.

45 - Tempo de renovação

No dia seguinte, quando ia para o trabalho, o telefone de Fernanda tocou. Não reconheceu o número e não ia atender, mas, sem saber por que, acabou atendendo.

Era Vinicius, que lhe pedia desculpas. Fernanda pensou em dizer que ia procurar outro advogado, mas algo a levou a aceitar o arrependimento do rapaz. Combinaram de se encontrar no final da tarde, no escritório de Vinicius.

Enquanto isso, Otávio e Rafael tinham uma conversa que estava sendo adiada havia algum tempo. O rapaz fitou o pai e confirmou:

— Sim, pai, é verdade. Estou namorando Juliana. Peço que respeite os nossos sentimentos.

Otávio percebeu que não tinha mais o controle das vidas que, por muito tempo, havia mantido sob a sua influência.

Verificava que o mundo estava mudando, que as pessoas faziam as próprias escolhas, livres de preconceitos e restrições;

Tanya Oliveira ditado por Eugene

Fernanda havia sido a primeira a se rebelar contra o seu domínio, depois Sílvia e agora Rafael. Como se não bastasse a humilhação pela qual estava passando, tendo o seu nome comentado por todo o hospital e por outros colegas de profissão.

Apenas a bondade e doçura de Maria Luísa lhe davam alento. A ela devia os únicos momentos de paz que ainda tinha na vida.

Cansado, ele olhou para o filho e disse:

— Não compreendo a sua atitude, Rafael. Planejei outro futuro para você, casando-se com uma moça de nossa condição. Mas isso não importa mais...

Rafael se surpreendeu com a atitude do pai. Imaginava que ele iria esbravejar, ofendê-lo, ameaçá-lo, porém as poucas palavras pronunciadas por Otávio foram suficientes para lhe demonstrar o quanto as dificuldades experimentadas nos últimos tempos o haviam atingido profundamente.

Amava Otávio, apesar de todos os seus defeitos. Lamentava profundamente o que estava acontecendo e, com sinceridade, disse ao pai:

— Pai, tenho em você um amigo. Pode contar comigo sempre que precisar.

Otávio colocou desajeitadamente a mão sobre o ombro de Rafael, em sinal de gratidão.

Algumas horas mais tarde, Fernanda entrava novamente na sala de Vinicius. Tivera o cuidado de ir em casa e trocar a roupa, o que havia chamado a atenção de Adelaide.

Vinicius, após cumprimentá-la, começou:

— Sua irmã me pediu para reconsiderar e eu percebi que havia sido grosseiro, Fernanda.

— Vamos esquecer isso, doutor Vinicius. Estou fazendo isso a pedido de minha mãe, que esteve muito doente e não quero desapontá-la.

Ele ficou pensativo, como se escolhesse as palavras, e disse:

— Fernanda, vou ser franco com você. Tenho certos princípios e não costumo trabalhar com determinados tipos de processo. Para mim, seria mais razoável defender a família que acusa o seu pai do que a ele...

Fernanda resolveu esclarecer:

— Doutor Vinicius, há algumas coisas que também devo lhe dizer. Não estou muito à vontade com esta situação... Nunca tive afinidade com meu pai; para dizer a verdade, somos quase "inimigos". A minha mãe teve câncer, está em um período de remissão da doença, mas você sabe... Sinto que preciso fazer isso para que ela se tranquilize e possa se recuperar definitivamente.

— Pensei que a situação fosse outra! — disse ele aliviado. — Quer dizer que você tem consciência da postura do seu pai? Não o considera um "gênio" ou alguém fora do comum?

Fernanda sorriu com tristeza e tornou:

— O doutor Otávio Siqueira? Apesar de ser meu pai, tenho que reconhecer que é prepotente, arrogante e nunca consegui me relacionar bem com ele.

Vinicius escreveu algumas anotações e disse:

— Você acha que ele foi negligente com o senhor Armando?

— Apesar de tudo, acho que neste caso não. Naquela noite, ele praticamente não havia dormido, pois minha mãe estava muito mal. Segundo Rafael, meu irmão, ele saiu de casa atrasado e acabou atropelando um rapaz, que se recuperou, graças a Deus. Acredito que ele não se sentiu em condições de realizar a cirurgia naquele dia...

— ... então pediu a um colega mais jovem que fizesse a cirurgia e o paciente morreu. Pelo que soube, não era um caso grave, mas, como em qualquer cirurgia, poderia haver complicações. Seria o caso de entregar o encargo a um colega menos experiente?

— Segundo ele, esse colega é um excelente cirurgião, que nada deixa a desejar em relação a outros mais experientes.

Talvez, com exceção dele mesmo... — disse Fernanda com um sorriso.

Vinicius se ergueu de sua cadeira e caminhou pela sala confortável. Vez por outra, olhava Fernanda disfarçadamente.

A seguir, afirmou:

— Fernanda, peço que me desculpe novamente, mas não posso defender o seu pai. Não consigo ter a empatia que devo ter com um cliente para representá-lo em um tribunal. Perdoe-me, mas é assim que eu trabalho.

Desapontada, Fernanda se ergueu e disse:

— Entendo o seu ponto de vista. Obrigada, Vinicius, por sua atenção.

Fernanda ia se retirar, mas Vinicius a deteve, pressionando levemente o seu braço.

— Espere, por favor! Não quero desapontá-la, nem a Sílvia, mas é uma questão de princípios. Preciso acreditar que estou fazendo o melhor, o que julgo certo. Vou lhe indicar um colega que certamente aceitará a causa.

Fernanda aquiesceu com a cabeça e aguardou. Vinicius escreveu um nome em um cartão e entregou para Fernanda. Ela leu o nome no cartão, agradeceu e se retirou. O rapaz se sentou em sua cadeira, atrás de uma grande mesa, e deu um longo suspiro.

Teria agido certo? Pela segunda vez, Fernanda deixava o seu escritório contrariada.

Valeria a pena defender seus valores de modo tão ferrenho e perder, quem sabe, alguém que lhe parecia extremamente interessante?

No caminho de volta, sentimentos controversos debatiam-se no íntimo de Fernanda.

Havia se sentido humilhada quando Vinicius se havia negado, pela segunda vez, a defender seu pai. Ele havia falado em valores, princípios... O que levava um jovem advogado a recusar a defesa de um médico como o seu pai, que, apesar de tudo, era renomado, conhecido, em função de posições pessoais?

Irritada, dirigiu-se à casa de sua mãe, já ciente dos acontecimentos, para lhe dar a notícia de que teriam que contratar outro advogado.

Ao saber o que ocorrera, Maria Luísa questionou, intrigada:

— Ele não disse o motivo?

— Não! — disse Fernanda. — Apenas se referiu a princípios...

Maria Luísa pensou e falou:

— Não há o que fazer, minha filha. Vamos procurar outro advogado, não podemos perder tempo. — Enquanto falava, observou que Fernanda estava distraída, absorta em seus pensamentos. Sentando-se ao lado da filha, perguntou:

— O que houve, Fernanda? Notei a sua irritação ao chegar...

A moça fitou a mãe e disse:

— Você sabe que só estou fazendo isso por sua causa, porque a amo mais do que tudo, mãe. Só que esse advogado, o Vinicius... Achei um atrevimento da parte dele se negar a representar meu pai! Ele está no início da carreira; deveria aproveitar esta oportunidade, e não a desprezar dessa forma!

— Pois eu penso diferente! — disse Maria Luísa. — Na realidade, admiro esse rapaz.

Fernanda a fitou e tornou:

— Não estou entendendo você, mãe. Perdi tempo procurando-o, quando podíamos já ter um profissional tratando do caso.

Maria Luísa sorriu:

— Você sabe quantos jovens advogados, em início de carreira, como você disse, se negariam a defender o seu pai? Admiro o doutor Vinicius, porque deu provas de que é um homem íntegro, ético.

Fernanda permaneceu calada. Mais uma vez, sua mãe tinha razão...

Maria Luísa prosseguiu:

— Poucos abririam mão da recompensa financeira, independentemente de gostar ou não do seu pai. Gostaria de conhecer este rapaz, Fernanda. Diga-me — disse ela sorrindo —, como ele é fisicamente?

Fernanda procurou disfarçar e disse, com ar de desinteresse:

— Não achei nada de mais!

— Sim, mas é alto, baixo, magro, gordo, loiro, moreno? Você não reparou nada?

— Ah, sim, ele é alto, magro e acho que tem os olhos castanhos...

Maria Luísa sorriu e comentou, pensativa:

— Coisa estranha, mas simpatizo com ele mesmo sem conhecê-lo! Quem sabe não o conheço de outra vida?

— Que exagero, mãe! Vamos deixar esse tal Vinicius de lado e ver se conseguimos que alguém aceite defender meu pai! — exclamou Fernanda, com leve sorriso.

Maria Luísa a abraçou e, beijando o rosto da filha, disse:

— O que você tem feito é uma prova do seu amor por mim, mas, antes de qualquer coisa, será a sua libertação de um fardo pesado que você carrega.

Intrigada, Fernanda perguntou:

— Do que você está falando?

— Do perdão que você deve dar a seu pai. Você deve perdoá-lo de todo o seu coração, para poder se libertar. Ajudando-o, você deu o primeiro passo para se desvencilhar desta mágoa que carrega há tanto tempo.

Fernanda parou para pensar e concluiu que sua mãe estava certa. Parecia-lhe que aquele ódio por Otávio a acompanhava desde tempos imemoriais, desde que adquirira a consciência de sua individualidade na infância.

Na realidade, sua memória espiritual revelava-se e lhe dizia que, em encarnação anterior, ela e Otávio haviam se odiado profundamente, ódio esse que levara os dois à morte.

Louise, agora Fernanda, e Armand, atualmente como Otávio, estavam prestes a resgatar um passado de erros e desvios das Leis Divinas.

O trabalho de Fernanda prosseguia no presídio feminino, proporcionando-lhe farto material para o término de sua tese de doutorado.

Ao mesmo tempo, sua incursão nesse ambiente representava a quitação de débitos assumidos perante as Leis Divinas, quando fora responsável pela prisão de Armand.

Mais de cem anos depois, com a conquista de créditos diante da própria consciência, com ações meritórias em diversos campos, nos quais a abnegação a havia levado a granjear formosos recursos de amor ao semelhante, Louise resgatava, trabalhando, o mal que havia feito a Armand. Por aquisições auferidas pela dedicação ao semelhante, ela teve atenuada sua dívida perante a Lei.

O passado, que estava sepultado, retornava ao presente, colocando-a em uma prisão para viver de forma atenuada em um ambiente a que destinara Armand.

Apesar de tentar esquecer a lembrança de Vinicius, Fernanda não conseguia.

O amor que sentira um dia por Etiénne e que a levara a destruir a própria vida pela sede de vingança ressurgia intenso, profundo e incoercível.

Como falar com ele?, pensava. Desejaria encontrá-lo e dizer que sua mãe tinha razão, que ele era um homem diferente! Que pretexto ela poderia inventar para se aproximar de Vinicius?, refletia Fernanda.

De sua parte, Vinicius, passados quase trinta dias, ainda remoía o fato de ter deixado Fernanda partir pela segunda vez. Não conseguia esquecê-la; Fernanda lhe ocupava os

∞ *Tanya Oliveira ditado por Eugene*

pensamentos em todos os minutos e horas do dia. Como procurá-la, depois da atitude que tivera?

Ao chegar em seu apartamento, Vinicius tomou um banho e, depois de uma refeição frugal, procurou distrair-se com uma leitura. Buscou um livro em sua estante e, ao escolher um entre os vários que ali se encontravam, o rapaz, ao pegá-lo, deixou cair algo que estava dentro do livro.

Curioso, Vinicius abaixou-se e pegou o que parecia ser uma foto. Ao fitá-la, admirou-se. Tratava-se da foto que a jovem, no aeroporto de Paris, havia deixado cair.

Vinicius reconheceu Fernanda na foto; na época, junto a Fabrício. Incomodado pela aparente felicidade que o casal revelava na foto e pela incerteza de saber o que havia acontecido naqueles anos, largou o retrato e procurou se concentrar na leitura.

De nada adiantaram as inúmeras tentativas que fez para se concentrar nas belas páginas de Stendhal. Amava os clássicos franceses e sempre dedicava alguns minutos à sua leitura diariamente, porém tornara-se impossível continuar. Levantou-se, pegou o celular e localizou o nome de Fernanda; a seguir ligou e disse, sem convicção:

— Olá, Fernanda! É Vinicius Borelli, o "quase" advogado de seu pai... Gostaria de lhe mostrar algo, mas preciso saber se teria algum inconveniente em nos encontrarmos para conversar...

Surpresa, mas sem poder conter a felicidade que aquele telefonema lhe trazia, ela respondeu:

— Olá, Vinicius! Não há incômodo nenhum. Podemos conversar, sim!

— E o seu namorado? Não vai se importar? — perguntou ele, reticente.

— Não, se a sua esposa ou namorada não se importar, também...

Ele sorriu e disse:

— Estou sozinho no momento, Fernanda. A minha namorada não me aguentou. Você sabe, trabalho muito; ela desistiu de mim!

Fernanda permaneceu em silêncio e Vinicius tomou a iniciativa, dizendo que a buscaria no dia seguinte, à noite.

Preocupada em causar boa impressão, Fernanda arrumou-se com mais cuidado, embora sempre procurasse apresentar-se com elegância.

Vinicius, por sua vez, procurou usar roupas mais descontraídas, visto que usualmente vestia-se de modo formal, em função das suas atividades profissionais.

Enquanto ambos se preparavam para o encontro à noite, Otávio havia se dirigido ao sítio da família na região serrana do Rio, pois desde a doença de Maria Luísa haviam se afastado da agradável propriedade.

Era sua intenção verificar em que condições se encontrava, para mudar-se definitivamente com a mulher para Teresópolis. Depois de meditar sobre os acontecimentos que o atingiram nos últimos anos, Otávio havia resolvido se aposentar e dedicar-se mais a Maria Luísa e, talvez, dar aulas.

A atitude de Fernanda em relação ao seu julgamento lhe havia feito pensar profundamente em sua relação com a filha. O que realmente sentia por ela? Por que as atitudes da filha sempre o irritavam tanto? E, em outras vezes, por que o amarguravam, sem que pudesse explicar o motivo da sua mágoa?

Qual o motivo de sua implicância com seus namorados? Achava todos uns desqualificados, que não estavam à altura de sua filha.

Era como se ela o traísse ao amar outros homens e isso era um absurdo, pois ele era seu pai! A psicologia explicava esses sentimentos, mas era necessária outra explicação...

Amava a mulher com todas as forças de seu árido coração; reconhecia-se apaixonado por Maria Luísa. Por que, então, essa necessidade de ser amado, como pai que era, por Fernanda?

Queria que ela se preocupasse com ele, o buscasse nas horas difíceis; desejava ser necessário em sua vida. Em vez disso, ela era autossuficiente, independente, e fazia questão de demonstrá-lo.

Tanya Oliveira ditado por Eugene

Como poderia mostrar sua gratidão a ela sem parecer piegas, um fraco?

Falaria com Maria Luísa; precisava ouvir os conselhos da mulher, pois, como ele próprio reconhecia, ela era o seu ponto de equilíbrio.

Vinicius havia ido buscar Fernanda no horário combinado. Ambos estavam muito bem trajados e formavam, na realidade, um belo casal.

O local tranquilo e elegante escolhido pelo rapaz agradou Fernanda. Ele sorriu e perguntou:

— Gosta de comida francesa?

— Sim, aprecio muito.

Após se acomodarem, Vinicius começou:

— Não a trouxe aqui por acaso, Fernanda. Eu sei que você gosta das coisas relacionadas à França.

O olhar inquiridor dela revelava sua curiosidade. Ele prosseguiu:

— Deve fazer uns dois anos, eu estava deixando Paris, pois estava lá em férias. Sempre quis ir, sabe, mas, durante a minha estada, sentimentos confusos me assaltaram. Não sei explicar, mas passei os dias mais tristes de minha vida naquela cidade!

Fernanda ouviu impressionada e concordou:

— Sim, eu também. Vivi dois anos lá e passei por essa mesma sensação. Havia dias em que não tinha vontade de sair à rua, pois tudo me tornava nostálgica, triste, confusa. Havia lugares que não tinha a menor vontade de conhecer, era tudo muito estranho... A minha avó — Fernanda sorriu — diria que tivemos uma vida anterior na França e estávamos relembrando...

Vinicius a fitou e, pela primeira vez, deixou que seu olhar revelasse algo mais que a simpatia que tinha pela moça.

— Eu acredito seriamente nisso! Não tenho a menor dúvida de que o destino une e separa as pessoas, ou Deus, ou outro poder... O fato é que não nos encontramos por acaso nesta vida, uns com os outros...

Os grandes olhos de Fernanda brilharam e ela perguntou:

— É verdade, acredito nisso também. Mas por que você disse que sabia da minha simpatia pela França?

— Como estava lhe dizendo, há uns dois anos eu estava no aeroporto e vi uma moça muito bonita cruzar meu caminho. Chamou-me a atenção a tristeza daquele rosto; parecia estar passando por um grande sofrimento. Sem perceber, ela deixou cair algo de sua bolsa quando ia entrar para o embarque. Corri e juntei o objeto, mas não consegui alcançá-la. Voltamos ao Brasil no mesmo voo, mas não a encontrei no desembarque... Você simplesmente desapareceu... Fiquei apenas com uma foto na mão e sem nenhum contato para devolvê-la.

Vinicius colocou a mão no bolso, tirou uma foto e estendeu para Fernanda:

— Acho que isso lhe pertence...

A moça olhou para a foto e exclamou:

— A minha última foto com Fabrício! Você não imagina como a procurei logo que cheguei ao Brasil!

Vinicius perguntou sem rodeios:

— Era seu marido? Vocês ainda estão juntos?

Fernanda respondeu com sinceridade:

— Sim, eu deixei tudo aqui para ir morar com ele em Paris! Descobri, pouco antes de voltar, que ele me traiu e isso me destruiu, Vinicius. Quando você me viu no aeroporto eu estava desesperada!

Sério, o rapaz insistiu:

— Ainda o ama?

Fernanda, percebendo aonde ele desejava chegar, preferiu deixá-lo com uma dúvida:

— Creio que não, parece que faz tanto tempo! Não soube mais nada dele...

— Você quer dizer que, se ele retornasse, você poderia se interessar novamente por ele?

Fernanda contrapôs:

— Se sua namorada retornasse, o que você faria?

— Ela não representa nada; o que sentia por ela não pode se comparar ao que sinto por v... — Vinicius se calou.

Ela sorriu e disse de forma graciosa:

— Por favor, continue!

Ele passou a mão nos cabelos, arrumando a conhecida mecha de cabelo e, desajeitado, se desculpou:

— Acho que o vinho já faz os seus efeitos...

Sorrindo ainda, Fernanda o provocou:

— Você quer dizer que só fala palavras bonitas por causa do efeito do vinho?

Desarmado, Vinicius se declarou:

— Você sabe, Fernanda, que não sou mais um adolescente, embora me sinta como um neste momento, e não quero mais aventuras, namoricos, brincar de amar. Sou mais sério do que deveria, eu sei, levo tudo muito a sério, sou meio antiquado até...

— Eu o admiro muito por isso, Vinicius. Você é o que eu gostaria que você fosse. Nada mais, nada menos...

Ele respirou mais profundamente e, segurando as mãos da moça, disse:

— O sentimento que tenho por você não pode ser de agora, Fernanda. Parece eterno; parece que eu sempre a amei, é confuso...

— Sinto a mesma coisa, mas faz tão pouco tempo que nos conhecemos!

Com um olhar apaixonado, Vinicius perguntou:

— Vamos tentar ser felizes? Você gostaria?

— É claro que sim! — disse Fernanda.

Vinicius se levantou e, aproximando-se, beijou-a ternamente.

Ao deixá-la na casa de Adelaide, disse:

— Quero que você pense seriamente em se mudar da casa de sua avó em breve, Fernanda. Quero-a ao meu lado para sempre!

Fernanda sorriu da atitude do rapaz e disse:

— Você está indo muito rápido, rapaz! A minha avó vai querer conhecê-lo, a minha mãe tem insistido em vê-lo e o meu pai... bem, você vai se incomodar!

— Estou pronto para todos, se este é o preço. Quanto ao seu pai, vou tentar fazer uma concessão, embora não simpatize com ele...

— Você não é o único. São tantas as pessoas que o detestam, que você não é uma exceção. Assim que for possível, eu os apresento.

Os dois se olharam e, sem perceber, estavam nos braços um do outro. O beijo apaixonado que se seguiu representava o reencontro definitivo de dois corações que se haviam amado muito e que os caminhos inescrutáveis do destino tinham separado.

Etiénne e Louise, mais uma vez, se reuniam na Terra para o cumprimento dos sagrados desígnios de Deus.

46 - Resgates redentores

O amor entre Fernanda e Vinicius despertou fortemente, trazendo aos seus corações sentimentos que se traduziam em uma felicidade infinita.

A revivescência de uma experiência passada lhes apontava o quanto Deus age nas vidas de suas criaturas, oportunizando que os que muito se amaram possam se reencontrar, para partilhar novas experiências.

Inconscientemente, percebiam que uma nova oportunidade se lhes apresentava e era necessário prosseguir, para que maiores realizações fossem alcançadas.

Como era de esperar, quando Fernanda apresentou Vinicius a seus pais, houve uma grande empatia de Maria Luísa com o genro. Otávio, porém, se manteve frio e distante, percebendo-se que, mais uma vez, não aprovava a escolha da filha.

Vinicius, que nunca admirara Otávio, mesmo sem conhecê-lo, sentia-se sufocar na presença do sogro. Invencível mal-estar lhe causava o olhar mal disfarçado de Otávio, observando-o.

A certa altura, Otávio comentou com incontestável ironia:

— Então você é o advogado que se negou a me defender?

Vinicius respondeu com convicção:

— Sim, senhor. Tomei a atitude que julguei mais adequada. Sabia que estaria mais bem representado por um colega, que possui mais experiência neste tipo de causa...

— O senhor não domina esta área, então? Ou julgava a minha causa perdida? — insistiu Otávio, no esforço de deixar Vinicius constrangido.

Fernanda fitou Vinicius com preocupação, mas o rapaz respondeu de forma tranquila:

— Claro que não, doutor Otávio. Não existem causas perdidas, mas sim o advogado certo. Eu, no caso, não o seria. Por isso achei melhor indicar um colega com vários casos semelhantes no currículo. O senhor sabe, os médicos, nos últimos tempos, têm tido vários problemas na prática de sua profissão.

Otávio recuou ao ouvir as últimas palavras.

— Sim, é verdade. Não basta nos dedicarmos à nossa profissão, estudarmos uma vida inteira. Basta uma falha e tudo está acabado!

Fernanda interveio, considerando:

— A questão é que uma falha médica pode custar uma vida... E o problema é que os pacientes muitas vezes consideram imperícia ou negligência fatos corriqueiros na medicina.

Antes que Otávio se pronunciasse, Rafael chegou com Juliana e, após os cumprimentos, Maria Luísa convidou todos para jantar.

O tempo passou desde aquele dia e, um ano e meio mais tarde, sendo Otávio absolvido das acusações que lhe foram feitas, Vinicius fez um pedido a Fernanda:

Tanya Oliveira ditado por Eugene

— Só falta uma coisa para que eu seja absolutamente feliz!
Ela sorriu e perguntou:
— Você não é absolutamente feliz? Como me enganei!
Vinicius a abraçou e disse:
— Quero me casar com você, Fernanda. Estamos juntos há um ano e quero que tenhamos um compromisso diante das leis humanas, entende?
— Mas temos uma relação estável, pertencemos um ao outro! Não vejo a necessidade, Vinicius.
Ele tornou, pensativo:
— Você sabe o quanto sua mãe gostaria disso. Ela comentou o assunto de modo discreto, mas entendi que isso a faria feliz. E a mim também...
Fernanda piscou o olho e respondeu:
— Que argumento irrefutável, doutor Vinicius! Usar a minha mãe para me convencer a me casar com você. Sabe que não gosto de contrariá-la...
— E então? O que você diz?
— Está me pedindo em casamento oficialmente?
— Perfeitamente, meu amor. É isso... — Fernanda se aconchegou em seus braços e disse:
— Mais uma vez, sim! Mas quero formalizar apenas no civil, certo? A minha avó faz uma prece e estamos casados!
Vinicius concordou e a decisão foi comunicada às famílias. Vinicius tinha apenas a mãe, uma irmã e o tio, que viviam no interior do Estado.
Entendendo que de nada adiantaria demonstrar sua contrariedade, Otávio se deu por vencido e já começava a conviver com a ideia de que aquele rapaz seria mesmo o pai de seus netos.
O evento se daria em três meses na residência da família em Teresópolis.
Próximo ao casamento, Otávio pareceu mais taciturno que de costume. Percebendo o dilema em que o marido vivia, Maria Luísa se aproximou e declarou:

— Está na hora de nossa menina seguir o seu rumo, Otávio. É preciso deixá-la viver finalmente!

Ele a fitou e contrapôs, confuso:

— Não queria perdê-la, Luísa. Sempre quis ter as duas ao meu lado...

Sob a inspiração de seus mentores, Maria Luísa argumentou:

— É preciso romper este laço do passado, meu amor. Vocês devem ter tido alguma vida em comum em que ambos se magoaram muito... Agora é hora de refazer esse caminho, perdoando-se mutuamente e seguindo cada um a sua vida. É lógico que, como pai e filha, sempre permanecerão unidos pelos laços da paternidade, mas, entenda, Fernanda pertence à vida que ela escolheu e a precisa seguir...

— Será que ele a fará feliz? — perguntou Otávio, preocupado. — Este rapaz me causa uma impressão estranha, um mal-estar indefinível... Percebi que ele não gosta de mim, embora nunca lhe tenha feito nada!

Maria Luísa sorriu:

— Eles se amam muito e têm uma linda vida pela frente! Vamos, anime-se, pois, daqui a algum tempo, teremos os filhos deles correndo por esta casa...

A ideia de ter netos, filhos de Fernanda, animou Otávio pela primeira vez. Nunca havia pensado naquilo, na continuação de sua família, em ter a casa cheia de crianças. Quem sabe se seus netos não lhe dariam o carinho que os filhos lhe haviam negado? Certamente, depois viriam os filhos de Rafael e Juliana; talvez até Sílvia resolvesse ter filhos algum dia...

A perspectiva de recomeçar sua família o sensibilizou e, ao fitar o olhar límpido de Maria Luísa, Otávio a beijou como se fosse a primeira vez. Sem ela, teria desistido de tudo há muito tempo.

Pouco tempo antes do casamento, Fernanda começou a notar que algo não estava bem. Passou a ter episódios de febre no final da tarde, indisposição, cansaço.

Tanya Oliveira ditado por Eugene

No início não comentou nada com a família, ficando apenas entre ela e Vinicius, ambos na expectativa de que fosse somente um resfriado mal curado, algo passageiro.

Após algum tempo, os sintomas não passaram e ela resolveu ir ao médico. Quando foi buscar os resultados dos exames, teve uma surpresa: estava com tuberculose.

Preocupada, comentou com Maria Luísa, que, imediatamente, levou a notícia ao conhecimento do pai.

Otávio, sem conter seu desapontamento, disse:

— Isso aconteceu por causa do local em que você foi trabalhar. Sua imunidade devia estar baixa, vocês não se alimentam por causa dessas dietas... O seu idealismo vai lhe custar caro, Fernanda! Essas penitenciárias são verdadeiros focos desta doença; você devia estar mais atenta aos riscos que corria ao aceitar este emprego!

Constrangida, ela respondeu:

— Pensei que esta doença não existisse mais... Tomei vacina quando criança, não entendo! Como pude pegar isso? Devo fazer um tratamento longo e precisarei ter cuidado para o resto da vida.

Adelaide considerou:

— Isso não adianta agora, querida. Você deve se tratar, tomar a medicação e seguir as orientações médicas. Concordo com seu pai que é hora de procurar outro trabalho...

— Gosto do que faço, vovó. Não tenho maiores ambições, quero apenas poder trabalhar com educação; não me vejo fazendo outra coisa... — disse a moça em lágrimas.

Adelaide considerou com sabedoria:

— Você pode continuar exercendo a sua profissão em outro local, Fernanda. Talvez sua doença seja o motivo para o seu afastamento de lá... Quem lhe garante que sua tarefa não terminou naquele lugar? Você precisa pensar em sua vida com Vinicius. Lembre-se de que sua mãe faz questão de uma cerimônia para oficializar a sua união.

Assim, Fernanda aceitou os conselhos de seus familiares e, com muito pesar, se afastou das suas atividades profissionais, dedicando-se ao grande momento que a esperava: sua aliança definitiva com Vinicius.

No dia aprazado, com grande alegria, um seleto grupo de convidados se reuniu para brindar com o casal o feliz evento, que nada mais era do que o reencontro entre Louise e Etiénne.

Sem obstáculos ao seu amor, tendo vencido aqueles que se opunham à realização de sua felicidade, que haviam ficado pelo caminho, nos dois planos da vida, com uma prece realizada pelo tio de Vinicius, Breno, e Adelaide, após a cerimônia civil, consideraram-se abençoados por Deus diante das leis terrenas.

Vinicius possuía visível aceitação dos preceitos da Doutrina Espírita, partilhando com Adelaide e Maria Luísa admiração pela religião organizada na Terra por Allan Kardec. Breno, seu tio, apesar de católico, possuía a compreensão de que os caminhos do bem levam a Deus e sentiu-se honrado em orar pela felicidade de seu sobrinho.

Na realidade, Adelaide e Breno demonstravam grande simpatia e afinidade um para com o outro, entretendo-se em longas conversações a respeito do destino, da dor e de outros aspectos filosóficos da existência.

Esse laço se refazia em outras circunstâncias, pois, no passado, ambos envergavam as vestimentas carnais de Céline e padre Gastón. Assim, Breno possuía um grande afeto, além de pelo sobrinho Vinicius, ou Etiénne, também por Fernanda, outrora Louise.

Mais uma vez, os laços se refaziam para uma nova jornada na arena terrestre, colocando cada um, de acordo com as Leis Divinas, na condição necessária ao seu aprendizado e aprimoramento pelos resgates reparadores.

47 - Os laços da vida

~~~~

Cinco anos haviam se passado desde os últimos eventos que relatamos. A família Siqueira tinha crescido com o nascimento dos filhos de Fernanda e Rafael.

Fernanda tornara-se mãe de uma linda menina de cabelos negros como o pai, herdando o azul dos olhos maternos; Rafael não continha a felicidade por ter um menino forte e inteligente, que se revelava a alegria de seus pais.

A filha de Fernanda chamava-se Mariana e recebia todas as atenções de Otávio. A menina, por sua vez, demonstrava afeição extrema pelo avô, revelando visível preferência em relação ao pai.

Vinicius sorria diante do prestígio que Otávio detinha sobre a sua filha, entendendo que essas afinidades, por certo, deveriam ter suas explicações lógicas. Por vezes, Fernanda se impacientava, pois Mariana expressava, com seus gestos infantis, certa teimosia e elevado amor-próprio, sentimentos que ela e Vinicius procuravam combater, conscientes de que, em sua tarefa de pais, deveriam corrigir essas tendências da menina.

Maria Luísa, por sua vez, à custa de muito carinho e dedicação, conseguiu conquistar a sua caprichosa neta, que passou a aproximar-se, pouco a pouco, auxiliada por Otávio.

Havia uns três anos que Javier se transferira de Curitiba, vindo morar no Rio. Casado, mas sem filhos, passou a conviver diretamente com Fernanda e Vinicius, formando sólida amizade.

O curioso é que Mariana demonstrava grande carinho pelo rapaz, deixando Vinicius intrigado com os laços que se formavam independentemente das ligações constituídas pela consanguinidade.

Adelaide sorria ao ver que a vida encontrava caminhos para aproximar espíritos que se haviam amado e odiado, colocando nos braços de uns, na forma de criança indefesa, aqueles que tinham odiado, para resgatar, com o amor materno e filial, a reconciliação necessária à sua evolução.

Mariana não era outra senão a temível Geneviéve, que tanto havia prejudicado Sophie, mãe de Louise, a quem futuramente reencontraria como irmã; como filha de Fernanda, recebida em seu ventre, desenvolveria uma gratidão infinita, pela oportunidade de retornar à vida, àquela para cujas desonra e infelicidade havia contribuído.

Na idade adulta, Mariana seria a protetora incondicional de sua mãe, Fernanda, e da avó, Maria Luísa, pois seguiria a profissão do avô, que realizaria esse sonho com a neta, visto não tê-lo conseguido com a filha.

Não é preciso dizer que o tio Rafael era adorado pela menina, que reconhecia nele Laurent; o filho deste e de Juliana era o primo querido, outrora o dedicado Vincent, que agora se incorporava definitivamente à família.

Otávio recebia como netos espíritos que o amavam e que tornariam seus últimos dias mais felizes.

Assim, a vida seguia o seu curso entre os pequenos contratempos à volta dos quais todas as famílias se veem, com tempos bons, de sol radiante e felicidade, mas também com dias escuros, de tempestade.

Infelizmente, as intempéries vêm quando menos esperamos, e foi em um dia absolutamente normal que a tragédia aconteceu.

Vinicius havia ido buscar Mariana em Teresópolis, pois a menina tinha passado o fim de semana com os avós.

Naquela manhã, Fernanda havia pedido que o marido esperasse o tempo melhorar, visto que estava chuvoso e a estrada não se encontrava em boas condições. Apesar do pedido de Fernanda, ele resistiu, insistindo que estava com saudades da filha e logo se ausentaria em viagem a trabalho; portanto, gostaria de ficar mais algum tempo com a menina.

Fernanda insistiu, mas acabou cedendo, compreendendo o desejo do marido.

Novamente trabalhando com Javier, em uma universidade fluminense, ela preparava material para suas aulas, enquanto aguardava o retorno dos seres que mais amava em sua vida.

Quando o telefone tocou, Fernanda sentiu forte mal-estar. Enquanto pegava o celular, teve a certeza de que algo havia ocorrido.

Vinicius, enquanto subia a serra, em uma curva perigosa, chocara-se com um veículo que fazia uma ultrapassagem proibida, sendo atingido de maneira violenta. Estava a caminho do hospital, seriamente ferido, em estado grave; fora levado para um hospital da cidade serrana.

Sem conseguir concatenar as ideias, ligou para os pais, avisando o que ocorrera. Mal conseguindo falar, ouviu quando Otávio afirmou:

— Fique em casa e aguarde a chegada de Rafael, entendeu? Não saia agora de casa, Fernanda. O seu irmão irá buscá-la. Eu irei imediatamente para o hospital.

Fernanda balbuciou alguma coisa e desligou. Tinha vontade de sair, desobedecer ao pai, pegar o carro e correr até onde Vinicius se encontrava.

Um desespero incontrolável a invadiu ao pensar em perdê-lo. Tinha a sensação de que isso já ocorrera, que já havia passado por essa dor, e a imagem de Vinicius, morto, lhe assomava à mente.

A dor lancinante que essa imagem lhe proporcionava quase a enlouquecia, e Fernanda temia pelo que poderia ocorrer se Vinicius viesse a morrer.

Assim que pôde, Adelaide correu para ficar ao lado da neta, pois sabia que ela precisaria de apoio e conforto.

Ao vê-la transtornada, Adelaide a abraçou carinhosamente e, secundada por Aurelius, o espírito protetor, com a serenidade que lhe era característica, falou:

— Não percamos a fé, minha querida. Precisamos manter o equilíbrio para orarmos e pedirmos misericórdia a Deus!

— Como isso pôde acontecer, vovó? Vinicius é um homem bom, dedicado ao próximo, nunca pensa nele mesmo... Por que acontece isso com pessoas boas, que só fazem o bem? Onde está a proteção de Deus? — perguntou Fernanda, desesperada.

Após ouvi-la, Adelaide considerou:

— Você está sob forte impacto de uma situação difícil, mas devemos manter a calma para avaliar a situação. Se Deus é a justiça suprema, vamos pedir por Sua misericórdia, que nos envolve desde o princípio dos tempos, embora saibamos que a Sua vontade está acima da nossa visão estreita. Pense em Jesus, Fernanda, nosso irmão que nos ama infinitamente e nos recebe em seus braços tal qual fazia com os sofredores de sua época. Lembre-se, o nosso Mestre não é apenas uma imagem ou uma estátua que adorna templos religiosos, mas o espírito de maior evolução que passou pela Terra, para nos ensinar o caminho de nossa redenção. Entregue o seu coração a ele e confie em sua bondade inesgotável.

Fernanda revivia inconscientemente a tragédia pela qual passara em outra vida, como Louise, ao perder Etiénne. A certeza de que Vinicius morreria e de que ela o encontraria sem vida, tal como ocorrera na França, trazia-lhe um sofrimento inenarrável.

As palavras de Adelaide, no entanto, inspiradas por Aurelius, a faziam voltar à realidade; a convite da avó, após breve leitura de uma passagem evangélica, que lhe convidava à confiança e à fé, ela aceitou orar com Adelaide. Com o pensamento voltado ao Alto, Adelaide repetia as palavras que Aurelius lhe inspirava:

— *Senhor Jesus! Outrora, diante da dor, rebelávamo-nos contra a tua excelsa vontade; hoje, compreendendo as razões de nosso sofrimento, apenas lhe rogamos piedade e misericórdia! O sofrimento que nos atinge neste momento supera nossa capacidade de raciocinar, mas temos, em teu amor, o alento, o bálsamo que nos conforta, e por isso rogamos teu amparo e assistência, para o nosso querido Vinicius, que se encontra em situação difícil. Sabemos que a vontade de nosso Pai, criador de todas as coisas, prepondera no Universo, mas rogamos tua intercessão para o trâmite doloroso em que nos encontramos! Sustenta as nossas forças, principalmente de nossa amada Fernanda, que precisa superar esta prova dolorosa, uma vez que já faliu em semelhante situação. Hoje, colocamos nossa confiança e esperança em teu coração bondoso, que sabemos jamais nos ter abandonado. Que a tua vontade se faça acima da nossa!*

Enquanto fazia a prece, Fernanda e Adelaide recebiam fluidos revigorantes, que lhes restabeleciam as forças e o equilíbrio; especialmente Fernanda sentia o coração se acalmar, a sensação desagradável no estômago desaparecer e o raciocínio se desanuviar.

Intrigada, perguntou a Adelaide:

— O que você quis dizer quando se referiu a "uma vez que já faliu em semelhante situação"? Tenho pesadelos horríveis com a morte de Vinicius e me vejo enlouquecida, fazendo coisas terríveis...

Adelaide sorriu:

— Tenho a certeza de que um amigo espiritual nos intuiu na prece e, por certo, conhece nosso passado espiritual.

Neste momento, ouviu-se o som da campainha e Rafael entrou nervoso na sala. Ao ver Fernanda aparentemente tranquila, estranhou o fato, mas considerou que ela deveria ter tomado alguma medicação; assim, o grupo se dirigiu a Teresópolis para acompanhar os acontecimentos.

LAÇOS DA VIDA

Ao chegar ao hospital, encontraram Maria Luísa, que deixara Mariana com Juliana, mulher de Rafael. Otávio se inteirou do caso e, muito pálido, retornou, dizendo:

— Não devo criar falsas expectativas... O caso é muito grave. Será necessária uma cirurgia de grande porte para salvá-lo. Estão procurando estabilizá-lo... — disse com pesar.

Fernanda se aproximou e perguntou:

— O que houve exatamente? Diga-me, por favor!

Otávio a fitou e disse com convicção:

— Será necessário um procedimento cirúrgico de grande risco, Fernanda. O caso é grave, repito.

Sentindo-se desfalecer, Fernanda suplicou:

— Sei que você se afastou da prática cirúrgica, mas peço-lhe, por favor, pai, faça a cirurgia em Vinicius!

Absolutamente surpreso, Otávio considerou:

— Fernanda! Isso é impossível! Opero apenas como convidado em alguns hospitais; você sabe que me dediquei somente à docência depois daquele julgamento! Além disso, você confiaria suficientemente em mim para salvar o seu marido? E se ele vier a óbito? Não posso assumir esta responsabilidade!

Maria Luísa, que ouvia emocionada, retrucou:

— Otávio, meu querido! Tenho certeza de que o único médico em quem nossa filha confiaria neste momento é você! — e, voltando-se para Fernanda, confirmou: — Não estou certa, Fernanda?

— Sim, é verdade. Nunca duvidei de sua capacidade profissional e sei que em suas mãos Vinicius terá alguma chance de se salvar...

Entendendo a enorme responsabilidade que tinha nas mãos, Otávio viu o olhar súplice da filha que sempre o desprezara, mas que agora implorava o seu auxílio naquilo que ele sempre fizera de forma exemplar.

Sabia que, apesar disso, a vida escapava de suas mãos, que não detinha o poder de manter vivos aqueles que, por acaso ou não, deixavam a existência, contrariando muitas vezes as expectativas.

Tanya Oliveira ditado por Eugene

Nunca havia lhe faltado coragem nessas horas, mas naquele momento titubeava. Imbuído, porém, de uma força desconhecida, como se alguém lhe segredasse que esta seria a oportunidade de resgatar uma grande falta do passado, Otávio se encaminhou para o interior do hospital.

Nos últimos tempos, vinha realizando cirurgias a convite do diretor da instituição, que não era outro senão antigo colega, que permitia à equipe de cirurgiões, em casos mais difíceis, contar com sua técnica, que ilustrava as aulas de seus jovens colegas.

As horas tornaram-se intermináveis, parecendo que o tempo havia parado. O sofrimento daqueles momentos fez com que Fernanda orasse com um fervor desconhecido, tendo a certeza de que suas preces eram ouvidas, pois sentia como se um brando calor a envolvesse e a imbuísse de uma força sobre-humana.

Já haviam se passado mais de quatro horas quando, aparentemente exausto, Otávio surgiu na sala de espera.

Caminhou com o semblante fechado — como de costume — em direção a Fernanda e declarou:

— No que diz respeito à minha parte, seu marido sobreviverá, pois fiz tudo o que estava ao meu alcance. Vamos aguardar para ver como ele reagirá. Se você acredita, continue rezando!

Emocionada e convicta de que Vinicius sobreviveria, Fernanda, pela primeira vez, o abraçou e disse:

— Obrigada, pai!

Pego de surpresa, Otávio não sabia como agir, mas pôde ouvir o sussurro de Maria Luísa:

— Abrace-a!

O ódio que os separava há tanto tempo se diluía em um ato de gratidão. Otávio, profundamente emocionado, abraçou Fernanda, dizendo:

— Minha filha! Esperei por este dia por toda a minha vida! Se algum dia a magoei, perdoe-me! O meu desejo sempre foi o de reparar algum erro que eu tenha cometido...

Fernanda sentia que a repulsa que o pai sempre lhe causara havia desaparecido. Percebeu que aquele homem, que sempre julgara odiar, lhe havia proporcionado a maior felicidade que poderia esperar em sua vida.

Aceitando o amplexo paterno sem resistência, os dois assim permaneceram por algum tempo.

Enquanto Vinicius se recuperava — ainda em estado grave — na Unidade de Terapia Intensiva, todos respiravam mais aliviados.

A certeza de que o pior tinha passado tranquilizou a família de Otávio Siqueira, mas, naquela noite, havia uma sensação diferente no espírito do eficiente cirurgião. Algo inexplicável! Parecia-lhe que, ao auxiliar na cirurgia de Vinicius, tirava um enorme peso de seu coração. Não apenas pelo fato de haver conquistado Fernanda, mas era como se acertasse uma conta, cumprisse um dever.

Na realidade, o antigo conde Armand D'Avigny resgatava um ato cruel que praticara no passado, quando havia mandado matar Etiénne Dauphin com um tiro no coração.

Considerando que tudo se harmoniza na contabilidade divina de maneira justa e sábia, a despeito da ignorância e ingratidão humanas, a vida prosseguiu, trazendo momentos de refazimento aos nossos amigos.

Fernanda recebeu em seus braços Sophie, que fora sua mãe e que, seriamente prejudicada por Geneviéve — agora a temperamental Mariana —, se reencontrava com esta como irmã.

Três anos mais tarde, Adelaide desencarnava, deixando todos muito entristecidos, pois constituía-se no esteio espiritual da família, que muito a amava.

Sílvia, a mais distante, resolvera morar no exterior, vindo esporadicamente ao Brasil.

Tanya Oliveira ditado por Eugene

Com a doença que adquirira aparentemente erradicada, Fernanda prosseguia em suas atividades com alegria, ao lado da família que sempre sonhara construir.

Vinicius, após a recuperação, crescia profissionalmente, mas sempre fiel aos seus princípios éticos, ainda incompreensíveis para Otávio.

Necessitado de uma experiência que lhe permitisse o desenvolvimento da paciência e tolerância, Otávio foi acometido de um acidente vascular cerebral, que lhe custou alguns anos de limitações, com sérias dificuldades motoras.

Tendo em Maria Luísa e Mariana o carinho e dedicação em todas as horas, Otávio repensava seus conceitos sobre a vida. Lembrava-se da sogra, Adelaide, e da serenidade com que havia enfrentado tantos reveses; observava Maria Luísa e imaginava que, se houvesse anjos, ela certamente seria um deles. Via a dedicação da pequena Mariana e perguntava-se por que uma criança tão pequena lhe dedicava tanto amor, causando estranheza ao próprio pai.

Percebia que a vida era algo maior e mais profundo e que as teorias humanas, inclusive médicas, estavam longe de decifrar os seus mistérios. Sim, devia haver algo mais, maior e mais belo do que este mundo de tanto sofrimento, dor e injustiças.

Naquela tarde, Fernanda e Vinicius haviam ido visitá-lo, como acontecia nos finais de semana. Otávio tinha dificuldade em se expressar, mas sabia que era compreendido pelos familiares.

Segurou timidamente a mão de Fernanda e contou:

— Lembra-se... daquele... dia... hospital?... Importante... você me chamou... pai!

Fernanda apertou a mão de Otávio e tornou:

— Para mim também, pai. Passei a vê-lo com outros olhos, como se a mágoa que eu sentia desaparecesse.

Otávio olhou para Fernanda e Vinicius e balbuciou:

— Sinto... que... lhes fiz... mal. Perdoem!

A resposta dos dois veio em um abraço, em que Louise e Etiénne perdoavam definitivamente Armand.

Alguns dias mais tarde, Otávio havia sentido sede no meio da noite e, para não acordar Maria Luísa, resolveu ir buscar água sozinho. Com dificuldade, ergueu-se do leito e avançou em direção à porta do aposento; caminhou até o corredor e, suando muito, sentiu-se mal. Quando chegou no topo da escada, sentiu que as pernas lhe falhavam e, perdendo o equilíbrio, rolou escada abaixo.

    A queda lhe foi fatal e, apesar da diligência de Maria Luísa, que havia acordado com o barulho, nada pôde ser feito. Com uma resignação calcada em uma grande fé, Maria Luísa manteve a serenidade ante a partida de seu grande e único amor.

    Fernanda, muito impressionada com a forma como o pai havia falecido, chorou sentidamente ante a sua partida. Vinicius, percebendo seu sofrimento, procurou consolá-la, dizendo:

— Reconheço que, a princípio, não estimava seu pai absolutamente. Quis o destino que ele me salvasse a vida, para eu mudar meus sentimentos, querida. Acredito que com você tenha acontecido o mesmo...

    Fernanda olhou nos olhos do marido e considerou:

— Passei a vida toda discordando dele, pois representava o oposto do que eu queria e almejava na vida, mas, desde que a minha mãe quase me obrigou a lutar para provar a sua inocência no processo, que afinal nos aproximou, senti que o antigo ódio ia dando lugar a uma indiferença e, quando ele o salvou, pareceu-me que a desavença dava lugar a um sentimento de piedade... Diga-me, Vinicius, você acha que tínhamos alguma dívida do passado, que agora conseguimos acertar?

    O rapaz concordou enfaticamente e respondeu:

— Sim, acredito. Estamos ligados por elos do passado e as dificuldades que você tinha com ele deveriam ser sem dúvida devido a graves acontecimentos, que agora não podemos lembrar. O que é uma bênção!

Tanya Oliveira ditado por Eugene

— No dia em que recebi a notícia do acidente, tive a certeza de que iria perdê-lo, Vinicius. Era como se isso já tivesse acontecido, fosse um fato irremediável! Parecia-me que só o encontraria morto, sem que nada pudéssemos fazer. Isso quase me enlouqueceu e, se não fosse pelo auxílio de minha avó, não sei o que poderia ter acontecido. Tive a legítima impressão de um *déjà vu*, de estar revivendo um fato!

— Quem sabe, Fernanda? A vida tem tantos mistérios, tantos laços que se formam e terminam de modo imprevisto! Também tenho a sensação de que fomos separados inesperadamente, como se eu a tivesse deixado de forma abrupta. Meu amor, vamos esquecer o que passou e confiar no futuro que nos espera!

Fernanda sorriu e exclamou:

— Não sei se você está preparado para a notícia que tenho para lhe dar...

Vinicius a abraçou e falou em seu ouvido:

— Posso adivinhar? É o nosso menino que está chegando?

Fernanda fez uma expressão de mistério e disse:

— Talvez... Mas como você sabe que é um menino?

Vinicius respondeu rapidamente:

— Eu sei que é um menino e vai se chamar...

— ...André! — completou Fernanda.

Ambos se entreolharam rapidamente e se abraçaram, pois tiveram a sensação de mais uma cena que se repetia.

— Mas por que André? — perguntou Vinicius.

A resposta veio titubeante:

— É difícil explicar... Desde criança penso em um menino; a imagem dele muitas vezes me veio à mente... Imaginei que o nome dele deveria ser André! Só por isso!

— Será como você deseja, meu amor. Também gosto desse nome e ficarei feliz em receber em nossa casa este espírito que retorna à Terra. Terá todo o nosso amor, dedicação e carinho!

Acariciando o rosto de Fernanda, Vinicius a beijou com um amor que remontava a um tempo indeterminado.

— Era preciso que assim fosse! — prosseguia Aurelius, na casa de Fernanda e Vinicius, dirigindo-se ao grupo de espíritos que o assistia. — Otávio, apesar da doença, possuía em sua memória espiritual o registro da morte de Louise, que ele em espírito havia provocado. Espírito determinado, pediu para completar sua jornada terrena com esse resgate, o que lhe foi permitido. Agora será preciso que se recupere e avalie suas dificuldades não superadas nesta oportunidade.

— Mas — perguntou Adelaide, outrora Céline — e Louise (Fernanda)? Ela também não foi responsável pela morte de Armand (Otávio)?

— Louise ou Fernanda, como queira, por ser um espírito mais flexível e voltado ao bem, já havia resgatado essa dívida parcialmente. Ocorre que, por ter levado Armand à morte por tuberculose nas masmorras, contraiu a doença na atual existência e, apesar de a ter controlado, no futuro, daqui a alguns anos, as sequelas lhe serão fatais, provocando o seu retorno à pátria espiritual. Por ora, ela e Vinicius possuem alguns compromissos a serem saldados, especialmente Fernanda, em relação a André. O nosso irmão se viu privado da companhia materna no passado, na França, quando ela perdeu o equilíbrio espiritual com a morte de Etiénne.

"Fernanda deverá se dedicar a este filho com extremado amor, restituindo-lhe tudo aquilo que lhe negou no passado! Ela se tornou responsável por uma série de dificuldades pelas quais nosso irmão passou, apesar de haver encontrado em você, Céline, uma mãe adotiva que muito o amou.

"Verificamos que os laços que se formam entre os seres são elos que nos unem por tempo indeterminado. Não duvideis de que o amor e o ódio têm suas razões no passado, em outras vidas, e que cabe a nós, com a terapia do amor incondicional, perdoando e praticando a caridade, cobrirmos a 'multidão dos pecados' a que se referiu Nosso Senhor.

"O grupo de espíritos que acompanhamos prosseguirá sua jornada; outros se aproximarão, alguns partirão, mas os laços da vida são mais fortes e, ao contato das experiências

Tanya Oliveira ditado por Eugene

cada um, atingiremos o nosso objetivo final, [evol]ução definitiva, com nossa libertação do egoísmo [e pl]eno de nossa emancipação espiritual.

[Cer]tamente esta história não se encerra neste ponto. Ela [pros]segue pela eternidade afora, como nossa própria história... Devemos, contudo, encerrá-la, por enquanto, para que outras histórias sejam escritas.

"Que o Senhor da Vida nos ilumine no humilde esforço que realizamos para nosso próprio esclarecimento, antes de qualquer pretensão maior."

No horizonte, o sol raiava, revelando, na inexprimível beleza da aurora, que um novo dia recomeçava sob a proteção do Criador. A vida despertava no voo dos pássaros, nas flores que desabrochavam, e na abóbada celeste as estrelas davam lugar a um céu azul, sem nuvens.

A mensagem da vida se fazia presente sem palavras, para os que a pudessem compreender.

O ciclo da vida se completava no nascimento, na vida e na morte, e prosseguia com um novo renascer.

A promessa de Jesus de que enviaria um outro Consolador, que ficaria eternamente com os homens, se cumpria através das verdades que o codificador da Doutrina Espírita, Allan Kardec, trouxera para a humanidade.

Esta história continua na vida de cada um de nós, porque os laços da vida não se dão por acaso e se renovam, indestrutíveis, até que a nossa consciência se liberte dos enganos do passado e se eleve a um voo mais alto, para cumprir seu destino... a felicidade!

LÚMEN EDITORIAL

Av. Porto Ferreira, 1031 | Parque Iracema
CEP 15809-020 | Catanduva-SP

www.**lumeneditorial**.com.br
www.**boanova**.net

atendimento@lumeneditorial.com.br
boanova@boanova.net

 17 3531.4444
 17 99777.7413
 @boanovaed
 boanovaed
 boanovaeditora

Acesse nossa loja

Fale pelo whatsapp